中文社会科学引文索引（CSSCI）来源集刊

元史及民族与边疆研究

集刊

（第三十八辑）

明代天山地区与丝绸之路学术研讨会论文专辑

刘迎胜 廉亚明(Ralph Kauz)／主编

高荣盛 华 涛 姚大力／副主编

南京大学元史研究室／民族与边疆研究中心
中国南海研究协同创新中心 主办

上海古籍出版社

目　录

1

序

刘迎胜

本论文集是以 2018 年 4 月 20 日至 22 日在南京大学举行的"明代天山地区与丝绸之路学术研讨会"论文为基础编辑的。这次研讨会由南京大学元史研究室/民族与边疆研究中心与德国波恩大学汉学系(Abteilung für Sinlogie der Universität Bonn)联合主办,在德国洪堡基金会(Alexander von Humboldt Stiftung)资助的波恩大学与南京大学合作的"明代新疆研究计划"〔Die heutige chinesische Provinz Xinjiang unter der Ming-Dynastie (1368—1644)〕科研项目框架下组织举行。

德国洪堡基金会是德国支持世界各国学者与德国学术界进行高水平交流的最重要机构。南京大学元史研究室/民族与边疆研究中心与德国学术界交流源远流长。20 世纪 30 年代韩儒林教授在欧洲求学期间,曾在柏林居住。1980—2000 年间笔者在洪堡基金会的资助下曾三次赴德,分别在哥廷根大学与班贝格大学从事察合台汗国与明回回馆研究。波恩大学的廉亚明获博士学位后,也曾受洪堡基金会资助来华,在南京大学从事博士后研究近三年。他就任波恩大学汉学系主任后,我们在国家汉办的支持下,成功地在波恩大学合作组织了主题为"中国人与其他亚洲人对中亚及邻接地的地理与舆图视角"(Chinese and Asian Geographical and Cartographical Views on Central Asia and its Adjacent Regions)国际会议,并在境外结集出版了会议的英文论文集。2016 年洪堡基金会批准了波恩大学汉学系与南京大学元史室共同提交的为期五年的"明代新疆研究计划",双方于同年在波恩大学召开了首次国际学术会议。

此次会议就是该研究计划的一部分。出席会议者除了国内各高校与中国社会科学院的专家以外,还有来自德国波恩大学汉学系、德国马克斯·普朗克研究所、澳大利亚麦考瑞大学、哈萨克斯坦古米廖夫欧亚大学、埃及爱资哈尔大学等境外高校的学者,可谓人才济济于一堂。会议总计收到论文 17 篇,围绕历史地理与语言媒介、历史文献与知识传播、外交政策与政治格局、宗教活动与人员往来四个专题展开了讨论,以明代为中心,并向上下延伸。

廉亚明教授长期聚焦于明代东西交通史,他的博士后论文集中讨论了明与帖木儿帝国的关系,而其教授资格论文则以明中期波斯文献《中国行纪》为中心。此次会议,他提交了题为《明代天山以南地区历史简介》的报告。澳大利亚麦考瑞大学格雷姆·福德(Graeme Ford)博士长期关注蒙元与明时期的东西交往,对明四夷馆中的回回馆来文有长期研究,他提交了《有关明朝廷回回馆的六个问题》的论文。德国马克斯·普朗克研究所德罗尔·威勒(Dror Weil)博士也是一位研究明四夷馆中主管与内陆亚洲交往的两馆回回馆与高昌馆以及波斯文、畏兀儿文在东西交流中扮演角色的重要学者,他提交的论文为《明朝对波斯语和回鹘语翻译人才的训练》。哈萨克斯坦古米廖夫欧亚大学巴哈提教授曾对元代乃蛮与清代档案中有关清廷与哈萨克交往史料有长期研究,此次带来参会的论文《明代汉文史料中出现过"哈萨克"一名吗?》，在质疑前人研究基础上提出新见。

笔者的报告《明中期社会大众对内陆亚洲的认知——汤显祖〈紫钗记〉中的西域知识》，依据对《紫钗记》中的西域名物的考订，分析了明中期社会大众的西域知识。华涛教授近年来一直致力于中古阿拉伯史料中有关中国及其周边地区记载资料的收集与整理，他的报告《马木鲁克时代阿拉伯地理知识中的丝绸之路东段：以乌马里"地理示意图"为例》，展示了研究中获得的新知识与新进展。《苏拉赫词典补编》是存留至今的唯一蒙元时代写于中亚的穆斯林史料，历来为史家所重。埃及爱资哈尔大学穆尼尔（Munir Zyada）博士所作题为《〈苏拉赫词典补编〉与伊斯兰知识在 14 世纪中亚的传布》的论文，是近年来少有的有关该史料的一项专题报告。中国社会科学院刘正寅研究员（现任职云南大学）的报告《沙·马合木·楚剌思〈寻求真理者之友〉研究》，讨论了有关清初西域伊斯兰教传播的重要史料《圣者传》的文本。上海外国语大学王丁教授近年来一直关注福建新近发现的摩尼教文献，此次参会带来了论文《闽地霞浦、屏南文书中所见摩尼教教团组织》。

波恩大学汉学系库弗（Franca Küffer）博士则提交了题为《西方文献所见明朝对哈密的外交政策》的论文。波恩大学格鲁伯（Britta-Maria Gruber）博士是专攻满文的学者，她与宁波大学刘燕燕博士联合提交了论文《满洲与卫拉特的最初接触（从清初到顺治时期）》。

南京大学杨晓春教授曾在明代伊斯兰教华化问题上取得过重要进展，他在《明代西域伊斯兰教士在中国内地的活动问题再探》论文中报告了这一研究。南京大学陈波副教授的论文《旭烈兀位下彰德路的道教信仰——兼及佛道"戊午之辩"及相关问题》，涉猎了远征西域的旭烈兀在中原的封地。南京大学于磊副教授的论文《元代移居内地于阗人小考》全面查核了元代汉文文献记载中移居于内地的于阗人。乌罕奇博士（现任职内蒙古大学）则作了报告《成吉思汗时代以前蒙古部族类别——以〈瓦萨甫史〉、〈史集〉、〈秘史〉为中心》。

这次会议内容充实，参会学者既是知识的奉献者，也是他人研究的获益者。会后，各位学者认真修订了论文，有些甚至从标题到内容皆有大改。在汇集成册时，又锦上添花地增收了我们的老友、德国慕尼黑大学东亚学系罗德里希·普塔克（Roderich Ptak）的论文《中国、俄罗斯、德国——邻居们? 早期葡文资料中的大混杂（约 1500 至 1550 年）》与南京大学长期从事中亚考古的张良仁教授的论文《关于吉尔赞喀勒墓地用火遗物的一点看法》，以及其他几位从事中亚历史、文献研究学者的论文，使论文集更为增色。

科学研究的生命力在于开放性。学术交流不但要鼓励跨学科，更应当跨越民族与国界。我相信南京大学与波恩大学的合作，会在此基础上继续前行。

元明文学曲艺中的内陆亚洲元素

——聚焦《紫钗记》与有关高纳麟的文学作品

刘迎胜

摘　要：至正二十八年，随着徐达率领的起义军进入大都，蒙元统治基本成为过去，但元朝作为一个中国历史上罕见的带有多元文化，特别是内陆亚洲色彩的朝代，对明代影响究竟如何，仍有待深入认识。本文以汤显祖的剧作《紫钗记》及元末和明代有关西夏人高纳麟的文学作品为中心，通过讨论《紫钗记》中曲词使用的非汉语词汇，以及文艺作品中反映的高纳麟在明人心目中的形象，分析其中与元代有关的内陆亚洲元素，讨论蒙元对明代社会的影响。

关键词：汤显祖；西游记；高纳麟；西夏；内陆亚洲

至正二十八年，徐达率领的起义军进入大都，元明鼎革完成。元代虽然已成为过去，但作为一个中国历史上罕见的带有多元文化，特别是内陆亚洲色彩的朝代，对后继之明代影响究竟如何，仍待学者深入认识。本文拟从汤显祖的一部剧作及若干其他文学作品中所反映的与元代有关的内陆亚洲元素入手，来讨论蒙元统治对明代社会的影响。

一、《紫钗记》中有关西域的剧情内容

《紫钗记》为明代剧作家汤显祖（1550—1616）的作品。作者《紫钗记题词》："南都多暇，更为删润讫，名《紫钗》。"汤显祖于万历十二年至南京任太常寺博士，十九年以言事谪官离去。《紫钗记》当作于此时，但直到在遂昌时，才"捉笔了霍小玉公案"。① 《紫钗记》言唐宪宗时书生李益流落长安，元宵节夜拾得霍王妾生女小玉所失紫玉钗，因而托媒结亲。后李益中状元，当朝卢太尉欲招为婿，李因不从遭报复受遣赴玉门关外参军。李益在西北设计降服大、小河西国。而小玉则因家贫而售紫玉钗，为卢太尉所得，借机对李益伪称小玉已死。有黄衫客闻其事，促成李益、小玉重会，两人和好。

既往关注《紫钗记》者多为文学史家，焦点相对集中于该剧本成书年代、本事的源起与发展及改编过程、剧本反映的情感和文学思想等。② 值得提出的是，该剧本第 28 至 30 出描述李益至河西后事迹，其中有关西域的描述甚为奇特，虽曾有人论及，但切入点仍为文

---

①　齐森华、陈多、叶长海主编《中国曲学大辞典》，浙江教育出版社，1997 年，第 345—346 页；详论见夏写时《汤显祖〈紫钗记〉成年考》，《学术月刊》1984 年第 1 期，第 63—64 页，第 45 页。

②　李修生主编《古本戏曲剧目提要》，文化艺术出版社，1997 年，第 276—277 页；夏写时《汤显祖〈紫钗记〉成年考》，朱捷《论汤显祖的〈紫钗记〉》等。

学视角。① 为便于展开讨论，先据钱南扬校点《汤显祖戏曲集》②转录《紫钗记》第28—30出有关西域的内容，校以徐朔方笺校本。③

第二十八出 番雄窃霸

【点绛唇】[净吐蕃将上]生长番家，天西一架，撑犁大。家世零遭，番帐里收千马。

塞外阴风卷白芦，金衣瑟瑟气豪粗。逻娑一望无边际，杀气飘番小拂庐。咱家吐蕃大将是也。吐蕃熟路，穿心七千余里；生羌杀手二十万人。横行昆仑岭西，片片雪花吹铁甲；直透赤滨河北，雄雄星宿立镖刀。休在话下，所有小河西、大河西二国，原属咱吐蕃部下。近日唐宪宗皇帝中兴，与俺相争，要彼臣服。那大河西出葡萄酒，小河西出五色镇心瓜，正用骚扰时节，不免唤集把都门④号令一会。[众上]

【水底鱼】白雁黄花，尘飞黑海涯。番家儿十岁，能骑马鸣笳。皮帽儿伙着，黑神鸦风声大。撞的个行家，铁里温都答喇。[见介]。[净]俺国年年收取大河西国葡萄酒，小河西国进五色镇心瓜。如今正是时候，点起部落们去抢他一番！[众应介]。

【清江引】皮囊毡帐不着家，四面天围野，汉儿防甚秋？塞草偏肥夏。一弄儿把都们齐上马。[作嗅香介]

【前腔】葡萄酒熟了香打辣，凹鼻子寒毛乍，醉了咬西瓜，划⑤起雪山花。趱行程番鼓儿好一会价打。

初夏草生齐，番家马正肥。

射飞清海上，传箭玉关西。

第二十九出 高宴飞书

……

【前腔】[生]非熊奇貌，卧龙风调，绿鬓朱颜荣耀。长城万里，君侯坐拥幢旄。快睹⑥军容出塞，将礼登坛，冠世英雄表。金汤生气象，迥铜标。图画在⑦麒麟第一高。[合前]

[刘]参军到此，即有军中一大事请教。玉关之外有小河西、大河西二国，自汉武皇开西域四郡，隔断匈奴，这两国年年贡献大汉。大河西献葡萄酒，送在酒泉郡赐宴。小河西献五色镇心瓜，送在北瓜州犒赏。到大唐初年，旧规不改。近自吐蕃挟制，贡献全疏，意欲兴兵，相烦草奏。[生]容下官措思。

……

【节节高】金花贴鼓腰，一声敲，红牙歌板齐来到。龟兹乐，于阗操，花门笑。怕人间谱换伊凉调。甘州入破横云叫，[合]酒洒西风茜征袍，军中且唱从军乐。

……

【尾声】听鸣笳《芳树》篇篇好，《小梁州》宴罢人长啸。单则是玉门关外老班超。

军中高宴夜堂开，城上乌惊探马来。

火照墨花飞草檄，众传君负佐王才。

---

① 见龙向洋撰《汤显祖剧作中的诡异色彩与蛮荒情调》，收于《大学》第一期，2011年，华东师范大学《大学》编辑部；及《紫钗记》的各种现代评注本，详见下。

② 钱南扬校点《汤显祖戏曲集》，上海古籍出版社，1978年。

③ 徐朔方笺校《汤显祖全集》第三册，北京古籍出版社，2001年。

④ "门"，徐朔方笺校本作"们"，见第1959页。

⑤ "划"，徐朔方笺校本为小字，见第1959页。

⑥ "快睹"，徐朔方笺校本为小字，见第1962页。

⑦ "在"，徐朔方笺校本为小字，见第1962页。

［刘吊场］叫中军官，明早到参军府领下檄文二道，矫诏宣谕大小河西，责其贡献。不服之时，兴兵未迟。正是鞍马不教生髀肉，檄书端可愈头风。［下］

第三十出 河西款檄

【粉蝶儿】［大河西回回粉面大鼻胡须上］撒采天西，泥八喇相连葛刺，咱占定失蛮田地。马辣酥拌饮食，人儿肥美。花蕊布缠匝胸脐，骨碌碌眼凹儿滴不出胡桐半泪。

自家大河西国王是也。天时葡萄正熟，东风起酿酒，贡献吐蕃。今又闻得大唐天子起兵把定玉门关，要咱国伏降。咱国无定，先到者为大。咱便酿下葡萄酒，看大唐吐蕃谁先到也？［内呼介］使臣到。大唐皇帝诏谕大河西王跪听宣读：昔汉西域说开葡萄归汉，今遣刘节镇李参军镇大河西，可从节制，不服者兴兵诛之。叩头谢恩！［番王起介］请大唐使臣吃马桐宴。［内应介］即往小河西，不可停，请了。［番王］俺国降唐也。自古河西称大国，从今斗北向中华。［下］。［小河西回回青面大鼻胡须上］

【新水令】火州西撒马儿田地大狻猊，降伏了覆着氁旃儿做坐席。恰咬了些达郎古宾蜜，澡了些火敦恼儿水。镔铁刀活伶俐，烧下些大尾子羊好不擅人的鼻。

自家小河西国王是也。先年臣伏大唐，近来贡奉吐蕃。到瓜熟时，吐蕃便来踩践一番。若再来扰，倒不如降了大唐也。［内呼介］诏使到。大唐皇帝诏谕小河西王跪听宣读：皇帝念小河西绝远，今遣刘节镇李参军抚之。逆者兴兵诛讨。叩头谢恩！［番王起介］请大唐使臣吃了烧羊尾巴去。［内应介］使臣便往回中受降城，断绝吐蕃西路，不得迟留，请了。［番王云］咱降唐罢。正是：诏从天上下，吓杀小河西。［下］

【一枝花】［吐蕃将黑脸领众上］当风白兰路，避暑黄杨渡，枪槊儿别透在三门竖。闪闪风沙，阵脚红旗布，打一声力骨碌。俺帽结朝霞，袍穿氆氇，剑弹金缕。

天西靠着闷摩黎，回鹘龟兹拜舞齐。只有河西双鹬子，西风吹去向南飞。自家吐蕃大将，起了部落，骚扰大小河西，好景致也！［行路打围介］

【端正好】旗面日头黄，马首云头绿。草萋迷遮不断长途，大打围领着番土鲁，绕札定黄花谷。

【滚绣球】风吹的草叶低，甚时节青疏疏柳上丝？听的咿呀呀雁行鸦侣，吱唧唧野雉山狐。急张拘勾的捧头獐，哧溜出律的决口兔。战笃速惊起些窣格落的豪猪，咭叭喇喝番了黑林郎雕虎，急迸咯唎的顺边风，几捧拦腰鼓。湿溜飒喇的是染塞草，双雕溅血图，锦袖上模糊。

呀！到大河西了，问葡萄酒熟么？［内应科］大唐使臣到此，俺国降唐了。［番将怒云］呀！大河西降了唐也。

【倘秀才】呆不邓的大河西受了那家们制伏，满地上绽葡萄乱熟，酝就了打辣酥儿香碧绿。你献了呵三杯和万事，降唐呵也依样画葫芦，骂你个醉无徒！

把都们且抢杀他一番！［作走杀介］呀！前面小河西了，问他镇心瓜熟么？［内应介］大唐使臣到此，已降了。［番将怒介］呀！小河西又降了唐也。

【么篇】些娘大的小河西生性儿撒古。东瓜大的小西瓜瓤红子乌，刺蜜样香甜冰雪髓。小河西你献咱瓜呵省可了咱心烦暑，不献呵瓜分你国土，敢待何如？

［内］大唐分兵去截你归路了，你国敢怕唐朝也！［番将］说大唐么？

【尾声】暂回去放你一线降唐路，咱则怕大唐家做不彻拔刀相助。咱不道决撒了呵，有日和你打几阵战河西得胜鼓。

番家射猎气雄粗，去向河西嘴骨都。

似倚南朝做郎主，可知西域怕匈奴。

3

二、《紫钗记》有关西域词汇释义

兹按在《紫钗记》中出现先后，将关涉西域的专门词汇摘录并注释如下：

撑犁：《汉书》卷九四上《匈奴传》："单于姓挛鞮氏，其国称之曰'撑犁涂单于'。苏林曰：'撑音掌距之掌。'师古曰：'音丈庚反。'匈奴谓天为'撑犁'，谓子为'孤涂'，单于者，广大之貌也，言其象天单于然也。"①其中之"撑犁"，诸家皆以为系今存于突厥/蒙古语中之tengri，此言"天"。

零逋：万斌生：零逋，吐蕃官名，职位相当于副相。《新唐书·吐蕃传上》："又有内大相曰囊论掣逋，亦曰论莽热；副相曰囊论觅零逋，小相曰囊论充，各一人；又有整事大相曰喻寒波掣逋，副整事曰喻寒觅零逋，小整事曰喻寒波充，皆任国事。"②陈楠据《智者喜宴》考："囊论系统即是从松赞干布时期的所谓'内相六贤臣'发展而来。'囊'（nang），藏语意为'内部'。囊论系统是掌握行政权力的执行机关。《贤者喜宴》称：'囊论犹如贤明的主妇操持家务。'囊论的职责主要有两个方面：其一是掌握吐蕃王朝的经济命脉，负责税收、统计、财产监护等方面的事务；其二是负责保卫王宫和侍奉赞普，包括赞普的饮食起居、王室成员的生活供应及操办婚丧之事、保卫王室安全、修建并守护赞普王陵等。囊论亦分为大、中、小三个等级。也就是《新唐书·吐蕃传》中所说的'又有内大相曰囊论掣逋，副相曰囊论觅零逋，小相曰囊论充，各一人'。根据藏文史书的记载，'囊论掣逋'、囊论觅零逋、及囊论充、分别是藏语'nang-blon-chen-po'，'nang-blon-vbring-po'及'nang-blon-tha-chung'的译音。译成汉语就是大内相、中内相和小内相。"③

罗广武取此意见："囊论觅零逋，即藏文 nang blon vbring po。直译为中内相。""喻寒觅零逋，即藏文 yo galvbring po。"④可见零逋系吐蕃官号 vbring po 之音译。

逻娑：万斌生：亦作逻莎、逻挲、逻些等，唐代吐蕃都城，今拉萨。⑤

小拂庐：万斌生：即小毡帐。《新唐书·吐蕃传上》："其赞普居跋布川，或逻娑川，有城郭庐舍不肯处，联毳帐以居，号大拂庐，容数百人，其卫候严，而牙甚隘。部人处小拂庐，多老寿至百余岁者。"⑥《藏族史纲要》：吐蕃人"用牛羊毛织成的氆氇（phru），代表了吐蕃的纺织技术水准。氆氇主要用于裁制衣服，做成官服、战袍、艺装、礼服、便装等款式。以整幅氆氇缀成的毡帐（sbra gur），《新唐书·吐蕃传》将其译作'拂庐'。654 年，吐蕃赞普向唐高宗献礼，其中即有一顶高 5 尺、广袤各 37 步的'大拂庐'"。⑦《西藏农牧史》则称"拂庐"为"氆氇"之另译。⑧ 有关氆氇，见后。

把都门：万斌生：把都，蒙古语勇士。马致远《汉宫秋》："四番王白：'把都儿，把毛延

---

① 《汉书》，中华书局点校本，第 3751 页。

② ［明］汤显祖著，万斌生评注《紫钗记》，中国戏剧出版社，2013 年，第 117 页，注 3。以下版本信息略，简称万斌生评注本《紫钗记》。

③ 陈楠《藏史丛考》，民族出版社，1998 年，第 26 页。

④ 罗广武译注《两唐书吐蕃传译注》，中国藏学出版社，2014 年，见第 177 页。

⑤ 万斌生评注本《紫钗记》，第 117 页，注 5。

⑥ 万斌生评注本《紫钗记》，第 117 页，注 6。

⑦ 陈楠、任小波主编《藏族史纲要》，中央民族大学出版社，2014 年，第 40—41 页。

⑧ 王建林、陈崇凯著《西藏农牧史》，社会科学文献出版社，2014 年，第 129 页。

寿拿下,解送汉朝自治。'"①按,ba'atur,即《元朝秘史》之把阿秃儿,此言勇士。"门"即"们"。

铁里温都答剌:郭杰:冯汉庸认为注家以为"铁里温都答喇"与《牡丹亭》中提到的"喇嘛"均为藏语。② 人民出版社 1982 年所出胡士莹校注本《紫钗记》注 12 与 13 分别释"铁里温——蒙古语:头";"答喇——蒙古语杀也,一作哈喇"。查《汉蒙词典》与《蒙古语详解辞典》(均为内蒙古人民出版社出版),"铁里温"为蒙语 terigun(按,应为 terigün),读为 tereun(按,应为 tereün),意为"头""元首""首先""拔尖""第一"等;"答喇"有"压""减少""降低""战胜""消灭""杀"等意。至于"铁里温"与"答喇"之间的"都",胡士莹未注。蒙古语中有一种附加成分读音为"都"(第四格给与格),相当于汉语的"在"。如是,则"铁里温都答喇"应意为"首先杀头""第一个镇压"等。但郭杰以为,"都"更可能是汉语,表示"完全"。因此"铁里温都答喇"应为蒙汉词混合句,意为"都杀头""都消灭"。③ 万斌生:蒙古语:砍头。铁里温,又作铁里温都,即人头。答刺,又作哈喇,即杀。关汉卿《拜月亭传奇》第三出罗懋登音注:"胡人谓首为铁里温,谓杀为哈喇。"④

香打辣:万斌生:香打刺,即美酒。番语称酒叫"打刺酥"。⑤

花门:万斌生:花门笑,疑为古代歌曲名称。⑥ 按,此说误。"花门"原指河西居延海(今内蒙古自治区额济纳旗)以北之花门山与扼守此处之花门山堡,系唐与回纥交界地,数见于边塞诗人岑参诗作,杜甫始用以指回纥,后成为唐时中原人对回鹘的称谓。⑦ 金元时期漠南汪古部(Öngüt)为回鹘后裔,尚为文人称为"花门"。如元好问所撰元人马月合乃祖先之《恒州刺史马君神道碑》中记:"君讳庆祥,字瑞宁,姓马氏,以小字习里吉斯行,出于花门贵种。"⑧

大河西回回粉面大鼻胡须:剧本后面又有"小河西回回青面大鼻胡须"句,"大鼻"与"胡须"是对其相貌的主要描述。回回人大量入华是在元代。由于成吉思汗及其子孙领导的西征,中亚、西亚大片土地进入元朝疆域,许多西域官员、军人、贵族、科技人员、宗教职业者、工匠和奴隶随蒙古军进入中原,在汉地定居下来,形成回回人。中原人很早就注意到回回人长相与自己的差别。其实宋人已注意到,"回纥皆长髯高鼻,以匹帛缠头,散披其服"。⑨文天祥在被元军俘获后,曾写了一首题为《命里》的诗,记述他初遇回回人时的印象:

① 万斌生评注本《紫钗记》,第 117 页,注 10。

② 冯汉庸《藏族风物对祖国的贡献》,《中国藏学》1991 年第 4 期。

③ 郭杰《"铁里温都答喇"小考》,《西南民族学院学报》1992 年第 2 期,第 110 页。

④ 万斌生评注本《紫钗记》,第 117 页,注 12。

⑤ 万斌生评注本《紫钗记》,第 117 页,注 18。

⑥ 万斌生评注本《紫钗记》,第 124 页,注 58。

⑦ 有关研究见:一夔《"柘羯"与谁为敌?》,《铁道师院学报》1986 年第 3 期,第 47 页;廖立《岑诗西征物件及出师地点再探》,《中州学刊》1992 年第 2 期,第 104—108 页;孟楠《回纥别称"花门"考》,《西北史地》1993 年第 4 期,第 41—42 页;赵贞《大中二年(848)沙州遣使中原路线蠡测》,《中国边疆史地研究》2002 年第 3 期,第 89—118 页;吴华峰《杜甫"花门诗"小议》,《杜甫研究学刊》2016 年第 2 期,第 21—28 页。

⑧ 《遗山先生文集》卷二七,《四部丛刊》景明弘治本。

⑨ [宋]孟元老撰《东京梦华录》卷六,元刻本,北京图书馆。[宋]陈均撰《宋九朝编年备要》卷三〇记:建炎元年(金天会五年,1127)"春正月朔,命亲王二人如虏营贺正,粘罕遣其子真珠大王同虏使八人来"。随后即述此段,仅称"旧制",未说明系北宋时事,取自《东京梦华录》,见宋绍定刻本,上海图书馆藏。[宋]徐梦莘编《三朝北盟汇编》卷七四亦同,[清]许涵度校刻本。

翌日早，铁木儿自驾一舟来，令命里千户捽予上船，凶焰吓人，见者莫不流涕。命里，高鼻而深目，面毛而多，回回人也。

熊黑十万建行台，单骑谁教免胄来。一日捉将沙漠去，遭逢碧眼老回回。①

这里的"命里"，是文天祥所见到的千户的名字，应为阿拉伯语 Malik"王"的音译。文天祥说他"高鼻深目"，胡须浓密，还说他的眼睛是"碧"色的。元人吴昌龄在其《西游记·回回迎僧》一出中，有如下内容：

【洞仙歌】（小回回上）回回、回回把清斋，饿得、饿得叫奶奶。眼睛、眼睛凹进去，鼻子、鼻子长出来。

自家回回国中小回回是也。今有大唐三藏师父往西天五印度取大藏真经，打俺这里经过。老师父待接数日，不觉到来，因此着俺在此等候。远远望见，敢是来也。

（唐上）迢迢万里路，走了八千途。贫僧大唐三藏，自离了河西国度而来，一路饥餐渴饮，夜住晓行，可早来到回回国度也。闻说此处人人好善，个个持斋，怎生不见回回来迎接？②

这里说经过河西地区，唐僧一行便进入"回回国"，当地人"小回回"有"把清斋"的习惯，长相是眼凹鼻高。有关回回人长相事，下面还要涉及。

撒采天西：万斌生：撒采，播种和收割。③ 按，此说不得要领。《文武诸司衙门官制》卷一记"西域诸国"中有："撒采撒马儿罕。"④"天西"应归入"天西泥八喇"，详后。

天西泥八喇相连葛剌：万斌生把"天西"与"撒采天西"联在一起解，并曰：泥八喇相连葛剌，番语，其意不明。⑤ 按，"天西泥八喇"，即"西天泥八喇"。"泥八喇"即今尼泊尔（Nepal），元代译称"泥波罗"。《明会典》卷九六《礼部五十五》记西域有"西天泥八喇国"。⑥ 前已提及，天西，当指西天。《文武诸司衙门官制》卷一记"西域"有"西天沈八剌"，⑦当为"西天泥八剌"之误。明代又常作"西天尼八剌"。葛剌，或指密宗神大黑天马哈葛剌（Maha Qara），元代随藏传佛教进入内地。

咱占定失蛮田地：此句万斌生评注本未出注。"失蛮"，当即"答失蛮"，为波斯语 dānišmand 之音译，指回回学者。"失蛮田地"，即"答失蛮田地"，指西域信仰伊斯兰教地区。⑧

---

① 《文山先生全集》卷十三《别集》，《四部丛刊》景明本。

② ［明］止云居士编《万壑清音》，白云山人校，台湾学生书局，1987 年，卷 4，第 1 册，页 269—273；《吴昌龄、刘唐卿、于伯渊集》，山西人民出版社，1993 年，第 195 页。

③ 万斌生评注本《紫钗记》，第 127 页，注 1。

④ ［明］陶承庆校正、［明］叶时用增补《文武诸司衙门官制》，明刻本，南京图书馆藏。

⑤ 万斌生评注本《紫钗记》，第 127 页，注 2。

⑥ 《明会典》，《四部丛刊》本。

⑦ ［明］陶承庆校正、［明］叶时用增补《文武诸司衙门官制》，明刻本，南京图书馆藏。

⑧ 近解见方龄贵《古典戏曲外来语考释词典》，汉语大词典出版社，2001 年，第 330—333 页。

马辣酥：万斌生：马剌酥，马乳，酥油。①

花蕊布：据《宋史》卷四九〇《于阗传》与《高昌传》记载，于阗与高昌皆出花蕊布。②

骨碌碌眼凹儿：明田汝成描述色目人的相貌和习俗时曰：其人"隆准深眸。不啖豕肉"。③ 可见，宋元明时期，江南汉人是可以从相貌上明显地区分出回回人的。

胡桐半泪：万斌生：〔宋〕罗愿《尔雅翼》："西域善鄯国有胡桐，虫食其木，则沫出，其下流者，俗名为胡桐泪，言如目中泪也。"〔唐〕刘恂《岭表录异》卷中："胡桐泪，出波斯国，是胡桐树脂也，名胡桐泪。"〔明〕李时珍《本草纲目》载：

> 治湿热牙疼，喜吹风，胡桐泪入麝香掺之。④

按，胡桐即胡杨。胡桐泪，胡杨树树脂在土中存留多年后形成，又称为梧桐泪、梧桐碱、胡桐碱、胡桐律、石律、石泪。此处谐音指胡人的泪水。《重修政和证类本草》：

> 胡桐泪，味咸苦，大寒，无毒。主大毒热、心腹烦满，水和服之，取吐。又主牛马急黄黑汗，水研三二两，灌之，立差。又为金银焊药，出肃州以西平泽及山谷中，形似黄矾而坚实，有夹烂木者。云是胡桐树滋沦入土石碱音减卤地作之。其树高大，皮叶似白杨、青桐、桑辈，故名胡桐木。堪器用，又名胡桐律。律、泪声讹也。《西域传》云：胡桐似桑而曲（《唐本》先附草部，今移。臣禹锡等谨按：蜀本《图经》云：凉州以西有之，初生似柳，大则似桑、桐之间，津下入地，与土石相染，状如姜石，极咸苦，得水便消。若矾石、消石类也。冬采之。日华子云：治风蚛牙齿痛。有二般，本律不中入药用。石律形如小石片子，黄土色者为上，即中入齿药用，兼杀火毒并面毒。）《图经》曰：（胡桐泪出肃州以西平泽及山谷中，今西蕃亦有，商人货之者。相传其木甚高大，皮似白杨、青桐辈。其叶初生似柳，渐大则似桑、桐辈。其津液沦入地中，与大石相着。冬月采得之。状如黄矾、姜石。味极咸苦，得水便消，如消石也。古方稀用，今治口齿家，为最要之物。一名胡桐律。律、泪声近也。然有一橦水律，极相类，不堪用也。）
> 《海药》：谨按，《岭表记》云：出波斯国，是胡桐树脂也，名胡桐泪。又有石泪，在石上采也。主风疳蚛齿牙疼痛，骨槽风劳，能软一切物，多服令人吐也。作律字，非也。
> 《通典》：西戎楼国多出柽柳、胡桐、白草。白草牛马所嗜也。胡桐亦似。虫食其树而津下流出者，俗名为胡桐泪，可以杆金银，俗讹呼泪为律。⑤

《太平御览》：

---

① 万斌生评注本《紫钗记》，第127页，注3。

② 《宋史》，中华书局点校本，第14108，14111页。

③ 田汝成《西湖游览志》卷十八"真教寺"条，上海古籍出版社，1998年，第205页。

④ 万斌生评注本《紫钗记》，第127页，注5。

⑤ 《重修政和证类本草》卷十三，《四部丛刊》本。本书由北宋政府于政和六年（1116）重新修订刊行，题为《经史证类备急本草》。

又曰鄯善，地沙卤，少田。寄田仰谷旁国。国出玉，多葭苇、柽柳、胡桐、白草。孟康曰：白草，草之白者也。胡桐似桑而多曲。师古曰：胡桐泪可以汗金银，今工匠皆用之。①

马桐宴：万斌生："马桐"疑"挏马"之误。《汉书·礼乐志》载有挏马酒。《说文》："汉有挏马官，作马酒。"应劭注云："主马乳，取其汁挏治之。味酢可饮，因以名官也。"②按，马桐，即马湩，突厥语为 qïmïz，指以马乳发酵制成的酒。

撒马儿田地：万斌生：撒马儿，即撒马儿罕，乌兹别克语，意为"肥沃的土地"。③ 按，"撒马儿田地"，当即撒马儿罕田地，即今乌兹别克斯坦之 Samarqand。万斌生谓源自乌兹别克语，误。此名来源甚古，实波斯帝国时代粟特古城"马拉康达"。其突厥语名称为 Semizkent，译言"肥城"。辽金元时期汉译为寻思干、邪迷思干、薛迷思贤等，这些名称皆循中亚草原通过突厥语管道传至蒙古。所谓"乌兹别克语，意为'肥沃的土地'"，当指其突厥语名称云。而撒马儿罕，当系通过波斯语管道传入之名称。

大狻猊，万斌生：狻猊，音 suān ní（酸倪），传说中龙生九子之一，形如狮，亦作狮子代称。④ 按，"狻猊"，波斯语 šīr（狮子）的汉代音译。汉时中原人常以-n 结尾的阳声字音译番语中以舌尖颤音-r 结尾的音节。

达郎古宾蜜：万斌生：达郎古宾蜜，番语。《明史》卷三三二《西域四》："又有小草，高一二尺，丛生，秋深露凝，食之如蜜，煮为糖，番名达郎古宾。"又，《本草纲目》引《大明一统志》："西番萨马尔罕，地有小草，丛生，叶细如兰，秋霜凝其上，味甘如蜜。可煮为汤。土人呼为达郎古宾，盖甘露也。"⑤

火敦恼儿水：万斌生：蒙古语"火敦"，意为星宿，"脑儿"，即湖泊、海子。火敦恼儿即星宿海。[元]潘昂霄《河源志》："河源在吐蕃朵甘思西鄙，有泉百余泓，或泉成潦，水沮洳散涣，方可七八十里，且泥淖弱不胜人，逼视匆克，旁立高山下瞰，灿若列星，以故火敦脑儿，火敦译言星宿也。"朱思本译《河源志》："河源在中州西南，水从地下涌出如井。其井百余，东北流百余里，汇成大泽，曰火敦脑儿。"⑥

氆鲁：万斌生：氆鲁，藏语音译，又称藏毡。为藏族手工生产的一种羊毛织品，质地细密柔软，可以做床毯、衣服等。⑦《中国历史大辞典·科技史卷》：氆鲁。西藏地区唐中叶后主要毛织物品种。二上二下斜纹组织，属高档毛织物。名称始见于宋时文献，又称霞毡、红氆鲁。用作贡品，及藏王、上层贵族、大喇嘛的法衣。用四叶棕框、四根踏杆的木织机织造，幅宽一市尺，经纬密度每厘米十至十四根。⑧

---

① 《太平御览》卷七〇二，《四部丛刊》本。
② 万斌生评注本《紫钗记》，第128页，注6。
③ 万斌生评注本《紫钗记》，第128页，注8。
④ 万斌生评注本《紫钗记》，第128页，注9。
⑤ 万斌生评注本《紫钗记》，第128页，注11。补《岛夷志略》。
⑥ 万斌生评注本《紫钗记》，第128页，注12。
⑦ 万斌生评注本《紫钗记》，第128页，注16。
⑧ 中国历史大辞典·科技史卷编纂委员会编《中国历史大辞典·科技史卷》（张琼撰），上海辞书出版社，2000年第1版，第748页。

闷摩黎：万斌生：闷摩黎，山名。史载：唐穆宗长庆元年(821)，大理寺卿刘元鼎作会盟使出使吐蕃，进入黄河上源"闷摩黎山"。据吴景傲《西陲史地研究》考证，闷摩黎山即今巴颜喀拉山，亦称昆仑山。[①]

番土鲁：土鲁，万斌生评注本未出注。余考虑 1)或为"秃鲁花"，此言"质子军"。2)与下句"黄花谷"地名对应，亦为地名，指吐鲁番，因求押韵而倒置。

打辣酥儿：万斌生：打辣，[明]高濂《玉簪记》(北京图书馆藏"继志斋刊"本)注："胡人谓酒曰打辣酥。"[②]

刺蜜：万斌生评注本未出注。元胡古愚《树艺篇》记：

> 刺蜜，味甘无毒，主骨热、痰嗽、痢暴、下血、开胃、止渴、除烦，生交河沙中，草头有刺，上有毛，毛中生蜜，一名草蜜，胡人叫为给敦罗。[③]

李时珍《本草纲目》记：

> 刺蜜，《拾遗》(《校正》自《草部》移入此)。释名草，《拾遗》给敦罗，《集解》：藏器曰：交河沙中有草，头上有毛，毛中生蜜，胡人名为给敦罗。时珍曰：按李延寿《北史》云：高昌有草名羊刺，其上生蜜，味甚甘美。又《梁四公子》记云：高昌贡刺蜜。杰公云：南平城羊刺无叶，其叶色白而味甘。盐城羊刺叶大，其蜜色青而味薄也。高昌即交河，在西番，今为火州。又段成式《酉阳杂俎》云北天竺国有蜜草，蔓生，大叶，秋冬不死，因受霜露遂成蜜也。又《大明一统志》云：西番撒马儿罕地有小草，丛生，叶细如蓝，秋露凝其上，味甘如蜜，可熬为饧，土人呼为达(即)[郎]古宾，盖甘露也。按此二说皆草蜜也，但不知其草即羊刺否也。[④]

三、有关西夏人纳麟的几种文学作品

(一) 元散曲[正宫·端正好]《上高监司》

西夏人纳麟为元末名臣，其先祖仕夏，祖父为元初名臣高智耀，祖孙两人传略分别在《元史》卷一二五与卷一四二中。高智耀家族世代业儒，其高祖为西夏进士第一人。夏末高智耀亦登进士第，[⑤]国亡后隐居不仕。元太宗窝阔台、定宗贵由朝，皇子阔端(Ködän)镇河西，使儒士与普通民众一同应役，高智耀说服阔端免儒户役。宪宗蒙哥朝高智耀亦受重用，世祖朝开始入仕。而其孙纳麟则是高智耀家族中入元仕宦品职最高者。

---

① 万斌生评注本《紫钗记》，第 128 页，注 17。
② 万斌生评注本《紫钗记》，第 128 页，注 31。
③ [元]胡古愚《树艺篇》草部中品卷上，明纯白斋钞本。
④ 李时珍《本草纲目》卷三十三，《文渊阁四库全书》本。
⑤ 《元史·高智耀传》溯其世系仅及其祖父，但虞集所撰《重建高文忠公祠记》提及其曾大父进士及第事。见《道园类稿》卷二五，《元人文集珍本丛刊》第 6 册影印明初复刊元抚州路学刊本，台湾新文丰出版公司，1985 年。

在既往研究中，除汤开健《元代西夏人的政治地位》、①《元代西夏人的历史贡献》（与马宏祥合撰），②史金波《蒙元时期党项上层人物的活动》③与李蔚《蒙元时期党项人物事迹述评》④有所提及外，近期主要的研究是徐悦《蒙元时期西夏遗民高氏及其后裔》。⑤ 该文聚焦于高智耀家族，特别提及纳麟在元顺帝至正初决定于居庸关建过街塔时推动镌刻包括西夏文在内六种文字《陀罗尼经》的作用，与明代话本《拍案惊奇》中《崔俊臣巧会芙蓉屏》所记协助落难崔俊臣夫妇团圆并智擒盗匪的材料。但此文亦有一些明显缺陷，如在文中表一《高氏家族成员姓名爵里、职官及主要活动》中记载"高纳麟，字文灿"。⑥

元人杨朝英所编《乐府新编阳春白雪》后集卷三中收署名为古洪刘时中⑦所写散曲〔正宫·端正好〕《上高监司》两套。兹先据《全元曲》录文⑧录其文字，并校以元钞本与清光绪盒庵徐氏丛书本如下：

众生灵遭磨障，正值着时岁饥荒。谢恩光拯济皆无恙，编做本词儿唱。

【滚绣球】去年时正插秧，天反常，那里取若时雨降？旱魃生四野灾伤。谷不登，麦不长，因此万民失望，一日日物价高涨。十分料钞加三倒，⑨一斗粗粮折四量，煞是凄凉。

---

① 汤开健《元代西夏人的政治地位》，陈乐素、常绍温主编《宋元文史研究》，广东人民出版社，1986 年。后收入氏著《党项西夏史探微》，商务印书馆，2013 年。

② 汤开健《元代西夏人的历史贡献》，《青海社会科学》1987 年第 3 期。后收入上引氏著《党项西夏史探微》。

③ 史金波《蒙元时期党项上层人物的活动》，中国社会科学院民族研究所民族历史研究室编《民族论丛》第一辑，中华书局，1987 年。后收入氏著《史金波文集》，上海辞书出版社，2005 年。

④ 李蔚《蒙元时期党项人物事迹述评》，《固原师专学报》2004 年第 4 期。

⑤ 徐悦《蒙元时期西夏遗民高氏及其后裔》，《宁夏大学学报》2008 年第 3 期。

⑥ 作者说明，此表系据汤开健《元代西夏人物表》、《增订〈元代西夏人物表〉》，韩荫晟《元代西夏后裔事迹及其分布地区简介（二）》绘制，作者亦有所补充。

但作者对史料与后人论著未加区分，将《新元史》、《蒙兀儿史记》皆列为史料。文中虽引用了虞集《道园类稿》卷二五《重建高文忠公祠记》，但在追溯高氏祖时，仍仅录其曾祖父高逸为西夏大都督府尹，祖父高良惠为西夏右丞相及其父惠德的名字，未言及《重建高文忠祠记》与《元史》之间的重要差别，即其曾祖为西夏进士第一人，而为西夏大都督府尹的并非其曾祖，而是其祖父。

按，元代有北庭纳麟普华，字文灿，见许有壬《至正集》卷四十《絅斋记》与卷七二《跋纳麟文灿诗》。前者称他为"北庭纳麟普华"，后者记为"高昌纳麟普华文灿"，即此纳麟其实名"纳麟普华"（Narï Buqa），系畏兀儿人，而非河西人，显误。

⑦ "刘时中"，元钞本与清光绪随盒徐氏丛书本皆写作简体"刘时中"。

⑧ 徐征、张月中、张圣洁、奚海主编《全元曲》第十卷，河北教育出版社，1998 年，第 7505—7507 页。以下版本信息略，简称《全元曲》。

⑨ "十分料钞"句：意为物价高涨，十分料钞只能顶七分使用。料钞，元初发行的一种纸币。它是以丝料做合价标准的，故名料钞。加三倒，旧钞换新钞，要加三成，这是说钞票贬值。——《全元曲》，第 7508 页，注 6。

按，高丽汉语教科书原本《老乞大》中恰有一段描述元代市场上使用纸钞交易的过程，其中有关"料钞"节文如下：

（丽商）：咱每饭也吃了也，与了饭钱去来。卖物，来回钞，通该多少？

（店家）：二两烧饼，一两半羊肉，通三两半。

（丽商）：兀的五两钞，贴一两半来。

（丽商）：这一两半没些眉眼，使的么？

（转下页）

【倘秀才】殷实户欺心不良,停塌户瞒天不当。吞象心肠歹伎俩。谷中添秕屑,米内插粗糠,怎指望他儿孙久长?

【滚绣球】甑生尘老弱饥,米如珠少壮荒。有金银哪里每典当?尽柺腹高卧斜阳。剥榆树餐,挑野菜尝,吃黄不老胜如熊掌,蕨根粉以代糇粮。鹅肠苦菜连根煮,荻笋芦蒿带叶噇,则留下杞柳株樟。

【倘秀才】或是捶麻柘稠调豆浆,或是煮麦麸稀和细糠,他每早合掌擎拳谢上苍。一个个黄如经纸,一个个瘦似豺狼,填街卧巷。

【滚绣球】偷宰了些阔角牛,盗斫了些大叶桑。遭时疫无棺活葬,贱卖了些家业田庄。嫡亲儿共女,等闲参与商。痛分离是何情况!乳哺儿没人要撇入长江。那里

（接上页）　（店家）：好钞有,你将去。这钞大都做料钞使。（影印本《原本老乞大》,《朝鲜时代汉语教科书丛刊》,第2册,叶17b;标点本,《朝鲜时代汉语教科书丛刊》,第1册,页25。）

料钞这个词,研究宋元语的学者早就关注到。龙潜庵先生释为:"元初发行的纸币钞,以丝料作合价标准,故称。后泛称纸币。《杀狗劝夫》二折:'你怀揣着雅青料钞寻相识,并没半升粗米施馔粥。'《刘弘嫁婢》一折:'人家道那把时节将烂钞你强揣与,巴的到那赎时节要那料钞赎将去。刘时中《端正好·上高监司》套……"对照原本《老乞大》上述节文中最后一句"好钞有,你将去。这钞大都做料钞使","料钞"与"好钞"几乎是同义语,可知龙潜庵所释不妥。其实龙潜庵所举的诸例中:

其一"你怀揣着雅青料钞寻相识,并没半升粗米施馔粥"的对句中,"雅青料钞"说明,料钞的纸色呈青绿色。《元典章》中所录延祐六年(1319)六月的《买卖蛮会断例》中称"窥见亡宋关会纸色粉青,复行纠合无籍哗民收买,转行添插颜料,抄成钞纸,印造伪钞,比与宝钞色无异",可证明这一点。因此,"你怀揣着雅青料钞寻相识,并没半升粗米施馔粥"中,蓝青色料钞与"半升粗米"恰成鲜明对照,指携带崭新钞币,正说明料钞指好钞。

其二"人家道那把时节将烂钞你强揣与,巴的到那赎时节要那料钞赎将去"中,前句中的"烂钞"与后句中的"料钞"为反向对比,也证明料钞指好钞。

卜键先生正是根据其二《刘弘嫁婢》一折中"人家道那把时节将烂钞你强揣与,巴的到那赎时节要那料钞赎将去",将料钞释为"新钞"。但卜键先生的解释不过是根据上述元曲的推测。其实好钞与新钞毕竟有别,好钞也不等于新钞。最清楚表述料钞概念的史料是元人郑介夫在成宗时所上钞法,其中说:

况外路倒换到合烧之钞,贯伯分明,沿角无缺,京都之下称为料钞,一归煨烬,诚为可惜。

可见料钞并不是新钞,而是指钞面有币值文字清晰,钞币本身好无缺的纸钞。而《老乞大》中与"料钞"对应是的"好钞",也说明料钞并非新钞。

"料钞"中的"料"字作何解?笔者尚未见有人解释。查《金史》:

交钞之制,外为阑,作花纹,其上衡书贯例:左曰"某字料",右曰"某字号"。料号外,篆书曰:"伪造交钞者斩,告捕者赏钱三百贯。"料号衡阑下曰"中都交钞库,准尚书户部符,承都堂札付,户部覆点勘,令史姓名押字。"又曰:"圣旨印造逐路交钞,于某处库纳钱换钞,更许于某处库纳钞换钱,官私同见,钱流转。"其钞不限年月行用。

大约是因为金代交钞钞面文字中有"字料",所以元代以"料"来区分元人钞的种类。元人梁寅曰:

元因宋之交会而为钞,大小凡十八料。迨今朝造钞益精,止于六料而与钱兼行。

元末陶宗仪亦提到:

至元印造通行宝钞分一十一料:贰贯、壹贯、伍伯文、叁伯文、贰伯文、壹伯文、伍拾文、叁拾文、贰拾文、壹拾文、伍文。

"十八料"与"一十一料"指十八种或十一种不同面值的纸钞,这里的"料"当指钞面文字。那么,料钞是否因钞面"贯佰分明"而得名呢?

另,"十分料钞加三倒"并非意谓"旧钞换新钞,要加三成,这是说钞票贬值"。元制昏钞换新钞,只加五分,而非三成。是指元代社会普遍弃用破旧纸币,详见拙文《〈老乞大〉所现元代交钞流通场景研究》(《清华元史》第5辑,商务印书馆,待刊)。

取厨中剩饭杯中酒,看了些河里孩儿岸上娘,不由我不哽咽悲伤!

【倘秀才】私牙子船湾外港,行过河中宵月朗。则发迹了些无徒米麦行。牙钱加倍解,卖面处两般装,昏钞早先除了四两。

【滚绣球】江乡相,有义仓,积年系税户掌。借贷数补答得十分停当,都侵用过将官府行唐。那近日劝粜到江乡,按户口给月粮。富户都用钱买放,无实惠尽是虚桩。充饥画饼诚堪笑,印信凭由却是谎,快活了些社长知房。

【伴读书】磨灭尽诸豪壮,断送了些闲浮浪。抱子携男扶筇杖,尪赢伛偻如虾样。一丝好气沿途创,阁泪①汪汪。

【货郎】见饿殍成行街上,乞丐拦门斗抢,便财主每也怀金鹄立待其亡。感谢这监司主张,似汲黯开仓。披星带月热中肠,济与粜亲临发放。见孤孀疾病无皈向,差医煮粥分厢巷,更把赃输钱分例米多般儿区处的最优长。众饥民共仰,似枯木逢春,萌芽再长。

【叨叨令】有钱的贩米谷置田庄添生放,无钱的少过活分骨肉无承望;有钱的纳宠妾买人口偏兴旺,无钱的受饥馁填沟壑遭灾障。小民好苦也么哥!小民好苦也么哥!便秋收鬻妻卖子家私丧。

【三煞】这相公爱民忧国无偏党,发政施仁有激昂。恤老怜贫,视民如子,起②死回生,扶弱摧强。万万人感恩知德,刻骨铭心,恨不得展草垂缰,③覆盆之下,同受太阳光。

【二】天生社稷真卿相,才称朝廷作栋梁。这相公主见宏深,秉心人恕,治政公平,莅④士慈祥。可与萧、曹比并,伊、傅齐肩,周、召班行。紫泥宣诏,花衬马蹄忙。

【一】愿得早居玉笏⑤朝班上,仁看金瓯姓字香。入阙朝京,攀龙附凤,和鼎调羹,论道兴邦。受用取貂蝉济楚,衮绣峥嵘,珂佩丁当。普天下万民乐业,都知是前任绣衣郎。

【尾声】相门出相前人奖,官上加官后代昌。活被生灵恩不忘,粒我烝民德怎偿?父老儿童细较量,樵叟渔夫曹论讲。共说东湖柳岸旁,那里清幽更舒畅。靠着云卿苏圃场,与徐儒子流芳挹⑥清况,盖一座祠堂人供养,立一统碑碣字数行。将德政因由都载上,使万万代官民见时节想。

刘时中的这两套曲自 1950 年代以来,在元曲界引起热烈讨论,其焦点之一是标题中的"高监司"其人,其二为该曲的创作年代。

孔宪富《刘时中的套曲[正宫端正好]——〈上高监司〉之一》⑦总结道:"中国科学院文学研究所编《中国文学史》中表示'应作于至正十年(1350)前后';游国恩等主编的《中国文

---

① "阁泪",元钞本与清光绪随盦徐氏丛书本俱作"阁泪"。《全元曲》误作"合泪"。

② "起",元钞本作"赴"。

③ "缰",元钞本与清光绪随盦徐氏丛书本俱作"缰"。

④ "莅",元钞本与清光绪随盦徐氏丛书本俱作"莅"。

⑤ "笏",元钞本与清光绪随盦徐氏丛书本俱作"笏"。

⑥ "挹",清光绪随盦徐氏丛书本误作"把"。

⑦ 孔宪富《刘时中的套曲[正宫端正好]——〈上高监司〉之一》,《锦州师院学报》1987 年第 4 期。

学史》中把它的写作时间与张养浩的散曲《潼关怀古》列为同时,即天历二年(1329),并认为高监司,即当时江西道廉访使高纳麟;王季思等的《元散曲选注》说'这套曲大约写于泰定元年(1324)',并认为'高监司可能指侍御史高奎'。"

李修生《关于刘时中的〈上高监司〉》①一文根据《江西通志》卷二六《名宦》中"高纳麟"条所记纳麟天历年在龙兴救灾的记录,与后套中出现的"相门出相前人奖"词句,及《新元史》卷一〇五《纳麟传》与《元史·文宗纪》中有关天历二年旱灾的记载,"觉得可以断定刘时中的[正宫端正好]《上高监司》两套曲就是写给高纳麟的"。他还据前套中"去年时正插秧,天反常,那这里取若时雨降?旱魃生四野灾伤"及后套中提到"为高纳麟立祠问题",判定其写作年代应为 1330 年。支持此说的有银河《〈上高监司〉的写作年代》。②

孟繁仁在《散曲家刘时中有关问题澄疑》③一文中明确表示《上高监司》作于"天历二年"等说不能成立,"高监司"不是高纳麟、高奎,当指高昉。至于其写作年代,当为延祐三年(1310)。

针对孟繁仁之说,孔繁信撰文《关于〈上高监司〉套曲的几个问题商榷》,④提出"曲中所歌颂的高监司是高纳麟而不是高昉或高奎",两套曲所记灾害应指 1354 年的旱灾与饥荒,因而均应写于 1354 年。

(二)《芙蓉屏记》

纳麟退居姑苏时期的事迹,史料所记甚少。但明初李昌祺《新增全相湖海新奇剪灯余话大全》中,收录了一则故事,题为《芙蓉屏记》,其中提到纳麟。此传奇收入陈建根主编《中国文言小说精典》。⑤ 其文为:

> 至正辛卯(1351,至正十一年),真州有崔生名英者,家极富,以父荫补浙江温州永嘉尉,携妻王氏赴任,道经苏州之圌山,泊舟少憩。买纸钱牲酒,赛于神庙。既毕,与妻小饮舟中。舟人见其饮器皆金银,遽起恶念。是夜,沉英水中,并婢仆杀之。谓王氏曰:"尔知所以不死者乎?我次子尚未有室,今与人撑船往杭州,一两月归来,与汝成亲。汝即吾家人,第安心无恐。"言讫,席卷其所有,而以新妇呼王氏。王氏佯应之,勉为经理,曲尽殷勤。舟人私喜得妇,渐稳熟,不复防闲。将月余,值中秋节,舟人盛设酒肴,雄饮痛醉。王氏伺其睡沉,轻身上岸,走二三里,忽迷路,四面皆水乡,惟芦苇菰蒲,一望无际。且生自良家,双弯纤细,不任跋涉之苦。又恐追寻至,于是尽力而奔。久之,东方渐白,遥望林中有屋宇,急往投之。至,则门犹未启,钟梵之声隐然。少顷开关,乃一尼院。王氏径入,院主问所以来故。王氏未敢实对,绐之曰:"妾真州人,阿舅官游江浙,挈家皆行,抵任而良人殁矣。孀居数年,舅以嫁永嘉崔尉次妻。正室悍戾难事,羞辱万端。近者解官,舟次于此,因中秋赏月,命妾取酒杯,不料失手,坠

---

① 李修生《关于刘时中的〈上高监司〉》,《北京师范大学学报》1963 年第 3 期。

② 银河《〈上高监司〉的写作年代》,《社会科学战线》1986 年第 1 期。

③ 孟繁仁《散曲家刘时中有关问题澄疑》,《晋阳学刊》1985 年第 6 期。

④ 孔繁信《关于〈上高监司〉套曲的几个问题商榷》,《文学遗产》1986 年第 4 期。

⑤ 陈建根主编《中国文言小说精典》,山东大学出版社,2008 年,第 323—326 页。

金盏于江，必欲置之死地，遂逃生至此。"尼曰："娘子既不敢归舟，家乡又远，欲别求匹耦，卒乏良媒，孤苦一身，将何所托？"王惟涕泣而已。尼又曰："老身有一言相劝，未审尊意如何？"王曰："若吾师有以见处，即死无憾。"尼曰："此间僻在荒滨，人迹不到，茭葑之与邻，鸥鹭之与友，幸得一二同袍，皆五十以上。侍者数人，又皆淳谨。娘子虽年芳貌美，奈命寒时乖，盍若舍爱离痴，悟身为幻，披缁削发，就此出家，禅榻佛灯，晨餐暮粥，聊随缘以度岁月，岂不胜于为人宠妾，受今世之苦恼，而结来世之仇雠乎？"王拜谢曰："是所志也。"遂落发于佛前。立法名慧圆。

王读书识字，写染俱通，不期月间，悉究内典，大为院主所礼待。凡事之巨细，非王主张，莫敢辄自行者。而复宽和柔善，人皆爱之，每日于白衣大士前礼百余拜，密诉心曲，虽隆寒盛暑弗替。既罢，即身居奥室，人罕见其面。岁余，忽有人至院随喜，留斋而去。明日持画芙蓉一幅来施，老尼张于素屏。王过见之，识为英笔，因询所自。院主曰："近日檀越布施。"王问："檀越何姓名？今住甚处？以何为生？"曰："同县顾阿秀兄弟，以操舟为业。年来如意，人颇道其劫掠江湖间，未知诚然否？"王复问："亦尝往来此中乎？"曰："少到耳。"即默识之。乃援笔题于扉上，曰：

> 少日风流张敞笔，写生不数今黄筌，芙蓉画出最鲜妍，岂知娇艳色，翻抱死生冤！粉绘凄凉余幻质，只今流落有谁怜。素屏寂寞伴枯禅，今生缘已断，愿结再生缘。

其词盖《临江仙》也，尼皆不晓其所谓。

一日，忽有城有郭庆春者，以他事至院，见画与题，悦其精致，买归为清玩。适御史大夫高公纳麟退居姑苏，多慕书画。庆春以屏献之，公置于内馆，而未暇问其详。偶外间忽有人卖草书四幅，公取观之，字格类怀素，而清劲不俗。公问："谁写？"其人对："是某学书。"公视其貌，非庸碌者，即询其乡里、姓名。则蹙颏对曰："英姓崔，字俊臣，世居真州，以父荫补永嘉尉。挈累赴官，不自慎重，为舟人图，沉英水中，家财妻妾不复顾矣。幸幼时习水，潜泅波间。度既远，遂登岸投民家，而举体沾湿，了无一钱在身。赖主翁善良，易以裳衣，待以酒饭，赠以盘缠遣之。曰：'既遭寇劫，理合闻官，不敢奉留，恐相连累。'英遂问路出城，陈告于平江路，今听候一年，杳无消耗，惟卖字以度日，非敢谓善书也。不意恶札上彻钧览。"公闻其语，深悯之，曰："子既如斯，付之无奈，且留吾西塾，训诸孙写字，不亦可乎？"英幸甚。公延入内馆，与饮。英忽见屏间芙蓉，泫然垂泪。公怪，问之。曰："此身中失物之一，英手笔也。何得在此？"又诵其词，复曰："英妻所作。"公曰："何以办识？"曰："识其字画。且其词意有在，真拙妇所作无疑。"公曰："若然，当为子任捕盗之责。子姑秘之。"乃馆英于门下。

明日，密召庆春问。庆春云："买自尼院。"公即使宛转诘尼，得于何人，谁所题咏。数日报云："同县阿秀舍老院，尼圆慧题。"公遣人说院主曰："夫人喜诵佛经，无人作伴。闻慧圆了悟，今礼为师，愿勿却也。"院主不许，而慧圆闻之，深欲一出，或者可以借此复仇。尼不能拒。

公命舁至，俾夫人与之同寝处，眰日问其家世之详。王饮泣，以实告，且白题芙蓉事，曰："盗不远矣！惟夫人转以告公，脱得罪人，洗刷前耻以下报夫君，则公之赐大矣。"而未知其夫之故在也。夫人以语公，且云其读书贞淑，厥非小家女。公知为英妻无疑,属夫人善视之,略不与英言。公廉得顾居址出没之迹,然未敢轻动,惟使夫人阴劝王畜发返初服。

又半年,进士薛理溥化为监察御史,按郡。溥化,高公旧日属吏,知其敏手也,且语溥化,掩捕之,敕牒及家财尚在,惟不见王氏下落。穷讯之,则曰:"诚欲留以配次男,不复防备。不期当年八月中秋逃去,莫知所往矣。"溥化遂置之于极典,而以原赃给英。

英将辞公赴任。公曰:"待与足下作媒,娶而后去,非晚也。"英谢曰:"糟糠之妻,同贫贱久矣。今不幸流落他方,存亡未卜。且单身到彼,迟以岁月,万一天地垂怜,若其尚在,或冀伉俪之重谐耳。感公恩德,乃死不忘。别娶之言,非所愿也。"公凄然曰:"足下高谊如此,天必有以相佑,吾安敢苦逼。但容奉饯,然后起程。"

翌日开宴,路官及郡中名士毕集。公举杯告众曰:"老夫今日为崔县尉了今生缘。"客莫谕。公使呼慧圆出,则英故妻也。夫妇相持大恸,不意复得相见于此。公备道其始末,且出芙蓉屏示客,方知公所云了今生缘,乃英妻词中句,而慧圆,则英妻改字也。满座为之掩泣,叹公之盛德,为不可及。公赠英奴婢各一,津遣就道。

英任满,重过吴门,而公薨矣。夫妇号哭,如丧其亲。就墓下建水陆斋三昼夜以报而后去。王氏因此长斋念观音不辍。真之才士陆仲旸作《画芙蓉屏歌》,以纪其事,因录以警世云:

画芙蓉,妾忍题屏风。屏间血泪如花红。败叶枯梢两萧索,断缣遗墨俱零落,去水奔流隔死生,孤身只影成飘泊。成飘泊,残骸向谁托?泉下游魂竟不归,图中艳姿浑似昨。浑似昨,妾心伤,那禁秋雨复秋霜!宁肯江湖逐舟子,甘从宝地礼医王。医王本慈悯,慈悯怜群品,逝魄愿提撕,茕嫠赖将引。芙蓉颜色娇,夫婿手亲描。花萎因折蒂,干死为伤苗。蕊干心尚苦,根朽恨难消!但道章台泣韩翃,岂期甲帐遇文箫?芙蓉良有意,芙蓉不可弃。幸得宝月再团圆,相亲相爱莫相捐。谁能听我芙蓉篇?人间夫妇休反目,看此芙蓉真可怜!

既往研究此传奇者多为古典文学界学者,如杨小燕《奇特的情节 感人的形象——〈芙蓉屏记〉赏析》;①刘俐俐《诗书画一体与中国古代言小说叙事艺术——以李昌祺〈芙蓉屏记〉为中心》;②朱丽蒙《绘画因素引入中国古代白话小说与文言小说的比较——以〈滕大尹鬼断家私〉与〈芙蓉屏记〉为例》,③多从文学理论的视角切入。

该传奇中提到"进士薛理溥化为监察御史按郡。溥化,高公旧日属吏",为核查其历史背景提供了线索。薛理溥化,当即爕理溥化,时而写为爕理普化。沈仁国详查过有关资料,收入氏著《元朝进士集证》,④现过录如下:

---

① 杨小燕《奇特的情节 感人的形象——〈芙蓉屏记〉赏析》,《山西高等学校社会科学学报》2004年第4期。

② 刘俐俐《诗书画一体与中国古代言小说叙事艺术——以李昌祺〈芙蓉屏记〉为中心》,《明清小说研究》2013年第4期。

③ 朱丽蒙《绘画因素引入中国古代白话小说与文言小说的比较——以〈滕大尹鬼断家私〉与〈芙蓉屏记〉为例》,《时代文学》2013年第12期。汇注按,原文误作"与芙蓉屏记"。

④ 沈仁国《元朝进士集证》,中华书局,2016年,第246—247页。

燮理溥化。钱氏(第 55 页)、萧氏(第 72 页)、陈氏(第 894 页)、笔者(第 78 页)皆录之。钱氏:"燮理溥化,由湖广举首登泰定四年进士第,授舒城县长。见《揭文安集》。"钱氏指的应是揭傒斯《送燮元溥序》:"庐州舒城长燮元溥,泰定四年进士也。元溥,蒙古人,名燮理普化,无氏姓,故人取名之首字加其字之上……元溥治舒城……"①揭傒斯又有《舒城县龙眠书院记》:"庐陵舒城长燮理溥化,用湖广举首,取泰定四年进士第,得兹邑"。在进士李公麟龙眠山庄故基修龙眠书院。②萧氏提到虞集《道园学古录》卷四〇《题斡罗氏世谱》:顺德忠献王之"族孙燮理溥化,举进士高科,有斯文之好。其仕于江右,始得见其世谱"。此外吴当《燮仁侯及刘义民兴颂序》:"元统间,御史燮理公以进士科来长斯邑。"③

燮理溥化,字符溥,斡罗那氏。族祖哈剌哈孙,官至太傅、开府仪同三司、中书右丞相。元溥用湖广举首,取泰定四年(1327)进士第,授舒城县达鲁花赤。天旱民饥,元溥奖激好义之家,出锱粲谷实民,数验口赒给,民赖以生。④又修学舍、明伦堂。在进士李公麟龙眠山庄故基,修龙眠书院。元统元年(1333)冬至后至元三年(1337),任抚州路乐安县达鲁花赤,修治县学。⑤后至元四年,以儒林郎任江南行台监察御史。后至元六年前后,任西台监察御史。⑥又任内台监察御史。⑦《全元文》第 56 册(第152—154 页)录其文《乐安县志序》《重修南岳书院记》。《元诗选癸集》癸之丁"燮右丞元圃"录其诗《寓锦湾望岳亭》《寓杨梅洲书舍》。⑧

按,纳麟至正七年为南行台御史大夫时,燮理溥化确为其下属,可见作者的确了解两人的上下级关系。

前引徐悦论文中提到"明代话本《拍案惊奇》中《崔俊臣巧会芙蓉屏》传奇",并非原作,而是上述《芙蓉屏记》之改编本。耿祥传在其《江楫〈芙蓉记〉改编考论》⑨一文中提到该传奇在古代文学中的源流关系:"明人江楫《芙蓉记》传奇改编自《芙蓉屏记》。本事见于宋人洪迈《王从事妻》(《夷坚志》),讲述的不过是王从事失妻复得的一逸事。入明后,文人却对改编此逸事热情高涨。小说方面,有李昌祺《剪灯余话》、凌蒙初《拍案惊奇》、冯梦龙《情史》,并为几部同名作《燕居笔记》等收录;戏剧方面,有南曲戏文《芙蓉屏记》、叶宪祖《芙蓉屏》杂剧、张其礼《合屏记》传奇及江楫和王环同名《芙蓉记》传奇等。"

① 按:沈注:(元)揭傒斯《揭文安公全集》卷九,第 10 页下、11 页上,《四部丛刊》本。
② 按:沈注:(元)揭傒斯《揭文安公全集》卷一〇,第四页下、五页上,《四部丛刊》本。
③ 按:沈注:指抚之乐安,见朱奎章总修,胡芳杏纂修《同治乐安县志》卷一〇《艺文志·文征·序》,第七页下,清同治十年刻本。
④ 按:沈注:(明)吴道明修,杜璁纂《万历庐州府志》卷八《名宦列传》,南京图书馆胶片第 374 号。
⑤ 按:沈注:据《重建乐安县学记》,燮理溥化于元统元年冬任乐安县达鲁花赤,后至元己卯拆旧县学重建之。见黎喆纂《弘治抚州府志》卷一四《文教二》,《天一阁藏明代方志选刊续编》第 48 册,第 99 页。
⑥ 按:沈注:(元)虞集《奉元路重修宣圣庙学记》:"(后至元)六年,御史燮理溥化,司廙以为……"见虞集《道园类稿》卷二二,《元人文集珍本丛刊》第 5 册,第 557 页下。
⑦ 按:沈注:(元)虞集《傅民德墓志铭》:"今内台监察御史、前进士燮理溥化监邑乐安……"见虞集《道园类稿》卷四八,《元人文集珍本丛刊》第 6 册,第 426 页下。案,傅民德葬于至正二年。
⑧ 按:沈注:案,《元诗选癸集》称其为右丞,盖尝任此职,然称其为宋咸淳进士,应误。
⑨ 耿祥传《江楫〈芙蓉记〉改编考论》,《玉溪师范学院学报》2010 年第 1 期。

凌迪知辑《古今万姓统谱》(明万历刻本)卷四六:"御史高纳麟,辟南台掾,迁定海尹,兴学校,理冤枉,理军储,修战具,去虎害,善政甚多,累官至翰林待制兼国史院编修致仕。所著有《居官四要》行于世。"

屠寄《蒙兀儿史记》①卷八一增补纳麟不良事迹:① 元朝曾于广、惠二州立采珠提举司,"泰定间,张珪以其扰民,奏罢之。后至元初,纳麟为中书参政,复奏复之,且请以珠户四万赐丞相伯颜,病民尤甚"。② 范孟之乱,纳麟审之,承伯颜意,被牵连者千百计。江浙行省丞相杨朵儿只知其怨,欲宽典,纳麟执不可,并谮其心徇汉人。③ 纳麟复起为南台御史大夫时,因其耄昏,政皆掌于江浙行省枢密院判安安之手。

结　　语

尽管现存史料中对纳麟的描述主要是正面的,但如上所述,也确有其负面记录。而对比本文所提及的元末刘时中《上高监司》散曲两套与明初的传奇小说《芙蓉屏记》,可以发现,纳麟在元末至明永乐间的半个多世纪中,留在民间的却主要是一位清正、机智且乐于助人的廉洁人物形象。如果说刘时中尚处元代,书写散曲时不排除有讨好纳麟的动机,那么明初,在蒙古统治被推翻的时代,身为色目人的纳麟及其同事蒙古人燮理溥化仍然在故事中作为正面人物出现,并不断被改编,足以说明他们的善政是确实的。当然文学作品从史实的可信性来讲,与史料判然有别,但其所记录的本事,反映的却是当时社会大众的主流对历史人物的认识。这一点,对我们正确评价元代人物是有借鉴意义的。

汤显祖的《紫钗记》中,出现这么多涉及中原以外的西域和中国周边地区的术语,其中有不少若不经专家解释,今天的读者已经很难理解。从本文中,细心的读者会发现,有些就是研究汤显祖的专家,也未能正确注解。

但须知戏剧的听众是普通百姓,因而是一种大众艺术。尽管明代的疆域远逊于元,但在汤显祖生活的明中期,听戏人应当还是能基本理解本文所探索的这些看来有些生僻的术语与概念。

《紫钗记》所体现的剧作者汤显祖的学术素养,其实是唐宋元以来中国社会世代积累的有关西域的知识。而这些知识所反映的,正是明中期社会大众对今天所说的"丝绸之路"的理解。

Inner Asian Elements in Yuan-Ming Arts:

focusing on the opera *ZiChaiJi* and literature works referring to Gao Narin

Liu Yingsheng　　Nanjing University

Abstract: After the Ming troops entering Daidu led by General Xuda in 1368, the Yuan history was basically finished. However, as a dynasty with a rare multiculturalism, especially Inner Asian color in Chinese history, its influence on the Ming Dynasty

---

① 屠寄《蒙兀儿史记》,中国书店,1984 年影印民国二十三年刻本。

remains to be understood. This article focuses on Tang Xianzu's opera "The Story of the Purple Hairpin" and the literary works in the late Yuan and Ming referring to Gao Narin, a Tanqut high ranking official of the late Yuan period. It discusses the non-Chinese terms used in the lyrics of "The Story of the Purple Hairpin", and through the image of Gao Narin reflected in the minds of Ming society, analyzes the inland Asian elements related to the Yuan Dynasty, and discusses the influence of the Mongol-Yuan dynasty on the society of the Ming.

Keywords: Tang Xianzu; *Journey to the West*(西游记); Gao Narin; Tangut; Inner Asian; Huihui

(本文作者为南京大学历史学院教授)

试论天山地区历史中蒙兀儿汗国的一些问题

迪里娜札·杜图拉耶娃(Dilnoza Duturaeva)　廉亚明(Ralph Kauz)　撰

洪堃绿　译*

摘　要： 本文聚焦于俄语学界关于明代天山地区的研究成果。瓦西里·巴托尔德(Vasily Bartold)的著述产生了大范围的影响,其中,V. Minorsky、T. Minorsky的翻译等功不可没。然而,在有关天山地区的学术研究中,其他俄语学者的成果常常遭到忽视。明代天山地区的历史错综复杂,仍存在诸多待研究的空白领域。本文尝试介绍俄语学界在该领域的基本研究情况,希望以此加深中文学界与俄语学界之间的学术合作。

关键词： 俄语学界;天山地区;西域历史

引 言：名 称 问 题

14至17世纪,今天的天山地区处于东察合台的统治之下。自察合台汗国(1225—1440年代)早期起,蒙古上层集团分裂成了两个对立派别。一派强烈推崇蒙古族的游牧传统,14世纪以前其主要集中在察合台汗国的东部,即天山南北地区(今哈萨克斯坦、吉尔吉斯斯坦的东南),居住在这一区域的主要是信奉佛教和萨满教的蒙古人。另一派则在很大程度上已经伊斯兰化,集中在河中地区,他们主要从事贸易和手工业,居住在城市中。察合台汗国的末代汗王合赞算端(1343—1346)去世之后,汗国分裂成东西两个部分。西部地区成为帖木儿帝国(1370—1507)的中心;在杜格拉特部埃米尔播鲁只(Puladchi)的支持下,东部地区则由秃忽鲁帖木儿(1347—1362/3)掌控。

在历史资料中,察合台汗国东部被称为蒙兀儿斯坦(Moghulistan,即“蒙兀儿人的国家”)。“蒙兀儿”是中亚语言中“蒙古”一词的发音。在现代中亚语言中,蒙兀儿斯坦即蒙古国现在的名称。然而,帖木儿帝国的史学家用蔑称“Ulus-i Jatah”指代蒙兀儿斯坦,“jatah”的意思是“土匪、强盗”。蒙兀儿人则用意为“混杂”的“Qara‘unas”一词来指西察合台。①

中国在命名方面有所不同,以地名来指代整个帝国,蒙兀儿斯坦因此被称为别失八里(Beshbaliq)。然而在《明史》中,我们可以在《西域传一》中看到同属蒙兀儿斯坦的吐鲁番

---

* 本文的主要作者为 Dilnoza Duturaeva。

① *Ta'rīkh-i Rashīdī* by Mīrzā Muḥammad Ḥaidar, tr. into Russian by A. Urunbayev, R. P. Djalilova and L.M. Epifanova. Tashkent：Fan, 1996, 206 页；*Zafarnāma* by Sharaf ad-Dīn ‘Alī Yazdī, tr. into Chagatai by Muḥammad ‘Alī al-Bukhārī in 1519, ed. by Ashraf Ahmad and Haydarbek Bobobekov, Tashkent：Sharq, 1997, p. 20. 关于这些用语亦见 Sultanov, Tursun, K istoriografii etnopoliticheskoi istorii ulusov Dzhuchi i Chagataia, *Zolotoordynskoie obozreniie* 5, 1, 2017, pp. 85-86。

(Turfan),别失八里则在《西域传四》中才出现。① 在《明实录》中,吐鲁番出现超过五百次,约为别失八里的十倍。② 吐鲁番显然对明朝更为重要,原因或许在于地理位置相近以及明朝早期与之产生了诸多边境争端。③ 但这并不代表蒙兀儿斯坦与明朝完全没有接触,其甚至向明朝提出过进行政治合作的请求——至少据《明史》记载,沙迷查干汗(Sham'i-Jahān)于1407 年提出与明朝联手对抗帖木儿。④ 虽然中国使者也曾到达帖木儿,但中文史料显然更多地聚焦于靠近中国边境的蒙兀儿领土。因此,在明代天山地区历史方面,中文史料主要在有关吐鲁番的记载上占有优势,其余能提供的信息相当有限。

1514 年,速檀赛德汗(Sultan Sa'īd Khan,1514—1533)结束了杜格拉特部埃米尔在喀什噶尔的统治,他新建立的汗国在史料中被称为蒙兀儿利亚(Moghuliya)。⑤ 蒙兀儿斯坦和蒙兀儿利亚这两个名称并不是 14 至 17 世纪史学家的新发明,而是在蒙古帝国(1206—1368)时期就已经出现。例如,波斯史学家和地理学家哈马达拉·穆斯陶菲·加兹维尼(Ḥamdallāh Mustawfī Qazvīnī,1281—1349)在《心之喜悦》(Nuzhat al-Qulūb)中用蒙兀儿利亚指代伊朗的 Kāghadh-Kunān 镇。他指出,蒙古人的入侵摧毁了这个镇,使它成为蒙古人的地盘,因此它也被称为蒙兀儿利亚。⑥ 在 14 至 17 世纪的史籍中,蒙兀儿这一名称不仅指蒙古人和蒙兀儿汗国统治阶层,也是对汗国中游牧族群的总称,与语言、宗教信仰和民族出身无关。⑦

在俄语文献中,蒙兀儿斯坦指的是很大程度上由杜格拉特部掌控的东察合台汗国(1347—1570 年代),蒙兀儿利亚或蒙兀儿国(Moghul state)指的则是结束了杜格拉特部在喀什噶尔的统治的叶尔羌汗国(Yarkent Khanate,1514—1705)。⑧ 然而,作为蒙兀儿第一位汗秃忽鲁帖木儿的直系后代,叶尔羌汗国的创立者速檀赛德汗也是蒙兀儿朝廷的一

① 《明史》卷三二九、三三二,中华书局,1974 年,第 8511 页,第 8597 页。

② 《明实录》,数据为 www.crossasia.org 搜索的结果。

③ Morris Rossabi, "Ming China and Turfan, 1406—1517", *Central Asiatic Journal* 16, 3 (1972), pp. 206‑225.

④ Barthold, V. V., *Four Studies on the History of Central Asia*, Bd. 1, I: *A short history of Turkestan*, II: *History of Semirechyé*, V. und T. Minorsky (tr.), Leiden: E. J. Brill, 1956, p. 144,《明史》,第 332 卷,第 8607 页。

⑤ *Ta'rīkh* by Shāh Maḥmud b. Mīrzā Fāḍil Churās, ed. and tr. into Russian by Oleg Fedorovich Akimushkin, Moscow: Nauka, 1976, 101 页; *Anīs al-Ṭālibīn* by Shāh Maḥmud b. Mīrzā Fāḍil Churās, MS Ind. Inst. Pers. 45 of the Bodleian Library, Oxford, p. 91b, p. 107a.

⑥ *Nuzhat al-Qulūb* by Ḥamdallāh Mustawfī Qazwīnī, tr. by G. Le Strange as *The Geographical Part of the Nuzhat-al-Qulūb, composed by Ḥamd-Allāh Mustawfī of Qazwīn in 740 (1340)*, Leiden: Brill, 1919, p. 70.

⑦ Sultanov, Tursun, "K istoriografii etnopoliticheskoi istorii ulusov Dzhuchi i Chagataia", *Zolotoordynskoie obozrenie* 5, 1, 2017, p. 84.

⑧ 例如 Yudin, Veniamin, O rodoplemennom sostave mogulov Mogulistana i Mogulii i ik etnicheskikh sviaziakh s kazakhskim i drugimi sosednimi narodami, *Izvestiia Akademii nauk KazSSR* 3, 1965, pp. 52‑65; Akimushkin, Oleg Fedorovich, K voprosu o vneshnepoliticheskikh sviaziakh Mogol'skogo gosudarstva s uzbekami i kazakhami v 30-kh gg. XVI — 60-kh gg. XVII vv, *Palestinskii sbornik* 21 (1970), 233‑248 页; Akimushkin, Oleg Fedorovich, Khronologiya pravitelei Vostochnoi chasti Chgataiskogo ulusa (Liniia Tugluk-Timur-khana), In: Akimushkin, O.F. *Srednevekovyi Iran: Kul'tura, Istoriia, Filologiia*. Saint Petersburg: Nauka, 2004, pp. 257‑269; Karaev, Omurkul, *Chagataiskii ulus. Gosudarstvo Khaydu. Mogulistan. Obrazovanie kyrgyzskogo naroda*, Bishkek: Kyrgyzstan, 1995.

员。因此可以将叶尔羌汗国视为蒙兀儿斯坦或东察合台汗国的延续。Millward 用蒙兀儿汗国(Moghul Khanate)同时指代两者,他指出,在这一时期的主要文献《拉失德史》(Ta'rīkh-i Rashīdī)中,叶尔羌汗国的创立者速檀赛德汗及其继任者被视为蒙兀儿一支的延续。① 简单起见,蒙兀儿汗国这一名称在本文中指的是由东察合台 14 世纪下半叶至 17 世纪末控制的区域,其中也包括叶尔羌汗国。

俄语学界对东察合台汗国历史的研究

蒙兀儿汗国的历史是中国与中亚历史中最错综复杂及最具争议的问题之一。或许出于这个原因,许多关于中亚历史的学术研究——特别是在西方学界——或跳过这一时期,或只是寥寥数语带过。② 但不容忽视的是,信奉伊斯兰教的蒙兀儿诸汗在当地 14 至 16 世纪的伊斯兰化中扮演了重要角色。同一时期,居住在先前察合台汗国东部的蒙古部落也完成了突厥化。关于蒙兀儿诸汗的历史引起了俄语学界的高度重视,他们的研究却鲜有关注。例如,关于蒙兀儿汗国历史的三部主要文献,米尔咱·马黑麻·海答儿的《拉失德史》、③沙·马合木·本·米儿咱·法齐勒·楚刺思(Shāh Maḥmud b. Mīrzā Fāḍil Churās)的《编年史》(Ta'rīkh)④和佚名作者的《喀什噶尔史》(Ta'rīkh-i Kāshghar)⑤都曾被编译成俄语。在东察合台 14 至 17 世纪历史及相关史料方面,前文已提到的著名史学家瓦西里·巴托尔德取得了开拓性成果。在其最早作品之一《七河史》(Ocherk istorii Semirechya)中,巴托尔德在《蒙兀儿斯坦》(Moghulistan)一章中利用一手文献总结了蒙兀儿汗国的历史。⑥ 可能正是通过这部作品,俄语学者开始采纳蒙兀儿斯坦这个术语。巴托尔德在之后的作品中还介绍了关于东察合台的其他一手文献,这些资料主要是在他在突厥斯坦工作期间在私人图书馆搜集到的。⑦

① Millward, James, Eastern Central Asia (Xinjiang), 1300—1800, Di Cosmo, Nicola, Allen J. Frank and Peter B. Golden (eds.). *The Cambridge History of Inner Asia: The Chinggisid Age*. Cambridge: Cambridge University Press, 2009, pp. 261 - 267.

② 见以下作品中的论述: Millward, James, Crossroads of Eurasia: *A History of Xinjiang*, New York: Columbia University, 2007, p. 41.

③ *Ta'rīkh-i Rashīdī* / Urunbaev.

④ *Ta'rīkh* by Shāh Maḥmud b. Mīrzā Fāḍil Churās, ed. and tr. into Russian by O.F. Akimushkin. Moscow: Nauka, 1976.

⑤ *Ta'rīkh-i Kāshghar*, *Anonimnaia tyurkskaia Khronika vladetelei Vostochnogo Turkestana po konets XVII veka*. Ed. by Oleg Fedorovich Akimushkin. Saint Petersburg: Peterburgskoie Vostokovedeniie, 2001.

⑥ Bartold, Vasily Vladimorovich, Ocherk istorii Semirech'ia, *Sochineniia*, Vol. II, p. I. Moscow: Vostochnaia literatura, 1963, pp. 21 - 10.

⑦ Bartold, Vasily Vladimorovich, Kirgizy: Istoricheskii ocherk, *Sochineniia*, Vol. II, p. I. Moscow: Vostochnaia literatura, 1963, pp. 471 - 543; Bartold, Vasily Vladimorovich, Ulugbek i ego vremia, *Sochineniia*, Vol. II, p. II. Moscow: Vostochnaia literatura, 1964, pp. 23 - 196; Bartold, Vasily Vladimorovich, Otchet o poezdke v Sredniuiu Aziiu s nauchnoi tsel'iu, 1893—1894 gg., *Sochineniia*, Vol. IV. Moscow: Vostochnaia literatura, 1966, pp. 19 - 192; Bartold, Vasily Vladimorovich, Ocherk istorii Semirech'ia, *Sochineniia*, Vol. II, p.I. Moscow: Vostochnaia literatura, 1963, pp. 21 - 106; Bartold, Vasily Vladimorovich, Otchet o komandirovke v Turkestan, *Sochineniia*, Vol. VIII. Moscow: Vostochnaia literatura, 1973, pp. 119 - 210; Bartold, Vasily Vladimorovich, Otchet o komandirovke v Turkestanskii krai letom 1916 goda, *Sochineniia*, Vol. VIII. Moscow: Vostochnaia literatura, 1973, pp. 336 - 339.

若干俄语学者研究了杜格拉特部埃米尔的历史。利用当地和帖木儿文献，Pishulina 完成了关于杜格拉特部历史、经济、行政管理和对外关系的重要研究。[①] Azimdjanova 的《K istorii Fergany vtoroi poloviny XV veka》介绍了帖木儿与杜格拉特部的关系史及两者在费尔干纳的冲突。[②] Yudin 介绍了 14 至 17 世纪生活在今天的新疆的部族概况。[③] Akimushkin 研究了东察合台的编年史，[④]他也编辑了《喀什噶尔史》并翻译了《沙·马合木·楚剌思史》。Chimitdorjiev 的《Vzaimootnosheniia Mongolii i Srednei Azii v XVII-XVIII vv.》对准噶尔占领蒙兀儿汗国的历史进行了详细研究。[⑤] 吉尔吉斯斯坦著名学者 Omurkul Karaev 在《Chagatiskii ulus：Gosudarstvo Khaidu i Mogulistan》一书中介绍了察合台 13 至 17 世纪的历史概况。[⑥] 一部较新的作品来自 Djumanaliev，这部 2004 年在比什凯克出版的作品介绍了蒙兀儿汗国 16 至 17 世纪的历史。[⑦] Sultonova 研究了 16 世纪下半叶时蒙兀儿汗国与布哈拉汗国的外交和贸易情况。[⑧]

关于在费尔干纳地区发现的与杜格拉特部相关的钱币文物，主要的研究成果来自 Masson。[⑨] 例如，他介绍了在奥什（费尔干纳地区）发现的 15 世纪 251 枚钱币之中在喀什噶尔铸造的铜钱，并提出铸造这些铜钱的是杜格拉特部。[⑩] 2000—2011 年间在今天吉尔吉斯斯坦发现的帖木儿和布哈拉钱币文物中，也可以看到在喀什噶尔铸造的钱币，Kamyshev 对此进行了研究。[⑪]

传统上，研究中亚的俄语学者很少涉及中文的一手文献。因此，对 14 至 17 世纪中亚史的研究主要基于波斯语和察合台语文献，对于这一时期的中国与中亚关系，这些文献能提供的材料很少。此外，由于学术领域的传统分类，现代汉语文献常常被俄语学者忽略。这导致俄语学界仍在很大程度上忽略蒙兀儿汗国与明代中国的关系史。

---

① Pishulina，K.A. *Yugo-Vostochnyi Kazakhstan v seredine XIV — v nachale XVI vekov*，Alma-Ata，1977.

② Azimdjanova，S.A, *K istorii Fergany vtoroi poloviny XV veka*，Tashkent，1957.

③ Yudin，O rodoplemennom sostave mogulov，pp. 52‑65.

④ Akimushkin，Khronologiya pravitelei Vostochnoi chasti Chgataiskogo ulusa，pp. 257‑269.

⑤ Chimitdorjiev，Sh.B，*Vzaimootnosheniia Mongolii i Srednei Azii v XVII-XVIII vv.*，Moscow，1979.

⑥ Karaev，Chagataiskii ulus，1995.

⑦ Djumanaliev，T.D，*Politicheskaia bor'ba v mogul'skom gosudarsve v XVII-nachale XVIII vekov* (*Po dannym "Tarikh-i Kashgar"*)，Bishkek 2004.

⑧ Sultonova，Gulchehra，*Sviazi Bukharskogo khanstva s Kazakhskim i Yarkendskim khanstvami vo vtoroi polovine XVI veka*，Author'sabstract of the PhD Dissertation，Tashkent，2005.

⑨ Masson，M.E.，Istoricheskii etiud po numizmatike djagataidov (Po povodu Talaskogo klada monet XIV veka)，*Trudy Sredneaziatskogo gosudarsvennogo universiteta. Arkheologiia Srednei Azii 36*，Tashkent，1957；Masson，M.E.，Klad mednykh monet XV veka iz Osha，*Epigrafika Vostoka* 13，1960，pp. 110‑124.

⑩ Masson，Klad mednykh monet，pp. 110‑124.

⑪ Kamyshev，A.M，*Klady mednykh monet Timuridov i Sheibanidov*，Samarkand：International Institute for Central Asian Studies，2013，pp. 43‑44.

波斯语和察合台语资料

关于东察合台汗国的资料主要有米尔咱·马黑麻·海答儿的《拉失德史》，沙·马合木·本·米儿咱·法齐勒·楚剌思的《编年史》和《寻求真理者之友》(Anīs al-Ṭālibīn)，以及作者不详（可能同为楚剌思所作）的《喀什噶尔史》。

《拉失德史》是关于东察合台汗国的著名史书，写于 16 世纪，被编译成多种语言。[①] 位于塔什干的乌兹别克斯坦科学院秘鲁内东方研究所(Al-Biruni Institute of Oriental Studies)图书馆中藏有一部 19 世纪的察合台语翻译本，作者为火者穆罕穆德·谢利夫 (Khwāja Muḥammad Sharīf)，该翻译版本同时附有蒙兀儿 19 世纪以前的历史。[②] 作者添加的今天新疆地区 16 至 19 世纪的历史是原创的，在当代学界还不为人所熟知，可以为蒙兀儿史研究提供新信息。

以简称《编年史》闻名的《米儿咱·沙·马合木·楚剌思史》写成于 1672 至 1676 年间，作者为沙·马合木·本·米儿咱·法齐勒·楚剌思。[③] 作者出身于楚剌思氏族，家族成员在叶尔羌的蒙兀儿朝廷里担任军事要职。该书手稿于 1913 年在塔什干的一个私人图书馆中首次被发现；1916 年，另一个版本在和田被发现。我们今天所熟知的书名不是作者自己起的，而是俄语学者们提出的。[④] 据作者称，该作品是《拉失德史》的续编。它由两部分组成，第一部分摘录了《拉失德史》的内容，第二部分聚焦于蒙兀儿汗国从 16 世纪中叶到 1676/77 年的历史。[⑤] Oleg Akimushkin 将第二部分编译成了俄语。[⑥] 一些关于黑山派诸火者的内容只见于此书，该书独有的内容还包括关于乌兹别克、哈萨克、柯尔克孜、瓦剌的信息及他们与蒙兀儿的关系。然而，作者没有提供任何关于与明朝或清朝接触的信息。

沙·马合木·本·米儿咱·法齐勒·楚剌思也是《寻求真理者之友》的作者，这是一部圣者传，记载了统治者、圣人、女性的轶事，书中也包括黑山派诸火者的传记，提供了关

---

① *Ta'rīkh-i Rashīdī* / Urunbaev. 该翻译以存于塔什干乌兹别克斯坦科学院秘鲁内东方研究所的第 1430 号手稿为底本，该底本被认为是最完整的版本。*Ta'rīkh-i Rashīdī* 的首部英语翻译以存于博德利图书馆的一份手稿为底本。见 Mīrzā Muḥammad Ḥaidar Dughlāt. *A History of Moghuls of Central Asia*；*Being the Taríkh-i Rashídí of Mirza Muhammad Haidar Dughlát*. Ed. by N. Elias, tr. by E. Denison Ross，London，1895；repr. New York，1970.另一英语翻译版本见 *Mirza Haidar Dughlat's Tarikh-i Rashidi: A History of the Khans of Moghulistan*. Persian text ed. and tr. into English by W. M. Thackston. Cambridge，Mass.；Harvard University，Department of Near Eastern Languages and Civilization，1996. 波斯语版本见 Mīrzā Muḥammad Ḥaidar Dughlāt. *Ta'rīkh-i Rashīdī*. Ed. by 'Abbāsqūlī Ghaffārī Fard. Tehran；Mīrās-i Maktūb，2004. 现代维吾尔语版本见 *Ta'rīkh-i Rashīdī* by Mīrzā Muḥammad Ḥaidar. Ed. by Muḥammadturdi Mīrzā Aḥmad. Xinjiang；Shinjang halq nashriyati，2008.

② MS no. 10191/II of the al-Biruni Institute of Oriental Studies，Uzbekistan Academy of Sciences in Tashkent. 察合台语翻译见 Mīrzā Muḥammad Ḥaidar. *Ta'rīkh-i Rashīdī*. Ed. and transliterated into Cyrillic by Jalilov，Omonbek. Tashkent；O'zbekiston，2011.

③ *Ta'rīkh* / Akimushkin.

④ 见 Akimushkin 对 *Ta'rīkh* 的介绍，*Ta'rīkh* / Akimushkin，pp. 61 - 62.

⑤ 见 Akimushkin 对 *Ta'rīkh* 的介绍，*Ta'rīkh* / Akimushkin，13，pp. 48 - 49.

⑥ *Ta'rīkh* / Akimushkin.

于伊斯兰化和 16 至 17 世纪天山地区伊斯兰史的原创信息。① 这部作品后来由 Abu Mansur 翻译成了察合台语，译名为《 Rafīq al-Ṭālibīn》。②

关于蒙兀儿汗国历史的主要文献之一《喀什噶尔史》写成于 1696 年，作者不详。③ Akimushkin 认为这部作品的作者有可能是沙·马合木·本·米儿咱·法齐勒·楚剌思。④《喀什噶尔史》是一部王朝编年史，记载了 1514 至 1696 年间蒙兀儿诸汗的活动，这一时期的东察合台政权被称为"蒙兀儿利亚"（Moghūliya）。⑤ 该书标题和作者不详，1902 年，巴尔托德在塔什干首次发现手稿，提出《喀什噶尔史》这一标题。Akimushkin 则认为以《蒙兀儿利亚史》（Ta'rīkh-i Moghūliya）作为标题更加恰当。⑥ 书中也包含关于黑山派和白山派的信息以及哈萨克与蒙兀儿的冲突，此外还描述了吉尔吉斯部族 17 世纪初从七河地区（Semirechye）和费尔干纳迁徙到喀什噶尔的经历，以及一些与准噶尔、帕米尔、西藏和克什米尔有关的事件。

该时期写成的通史中也包含一些关于蒙兀儿历史的信息。例如 16 世纪萨菲王朝的地理学家阿明·依本·阿合迈德·剌齐（Amīn ibn Aḥmad Rāzī）在其地理、历史、传记作品《七气象带》（Haft iqlīm）中提到了蒙兀儿汗国。⑦ 17 世纪的两部通史——海答尔·本·阿里（Ḥaidar b. 'Alī）的《海答尔史》（Ta'rīkh-i Ḥaidarī）⑧和马哈木·本·埃米尔·瓦里（Maḥmūd b. Amīr Walī）的《善行之神秘的海洋》（Baḥr al-asrār fī manāqib al-akhyār）⑨中也各有一章描写蒙兀儿诸汗。马哈木·本·埃米尔·瓦里提供了蒙兀儿

---

①　MS Ind. Inst. Pers. 45 of the Bodleian Library, Oxford.

②　MS no. 771 of the Institute of Oriental Manuscripts of the Russian Academy of Sciences. 关于 Ishaq Khoja 生平和吉尔吉斯部族伊斯兰化的俄语摘译见 Salakhetdinova M.A. *Rafiq at-Talibin: Drug ischuschikh istinu*. In: Materily po istorii kirgizov i Kirgizii. Vol I. Moscow: Nauka, 1973, pp. 191 - 198.

③　*Ta'rīkh-i Kāshghar*/Akimushkin. 亦见 Bartold, Otchet o komandirovke v Turkestan, pp. 174 - 191. 俄语摘译见 Yudin, Veniamin (tr.). Istoriia Kashgara (Tarikh-i Kashgar). In: *Materialy po istorii kazakhskikh khanstv XV-XVIII vekov (Izvlecheniia iz persidskikh i tyurkskikh sochinenii)*. Alma-Ata: Nauka, 1969, pp. 411 - 418; Pokrovskaia, Lyudmila (tr.). Istoriia Kashgara (Tarikh-i Kashgar). In: *Materialy po istorii kirgizov i Kirgizii*, Vol. I. Moscow: Nauka, 1973, pp. 217 - 223; Mirgaleev I.M., Saifetdinova E.G. "Svedeniia 'Tarikh-i Kashgar' o Zolotoi Orde". *Zolotoordynskoie obozreniie* 2 (2015), pp. 81 - 87. 结论部分（khātima）也由 T.D. Djumanaliev 翻译成了俄语，见 Djumanaliev, T.D. Politicheskaia bor'ba v mogul'skom gosudarsve, pp. 76 - 83.

④　见 Akimushkin 对 *Ta'rīkh-i Kāshghar* 的介绍，*Ta'rīkh-i Kāshghar* / Akimushkin, pp. 17 - 18.

⑤　*Ta'rīkh-i Kāshghar* / Akimushkin, p 69a, p. 75b, p. 97b.

⑥　见 Akimushkin 对 *Ta'rīkh-i* 的介绍，*Ta'rīkh-i Kāshghar* / Akimushkin, p. 16.

⑦　*Haft iqlīm* by Amīn ibn Aḥmad Rāzī, ed. by Jawād Fāzil in 3 vols., Tehran 1961; ed. by M. Ishaque as *Haft iqlim: The Geographical and Biographical Encyclopaedia*, Bibliotheca Indica 287. Calcutta: Royal Asiatic Society of Bengal, 1963.

⑧　MS no. PNS 230 of the National Library of Russia in Saint Petersburg. 俄语摘译见 Tizengauzen, Vladimir. *Sbornik materialov, otnosiaschikhsia k istorii Zolotoi Ordy. Vol II: Izvlecheniia iz persidskikh sochinenii*, Moscow-Leningrad: Akademiia Nauk SSSR, 1941, 213 - 215 页，波斯语文本见 pp. 272 - 274.

⑨　*Baḥr al-asrār fī manāqib al-akhyār* by Maḥmūd b. Walī, ed. by Riazul Islam, Karachi: Institute of Central & West Asian Studies, 1980. 俄语翻译见 *More tain otnositel'no doblestei blagorodnykh (geografiia)*, tr. and ed. by Bo'riboy Ahmedov, Tashkent 1977.

诸汗对外关系的原创信息,特别是与哈萨克和吉尔吉斯的关系。此外,他还描写了今天位于新疆地区的一些城市和地理位置。

领 土 与 人

1348 年,杜格拉特部埃米尔播鲁只将秃忽鲁帖木儿从伊犁河谷接回阿克苏,拥立他成为蒙兀儿斯坦的第一位汗。根据多种穆斯林文献记载,秃忽鲁帖木儿是笃哇汗(Duwa Khan,卒于 1307 年)的孙子。① 因秃忽鲁帖木儿皈依伊斯兰教,伊斯兰教成为蒙兀儿斯坦的官方宗教。杜格拉特部埃米尔作为兀鲁斯别乞(Ulusbegi)服务诸汗,占据了大部分要职。杜格拉特部埃米尔播鲁只控制了蒙兀儿斯坦西南部名为"曼噶赖·苏雅"(Manglai Sobe)的地域,包括喀什噶尔、和田、叶尔羌、卡尚(Kashan)、阿什肯特(Ahsikent)、安集延、阿克苏、阿忒八失和苦先。② 然而,埃米尔在河中地区和蒙兀儿斯坦的地位并不相同。帖木儿人将国家完全控制在自己手中,察合台汗只是傀儡汗;杜格拉特部埃米尔服务于蒙兀儿汗,只在某些时候能分享到一些统治权力。例如,秃忽鲁帖木儿能独立掌控以阿力麻里为中心的汗国,他甚至在 1360 和 1361 年出征河中地区并将其置于自己的统辖之下,汗国由此实现了短暂的统一。③ 但是他没能维持统治,最终被帖木儿逐出河中。帖木儿也击败了怯马鲁丁(Qamar al-Dīn),拥立黑的儿火者(Khizr Khwāja)为汗。在长时间的争斗之后,歪思汗(Uways Khan)于 1418 年成为蒙兀儿汗国的唯一统治者。他主要的敌人不再是帖木儿王朝,而更多的是汗国北边的瓦剌。他和他的继任者们——两个儿子也先不花(Esen Buqa)和羽努思汗(Yunus Khan)——与明朝有着密切往来,吐鲁番在其中扮演了中心角色。④ 然而,这些往来并不和平,绿洲哈密(Kumul)在 16 世纪初被蒙兀儿占领之前,一直是冲突的重点所在。⑤ 可以说,中国与蒙兀儿汗国之间的纠纷过程反映了双方力量的强弱变化。对于明朝廷来说,羽努思汗(可能即为中文史料中的哈只阿力)造成了特别大的困扰。⑥

1514 年赛德汗从杜格拉特部埃米尔手中夺过权力时,权力中心已经转移到了喀什噶尔和叶尔羌。⑦ 蒙兀儿汗国的政权逐渐落到以玛哈图木·阿杂木(Makhdūm-i A'zam,

① Mīrzā Muḥammad Ḥaidar recorded that Chagatai Khan Esen Buqa I (1300—1318), a son of Duwa Khan was the father of Tughluq Timur. *Ta'rīkh-i Rashīdī* / Urunbaev, 32. According to Sharaf ad-Dīn 'Alī Yazdī his father was Imil Khwaja another son of Duwa Khan. *Zafarnāma by* Sharaf ad-Dīn 'Alī Yazdī, tr. into Chagatai by Muḥammad 'Alī al-Bukhārī in 1519, ed. by Ashraf Ahmad and Haydarbek Bobobekov, Tashkent: Sharq, 1997.

② *Ta'rīkh-i Rashīdī* / Urunbaev, p. 33.

③ *Zafarnāma* / Ahmad and Bobobekov, 20; *Ta'rīkh-i Rashīdī* / Urunbaev, p. 39.

④ Rossabi, Morris, "Ming China and Turfan, 1406—1517", *Central Asiatic Journal* 16, 3 (1972).

⑤ Rossabi, Morris, "Ming China and Turfan, 1406—1517", Central Asiatic Journal 16, 3 (1972), pp. 222 - 224.

⑥ Rossabi, Morris, "Ming China and Turfan, 1406—1517", Central Asiatic Journal 16, 3 (1972), pp. 215 - 218.

⑦ Ma Dazheng, "The Tarim Basin", in: János Harmatta (ed.), History of Civilizations of Central Asia, Bd. 5, Development in Contrast: From the Sixteenth to the Mid-nineteenth Century, Paris: UNESCO Publ., 2003, 182 - 209, pp. 183 - 188.

1461—1543)为始祖的苏菲派所谓火者的手中。

至少在秃忽鲁帖木儿的统治时期,吐鲁番在蒙兀儿汗国的统辖之下。在1348或1360年的敕令(yarliq)中,秃忽鲁帖木儿将吐鲁番的畏兀儿亦都护(Idiqut)称为自己的臣属。① 但他似乎没能完全掌控吐鲁番。例如虽然他推行了伊斯兰化政策,但佛教在吐鲁番盛行的局面一直到15世纪才结束。

在不同时期,蒙兀儿汗国西面边界的位置也不相同。例如,在羽奴思汗统治期间(1462—1487)的1485年,边界延伸到了奥什、塞兰、塔什干。其居于塔什干的儿子马哈木汗(Maḥmūd Khan,1487—1508)后来占领了突厥斯坦。② 然而,蒙兀儿诸汗在16世纪初与昔班尼王朝(Shaybanids,1428—1599)的冲突中失去了所有这些领土,退回到喀什噶尔。③ 昔班尼与蒙兀儿的冲突导致蒙兀儿从今天的哈萨克斯坦东南和吉尔吉斯斯坦迁徙到今天的新疆。16世纪中叶时,蒙兀儿诸汗统治的区域只有喀什噶尔和吐鲁番。④

16世纪期间,杜格拉特部埃米尔失去了他们之前在喀什噶尔的权力。1514年,羽奴思汗的孙子之一速檀赛德汗击败了杜格拉特部埃米尔米儿咱·阿巴·乩乞儿(Mīrzā Abū Bakr),结束了杜格拉特部在喀什噶尔的统治。⑤ 如前文所述,历史文献称速檀赛德汗及其继任者在喀什噶尔的政权为蒙兀儿利亚。⑥ 对于现代俄语学者们而言,速檀赛德汗称汗标志着喀什噶尔以叶尔羌为首都的新政权的开端,因此也称之为叶尔羌汗国。然而如前文所述,米尔咱·马黑麻·海答儿将速檀赛德汗的统治视为蒙兀儿朝的延续。吉尔吉斯学者 Omurkul Karaev 指出,因蒙兀儿诸汗失去他们先前的大部分领土,在速檀赛德汗时期仅掌控喀什噶尔和吐鲁番,他们的统治不该被视为新的政权。⑦

速檀赛德汗之子阿不都·拉失德('Abd al-Rashīd)试图改变与邻国的政治关系,力求与昔班尼建立外交关系。在速檀赛德汗执政时期,蒙兀儿将突厥斯坦、塔什干和领土西部的其他城市败给了昔班尼。阿不都·拉失德通过皇室联姻实现了加强与昔班尼双边关系的目标,甚至与昔班尼联合对抗哈萨克。⑧ 但是,蒙兀儿诸汗的实力不足以让他们夺回先前的领土,17世纪末,准噶尔的崛起为蒙兀儿对今天新疆地区的统治画上了句点。

根据俄罗斯学者 Tursun Sultanov 的研究,由于喀什噶尔地区的自然条件不适合蒙兀儿人的放牧经济,蒙兀儿诸汗没能恢复先前的领土。准噶尔在1678至1713年间征服了喀什噶尔,此后,一些蒙兀儿人逃到了别的地方,一些则融入了喀什噶尔当地的定居民族。⑨

---

① See Karaev, Chagataiskii ulus, p. 48.

② *Ta'rīkh-i Rashīdī* / Urunbaev, pp. 160-161, p. 167.

③ *Ta'rīkh-i Rashīdī* / Urunbaev, p. 173.

④ *Ta'rīkh-i Rashīdī* / Urunbaev, p. 206.

⑤ *Ta'rīkh-i Rashīdī* / Urunbaev, p. 185.

⑥ *Ta'rīkh* / Akimushkin 101; *Anis al-talibin*, 91b, 107a; *Ta'rīkh-i Kāshghar* / Akimushkin, p. 69a, p. 75b, p. 97b; Hidāyat-nāma, p. 12a, p. 42b, p. 70b, p. 75b, p. 76b, p. 98b, p. 109a, p. 110a.

⑦ Karaev, Omurkul, Chagataiskii ulus. Gosudarstvo Khaydu. Mogulistan. Obrazovanie kyrgyzskogo naroda, Bishkek: Kirghizstan, 1995. p. 93.

⑧ 关于蒙兀儿汗国及其邻国关系见 Akimushkin, K voprosu o vneshnepoliticheskikh sviaziakh, pp. 233-248.

⑨ Sultanov, K istoriografii etnopoliticheskoi istorii, p. 87.

在蒙兀儿汗国瓦解之后，蒙兀儿这个名称暂时消失了。当时其统治地区的人被统称为穆斯林或根据家乡被称为喀什噶尔人（Kashgarliq）、叶尔羌人（Yarkentliq）等。在新疆的历史中，成吉思汗后裔 13 至 18 世纪的统治扮演了重要角色，但 18 世纪之后，其不论人还是领土的名称都没有延续下来。无论如何，我们可以总结出蒙兀儿汗国一些对塑造天山地区后来的发展起到重要作用的特征：

- 前察合台汗国西部（帖木儿和乌兹别克）和东部（蒙兀儿汗国）之间的敌对和暴力关系。
- 经历长时间战争和人口减少后，经济在 16 和 17 世纪得到复苏。①
- 该地区伊斯兰化，苏菲派在其中扮演了重要角色。②
- 先后与瓦剌和准噶尔进行长时间战争，形成不同汗国（哈萨克、乌兹别克），它们对中亚之后的历史具有重要意义。

文 献 列 表

Akimushkin, Oleg Fedorovich, K voprosu o vneshnepoliticheskikh sviaziakh Mogol'skogo gosudarstva s uzbekami i kazakhami v 30-kh gg. XVI — 60-kh gg. XVII vv, *Palestinskii sbornik* 21（1970），233—248 页.

Akimushkin, Oleg Fedorovich, Khronologiya pravitelei Vostochnoi chasti Chgataiskogo ulusa（Liniia Tugluk-Timur-khana），In：Akimushkin, O. F. *Srednevekovyi Iran: Kul'tura, Istoriia, Filologiia*. Saint Petersburg：Nauka，2004，257—269 页.

Anīs al-Ṭālibīn by Shāh Maḥmud b. Mīrzā Fāḍil Churās, MS Ind. Inst. Pers. 45 of the Bodleian Library, Oxford.

Anīs al-Ṭālibīn by Shāh Maḥmud b. Mīrzā Fāḍil Churās, tr. into Central Asian Turki（Chagatai）by Abū Mansūr as *Rafīq al-Ṭālibīn*, MS no. 771 of the Institute of Oriental Manuscripts of the Russian Academy of Sciences.

Azimdjanova, S.A, *K istorii Fergany vtoroi poloviny XV veka*, Tashkent, 1957.

Baḥr al-asrār fī manāqib al-akhyār by Maḥmūd b. Walī, ed. by Riazul Islam, Karachi：Institute of Central & West Asian Studies, 1980.

Baḥr al-asrār fī manāqib al-akhyār by Maḥmūd b. Walī, tr. into Russian and ed. by Bo'riboy Ahmedovas *More tain otnositel'no doblestei blagorodnykh（geografiia）*, Tashkent 1977.

Bartold, Vasily Vladimorovich, Ocherk istorii Semirech'ia, *Sochineniia*, Vol. II, p.I. Moscow：Vostochnaia literatura, 1963, 21‑106 页.

Bartold, Vasily Vladimorovich, Kirgizy：Istoricheskii ocherk, *Sochineniia*, Vol. II,

---

① Ma Dazheng, "The Tarim Basin", in：János Harmatta（ed.），History of Civilizations of Central Asia, Bd. 5, Development in Contrast：From the Sixteenth to the Mid-nineteenth Century, Paris：UNESCO Publ., 2003, p. 188.

② Millward, James, Crossroads of Eurasia：A History of Xinjiang, New York：Columbia University, 2007, pp. 78‑88.

p.I. Moscow: Vostochnaia literatura，1963，471－543 页.

Bartold，Vasily Vladimorovich，Ulugbek i ego vremia，*Sochineniia*，Vol. II，p.II. Moscow: Vostochnaia literatura，1964，23－196 页.

Bartold，Vasily Vladimorovich，Otchet o poezdke v Sredniuiu Aziiu s nauchnoi tsel'iu，1893—1894 gg.，*Sochineniia*，Vol. IV. Moscow: Vostochnaia literatura，1966，19－192 页.

Bartold，Vasily Vladimorovich，Otchet o komandirovke v Turkestan，*Sochineniia*，Vol. VIII. Moscow: Vostochnaia literatura，1973，119－210 页.

Bartold，Vasily Vladimorovich，Otchet o komandirovke v Turkestanskii krai letom 1916 goda，*Sochineniia*，Vol. VIII. Moscow: Vostochnaia literatura，1973，336－339 页.

Bartold，Vasily Vladimorovich，*Four Studies on the History of Central Asia（A Short History of Turkestan，History of Semirechyé，Ulugh-Beg，and Mīr ‘ Alī-Shīr；A History of the Turkman People）*，trans. by V. und T. Minorsky，Leiden: E. J. Brill，1956－62.

Chimitdorjiev，Sh.B，*Vzaimootnosheniia Mongolii i Srednei Azii v XVII-XVIII vv.*，Moscow，1979.

Djumanaliev，T.D，*Politicheskaia bor'ba v mogul'skom gosudarsve v XVII-nachale XVIII vekov（Po dannym "Tarikh-i Kashgar"）*，Bishkek 2004.

Haft iqlīm by Amīn ibn Aḥmad Rāzī，ed. by Jawād Fāżil in 3 vols. Tehran，1961.

Haft iqlīm by Amīn ibn Aḥmad Rāzī，ed. by M. Ishaqueas *Haft iqlīm: The Geographical and Biographical Encyclopaedia*，Bibliotheca Indica 287，Calcutta: Royal Asiatic Society of Bengal，1963.

Kamyshev，A.M，*Klady mednykh monet Timuridov i Sheibanidov*，Samarkand: International Institute for Central Asian Studies，2013.

Karaev，Omurkul，*Chagataiskii ulus. Gosudarstvo Khaydu. Mogulistan. Obrazovanie kyrgyzskogo naroda*，Bishkek: Kirghizstan，1995.

Ma Dazheng，"The Tarim Basin"，in: János Harmatta（ed.），*History of Civilizations of Central Asia，Bd. 5，Development in Contrast: From the Sixteenth to the Mid-nineteenth Century*，Paris: UNESCO Publ.，2003，182－209 页.

Masson，M.E.，Istoricheskii etiud po numizmatike djagataidov（Po povodu Talaskogo klada monet XIV veka），*Trudy Sredneaziatskogo gosudarsvennogo universiteta. Arkheologiia Srednei Azii* 36，Tashkent，1957.

Masson，M.E.，Klad mednykh monet XV veka iz Osha，*Epigrafika Vostoka* 13，1960.

Millward，James，*Crossroads of Eurasia: A History of Xinjiang*，New York: Columbia University，2007.

Millward，James，Eastern Central Asia（Xinjiang），1300—1800，Di Cosmo，Nicola，Allen J. Frank and Peter B. Golden（eds.）. *The Cambridge History of Inner Asia: The Chinggisid Age*. Cambridge: Cambridge University Press，2009.

张廷玉等编《明史》,中华书局,1974。

《明实录》，"中研院"史语所，1966（www.crossasia.org）。

Mirgaleev I.M., Saifetdinova E.G., Svedeniia "Tarikh-i Kashgar" o Zolotoi Orde, *Zolotoordynskoie obozreniie* 2, 2015, 81-87 页.

Nuzhat al-Qulūb by Ḥamdallāh Mustawfī Qazwīnī, tr. by G. Le Strange as *The Geographical Part of the Nuzhat-al-Qulūb*, composed by *Ḥamd-Allāh Mustawfī of Qazwīn in 740（1340）*, Leiden: Brill, 1919.

Pishulina, K.A. *Yugo-Vostochnyi Kazakhstan v seredine XIV — v nachale XVI vekov*, Alma-Ata, 1977.

Pokrovskaia, Lyudmila（tr.）. Istoriia Kashgara（Tarikh-i Kashgar）, *Materialy po istorii kirgizov i Kirgizii*, Vol. I, Moscow: Nauka, 1973, 217-223 页.

Rossabi, Morris, "Ming China and Turfan, 1406—1517", *Central Asiatic Journal* 16, 3（1972）, 206-225 页.

Salakhetdinova M.A., Rafiq at-Talibin: Drug ischuschikh istinu, *Materily po istorii kirgizov i Kirgizii*, Vol I. Moscow: Nauka, 1973, 191-198 页.

Sultanov, Tursun, "K istoriografii etnopoliticheskoi istorii ulusov Dzhuchi i Chagataia", *Zolotoordynskoie obozreniie* 5, 1, 2017, 74-92 页.

Sultonova, Gulchehra, *Sviazi Bukharskogo khanstva s Kazakhskim i Yarkendskim khanstvami vo vtoroi polovine XVI veka*, Author's abstract of the PhD Dissertation, Tashkent, 2005.

Ta'rīkh by Shāh Maḥmud b. Mīrzā Fāḍil Churās, ed. and tr. into Russian by Oleg Fedorovich Akimushkin, Moscow: Nauka, 1976.

Ta'rīkh-i Ḥaidarī by Ḥaidar b. ʻAlī, MS no. PNS 230 of the National Library of Russia in Saint Petersburg.

Ta'rīkh-i Kāshghar, Anonimnaia tyurkskaia Khronika vladetelei Vostochnogo Turkestana po konets XVII veka. Ed. by Oleg Fedorovich Akimushkin, Saint Petersburg: Peterburgskoie Vostokovedeniie, 2001.

Ta'rīkh-i Rashīdī by Mīrzā Muḥammad Ḥaida, ed. by Muḥammadturdi Mīrzā Aḥmad, Xinjiang: Shinjang halq nashriyati, 2008.

Ta'rīkh-i Rashīdī by Mīrzā Muḥammad Ḥaidar Dughlāt, Eed. by N. Elias, tr. by E. Denison Ross as *A History of Moghuls of Central Asia*; *Being the Tarīkh-i Rashīdī of Mirza Muhammad Haidar*, *Dughlát*, London, 1895; repr. New York, 1970.

Ta'rīkh-i Rashīdī by Mīrzā Muḥammad Ḥaidar Dughlāt, tr. into Central Asian Turki （Chagatai）by Muḥammad Ṣādiq Kāshgarī and Muḥammad Niyāz b. ʻAbdū al-Ghafūr in the 19th century, MS no. 10191 of the al-Biruni Institute of Oriental Studies, Uzbekistan Academy of Sciences in Tashkent.

Ta'rīkh-i Rashīdī by Mīrzā Muḥammad Ḥaidar, tr. into Chagatai by Khwājā Muḥammad Sharīf, ed. and transliterated into Cyrillic by Jalilov, Omonbek, Tashkent: O'zbekiston, 2011.

Ta'rīkh-i Rashīdī by Mīrzā Muḥammad Ḥaidar, tr. into Russian by A. Urunbayev,

R.P. Djalilova and L.M. Epifanova，Tashkent：Fan，1996.

Tizengauzen，Vladimir，*Sbornik materialov，otnosiaschikhsia k istorii Zolotoi Ordy*. *Vol II: Izvlecheniia iz persidskikh sochinenii*，Moscow-Leningrad：Akademiia Nauk SSSR，1941，213‑215 页，波斯语文本见 272—274 页.

Yudin，Veniamin，O rodoplemennom sostave mogulov Mogulistana i Mogulii i ik etnicheskikh sviaziakh s kazakhskim i drugimi sosednimi narodami，*Izvestiia Akademii nauk KazSSR* 3，1965，52‑65 页.

Yudin，Veniamin（tr.）. Istoriia Kashgara（Tarikh-i Kashgar），*Materialy po istorii kazakhskikh khanstv XV-XVIII vekov（Izvlecheniia iz persidskikh i tyurkskikh sochinenii）*，Alma-Ata：Nauka，1969，411‑418 页.

Zafarnāma bySharaf ad-Dīn ʿAlī Yazdī，tr. into Chagatai by Muḥammad ʿAlī al-Bukhārī in 1519，ed. by Ashraf Ahmad and Haydarbek Bobobekov，Tashkent：Sharq，1997.

The Moghul Khanate in the History of the Tianshan Region: Some Problematic Issues

Dilnoza Duturaeva，Ralph Kauz   Bonn University

Abstract： This article tries to focus on Russian scholarship on the Tianshan region during the Ming dynasty which is often neglected in the scholarly discourse of the history of this region though the scholarship of Vasily Bartold is widely known，also due to the translations of V. and T. Minorsky and others.1 As the intricate history of the Tianshan region during the Ming still shows a number of lacunae we try to introduce some basic information of this scholarship with the hope that mutual scientific cooperation will intensify in the future. The main author of this article is Dilnoza Duturaeva.

Keywords： Russian scholarship；Tianshan region；History of the Western Regions

（本文作者分别为德国波恩大学汉学系博士后、教授，译者为德国波恩大学汉学系博士研究生）

关于乌马里"树形地理图"及其论述的初步研究

华　涛

摘　要：地图是中古时代伊斯兰地理学突出的成就。乌马里（1300—1349）是马木鲁克时代（1250—1517）这个伊斯兰著述第二个高峰期的代表之一。不过奇怪的是乌马里《眼历各国行纪》中的一幅"树形地理图"及其论述却没有引起人们的注意。本文讨论这幅"树形地理图"及其"圈"型地理论述在伊斯兰地图学史上的意义，并提出由此进一步研究马木鲁克作家关于丝绸之路东段认识的路径。

关键词：乌马里；《眼历各国行纪》；树形地理图；"圈"型地理论述

马木鲁克时代是伊斯兰历史上第二个著述高峰时期。和9—10世纪第一个著述高峰期相比，这一时期的特点是出现了一些很有特色的地方历史（local history）和人物志（biography），特别是一批百科全书式的著述（Encyclopedic works）。对历史编纂学而言，重要的不仅是这一时期的不少编纂者都曾经在政府中服务过，有接触政府文件的机会，甚至本人就是一些政府文献的编写者，拥有比民间历史著述者更好的信息来源，而且与早前阿拉伯历史著述不同，他们在著述中往往对自己史料的来源和引用线索（Isnād）都有明确的说明，显示出现代学术著述的标准。

百科全书式的著述与14—15世纪三位重要的马木鲁克作者有关：努韦里（al-Nuwairi，1279—1333）、乌马里（Ibn Fadl Allah al-Umari，1301—1349）、盖勒盖山迪（al-Qalqashandi，1355—1418）。努韦里经历了13世纪末14世纪初马木鲁克王朝几位苏丹的更替，在朝廷或地方担任高官至少18年（包括秘书省和军事部长官），之后专注写作，他的《文苑观止》（Nihāyat al-Arab fī Funūn al-Adab / نهاية الأرب في فنون الأدب）①是一部学科大全。盖勒盖山迪是法学家，并且曾经担任马木鲁克王朝的秘书省长官，他的《夜盲者的曙光》（Ṣubḥ al-àshā fī ṣanāàt al-inshā'/صبح الاعشي في صناعة الانشاء）②是一部政府公文编纂参考大全，其书名实际上可以意译为《官衙文书通览》。与努韦里和乌马里的著作不同，该书记录了大量当时的社会生活内容。乌马里曾经在马木鲁克苏丹政府任职，他的名著《眼历诸国行纪》（Masālik al-absār fī mamālik al-amsār）是一部天文、地理、历史大全。该书27卷手抄本于1997年整理校注出版。③ 不过在完整的整理校注本出版之前，这部著作早就

---

① Dar Al-Kotob Al-ilmiyah, Beyrouth, 2004 (33 vols.).《文苑观止》是马坚先生的翻译，见希提（著）《阿拉伯通史》（马坚译），商务印书馆，1979年，828页。

② 1912—1922年既已整理出版。我使用的版本是 Dar Al-Kotob Al-ilmiyah, 2012(15 vols.).《夜盲者的曙光》是马坚先生的翻译，见希提（著）《阿拉伯通史》（马坚译），商务印书馆，1979年，828页。

③ Ibn Fadl Allah al-Umari, Masālik al-absār fī mamālik al-amsār. Dar Al-Kotob Al-ilmiyah, 2010.

受到学术界的关注和利用,其中 20 世纪下半叶以来的重要成果是 1968 年德国学者 Klaus Lech 出版了该书蒙古史部分的德文译注本。[①]

近年来,对这些百科全书式著述的研究中与本文有关的重要进展有以下几点：一、对乌马里书中一幅圆形地图和其他长条形地图的研究。圆形地图被确定是阿巴斯哈里发马蒙时期(813—833)绘制的圆形世界地图,在阿拉伯地图史上有重要意义。而书中的长条形地图,则被认为是伊德里希地图某些部分的复制本。二、书中很多被作者称为引自"《地理学》作者"(صاحب الجغرافية/)[②]的文字,被认为是马蒙时期《地理学》著作的作者或作者们的文字。与此相关的是对花剌子密(أبو جعفر محمد بن موسي الخوارزمي/Abu Ja'far Muhammud b. Mūsā al-Khwārazmī)及其著作《大地之图》(كتاب صورة الأرض/)[③]的时代,有了进一步的认识。[④]

但是在对马木鲁克时期著述中地理内容的研究取得这些进展的同时,我们却发现乌马里书中一幅"树形地理图"及其相关论述几乎没有什么研究成果,目前看到的唯一提及乌马里"树形地理图"的是 David A. King,不过他在 World-Maps for Finding the Direction and Distance to Mecca：innovation and tradition in Islamic Science 里只是简单提及而未对该图及其相关论述做讨论。[⑤] 那么这幅"树形图"及相关论述在伊斯兰地图学中有什么意义？这幅图及相关论述与马木鲁克时代关于丝绸之路东段的记载有什么关系？对我们研究阿拉伯地理知识对蒙元时期东方的地理知识有什么影响？

乌马里《眼历诸国行纪》里的
"树形地理图"及其论述

"树形地理图"见于乌马里《眼历诸国行纪》手稿第二卷 324 叶：[⑥]

"树形地理图"手抄本上方几行字的最后一句话是：

阿拉伯文："وهذه صفة مواقع مشاهير البلاد العظام في هذا المشجر وما يليه"

中文翻译："这是用树形图对著名大国位置的描写。"

乌马里该书 27 卷校注本第 2 卷第 335 页这幅图的前面有一段话：

> 树形图,可以由此了解各个相互隔离的王国间的距离,以及它们在各个地区的经纬度。

---

① Klaus Lech, Das mongolische Weltreich：Al-Umarī's Darstellung der mongolischen Reiche in seinem Werk Masālik al-absār fī mamālik al-amsār (Mit Paraphrase und Kommentar). Wiesbaden O. Harrasowitz 1968.

② Ibn Fadl Allah al-Umari, 2010, vol. 1, p. 130.

③ Hans von Mžik, Das Kitāb Ṣūrat al-Arḍ des Abū Ǧa'far Muḥammad ibn Mūsā al-Ḥuwārizmī. Leipzig, 1926.

④ Fuat Sezgin, Geschichte des arabischen Schrifttums, Leiden, E.J. Brill, 2000, Bd. 10, pp. 73 - 140. Karen C. Pinto 的不同意见,见 Karen C. Pinto, Medieval Islamic Maps：An Exploration, the University of Chicago Press, 2016, pp. 44 - 47；305 note 46.

⑤ David A. King, World-Maps for Finding the Direction and Distance to Mecca：innovation and tradition in Islamic Science. Leiden：Koninklijke Brill NV, 2014, p. 25 (Fig. 1.6.2), 93 (fig. 2.8.2).

⑥ Ibn Fadl Allah al-Umari, 2010, vol. 2, p. 335.

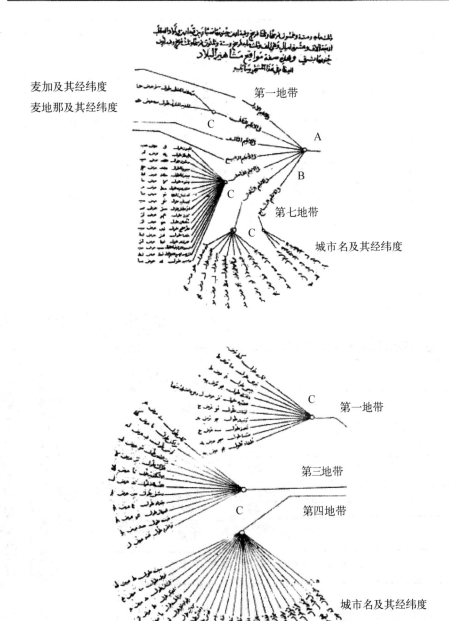

"树形地理图"附加图例说明：①

A：奥林支点；B：七大地带分枝；C：各地带分枝结点。

---

① 本文作者用中文翻译了图上的部分文字。

可能是因为这个"树形地理图"的想法太过独特,乌马里在其后绘制了"七大地带与城市经纬度图表"(这个名称是本文作者提出的。以下简称"七大地带经纬度图表"):①

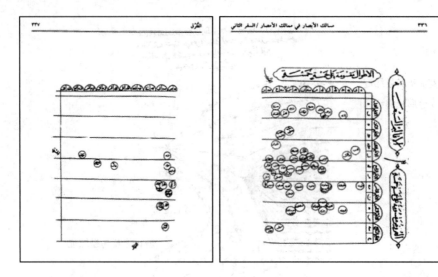

以上是校注本第 336—337 页上原手抄本的图幅;下图为本文拼接起来的图:②

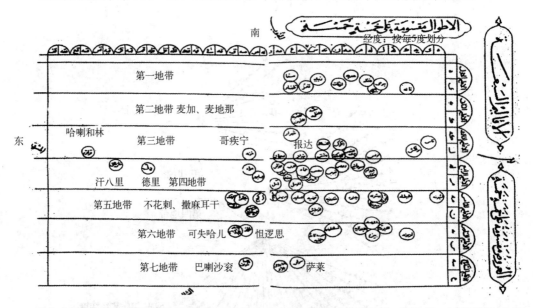

"七大地带经纬度图表"是将当时已知人类居住的地方,分为七个地带,上南下北分为七个横格;右西左东。图表右边维度坐标和上边经度坐标旁都注明:"按每 5 度一划分"。如果按照这些说明在图上画上线条,这就是一个计里画方的网格地图:竖 7/14 × 横 18/36。在这个图上,标有城镇/中心点。自托勒密甚至托勒密之前的学者以来,人类社会就开始用经纬度绘制地图,测量地点的经纬度,并在地图上标识出。现存阿拉伯人继承和

---

① Ibn Fadl Allah al-Umari, 2010, vol. 2, pp. 336 - 337.

② 本文作者用中文翻译了图上部分内容。

发展托勒密知识的最早著作就是前面提及的花剌子密的《大地之图》。① "七大地带经纬度图表"就是这种知识的表现,并且很自然让人们想起 11 世纪以后的一些阿拉伯-伊斯兰地理长方形地图,如伊德里希图、al-Mustawfi 图和经世大典图的类似画法。虽然"七大地带经纬度图表"与"树形地理图"的城镇/地点数有一点差别,②但那可能是因为前者受到图幅的限制无法绘制出。乌马里显然是希望用"七大地带经纬度图表"引导读者进一步认识自己在"树形图"上表达的想法。

乌马里《眼历诸国行纪》全书分为两编 (قسمان),上编:地球 (الأرض),下编:人类 (سكان الأرض)。上编记叙地球上陆海万物,分为两部 (نوعان):第一部:道里 (المسالك),第二部:邦国 (الممالك)。

第一部"道里"分为五个门 (خمسة أبواب):第一门:地球面积和形状 (مقدار الأرض وحالها)。第二门:七个地带的描述 (في ذكر الأقاليم السبعة)。第三门:海洋及其事物 (في ذكر البحار وما يتعلق بها)。第四门:天房的位置及其特征 (في القبلة والأدلة عليها)。第五门:道里描述。"树形地理图"和"七大地带经纬度图表"见于第五门。乌马里在第五门③介绍了两种描述道里的方式,第一章"路程的折弯"是说明现实中从某地到某地的道里实际上是弯弯曲曲的;第二章"路程的直线"是将某地到某地的道里设想为一条"直线",类似于天球上的黄道,不过由于地球是球形的,所以地面上的"直线"实际上是一条"弧线"。④按照乌马里的意思,他和前辈学者用数字表示的距离,实际上往往都是这种抽象的距离。

虽然这样的讨论很有科学性,⑤但对于本文而言,与前人相比,乌马里的独特之处主要表现在将世界设想为三个"圈"(Dāʾrat/دائرة)加以认识和描述。乌马里在解释了"道里的直线"后说:"我们找出一些著名地方之间的道里加以记叙,我们设想了三个虚拟、想象的'圈子',说明从该'圈子'的中心 (quṭub/قطب) 抵达每个城市的距离,绘制'树形图',展示相邻邦国之间的距离。"⑥他的第一个"圈"以麦加为中心,记载了麦加到世界各地著名大城市的距离。麦加是伊斯兰教的宗教圣地,穆斯林每日的礼拜朝向麦加的克尔白,穆斯林也有朝觐麦加的宗教要求,所以对麦加方向 (qibla) 的辨认是推动伊斯兰地理学发展的动力之一,也是伊斯兰地理学的重要实践内容。⑦ 阿拉伯-伊斯兰地理学著述很早就有这样的内容,例如伊本·胡尔达兹比赫《道里邦国志》将伊斯兰世界的道里分为东、西、北、南加以描述,其中"南方"部分有南方各地通往麦加的道路,书的最前面还有"各地人民礼拜

---

① Fuat Sezgin, Geschichte des arabischen Schrifttums, Leiden, E. J. Brill, 2000, Bd. 10, pp. 73 - 140.

② 第一至第七地带城镇/地点数为 10 + 2 + 12 + 23(18) + 18(17) + 8 + 3,括号里是"七大地带经纬度图表"不同于"树形图"上的城镇/地点数。

③ Ibn Fadl Allah al-Umari, vol. 2, pp. 303 - 337.

④ Ibn Fadl Allah al-Umari, vol. 2, pp. 298 - 337.

⑤ 因为人们在利用数学地理学 (mathematical geography) 著述里的距离数时,往往没有注意这个区别。

⑥ Ibn Fadl Allah al-Umari, vol. 2, p. 305.

⑦ 参阅 David A. King, *The Sacred Geography of Islam*. in T. Koetsier and L. Bergmans (ed.), *Mathematics and the Divine: A Historical Study*. Elsevier B. V. 2005 (chapter 8);以及张广达"前言",见伊本·胡尔达兹比赫《道里邦国志》(宋岘译注),中华书局,1991 年,第 1—22 页。

的方向”一节。① 后来，阿拉伯-伊斯兰学者还发展出专门说明礼拜方向和道路的手册、地图和工具。②

乌马里将麦加为中心的“圈”作为自己描述世界道里的第一虚拟“圈”。③ 他首先描述了麦加与麦地那、与耶路撒冷的距离和方位，然后描述了阿拉伯半岛附近的 8 座阿拉伯城市与麦加的距离及方位，如弗斯塔德（埃及）、大马士革、报达、塔伊兹（Ta 'izz）等；之后是麦加与其他较近的 7 座城镇和较远的 58 座城镇的距离及方位，如：摩苏尔、依斯法罕、孙丹尼牙、桃里寺、你沙不儿、哈烈、巴里黑、哥疾宁、霍尔木兹、喀布尔、木勒坦、德里、甘巴夷、故临、细兰、马八儿、行在、刺桐、汗八里、哈喇和林、（巴喇沙衮）、白水城、拔汗那、法拉布、苏对沙那、巴达赫尚、忒耳迷、撒麻耳干、布哈拉、萨莱、不里阿儿、特拉不松、君士坦丁堡、罗姆、格林纳达，等等。具体内容的例子如：

麦加和桃里寺之间有 1080 里，即 360 法尔沙赫，麦加在桃里寺的西南；

麦加与行在（الخنساء /al-khansā'）即原先叫 'الخنسار/ al-khansār' 的地方之间有 5 438 里，也就是 1 029.3 法尔沙赫，麦加在其西北。

麦加与刺桐之间有 2 635 里，也就是 678.3 法尔沙赫。麦加在其西北。

麦加与汗八里之间有 3 934 里，也就是 1 311.3 法尔沙赫。麦加在其西南。

麦加与哈喇和林之间有 4 998 里，也就是 1 666 法尔沙赫。麦加在其东南。

麦加与（巴喇沙衮）之间 1 974 里，也就是 658 法尔沙赫。麦加在其西南。

麦加与白水城之间有 1 904 里，也就是 644 法尔沙赫。麦加在其西南。

麦加与拔汗那之间 1 740 里，也就是 570.3 法尔沙赫。麦加在其西南。④

虽然乌马里这里对道里和方位的描述，以及他描述世界各地礼拜麦加朝向的专章及绘制的《麦加朝向图》，⑤都见于前人和同时代其他人的著述，但他将麦加为中心的“圈”设想为自己认识世界的第一虚拟“圈”，和后面的描述一起考虑，还是有意义的。

乌马里笔下的第三个“圈”的中心是伊斯兰天文-地理思想中的“奥林之顶”（قبّة أرين/ qubbat Arīn），⑥有时也写作“世界之顶”、“大地之顶”，乌马里描述了由“奥林之顶”抵达大地四个边角的距离。对这个“圈”的描写也见于乌马里之前的伊斯兰天文-地理著述。

乌马里地理描述的独特之处表现在第二个“圈”，他说：

第二个“圈”：是一些小的“圈”，每个小“圈”的中心是一个君长的驻地，（记述）从中心前往该地区及周邻地区各著名城镇的距离，例如在弗斯塔德（Fustat，开罗老

---

① 见伊本·胡尔达兹比赫《道里邦国志》（宋岘译注），中华书局，1991 年。

② David A. King, *Two Iranian Maps for Finding the Direction and Distance to Macca*. in *Imago Mundi*, vol. 49, 1997.

③ Ibn Fadl Allah al-Umari, vol. 2, pp. 305 – 313.

④ Ibn Fadl Allah al-Umari, vol. 2, p. 309.

⑤ Ibn Fadl Allah al-Umari, vol. 2, pp. 243 – 297（第四门）。其中《麦加朝向图》见手稿第 243 叶。

⑥ 这个词“أرين”实际上是印度古代天文子午线起始点 Ujjayn 城名的讹误。参阅：EI, 2, vol. 5, p. 297.

城)与古斯间、弗斯塔德与大马士革间的距离,再如埃及与突尼斯或埃及与亚丁间的距离。①

乌马里在这个部分列出了 33 个小"圈"及其中心:德里、哥疾宁、忒耳迷、不花剌、汗八里、可失哈儿、巴达赫尚、花剌子模、你沙不儿、孙丹尼牙(اليسلطانية /)、大不里士、木甘(موقان / Mūghān)、依斯法罕、鲁德八儿(روذبار /Rūdhbār)、西姆娘(سمنان /Samnān)、报达、摩苏尔、阿勒颇、大马士革、埃及、塔伊兹、突尼斯、格林纳达(غرناطة / Granada)等等。这些"中心"大多是城镇,也有少数是地点,如"巴达赫尚"和"木甘"(草原)。下面是一个小圈子的文字:

不花剌为中心的圈子(دائرة قطبها بخارى /) :②

我们知道不花剌和撒麻耳干之间距离是 126 里,即 42 法尔沙赫(farsakh)。③ 不花剌在它的西南。

不花剌与忒耳迷之间距离 280 里,即 93 法尔沙赫。不花剌在它的西北。

不花剌与巴达赫尚之间距离 462 里,即 154 法尔沙赫。不花剌在它的西北。

不花剌与苏对沙那之间距离 298 里,即 99 法尔沙赫。不花剌在它的西边。

不花剌与拔汗那之间距离 330 里,即 110 法尔沙赫。不花剌在它的西北。

不花剌与哥疾宁之间距离 392 里,即 130 法尔沙赫。不花剌在它的西北。

不花剌与巴喇沙衮之间距离 518 里,即 172.3 法尔沙赫。不花剌在它的西北。

不花剌与白水城之间距离 225 里,即 75 法尔沙赫。不花剌在它的西北。

这个"小圈子"以它的中心城镇命名,这里道里描述提及的与不花剌有关的城镇/地点,有的自己就是"小圈子"的中心,如忒耳迷、巴达赫尚、哥疾宁,有的是周边地区的重要城镇,如撒麻耳干、拔汗那、巴喇沙衮、苏对沙那、白水城等。对其他 32 个"小圈子"的描述也是列举出该圈子的中心与周边其他城镇的距离和方位。乌马里首先用三个"圈"的"圈式地理描述"方式描述天下的道里,然后绘制出"树形地理图"。"树形地理图"是对"圈式地理描述"的形象表达。

乌马里"圈式地理描述"及其"树形地理图"的意义

古典阿拉伯-伊斯兰地理学自从哈里发马蒙开始,对世界的地理描述大约主要有两种,即描述整个世界但特别重视伊斯兰地区的"伊拉克学派"和只关注伊斯兰世界,并且按照各个省区来做叙述的"巴里黑学派"。④ 此外又有希腊、波斯影响下的气候带(iqlīm)描述。⑤

---

① Ibn Fadl Allah al-Umari, vol. 2, p. 305.

② 第 2 卷第 315 页。

③ Farsakh(波斯"里"):波斯(阿拉伯)的距离单位,是根据行进时间计算的距离数,商队行进一法尔沙赫约为今 5.94 公里,步行则约为 4 公里。见 EI, 2ⁿᵈ, vol. II, pp. 812 - 813.

④ EI, 2ⁿᵈ, vol. II, pp. 579 - 582.

⑤ Encyclopædia Iranica:"HAFT KEŠVAR"(http://www.iranicaonline.org/articles/haft-kesvar:2019 年 11 月 2 日查).

而最引人瞩目的是托勒密-伊德里希式经纬度式地图及其描述。乌马里通过三个"圈"，特别是第二个小圈子的相互关系来描述天下道里，并不见于其之前和同时代的其他学者。他的"圈式地理描述"模式和"树形图"的表达，与上面那些描述模式有很大不同。那么，乌马里为什么要使用这种"圈式地理描述"来描述天下道里呢？他的这种描述模式在阿拉伯-伊斯兰地理学史上有什么意义呢？

认识乌马里地理思想的偶然灵感，来自一个身边熟视无睹的日常生活，即近年来中国发展最快的经济活动"网购"和"快递"，特别是淘宝网站十年前发起的"双十一"网购促销这个中国电商和物流最重要的年度活动：

在2018年11月11日"双十一"之后收取的许多包裹上我们发现，快递单上都写着"南京市内包"类似的标签(参见下图)。但是这些外地商家的货物显然不会或者大多不会是从南京本地快递来的。

照片说明：由左往右分别为"百世"、"韵达"、"申通"的快递单；黑色涂抹的是收件人在南京的具体地址。

我们忽然想起前不久在快递站往外地(宁波)邮寄快递时，在手机上填写、上传了邮寄人、收件人信息之后，快递站打印出一份快递单，贴在包裹上；快递单上收件人和寄件人信息上方最明显的信息是"宁波分拨包"。之后我们又发现，有些收到的快递的单据上也注明了"分拨中心"这样的字样。

我们忽然意识到，在2018年11月11日凌晨开始的"双十一"活动仅仅2分05秒天猫交易额就超过100亿人民币[1]的今天，快递、物流的巨大变化不仅仅是快递信息填写和传递的电子化、从业人员数的大量增加、包裹邮件分拣方式的自动化等，更重要的是物流模式发生了巨大变化。物流模式已经不再追求点对点的快递交接。一件包裹交给快递员/快递站之后，首先在当地的"分拨中心"分拣(基础信息工作在接收包裹、打印快递单时已经完成)，经过各个结点，抵达收件人当地的"分拨中心"后，再重新分拣，然后送到下一

① 新浪科技，《2分05秒！天猫双十一交易额已超100亿元》，2018年11月11日00:03(https://tech.sina.com.cn/i/2018-11-11/doc-ihnstwwq3340742.shtml，2019年11月2日查)。

级"分拨中心"或快递站,最后由快递员/快递站送达收件人。

这个观察让我们意识到,"圈式地理描述"的描述模式和"树形图"(مشجّر/mushajjar)设想的重要特点,是乌马里笔下的每一个"小圈子"的中心城镇就是一个"分拨中心","小圈子"里各类人群和地方都通过这个作为"分拨中心"的中心城镇,经过各种结点,与其他中心城镇发生交通。乌马里应该是在告诉读者他当时的某种观察和思考:虽然早在托勒密时代,人们在掌握了各个地点(包括城镇、山川、河流等)的具体坐标后,可以在平面或球形的网格状地图上通过经纬度确定各个地点的位置,但是这样的地理信息和各种文字描述(如已有中文译本的伊本·胡尔达兹比赫《道里邦国志》,宋岘译注,中华书局,1991年),展现的人们之间的往来交通,特别是与较远人群的往来交通,都是一种"线性观的交通",例如不论是张骞出使西域还是大秦使者的来华,都是这种模式的交通。如果说在古代交通工具和手段不发达的情况下,这样"线性观的交通"是一种常态,那么在进入中古时代以后,当交通工具和手段有了相当的进步之后,各地区各国家的比较频繁的往来交通,就不容易在交通的"线性观"模式中表达出来。乌马里应该是意识到了交通的"线性观"的局限性,他应该是试图使用"圈式地理描述"和"树形地理图"来表达一种新的思维,以便更准确地描述他那个时代人类社会更加频繁相互往来交通的关系。如果按照他的设想,不仅每个重要的地点都是一个中心,都与周围的其他中心发生关系;而且再往下分,还可以描述下一个层级的"小小圈子"。当然乌马里在书中没有进一步讨论下一个层级的"小小圈子",大概他认为当时的世界(不包括基督教世界)具有重要性的"圈"就是这33个。同时,乌马里对自己绘制的"树形地理图"和"圈式地理描述"也没有做更加深入的讨论。这大概是后来的读者对他的这一重要思想没有给予重视的原因。不过,虽然乌马里对自己的思考的展示不很到位,但其表达的思维模式,不仅是对当时人类社会间交通的形象展示,而且在21世纪第二个十年末中国的快递大发展中得到体现。

那么,乌马里这样的思考有利于我们认识马木鲁克时代阿拉伯地理知识中对丝绸之路东段的记载吗?

马木鲁克时代阿拉伯地理知识中的丝绸之路东段

乌马里在用三个"圈"来描述世界各地道里的时候,还展现了自己的"东方"知识。在讨论第一个"圈"以麦加为中心到世界各地著名大城市的距离时,乌马里依次列举了以下各地与麦加的距离:①孙丹尼亚、桃里寺(Tawrīz)、你沙不儿、哈烈、巴里黑、马鲁察叶可(مرو الشاهجان/Marv al-Shāhijān)、哥疾宁、忽鲁谟斯(هرمز)、喀布尔、木勒坦、德里、塔纳(تانة/ Ta'nat)、②甘巴夷(كنبايت/Kanbāya)、故临(الكولم/ Kaulam)、细兰、马八儿(/سرنديب)、马八儿(المعبر/)、行在(al-khansā'/الخنساء)、刺桐、汗八里、哈喇和林、白水城、拔汗那、法拉布、苏对沙那、巴达赫尚、忒耳迷、撒麻耳干、不花剌、玉龙杰赤(كوركانج/)、萨莱、不里阿儿、克里米亚(القرم/Qiram)、特拉不松(طرابزون/)、君士坦丁堡等。从这些地点首尾相接的位置看,他们对陆上和海上丝绸之路上重要城市地点方位的认识大致准确。

---

① Ibn Fadl Allah al-Umari, vol. 2, pp. 308 - 311.

② Ibn Fadl Allah al-Umari, vol. 2, p. 308 注 2:印度海岸城市。阿布·菲达(Abu al-Fidā')《地理书》(Taqwīm al-Buldān)p. 508 有此城的信息。

在讨论第三个"圈"从伊斯兰天文-地理的中心"奥林"抵达大地四个边角的距离时,乌马里也提到一些与中国等东方国家、地区有关的内容。①

在讨论第二"圈"时,涉及中亚及其以东地区的内容就更多了,这包括:德里;哥疾宁;忒耳迷;不花剌;汗八里;可失哈儿;巴达赫尚;花剌子模;你沙不儿;孙丹尼亚;大不里士等。我这里举几个例子:汗八里、可失哈儿、巴达赫尚和花剌子模。②

汗八里为中心的"圈"及前往"الصين"(秦)和"الخطا"(契丹)的道里:

我们知道汗八里与哈喇和林之间距离 1 624 里,即 542 法尔沙赫汗。汗八里在它的东北。

汗八里与阿力麻里之间距离 364 里,即 121.3 法尔沙赫。汗八里在它的东北。

汗八里与 Bāliq(بالق/?)之间距离 1 038 里,即 346 法尔沙赫。汗八里在它的东北。

汗八里与火州(حاجو/火洲?)之间距离 1 750 里,即 583.3 法尔沙赫。汗八里在它的东南。

汗八里与沙州(سركحر/沙洲?)③之间距离 1 535 里,即 511.3 法尔沙赫。汗八里在它的东南。

汗八里与扬州(بنجو/?)之间距离 1 088 里,即 429.3 法尔沙赫。汗八里在它的东北。

汗八里与刺桐之间距离 1 960 里,即 653.3 法尔沙赫。汗八里在它的西北。

汗八里与行在(الخنساء/)之间距离 1 400 里,即 466.3 法尔沙赫。汗八里在它的西北。

汗八里与(جمكوث/Jamakūt)④之间距离 1 904 里,即 634 法尔沙赫。汗八里在它的西北。

突厥之地首府可失哈儿为中心的"圈":

我们知道,可失哈儿与巴喇沙衮之间距离 364 里,即 121.3 法尔沙赫。可失哈儿在它的东南。

可失哈儿与恒逻斯之间距离 400 里,即 133.3 法尔沙赫。可失哈儿在它的正东。

可失哈儿与法拉布之间距离 462 里,即 153.3 法尔沙赫。可失哈儿在它的正东。

可失哈儿与白水城之间距离 400 里,即 133.3 法尔沙赫。可失哈儿在它的东北。

可失哈儿与拔汗那之间距离 252 里,即 84 法尔沙赫。可失哈儿在它的东南。

巴达赫尚为中心的"圈":

我们知道巴达赫尚与(جرم/)⑤之间相距 600 里,即 20 法尔沙赫。巴达赫尚在它

---

① Ibn Fadl Allah al-Umari, vol. 2, p. 334.

② Ibn Fadl Allah al-Umari, vol. 2, pp. 315 – 317.

③ 待考。

④ 阿布·菲达(Abu al-Fidā')《地理书》(Taqwīm al-Buldān)p. 322 称此地为"极东之地";耿昇在费琅《阿拉伯波斯突厥人远东文献辑注》中将其译为"查姆库特"(中华书局,1989 年,697 页)。

⑤ 待考。

的正西。

巴达赫尚与可失哈儿之间相距 170 里,即 56.3 法尔沙赫。巴达赫尚在它的西南。

花剌子模为中心的"圈",花剌子模的主城是玉龙杰赤(كركانج/):

我们知道花剌子模——我的意思是它的主城玉龙杰赤——与萨莱之间距离 510 里,即 170 法尔沙赫。花剌子模在它的东南。

花剌子模与不花剌之间距离 242.3 里,即 80.3 法尔沙赫。花剌子模在它的西北。

花剌子模与忒耳迷之间距离 588 里,即 196 法尔沙赫。花剌子模在它的西北。

花剌子模与不里阿儿之间距离 630 里,即 210 法尔沙赫。

花剌子模与巴达赫尚之间距离 700 里,即 233.3 法尔沙赫。花剌子模在它的西北。

花剌子模与君士坦丁堡之间距离 1 917 里,即 639 法尔沙赫。花剌子模在它的东南。

花剌子模与克里米亚(القرم/)之间距离 1 134 里,即 377.3 法尔沙赫。花剌子模在它的东南。[1]

本文这里暂时不讨论这些距离数的问题,大致看还是有些问题的,比如汗八里与哈喇和林、汗八里与阿力麻里的距离等。不过从乌马里对这些"圈"和"圈"内外城镇间相互关系的描述看,大致是准确的。而且他对在对天山及其以东地区的描述中,将"汗八里"和"可失哈儿"作为"圈"的中心,反映他和马木鲁克学者们对这些地方有一定的了解。

阿布·菲达(Abu al-Fidā', 1273—1331)比乌马里稍早,他的《地理书》(Taqwīm al-Buldān)被乌马里引用不少,而且他对东方的记载比乌马里更丰富,也引述了更多的前代学者关于东方的记载。比如阿布·菲达在"记叙中国"一章说:

叙述印度之后,我们叙述中国。中国的西边与印度之间相隔着荒野,南边大海围绕,东边是东方大洋(البحر المحيط الشرقي/),北边是雅朱者-马朱者等等之地,我们对那里一无所知。《道里邦国志》诸书的作者们记载过中国之地的很多城镇、地方、河流等。我们不能确认那些名字,也不能弄清楚那里的情况,我们对那里不明就里,因为没有人从那里来到我们这里,没有人带来那里的消息。根据从那里来的人说,"杭州"(خانقو/ Khānqū)在我们这个时代人称"行在"。在它的北面不远有一个湖,叫"西湖"(سيخو/ Saikhū),方圆大约半天路,这个名字的读音为……根据上面提到的来源,我们这个时代以"刺桐"著称的"泉州"(شنجو/),和行在一样,是中国商埠之一。它是一个海港。"بنسر/"这个词的读法是……

从阿布·菲达的文字看,他虽然引用了伊本·豪卡勒、比鲁尼、伊本·撒的(ابن سعيد/

---

① Ibn Fadl Allah al-Umari, vol. 2, pp. 315 - 317.

Ibn Sàïd)等等的书籍,但他说马木鲁克王朝的人并不了解远方中国的情况,而且往来的人很少。总之,这些著述表现出的马木鲁克时代阿拉伯地理知识对丝绸之路东段,即对天山及天山以东地区的认识状况。虽然马木鲁克时代的阿拉伯学者通过伊利汗国等地的东方作家了解到一些蒙古兴起及相关东方信息,但由于地隔遥远,马木鲁克时代阿拉伯学者对东方的地理描述,往往是谨慎的。

那么在这些谨慎的描述中,乌马里的"圈"的描述和他的"树形地理图"对我们认识蒙古时期的中亚,即丝绸之路天山段有什么意义呢?

我现在的考虑是,在东亚的唐朝和西亚的阿拉伯倭马亚王朝特别是阿巴斯王朝建立后,东西交通已经有较多的发展,东西知识的传布已经有比较好的条件。不过即便到东西交通更加便利的蒙元时期,知识的传布仍然是比较地方的。沿着丝绸之路传向远方或从远方传来的知识,仍然是零散的,不准确的。不仅中亚当地留存下的《苏剌赫辞典补编》在展现阿拉伯知识时,即介绍阿拉伯历史、文化时,表现出简单、粗糙,即便是在具有系统收集东方知识传统的马木鲁克王朝的官员和作家笔下,对东方的记载也是零散的、不准确的。只有到更多人能够"身临其境"抵达远方的地理大发现之后,东西方相互认识间的"想象"成分才会显著减少。

The Mushajjar (مشجّر) and al-Umari's description of
Roads in the 14 Century: a preliminary research
Hua Tao Nanjing University

Abstract: The maps are the great achievement of the medieval Islamic geography and cartography. However, no one paid attention to some maps or geographical drawings of Ibn Faḍl Allāh al-'Umarī (1300 – 1349) in his great work *Masālik al-Abṣār fī mamālik al-Amṣār* as well as the circle description on the roads around the world in the book. This paper studies these geographical drawings and the geographical narratives by Ibn Faḍl Allāh al-'Umarī. I pay much attention to his Mushajjar (مشجّر) maps and his Dā'rat description of (silk) road. I use the contemporary network of EXPRESS MAILING (Chinese: Kuaidi) to explain the idea of al-'Umarī in this field and think his circle model of cities gives us aspiration on the spread of knowledge in the medieval world, especially the eastern part of Tianshan area.

Keywords: al-'Umarī *Masālik al-Abṣār fī mamālik al-Amṣār* Mushajjar (مشجّر) Dā'rat description

(本文作者为南京大学中美中心、历史学院教授)

伊德里斯地图与 17、18 世纪中西舆图中的中亚地理

努尔兰·肯加哈买提

摘 要:伊德里斯地图反映出中世纪阿拉伯地理学家在吸收希腊托勒密地理学知识基础上对地图知识体系的创新。受伊德里斯地图影响,欧洲地图上旧大陆的地理盲区被补齐、重构,并与新大陆地理知识相衔接,形成了相对完整的世界拼图。明末清初西方传教士入华,海外地理知识随之传入,其中最重要的有利玛窦(Matteo Ricci)《坤舆万国全图》、南怀仁(Ferdinand Verbiest)《坤舆全图》等。清中期由西方传教士领衔、采用西方近代制图技术绘制的《雍正十排皇舆图》和《乾隆内附舆图》丰富了中亚各国的地理信息,填补了当时欧洲地图中的空白,清代舆图亦影响了克拉普罗特等西方地理学家的地理知识。

关键词:伊德里斯地图;欧洲地图;鞑而靼;《乾隆内附舆图》;中亚;哈萨克草原

一、伊德里斯地图对近代欧洲地图的影响

谢里夫·伊德里斯(al-Idrisi,1099—1166)1154 年完成的巨著 The *Kitāb Nuzhat al-mushtāq fī ikhtirāq al-āfāq*(《渴望周游世界者的娱乐》),于 1592 年在罗马出版,是欧洲发行的第一部阿拉伯地理著作。[①] 该书原文系阿拉伯文,1619 年在巴黎译成拉丁文之后,到 19 世纪一直是欧洲地理学家的参考书目,影响深远。巴黎译文本被称为《努比亚人的地理》(Geographia Nubiensis),是 19 世纪之前欧洲关于东方的标准参考文献。[②] 该书包含一幅世界地图和六十九幅区域地图。蒙元帝国的文化交流,使其影响了此后中国地图的绘制观念。[③]

对于 16 世纪以前的欧洲制图者来说,远离欧洲本土和海上航线的内陆亚洲是欧洲人的认知盲区。恰恰在这个地区,欧洲地理学家参考了伊德里斯的地理著作,伊德里斯著作的重要性使得 17 世纪的制图师对其内容深信不疑,以至于他们以多种方式参考、吸收他著作中的地名。

[①] *Oblectatio desiderantis in descriptione civitatum prineipalium et tractuum et provinciarum et insularum et urbium et plagarum mundi*. Romae,1592.

[②] Al-Idrīsī, Muhammad,*Geographia Nubiensis*,*id est accuratissima totius orbis in septem climata divisi descriptio continens praesertim exactam universiae Asiae et Africae*,*rerumque in iis hactenus incognitarum ex- plicationem*. Recens ex Arabico in Latinum versa a Gabriele Sionita & Hesronita Joannes. Paris:Typographia Hieronymi Blageart,1619.

[③] Kenzheakhmet Nurlan, The Place Names of Central Asia in the Kangnido. *Journal of Asian History* (49) 2015,1/2, pp. 141‑160;Kenzheakhmet Nurlan, The Place Names of the Euro-Africa in the Kangnido. *The Silk Road*,Vol. 14, 2016, pp. 106‑125.

伊德里斯的大地图中雅朱者（Yājūj）和马朱者（Mājūj）出现在该地图的东北角，在"杜尔哈尔乃因（Dhū l-Qarnayn）之大门（用图画表示）"标出一块铭文，写着"属于包围雅朱者和马朱者的库法亚（jebel Qūfāyā）山脉（min jebel Qūfāyā al-Muḥīṭ bi Yājūj ūā Mājūj）"。①《地理词库—新的地理学：或完整的地球描述》称之为扎郭伊省（The Province of Jagoy）和麻果哥国（The Country of Magog），并将其归属于鞑而靼本土（Tartaria Propria）。②

以下笔者以三张图为例，考证伊德里斯的地理知识对欧洲地图学的影响。

法国制图学家杜瓦尔（Pierre Duval，1619—1683）《亚洲地图》（L'Asie），纪尧姆·德·莱尔（Guillaume de L'Isle，1675—1726）《鞑靼而地图》（Carte de Tartarie），唐维勒（Jean-Baptiste d'Anville，1697—1782）《中原、中国鞑而靼及西藏全图》（Carte la plus generale et qui comprend la Chine, la Tartarie chinoise）分别于1664、1706、1737年在巴黎出版。对于如纪尧姆·德·莱尔这样的欧洲制图师来说，伊德里斯的著作之所以受到重视，是因为其中涉及不为欧洲旅行者所熟悉的对亚洲大陆的系统描述。

表1　伊德里斯地图和三张欧洲地理学家地图地名比较

伊德里斯大地图和小地图（1154,1192）③	杜瓦尔《亚洲地图》（1664）④	纪尧姆·德·莱尔《鞑而靼利亚地图》（1706）⑤	唐维勒《中原、中国鞑而靼及西藏全图》（1737）⑥
Ard Basjirt al Dāḫila	Pascarti	Baskirie ou Pays des Baskirzi（巴什基尔）	
Jebel Qūfāyā		M. de Caf⑦	
Dādamī	Dademi	Dademi⑧	
Šahadrūj/Sahrūḥ	Schadrug	Sahadrug	

① 雅朱者（Yājūj）和马朱者（Mājūj）为《古兰经》中提到的两个北方民族。双角人杜尔哈尔乃因（有学者认为即亚历山大大帝）出征他们。

② Moll Herman，*Thesaurus Geographicus. A New Body of Geography: Or A compleate Description of the Earth*. London，1695，p. 428.

③ 1154年伊德里斯为西西里国王罗杰二世（Roger II）绘制的世界地图。1926年德国学者康拉德·米勒（Konrad Miller）根据牛津大学的版本复原了伊德里斯地图，又称为伊德里斯大地图或 Tabula Rogerina；康拉德·米勒又复原了伊德里斯1192年绘制的地图，称为小地图。请参考 Miller Konrad，*Mappae Arabicae，Arabische Welt- und Landkarten*，6 vols. (Stuttgart，1926－31)，vols.［I］，［II］，［VI］。另请参见伊德里斯大地图：http://www.bigmapblog.com/maps/map01/YDKRvrsmOFNUnsum.jpg，2020年10月14日。

④ https://gallica.bnf.fr/ark:/12148/btv1b8469894b.，2020年10月14日。

⑤ http://www.davidrumsey.com/maps4457.html.，2020年10月14日。

⑥ National Library of Australia MAP RM 3521，https://nla.gov.au/nla.obj-232293356，2020年10月14日；又参照 https://gallica.bnf.fr/ark:/12148/btv1b5962717m，2020年10月14日。

⑦ 又称为喀夫山（Jabal Qāf）或库伊·喀夫（Kuh-i Qāf），是伊斯兰宇宙论中的神话山脉，参见 Miller，1931［V］，第118页；伊德里斯在地图上显示了一条环绕着地球干旱土地的海洋带，在这条带周围是环环相扣的山脉，其地形与地图上的陆地山脉相同，并标记为"jebel Qūfāya"。

⑧ 可能是现在的达达木阿塔（Dadem-Ata），西哈萨克斯坦州乌拉尔市南部的一座神社。该图最引人注目的地名之一是 Dādamī 以东出现了罕喀卡特（Ḥānqākat）一名，很可能是乌拉尔市南部的安哈提（Anqaty）镇。

伊德里斯大地图和 小地图(1154,1192)	杜瓦尔《亚洲地图》 (1664)	纪尧姆·德·莱尔 《鞑而靼利亚地图》 (1706)	唐维勒《中原、 中国鞑而靼及西藏全图》 (1737)
Siqrā	Cafra?	Sacra	
Marṣān	Marzan	Marzan①	
Ġaūzbān/Ġaurān		Chauran②	
Ḥarqān	Arkan	Charcan ou Arcan③	
Darqū		Darcu	
Daranda		Daranda	
Badeġa		Badega	
Numā/Nūja	Nagia	Nugia	
Ḫīām	Hyan	Hyam④	
Ġarġun/Ġorġoz		Garghun⑤	
Jājān		Giagian	
Nahr Rūḍa	Rudhan	R. de Rudhan⑥	
Danbāha	Daubana	Danhaba⑦	
Loḫmān	Lochman	Locman⑧	
Ġarīān	Cherman	German	

① 据 *Thesaurus Geographicus* 一书，Marsan 和 Rudha 属于卡尔梅克国（Calmona，Kolmak，Kalmonque，Buchares），见 Moll Herman，p. 428.

② 可能是现在的乌拉尔南部的胡素曼(Qusman). *Zheringning Aty*，*Elingning Haty: Encyclopediyalyq Anyqtama*，Almaty，2010，p. 317.

③ 可能是现在的西哈萨克斯坦境内的喀拉甘德(Qaraghandy)，兀亦勒(Oil)南部的小村。

④ 杰姆河（西哈萨克斯坦，今伊木巴河 Emba）. *Zheringning Aty*，*Elingning Haty: Encyclopediyalyq Anyqtama*，Almaty，2010，p 94.

⑤ 伊尔赫斯河（阿克托别和库斯塔奈州境内的一条河）. *Zheringning Aty*，*Elingning Haty: Encyclopediyalyq Anyqtama*，Almaty，2010，132.德国学者洪堡（Alexander von Humboldt）在其《中亚——山脉与比较气候学研究》中认为 Gorghoz 应为阿拉湖，并把 Gorghoz 等同于阿拉湖的中古称呼 Kurghe/Gurghe，见 Humboldt，A.v.，*Central-Asien. Untersuchungen über die Gebirgsketten und die vergleichende Klimatologie*，Erster Band (Erster und Zweiter Theil.)，Berlin，1844，p. 421.

⑥ 据 *Thesaurus Geographicus* 一书，鲁达(Rudha)和杰姆(Yem，伊木巴)河一道，经过卡尔梅克(Kolmak)的两个国家，在明格斯(Mingus)或贾夫(Jav)处流入里海。见 Thesaurus Geographicus，427.

⑦ 可能是现在的哲木佩特（Zhympyty/ Zhambayty），西哈萨克斯坦州乌拉尔市南部的城镇。*Zheringning Aty*，*Elingning Haty: Encyclopediyalyq Anyqtama*，Almaty，2010，p. 305.

⑧ 乌鲁合曼-谢根(Ulyqpan-shegen，哈萨克语'shegen'意为井)，西哈萨克斯坦州乌拉尔市南部的城镇。*Zheringning Aty*，*Elingning Haty: Encyclopediyalyq Anyqtama*，Almaty，2010，p. 332.

续　表

伊德里斯大地图和 小地图(1154,1192)	杜瓦尔《亚洲地图》 (1664)	纪尧姆·德·莱尔 《鞑而靼利亚地图》 (1706)	唐维勒《中原、 中国鞑而靼及西藏全图》 (1737)
Dahlān	Taras	Taras ou Dahlan	Taraz(今哈萨克斯坦塔拉斯市)
Salaḥī/Salḥī			Shalg①
Barsjan al Sufla			Bersagian②
Bark			Borac(南哈萨克斯坦梅尔克城)
Buḥaire Tehāma	Lac Theama③		
Jarlak			Haulac
Bakālak			M. Shabalak
Ailaq		Ilac	Ilak【今伊拉（Ilaq）地区,位于乌兹别克斯坦东北部】
Saikant		Tachkunt	Tashkunt(今塔什干)
Al Šāš		Alchach	Al Shash
Fārāb	Farah	Farab ou Otrar	Otrar ou Farab(即元代讹答剌)
Šāfġān/ Ṣabrān		Sabran	Sabran(哈萨克斯坦锡尔河流域的扫郎城)
Jebel Mazġār	Moreghar M.	M. Moreghar（穆戈贾雷山,位于哈萨克斯坦西北部,处于阿克托别州）	
Nahr Morġa④	Margha R.	Margha	

① 舍里扎(Shiljī,Shelji,Shalji),塔拉斯附近的古代城镇。频繁出现于阿拉伯地理学家著作和地图中。可能是《新唐书》中提到的呾罗斯城南部的小孤城。参见 Collins, Basil Anthony（1921—2003）(tr.) and Mohammad Hamid Alta'i（rev.）. The Best Divisions for Knowledge of the Regions = Aḥsan al-Taqāsīm fī Ma 'rifat al-Aqālīm,［by］Al-Muqaddasī. Reading：Garnet,1994,87；Minorsky, Vladimir（1877—1966）(tr.). Ḥudūd al-'Ālam, "The Regions of the World"：A Persian Geography, 372 A.H. — 982 A.D. With a preface by Vasily Vladimirovich Bartold（1869—1930）. Oxford：Oxford University,1937,p. 119.

② 巴尔斯干(Barskhān),塔拉斯附近的古代城镇,又称下巴尔斯干。

③ 湖名,见 Thesaurus Geographicus, p. 427. 德国学者洪堡(Alexander von Humboldt)在其《中亚—山脉与比较气候学研究》中认为 Tehāma 应为巴尔喀什湖,见 Humboldt, A.v., *Central-Asien . Untersuchungen über die Gebirgsketten und die vergleichende Klimatologie*,Erster Band（Erster und Zweiter Theil.）,Berlin,1844,p. 421.

④ 河名。参见 Konrad Miller, *Mappae Arabicae*, *Arabische Welt- und Landkarten*,IV, p. 88.

续　表

伊德里斯大地图和小地图(1154,1192)	杜瓦尔《亚洲地图》(1664)	纪尧姆·德·莱尔《鞑而靼利亚地图》(1706)	唐维勒《中原、中国鞑而靼及西藏全图》(1737)
Nahr Jīhūn		Gihun R.	
Nahr al Šās	Iaxartes	R. de Sihun ou d'Alchach	Sihon ou Sirr olim Jaxartes
Ūasaḫ			Wasah
Asfinjab	Isfenztab		Eshsijab（赛拉木的旧称 Sayram,唐代白水城,位于哈萨克斯坦齐姆肯特市东 18 公里）
Al Soġd			Al Sogd（粟特地区,阿拉伯人对折拉夫善流域一带的称呼）
Damūrīa	Damuria①		
Qaranīṭīa	Lac Carantia		
Dahrāh	Darha		
Ḫāqān Ḫizilj	Chagan Calachitce		Kakan de Kazalg'（阿拉伯地理学家地图和著作中出现的可汗首都,现地无考）
Barsjan al'alia			Bersagian *la Haute*（上巴尔斯干,位于吉尔吉斯斯坦伊塞克湖南岸）
Aṭās			Aatas
Jebel al Batm/Botm			M.de Botom②
Ošrusana			Oshrusanah
Ḫojanda	Cotzend		Kogenda(今塔吉克斯坦苦盏市)
Kāšān	Casan		
Ḫarmuq	Horma		

---

①　塔巴尔(Tabar)或突兀尔(Tuwur),出现于古突厥碑铭中。元代称之为出布尔,参见《元史》卷一八○。今新疆霍尔果斯市附近的达斡尔村(Dabr/Dawr)。参见努尔兰·肯加哈买提《碎叶》,上海古籍出版社,2017 年,第 52 页。后音变成都(Dobun),参见 Valikhanov Shoqan, *Köp Tomdyq Shygharmalar Zhynaghy*,V；Almaty,2010,p. 170.

②　布塔姆山脉,中世纪中亚阿姆河和锡尔河上游一带的山脉,分成上、中、外三部分；参见 Bartold, Vasilij Vladimirovich (1869—1930). *Turkestan Down to the Mongol Invasion*. 1928,p. 82.

续　表

伊德里斯大地图和 小地图(1154,1192)	杜瓦尔《亚洲地图》 (1664)	纪尧姆·德·莱尔 《鞑而靼利亚地图》 (1706)	唐维勒《中原、 中国鞑而靼及西藏全图》 (1737)
Ṭibet	Thibet ou Tobrot et Tobbat		
Salūnīa	Sachania		
Banjara	Bengiar①		

浏览三张欧洲地图有关内容,可清晰感受到欧洲地图学家通过伊德里斯地图加深了对中亚、北亚地区的认知。据笔者研究,伊德里斯地图中出现了乌拉尔河两岸的一些地名和城镇,对研究中世纪西部哈萨克历史地理亦具有重要意义。早在金帐汗国之前,从河中地区到伏尔加-乌拉尔流域,即有商路横穿哈萨克草原,沿着乌拉尔河北至巴什基尔等国。

二、近代欧洲地图中的鞑而靼、加撒基鞑而靼、散加带鞑而靼和纳加贺尔达

中世纪至 19 世纪末欧洲地图中将俄罗斯东部的内陆亚洲统称为鞑而靼(Tartaria)或大鞑而靼(Tartaria Magna)。其含义与我们所说的传统鞑靼不同。鞑靼(Tatar)一名最早出现于突厥碑铭,专指一个突厥部族,后专指北元,如《明史》卷三二七载:"鞑靼,即蒙古,故元后也。"②前人已有详尽研究,此不赘述。关于"鞑而靼"一词,成书于 1695 年的《地理词库——新的地理学:或完整的地球描述》一书给予如下定义:"这个广阔的国家还不十分清楚,无法提供确切的关系;除了与莫斯科、波斯、莫卧儿帝国和中国北部接壤的那些地区。而它之所以没有像其他国家那样被充分发现的原因,是进入它非常困难,因为那里有大量的高山,包围它的可怕沙漠,遍布东部海岸的岩石和河岸,以及北部海岸上持续不断的冰层。鞑而靼占亚洲的三分之一以上,以北部的鞑而靼(Tartar)或鞑而靼河(Tatar)为名。它被称为大鞑而靼,以区别欧洲的小鞑而靼,后者与土耳其结为一体。古人认为它包括亚洲斯基泰的(Scythia Asiatica)的很大一部分。"③根据此书,鞑而靼被分为 25 个地区。④

欧洲地图中的鞑而靼包括西伯利亚、哈萨克草原、蒙古高原和中国东北地区。按照地区还细分为中国鞑而靼(Tartaria Chinoise)、独立鞑而靼(Tartaria Independent)。1562 年詹金森(Anthony Jenkinson,1529—1611)绘制的《俄罗斯与鞑而靼地图》(Russiae, Moscoviae et Tartariae descriptio,1562)是最早描绘鞑而靼地区的欧洲地图之一,从此,关于内陆亚洲的地理知识在欧洲迅速传播,在欧洲开始出现单幅的鞑而靼地图。⑤ 詹金

---

① 参见 Thesaurus Geographicus, p. 427.

② 《明史》卷三二七《外国传八》,中华书局,1974 年,第 8463 页。

③ *Thesaurus Geographicus*, p. 426.

④ *Thesaurus Geographicus*, p. 428.

⑤ 詹金森的地图收入奥特柳斯(Abraham Ortelius)为代表的地图学者 1570 年编绘的《寰宇大观》(Theatrum Orbis Terrarum)等百科全书式的地图集,参见:https://www.raremaps.com/gallery/detail/53795/russiae-moscoviae-et-tartariae-descriptio-auctore-antonio-i-ortelius,2020 年 10 月 14 日。

森的鞑而靼地区包括诺盖汗国（Nagaia）和哈萨克汗国（Cassakia）。① 有些学者将 Cassakia 错误地等同于哥萨克人。据詹金森游记，cassaks 人是没有城郭的、好战的穆斯林游牧人。②

受詹金森的影响，17 世纪的地图中，频繁出现哈萨克鞑而靼（Kassaki Tartari）、察合台鞑而靼（Zagatay Tartari）和诺盖斡耳朵（Nagaia Horda）。③ 后三者在南怀仁（Ferdinand Verbiest，1623—1688 年）《坤舆全图》中分别译成"加撒基鞑而靼""散加带鞑而靼"和"纳加贺尔达"。④ 有研究者将《坤舆全图》中的"加撒基"和"鞑而靼"视为两个不同的群体，认为分别是哈萨克人和准噶尔蒙古部落。导致这种错误的原因是忽视了对欧洲地图的考察。⑤ 纳加贺尔达则地属诺盖汗国，位于今哈萨克斯坦西北部乌拉尔河和伏尔加河之间，其居地包括伏尔加河以西之地。该国瓦解之后，一部分诺盖人融入哈萨克小玉兹中间，今被称为诺盖-哈萨克人（noghay-qazaq）。诺盖人还散见于哈萨克奈曼和吉布察克（钦察）等部落中。⑥

虽然哈萨克草原位于欧亚大陆中心，为商人、使者必经之路，但明朝官方文献构建的地理世界中，对此地区的印象事实上是相当模糊的。在《明实录》《明史》等官修文献中，对哈萨克草原上的后金帐汗国并无清晰的记载。事实上，1602 年制成的利玛窦《坤舆万国全图》中即出现了亦力把力、哥尔墨、撒马尔罕等国家或城市。哥尔墨显然为哥尔黑士（Qyrghyz/Kyrgyz）误写，指哈萨克人，是近代俄罗斯人对哈萨克人的另一种称呼。利玛窦地图上"哥尔墨"一名旁注："此国死者不埋但以铁链挂其尸于树林"。此句出自詹金森地图的 Cassakia 处。詹金森称呼 Cassakia 居民为 Kirgessi（哥尔黑士）："Kirgessi … Cum quis diem inter illos obit，loco ſepulturę arboribus ſuſpendūt（As far as the dead people are concerned they are hanging here on the trees instead of being buried.）"（哥尔黑士…当其中一人死亡，该人的尸体挂在树上作为埋葬）。⑦

---

① *Die Ältesten Karten von Russland*，*ein Beitrag zur historischen Geographie*. Von Dr. H. Michow in Hamburg. Mit Drei Karten und einer Skizze. Hamburg，1884，p. 45.

② *Early voyages and travels to Russia and Persia by Anthony Jenkinson and other Englishmen*，*with some account of the first intercourse of the English with Russia and Central Asia by way of the Caspian Sea*. Edited by E. Delmar Morgan and C.H. Coote，vol. I，New York B. Franklin [19—?]，p. 90.

③ Joan Baleu，*Atlas Maior of 1665 "The Greatest and Finest Atlas Ever Published*." Based on the copy in the Österreichische Nationalbibliothek，Vienna. Cologne：Taschen Verlag，2005，pp. 454 - 455；参见 Tartaria sive magni chami Imperium（1683），https://gdz. sub. uni-goettingen. de/id/PPN345025857，2020 年 10 月 14 日。

④ Kenzheakhmet Nurlan，*The Tūqmāq（Golden Horde），the Qazaq Khanate，the Shibanid dynasty，Rūm（Ottoman Empire），and Moghūlistan in the XIV-XVI Centuries: from original sources*，Almaty，2019，p. 44.

⑤ 巴哈提·依加汉《从地图和纪行史看清朝对哈萨克的早期认识》，《民族研究》2018 年第 2 期，第 74 页。

⑥ Mukhammedzhan Tynyshpayev，*Materialy k Istorii Kirgiz-Kazakskogo Naroda*（Мухамеджан Тынышпаев，Материалы к Истории Киргиз-Казакского Народа. Ташкент，1925）. Tashkent，1925，p. 47.

⑦ 英文翻译，参照 Krystyna Szykuła，*Unexpected 16th Century Finding to Have Disappeared Just After Its Printing — Anthony Jenkinson's Map of Russia*，*1562*. **IntechOpen** 2012，140.）利玛窦借用此名来称呼哈萨克人。

元明史地史料以及 14、15 世纪穆斯林史料中，包括哈萨克草原在内的整个钦察草原被称为月即别、月祖伯或额即乩地面（Özbekstan/Uzbakistān），此名源于金帐汗国第九代大汗穆罕默德·月即别汗（Muhammad Özbek Khan，1282—1341）。研究中亚、西亚史的专家们公认，在中世纪穆斯林史料当中，"额即乩"一词经常被用来统称所有内亚地区的游牧群体，因此，"额即乩"一词并不等同于现代意义上的"乌兹别克"，因其地域范围并不包括现在的乌兹别克斯坦。最明显的例子，就是叶尔羌汗国史学家米尔咱·马黑麻·海答儿（Muḥammad Ḥaidar Dughlāt，1499—1551）编纂的《拉失德史》（Tarikh-i-Rashidi）。米尔咱·马黑麻·海答儿使用了哈萨克和额即乩-哈萨克（Uzbak-i qazāq）两个词来指代哈萨克汗国奠基人扎尼别（贾尼别克）和格莱汗（又称克烈，Girāy Khan）的部众，除此之外称其国家为额即乩斯坦（乌兹别克斯坦）。① 此外，他也将哈萨克汗国第六代可汗塔黑尔（Tāhir Khan，1523—33 在位）的国家称为"乌兹别克斯坦"（Uzbakistān）。②关于这个问题，学界已有充分讨论，此不赘述。③

值得注意的是，据当时穆斯林史料记载，16 世纪初，以乌拉尔-伏尔加河流域和哈萨克草原为中心的地带出现了三个额即乩人群体，即额即乩-昔班（Özbek-Shiban）、额即乩-哈萨克（Özbek-Qazaq）和哈只塔尔罕（Khājjī Tarkhān/Astrakhan），也即额即乩-曼格特（Özbek-Manggyt）。④

沙亦乩（Muḥammad Shībānī Khan，1501—1510 年在位）属于额即乩-昔班，15 世纪末、16 世纪初，他离开额即乩（月即别）人南下后，明人称其国为撒马尔罕地面。记载沙亦乩封地的穆斯林史料很多。沙亦乩汗的宫廷史学家鲁兹比汉·洪吉（Fażlallāh b. Rūzbihān Khunjī）在《布哈拉来客纪》（Mihmān-nāma-i Bukhārā）中记载，沙亦乩生前已划分了诸子、兄弟的封地，把撒马尔罕分给穆罕默德帖木儿速坛（Muhammad Tīmūr Sultān）；把突厥斯坦分给可重速坛（Kuchām Sultan/Kūchkūnchī Khan）；把塔什干分给苏云赤（Suwanj/Suyunch Khwāja Sultan）；把俺的干分给扎尼别（Jānī bek Sultan）；把黑萨尔-沙德曼分给马赫迪和哈姆扎（Mahdī Sultān，Hamzah Sultān）；把布哈拉分给乌拜都拉速坛（'Ubaydallāh Sultān）；把巴里黑分给胡拉木沙赫速坛（Khurramshāh Sultān）；把花剌子模分给普拉德速坛（Pūlād Sultān）。⑤

16 世纪初，《明实录》开始出现有关额即乩哈辛国的记载。嘉靖十一年（1532）二月，额即乩哈辛和吐鲁番速坛满速儿、天方国速坛札剌丁、撒马儿罕速坛阿卜写亦等国使臣组

① Elias，Ney（1844—1897）（ed.），and Edward Denison Ross（1871—1940）（tr.）*The Tarikh-i-Rashidi of Mirza Muhammad Haidar，Dughlat：A History of the Moghuls of Central Asia. An English Version Edited with Commentary，Notes and Map.* London：Sampson Low，Marston & Company，1895，p. 82.

② 《拉失德史》，见上，1895，p. 377。

③ Joo-Yup Lee，*Qazaqlïq，or Ambitious Brigandage，and the Formation of the Qazaqs State and Identity in Post-Mongol Central Eurasia.* Brill Leiden-Boston，2016，pp. 121 - 139.

④ *Mihmān-nāma-yi Buḥārā.* Transoxanien und Turkestan zu Beginn des 16. Jahrhunderts. Das Mihmān-nāma-yi Buḥārā des Fadlallāh b. Rūzbihān Ḫungī. Übersetzung und Kommentar von Ursula Ott. Klaus Schwarz Verlag. Freiburg IM Breisgau，1974，61 - 62；Kenzheakhmet Nurlan，2019，p. 34.

⑤ *Mihmān-nāma-yi Buḥārā. 1974，53 - 55；*Kenzheakhmet Nurlan，2019，p. 79.

成使团来华入贡,共四百人以上。这是一个多国使团。①明人将此国亦称为"西番额即卪",②也即额即卪-哈萨克,哈辛或为哈萨克第四代可汗哈斯木汗(Qasym khan,1511—1524 年在位)。③ 因沙亦卪封地中没有出现类似的封国,当时钦察草原即大额即卪地面(包括额即卪-哈萨克和额即卪-曼格特)的实际统治者是哈斯木汗。④ 按照中亚传统,有些国家以有影响力的可汗为命名,如上述月祖伯等。《明史》载:"其(由西域入京)不由哈密者,更有乞儿麻(Kerman)、米儿哈兰(Marghilan)、可脱卪、蜡烛、也的干(Yetikent)、剌竹、亦不剌因、格失迷(Kashmir)、乞儿吉思(Qirqiz)、羽奴思(Yunus)、哈辛(Qasym)十一地面。"⑤其中亦不剌因(Ibrahim,明代东蒙古右翼永谢布部领主)、羽奴思(Yunus,1462—1487,东察合台汗国可汗。他是歪思汗次子,也先不花二世的兄弟)、哈辛,均为人名。

明代额即卪哈辛使臣来华始于正德十三年(1518),至嘉靖十六年(1537),共有 5 次。由于《明实录》关于额即卪哈辛记载过于简略,故很难得知额即卪哈辛的具体实情。1530 年左右颁发的《论额即卪夷人不得称王进贡疏》为研究额即卪哈辛提供了极其重要的史料,其史源为《明实录》及明代奏疏,故其真实性不容置疑。据此进贡疏,哈辛王差来正、副使火者皮列等供称:

> 我们原系撒马儿罕人,分在北山地名额即卪寄住,离撒马儿罕二十日远的路,有番王哈辛管束里头顺山住的人,都像达子模样,不通进贡。正德十三年(1518),有哈辛王因吐鲁番犯边,差着我哥哥土鲁孙等一十名,随带方物前来甘肃州通路,奏报边情,赴京进贡,拿去的赏赐钱粮都交付哈辛收了。⑥

又载:

> 今甘肃镇官赵载等,会查得正德十三年,有北山哈辛王差使臣土鲁孙等通路进贡。今日哈辛,即前日哈辛。比时称北山,则方隅也,今称额即卪,则地名也。⑦

此处达子指鞑靼。沙亦卪汗的宫廷史学家鲁兹比汉·洪吉(Fażlallāh b. Rūzbihān Khunjī)在《布哈拉来客纪》(*Mihmān-nāma-i Bukhārā*)中,将哈萨克汗国的军队等同于"鞑靼军队"(lashkar-i Tātār)。⑧

① 《明世宗实录》卷一三五,嘉靖十一年二月己丑,中研院史语所影印本,1976 年,第 3191 页。

② 《明世宗实录》卷一百五十四,嘉靖十二年九月癸卯,中研院史语所影印本,1976 年,第 3483 页。

③ Kenzheakhmet Nurlan, The Qazaq Khanate as Documented in Ming Dynasty Sources, *Crosroads* 8 (October 2013), p. 152.

④ 《拉失德史》,见上,1895, p. 82; *The Baburnama. Memories of Babur, Prince and Emperor*. Translated, edited, and annotated by Wheeler M. Thackston. New York-Oxford, 1996, p. 12b.

⑤ 《明史》卷三三二《西域传四》,中华书局,1974 年,第 8626 页。

⑥ 《论额即卪夷人不得称王进贡疏》,收入刘铮云主编《中研院史语所傅斯年图书馆藏未刊稿抄本》,史部第二十七册,中研院史语所,2005 年,第 548 页。

⑦ 《论额即卪夷人不得称王进贡疏》,收入刘铮云主编《中研院史语所傅斯年图书馆藏未刊稿抄本》,史部第二十七册,中研院史语所,2005 年,第 543 页。

⑧ *Mihmān-nāma-yi Buḥārā*, 1974, p. 217.

据《论额即乩夷人不得称王进贡疏》记载,哈辛王是约赤后裔(约赤即成吉思汗长子术赤。Mihmān-nāma-yi Buḫārā(1974,1961,1975)等穆斯林文献中又称术赤为 Yūjī Khān),与察哈台王后裔速坛满速儿建立了密切关系:

> 外又查得,正德十三年七月内,礼科译出马黑麻哈辛王等高昌话回回字奏文三道:"上天命大位洪福大明皇帝前,马黑麻哈辛王顶上具奏:'因路途遥远,弟兄会不齐的上,不曾差人进贡。中间不会有使臣往来。近日间,有兄弟每会在一处了,有约赤王,要我与他做头领那一件事,我全依从来。有察哈台王众人会,固要速坛满速儿王做了王子,其余有名的王子都顺了他。速坛满速儿王,我俩要亲厚的上,说要相换儿女,这个约会定了。我来行察哈台王子的礼,既来的近了,就来问安,儿女上相应用的稀罕的物件,王子家里应用的家火,来朝廷前奏讨。我这里平安,奏报朝廷有。朝廷的安示将来。进贡西马四匹、达马九匹,专差使臣马黑麻打剌罕做使臣。该用的求讨的快些打发回来等。'"[1]

鲁兹比汉·洪吉在介绍哈萨克汗国和钦察草原时,这样写道:

> 我在前面提到过,哈萨克诸汗是成吉思汗长子术赤的后代。如果描述它们的分布范围和数量,武器和战争装备,那我无法将其容纳在我写的卷轴里。他们现在的大汗(khān-i Buzurg)是巴兰杜黑汗(Burunduq Khan),是额即乩人(Özbeg)后裔,因为正如我已经提到的那样"哈萨克"(Qazzaq)只是额即乩人一支的名称,钦察草原(dasht-i Qipchaq)就像是一个遍及那里的天堂。它的草地和草原甚至超过了伊兰(Iram)花园。当我们在位于讹答剌(Utrār)对面的药杀水(Jaxartes,即锡尔河)河畔的撒马尔罕(dasht-i Samarqand)草原上扎营时,我听可汗说钦察草原的面积大约有六百法尔萨赫左右。[2]

从鲁兹比汉·洪吉的记载中我们可以发现,撒马尔罕不仅指撒马尔罕地面(即沙亦乩国),也指锡尔河左岸的草原地带(今乌兹别克斯坦境内)。

正德、嘉靖年间来华的额即乩哈辛使臣,或是借用了额即乩哈辛名义的撒马尔罕商人,或是冒用了额即乩哈辛国王之名的吐鲁番部落。《明实录》载:"额即乩哈辛乃鞑靼回夷,旧未入贡。今亦遣五十余人,疑皆吐鲁番部落所假请。"[3]葡萄牙人曾德昭在其《大中国志》也有相关记载:"有回教徒诸王派遣使节随商队以五位国王即鲁迷、阿拉伯、哈密、撒马尔罕、吐鲁番国王的名义向明廷进贡,且前四王根本不知道有这些使节,第五位尽管知道,却没有进贡,也没有遣出使节,仅仅形式上任命使臣,贡礼由商人自己准备。"[4]

北山的"额即乩"是哈辛王所居之处,额即乩哈辛的使臣不管是真正的还是假冒的,对此都

---

[1] 《论额即乩夷人不得称王进贡疏》,收入刘铮云主编《中研院史语所傅斯年图书馆藏未刊稿抄本》,史部第二十七册,中研院史语所,2005年,第555—556页。

[2] *Mihmān-nāma-yi Buḫārā*,1974,pp. 144 - 145.

[3] 《明世宗实录》卷一百三十五,嘉靖十一年二月己丑,中研院史语所影印本,1976年,第3192页。

[4] [葡]曾德昭《大中国志》,上海古籍出版社,1998年,第21页。

是坚信不疑的,接待额即乩哈辛使臣的明朝官员也是承认的。阿思乩地面、额即乩或额即乩-哈萨克(Özbek-Qazaq)是穆斯林和汉文史料对 15 世纪末 16 世纪初的哈萨克汗国的惯用称呼。①故额即乩即哈萨克是可以肯定的,额即乩国的风土人情却是混杂的,如用一些明人记载的额即乩风土人情来推导额即乩不是哈萨克,从史实看,其实是一种误导。

哈辛是哈斯木汗,他在外交上联盟亦力把里,严防瓦剌、沙亦乩后裔。在其 16 世纪初的统治时期,哈萨克汗国疆域西接萨莱楚克(Saraychuq),东至准噶尔阿拉套山;北至乌鲁套山,南抵锡尔河中游。②萨莱楚克,突厥语意为"小萨莱",即小宫殿,位于哈萨克斯坦乌拉尔河阿特劳以北 50 公里,是金帐汗国时期的重要城市之一。哈斯木汗时期,萨莱楚克一度成为哈萨克汗国的首都,1524 年哈斯木汗安葬于萨莱楚克。③从马赫穆德·楚拉斯所著《历史》可知,叶尔羌汗国可汗阿卜杜·拉失德汗(Abdurashid Khan,1510—1559)的妻子名为屈曲克,她是哈萨克速谭阿迪克(Sultan Adik,哈萨克汗国创始人扎尼别或贾尼别克之子)的女儿;哈萨克汗国大汗头克汗(Tauke Khan,? —1718)帮助胡达班德速谭(Khudabande Sultan)获得了察力失和吐鲁番。④

值得一提的是,在当时波斯世界里,"额即乩"一词有"野蛮、未开化族群"的意味。以至于沙亦乩汗在用察合台文创作的抒情诗(ghazal)中,不愿意其他人称呼他为"额即乩人"。他这样写道:"察合台国(察合台国,当时指西察合台汗国,即帖木儿帝国)请别以为我是额即乩人,以便避免匪夷所思;虽然我来自额即乩地面,不过我的灵魂来自苍天(Chagatay il mini Uzbek dimasun, Beyhuda fikr qilip gham yimasun; Ger min Uzbek ilidin dur min, Lik Tingriga irur bu revshan)。"⑤哈斯木汗和沙亦乩都是成吉思汗长子术赤后裔,不过黄金家族昔班系(Shibanid)把自己的祖先描述为昔班(Shibāniyān,即术赤的第五个儿子)后裔。⑥ 几乎所有穆斯林文献都强调哈萨克可汗祖先为成吉思汗长子术赤。⑦

研究 16 世纪初哈萨克或额即乩-哈萨克和额即乩-昔班共有的多重身份可知,后蒙古

———————————

① 《明英宗实录》卷二二四称哈萨克汗国奠基人扎尼别(贾尼别克)为"阿思乩地面札尼乩王"。关于阿思乩地面札尼乩王的讨论,又见: Kim Hodong, "15—16 segi Jungang asia sin yumogjibdan deul-ui donghyang — jeongi Mogulhangug ui bunggoe wa gwanlyeonhayeo [The new nomadic groups of Central Asia in the fifteenth and sixteenth centuries — in relation to the collapse of the early Moghul Khanate]", *Russia Yeongu* 3, no. 1 (Seoul:1993):105;Joo-Yup Lee, 2016, 18; Joo-Yup Lee, The Political Vagabondage of the Chinggisid and Timurid Contenders to the Throne and Others in Post-Mongol Central Asia and the Qipchaq Steppe:A Comprehensive Study of Qazaqlïq, or the Qazaq Way of Life. *Central Asiatic Journal*, 60 (2017) 1/2, 82.

② Mukhammedzhan Tynyshpayev, 1925, p. 68.

③ Mukhammedzhan Tynyshpayev, 1925, p. 69.

④ Churās, Shāh-Maḥmūd b. Mīrzā Fāżil, *Khronika*, trans. and ed. Akimushkin, O. F. Sankt-Peterburg Peterburgskoe Lingvistič. Obščestvo (*Chronicle*, trans. and ed. Akimushkin, O. F. Sankt-Peterburg Petersburg Language Community), 2010,139, 160;*The Baburnama*. 1996, p. 12b.

⑤ Muḥammad Ṣāliḥ. Die Scheïbaniade:Ein özbegisches Heldengedicht in 76 Gesängen von Prinz Mohammed Salih aus Charezm. Translated by Hermann Vambery. Budapest: K. K. Hof- und Staatsdruckerei in Wien,1885, p. 148.

⑥ Mihmān-nāma-yi Buḫārā, 1974, p. 61.

⑦ Mihmān-nāma-yi Buḫārā, 1974, p. 144; The Baburnama. 1996, p. 12b.

时期的乌兹别克（即额即乩）所指含义与现在的意义截然不同。《乾隆内附舆图》中出现的阿拉尔托辉鄂斯博克专指由哈萨克-卡拉卡尔帕克-土库曼诸部落所组成的、与希瓦汗国对立的汗国,足证 18 世纪鄂斯博克的含义与 14 至 16 世纪的月即别（额即乩）相同（见下）,只不过是使用面积缩小了。

值得注意的是,目前乌孙、康里、札拉伊尔、锡尔格里、翰沙克特、吉布察克、奈满、洪吉拉特、阿沙麦勒、谢茹什、阿勒钦等哈萨克部落中仍有哈萨克部落的一个分支乌兹别克（月即别）。[1] 其中乌孙、康里、札拉伊尔、锡尔格里、翰沙克特属于哈萨克大玉兹;吉布察克、奈满、洪吉拉特属于哈萨克中玉兹;阿勒钦则属于哈萨克小玉兹。

三、清代两大世界地图《雍正十排图》和《乾隆内附舆图》：哈萨克和鄂斯博克

自 16 世纪中叶伊始,复合族名额即乩-哈萨克逐渐消失并被遗忘,到了 17 世纪末、18 世纪初,清代文献地图开始出现 Hasak 或哈萨克。17 世纪末,哈萨克汗国被分为大、中、小玉兹。清朝史籍《西域图志》卷二称大玉兹为"哈萨克右部",俗称"哈萨克大帐",即乌拉克玉兹（Uly jüz）;另一个"中玉兹"被称为"哈萨克左部"（Orta jüz）,俗称"哈萨克中帐",即鄂图尔玉兹;还有一个"小玉兹"（Kishi jüz）被称为"哈萨克西部",俗称"哈萨克小帐",即奇齐克玉兹。

值得注意的是,17—18 世纪地图中,哈萨克和乌兹别克的范围更接近现在的范围。在欧洲开始出现单幅的里海和乌兹别克地图,如,Tabula Nova Maris Caspii et Regions Usbeck（1724）和 Tabula Maris Caspii et Maris Aral（1730）。[2]

《雍正十排图》和《乾隆内附舆图》两图确切地标示了三个哈萨克、诸回子城市和疆域、诸努克特（游牧地）。[3] 两图所标识三哈萨克国有：北哈萨克（即阿玛尔吉哈萨克/中玉兹）,阿布赖哈萨克（即阿布赖汗所管辖的哈萨克）和瓦尔吉哈萨克（即西哈萨克/小玉兹）;达里岗阿海（咸海）周围出现了阿拉尔托辉鄂斯博克;属于诺盖人的部落为札穆贝鲁克回子和野特散回子等;这里又出现清代布鲁特人（今吉尔吉斯人）的诸游牧地—努克特（noukté）：Moungol noukté, Yawach noukté, Sarbakhach noukté,额德格纳努克特 Edekena noukté,伊斯克里努克特 Yssykrik noukté, Kibdchak noukté;土库曼人诸部落;出现了黑海的满语（萨哈连墨德里——sahaliyan mederi）、突厥语（Qara Tengiz）两种称呼;出现了奥斯曼帝国的两种称呼和伊斯坦布尔的拉丁语（红噶尔国之汗所居拱斯当底衲伯勒和屯）和突厥语称呼（伊斯坦巴尔和屯控喀尔居处）,等等。阿索富（Azov）和屯（今亚速）附近出现了达扪和屯（今 Taman）,噶兰萨和屯（Kalansse）,灰尔噶斯归和屯等

---

① Mukhammedzhan Tynyshpayev, 1925, p. 46.

② Shamsiddin S. Kamoliddin, Place of the Abraham Maas' Map in the Evolution of Central Asian Toponymy, in: *I Uluslararasi Türk dünyasi kültür kurultayi* (9—15 Nisan, 2006). Bildiri Kitabi. Izmir: Ege Universitesi, 2006, pp. 1207 - 1216; *Two Maps of Central Asia of the First Half of 18th century: New Sources on the Historical Ethno-Geography of Central Asia*. LAP LAMBERT Academic Publishing (November 9, 2012).

③ 汪前进、刘若芳整理《清廷三大实测全图集》,外文出版社,2007 年。

城市;亚速海被称为谟额底鄂谟(源自拉丁语 Maeotis 或阿拉伯语 Māyūṭis)。①

清代两大世界地图的中亚史料来源值得注意。《乾隆内附舆图》中札穆贝鲁克回子等居处、野特散回子等居处和连拉巴斯回子等居处标为里海西北岸、阿斯达拉罕两侧,显然是指诺盖汗国的三大部落联盟札穆贝鲁克(Jemboyluk),野特散(Yetisan/Jetisan)和连拉巴斯(可能是 Mali bash 的误写)。制图者显然参考了 18 世纪的欧洲地图,确切地说是 1724 年的纪尧姆·德·莱尔《波斯地图》【De L'Isle Map of Persia(Iran,Iraq, Afghanistan)】。此图出现了诺盖人的前两个部落,分别称为 Les Iembolouk 和 Les Jetisanski。札穆贝鲁克,突厥语意为杰姆(又称伊木巴 Emba)河畔的部落。1628 年以前该部落居住在西哈萨克斯坦伊木巴河流域,后受卡尔梅克人(即土尔扈特人)的袭击,一部分被迫西迁乌克兰南部,从此形成了克里米亚半岛的札穆贝鲁克历史地区和野特散历史地区,后者的范围包括现在的乌克兰西南部和摩尔多瓦东南部。留在原地的诺盖三大部落与土尔扈特人联盟。《乾隆内附舆图》将其标于里海北部。

另一方面,清朝早在康熙时期即通过图理琛(1667—1740)等使节掌握了里海北部的土尔扈特和诺盖人的活动地理范围,对此前人已多有研究,此不赘述。清朝宫廷在制图过程中参考了图理琛关于里海北岸的信息。雍正时期又出现了关于哈萨克的宫中奏折,分别为"奏报回女罗卜藏舒奴逃往哈萨克事"(雍正七年正月十三日/1729 年 2 月 10 日);②"奏报遣吐鲁番回子前往哈萨克通报信息折"(雍正九年四月初一日/1731 年 5 月 6 日);③"大学士马尔赛寄谕岳钟琪挑选回回令往哈萨克通信息之折片"(雍正九年三月十七日/1731 年 4 月 23 日)。④ 这些奏折反映了当时哈萨克与谆噶儿(准噶尔)和图儿虎(图尔古特)三大势力之间的政治形势,以及哈萨克请清廷派遣使者到哈萨克,与其结盟反对准噶尔的计划。

咸海南岸出现的阿拉尔托辉鄂斯博克应为今卡拉卡尔帕克斯坦境内的阿拉尔乌兹别克政权或汗国(Aral Biyligi,1625—1811),该国于 1625 年建国,首都为昆格剌德(Qongirat/Kungrad,该城以洪吉拉特人为命名),又称昆格剌德汗国。阿拉尔(Aral)为咸海的突厥语地名。该汗国由洪吉拉特(即元代弘吉剌)、曼格特(即诺盖)、康力、钦察(吉布察克)等部落组成,与希瓦汗国对立。⑤ 上述部族如今散见于各族群,如今日在哈萨克、吉尔吉斯、卡拉卡尔帕克和乌兹别克人中都可以发现奈满部(又称乃蛮)一样。现在的洪吉拉特人分布在哈萨克斯坦克孜勒奥尔达州(Qyzyl-Orda)咸海周围,是哈萨克中玉兹的主体部落。很多突厥民族也有洪吉拉特部,在吉尔吉斯人、乌兹别克人、诺盖人、巴什基尔

① Al-Khwārazmī,〔Kitāb Ṣūrat al-arḍ〕, Das Kitāb Ṣūrat al-arḍ des Abū Ǧaʿfar Muḥammad ibn Mūsā al-Khuwārizmī, ed. Hans von Mžik〔Bibliothek arabischer Historiker und Geographen,3〕(Leipzig: Otto Harrassowitz, 1926), Tafel IV.

② 宫中档奏折-雍正朝,文献编号:402000011,原文为汉文,台北"故宫博物院"藏。

③ 宫中档奏折-雍正朝,文献编号:402000153,原文为汉文,台北"故宫博物院"藏。

④ 宫中档奏折-雍正朝,文献编号:402000464,原文为汉文,台北"故宫博物院"藏。

⑤ Pochekayev, R. Yu. K Istorii《Bufernykh Gosudarstv》na Granitsakh Rossii: Aral'skoye Vladeniye i Yego Rol' v Russko-Khivinskikh. *Vostochnyy Arkhiv*. № 1(31), 2015, 12; Gayratdin Khozhaniyazov, Askar Dzhumashev. Etnicheskiy Sostav Aral'sko-Kungradskogo Vladeniya v XVII-XIX vv.: zabytaya stranitsa istorii. *Oazisy Shelkovogo Puti Sovremennyye. Problemy etnografii, istorii i istochnikovedeniya Tsentral'noy Azii*. Islamskaya kniga, 2018, p. 133.

人、卡拉卡尔帕克人中也有洪吉拉特部落。

里海北部也出现了伏尔加河中游的图尔古特之阿裕锡汗所居之地。图尔古特之阿裕锡汗或即雍正七年(1729)清宫中档奏折中出现的图儿虎阿欲奇台吉(Ayuki,1640—1724)。[1]

图中咸海被称为达里冈阿鄂谟。据《皇朝通典》卷九九载:

> 由塔什罕西南行七百里外逾锡尔河,又逾那林河为撒玛尔罕城,又西南为哈拉科子城,又西临达里冈阿鄂谟,是西海西境尽矣。

咸海周围出现了希瓦汗国、土库曼人的部落。咸海南部标出阿巴拉噶扎汉之子额先什罕所居之地。阿巴拉噶扎汉应为希瓦可汗阿布·加齐·巴哈杜尔汗(Abū al-Ghāzī Bahadur Khan,公元 1644—1663 年在位),他编纂了一部关于蒙古帝国黄金家族和 13 世纪蒙古高原各部历史的著作,将其命名为《突厥世系》(Šejere-i Türk)。额先什罕 Anusha khan(全名 Abū al-Muẓaffar Anūsha Muḥammad,1663—1686 在位)为其子,他接续并完成了父亲的著作。

值得注意的是清前中期,由西方传教士领衔、采用西方近代制图技术绘制的《雍正十排皇舆图》和《乾隆内附舆图》(又名《清代一统地图》《乾隆十三排地图》)等系列舆图中,中亚多绘注哈萨克语和蒙古语地名加上满语对象类型(如 bira-河,hoton-城,alin-山等),而且与当时的俄罗斯和西欧地图中地名多有不同,更标绘了许多以前地图中从未有过的小地名和新地名。清朝在 1750 年前后开始与中亚进行外交交涉时,对清朝而言,熟悉这一在官方地理学中几乎是空白的地域尤为重要。乾隆说:"凡准噶尔所属之地,回子部落内,伊所知有与汉唐史传相合,可援据者,并汉唐所未至处,一一询之土人,细为记载,遇使奏闻,以资采辑。"[2]清朝根据中亚各汗国管辖的范围和各民族活动的疆域,把测绘地图与欧亚国家的疆域范围紧密地联系在一起,尤其是注意处理部分城市疆域与俄罗斯的关系。如东哈萨克额尔齐斯河流域的一些城市前面加上了"鄂罗斯",表明其为属于俄罗斯的城堡。

17 世纪伊始,俄国人占领哈萨克草原之后,乌拉尔河流域至额尔齐斯河之间的许多地名被改成俄语地名。一般认为,1718 年俄罗斯人在东哈萨克斯坦建立乌斯季卡缅诺诺戈尔斯克城堡(Ust-Kamenogorsk,现在 Öskemen 奥斯卡曼),[3]该城原名 Kenggir-Tura;《乾隆内附舆图》称呼为鉴格尔图拉;[4]徐松称之为铿格尔图喇。[5]

---

[1] 宫中档奏折·雍正朝,文献编号:402000011,奏报回女罗卜藏舒奴逃往哈萨克事,雍正七年正月十三日,原文为汉文,台北"故宫博物院"藏。

[2] 《清高宗实录》卷四八二,乾隆二十年二月丁巳,中华书局,2008 年,第 14644 页。

[3] *Polnoye sobraniye uchenykh puteshestviy po Rossii, izdavayemoye Imperatorskoyu Akademiyu Nauk, po predlezheniyu Yeya Prezidenta. T. VI.《Zapiskakh puteshestviya akademika Fal'ka》. Sanktpeterburg, 1824 (Полное собрание ученых путешествий по России, издаваемое Императорскою Академию Наук, по предлежению Ея Президента. T. VI.«Записках путешествия академика Фалька». Санктпетербург, 1824), p. 406.*

[4] 张其昀监修《清代一统地图》(清乾隆二十五年镌制铜版),台北国防研究院、中华大典编印会合作,1966 年,第 70 页[鄂罗斯参博罗特、鄂罗斯鉴格尔图拉:六排西三(西三十二—西三十三)]。

[5] 徐松《西域水道记》,中华书局,2005 年,第 325 页;谭其骧主编《中国历史地图集》第八册,中国地图出版社,1982 年,第 52—53 页。

乌拉尔河流域的乌伊施克（Üyshik）、塔奇（Taki）等，额尔齐斯河流域的铿格尔图拉等地名从此消失或被遗忘。俄国哥萨克人于 16 世纪末定居现在的乌拉尔市以后，1613 年命名该城为亚亦茨克（Yaitsk），1775 年改名为乌拉尔斯克（Ural'sk）。《乾隆内附舆图》出现的塔奇和屯为 Taki Hoton 的音译，Taki 是乌拉尔斯克的哈萨克语地名，现在哈萨克人称为特克（Teke）。① 2001 年，乌拉尔市附近施工时发现一座古城，笔者疑为中世纪塔奇城。里海北岸的阿特劳市（Atyrau，1991 年更名为现名），原名下雅茨克堡（Nizhny Yaitzky gorodok），1708 年更名古里耶夫（Guryev）。哈萨克民间称之为乌伊施克，可能源于 oyshyq，哈萨克语意为"小平地"；或源于 üyshik，哈萨克语意为"小房子"。《乾隆内附舆图》称为"鄂伊楚克和屯"。② 两图中，塔奇以东标识阿克萨哈尔巴尔贝，湖名，应为 1809 年皮列拉皮耶（Pierre M. Lapie，1779—1850）绘制的《西亚地图》中出现的 Lac Axacal Barby。③ 近代乌拉尔河（哈萨克语 Zhayiq 扎伊克）以东的 Aqsaqal Barby köli。④ 据谢苗诺夫研究，该湖地处中玉兹哈萨克和小玉兹中哈萨克中间，⑤ 位于阿克托别州图尔海河流域的巴尔贝沙漠（Barbyqum）一带。⑥ 据德国学者洪堡研究，哈萨克人把该湖简称为 Denghiz（Tengiz），意为"海"。⑦ 今称谢勒卡尔-田吉兹（Shalqar Tengiz）。⑧

本文使用的《乾隆十三排图》（又称《乾隆内附舆图》《清代一统地图》）系由张其昀监修、以清乾隆二十五年镌制铜版地图为底图重新印刷出版的地图，1966 年在台北以《清代一统地图》之名出版。德国东方学者克拉普罗特（M. J. Klaproth）将《乾隆内附舆图》之中亚（法国国家图书馆的网站 Gallica 的 BnF 在线数字图书馆上被称作 Asie centrale）地名译为法文。⑨ 为便于比较对照，兹将上述两图中有关哈萨克草原及毗邻地区列表如下（注：满语地名对象类型：bira 必拉＝河，hoton 和屯＝城，alin 阿林＝山，omo 鄂谟＝海，gashan 噶珊/克珊＝乡村，sekiyen 色钦/锡钦＝水源、源泉、源流，dabakhan 达巴汉＝山关；此外，法文 Asie centrale 图中缺地名用＊标识；为了便于查找，将现在地名的西

① 《清代一统地图》，1966 年，第 71 页。塔奇和屯：六排西四（西四十八—西四十九）。*Zheringning Aty*，*Elingning Haty: Encyclopediyalyq Anyqtama*，Almaty，2010，p. 321.

② 《清代一统地图》，1966 年，第 92 页。北哈萨克、鄂伊楚克和屯：七排西四（西五十）。

③ 《清代一统地图》，1966 年，第 92 页。北哈萨克、鄂伊楚克和屯：七排西四（西四十五—四十六）。Map of western Asia（1809），Pierre M. Lapie（1779—1850）https://www.wdl.org/en/item/16198/. 2020 年 10 月 14 日；参见：Dictionnaire géographique universel，par une société de géographes，Band 9，Paris，1832，p. 641.

④ Erlan Sadyqov，Abilscyit Muqtar，*XVII-XIX ghasyrlardaghy Qazaq Khandyghy*，Almaty，2015，p. 47.

⑤ Semenov，P.，*Географическо-статистический словарь Российской Империи*［*Geographic-Statistical Dictionary of the Russian Empire*（V vols.）］，St. Petersburg，1863，vol. I，p. 35.

⑥ *Zheringning Aty*，*Elingning Haty: Encyclopediyalyq Anyqtama*，Almaty，2010，77，p. 84.

⑦ 参见 Humboldt，A. v.，*Central-Asien. Untersuchungen über die Gebirgsketten und die vergleichende Klimatologie*，Erster Band（Erster und Zweiter Theil.），Berlin，1844，p. 441，p. 443.

⑧ Танфильев Г. И.，*География России*，*Украйни и примыкающих к ним с запада территорий в пределах России 1914 года*. Част 2，вып. 2. Одесса：Государственное издательство Украини，1923，p. 19，p. 137.

⑨ Asie centrale Klaproth，Julius von（1783—1835）. Cartographe présumé：https://gallica.bnf.fr/ark：/12148/btv1b72002855，2020 年 10 月 14 日。

里尔和拉丁字母名称填写在"今地备注"栏中):

表2 《乾隆内附舆图》哈萨克草原及毗邻地区地名

No	《乾隆内附舆图》	《乾隆内附舆图》上所处位置	Asie centrale	今 地 备 注
			五 排 西 三	
1.	额尔齐斯必拉	西34—35	F. Ertsiss F. Irtish	Ертіс/Ertis 额尔齐斯河
2.	多穆哈拉	西35—36	Tom-khara	今俄罗斯-哈萨克斯坦边界
3.	台兰哈尔海	西33—34	Tairam khalkhai	
4.	谟斯格必拉	西36—37	F. Mossghe	今俄罗斯境内
5.	伊锡穆斯归和屯	西37—38	Ville Ischimskoi	Ишимский/Ishimsky
6.	伊斯克穆必拉	西38—39	F. Ischim	Ишим/Ishim 伊希姆河
7.	布尔哈苏台必拉	西38—39	F. Bourkhassoutai	
8.	多拉必拉	西37—38	Tara*	Тара/Tara 塔拉河（俄罗斯鄂木斯克州）
9.	多拉和屯	西39—40	Tara*	Тара/Tara 塔拉市（俄罗斯）
10.	巴彦哈尔哈纳	西39—40	Bayan-khara-khana	
11.	伊尔底斯必拉	西40—41	Ertsiss*	Ертіс/Ertis 额尔齐斯河
12.	瓦噶噶珊	西40—41	Vagay gashan*	Вагай/Vagay
13.	巴拉克和屯	西41—42	Abalak*	Абалак/Abalak①
14.	托博尔和屯	西42—43	Tobol*	Тобольск/Tobolsk 托博尔斯克
15.	额锡尔必拉	西44—45	Esil*	Есіл/Esil 叶西尔河
16.	托博尔必拉	西44—45	Tobol*	Тобыл/Tobol 托博尔河
17.	伊泽特必拉	西46—47	Iset*	Исеть/Iset 伊塞特河
18.	都扪和屯	西46—47	Tumen*	Тюмень/Tyumen 秋明②
19.	都拉必拉	西45—46	Tura*	Тұра/Tura 图拉河（俄罗斯）
20.	达尔林斯归和屯	西44—45	Darlingskoi (ville)	
21.	乌底多尔斯噶和屯	西45—46	Oudidorsga (ville)	
22.	萧卫阳斯归和屯	西48—49	Nayuiyangskoi (ville)	
23.	萧瓦必拉	西48—49	F. Naiwa	Нейва/Neiva/Nevya 涅伊瓦河
24.	乌特噶和屯	西48—49	Outega (ville)	Утяк/Utyakovo③

---

① 近代称 Abalak-aul，参见 *Polnoye sobraniye uchenykh puteshestviy po Rossii*，T. VI，p. 393.

② 近代又称之为 Chimgi，参见 *Polnoye sobraniye uchenykh puteshestviy po Rossii*，T. VI.，p. 404.

③ *Древніе Города и Другіе Булгарско-Татарскіе Памятники въ Казаньской Губерніи*，2012，p. 490.

续　表

No	《乾隆内附舆图》	《乾隆内附舆图》上所处位置	Asie centrale	今 地 备 注
25.	巨古尔和屯	西 52—53		Жигуле/Zhigule 日古尔约夫斯克（俄语：Жигулёвск）是俄罗斯萨马拉州的一个镇，位于伏尔加河畔，距离州首府萨马拉约 90 公里
五 排 西 四				
26.	萨玛拉必拉	西 53—54	F. Samara	Самара/Samara 萨马拉河
27.	萨玛拉和屯	西 53—54	Samara（ville）	Самара/Samara 萨马拉市
28.	德都尔噶珊	西 54—55	Dedour（ville）	
29.	墨斯克瓦	西 54—55	Kheskewa	Моркваши?
30.	乌萨克珊	西 54—55	Oussa（village）	
31.	噶玛必拉	西 54—55		Кама/Kama 卡马河①
32.	倭尔噶必拉	西 54—55	F. Wolga	Волга/Volga 伏尔加河
33.	锡栓必拉	西 54—55	Sitsiuen	
34.	喀赞和屯	西 59—60	Kazan（ville）	Казан/Kazan 喀山市
35.	苏拉必拉	西 60—61		Сура/Sura② Сульча/Sulcha
36.	色非阿斯噶噶珊	西 59—60	Sefiasga（village）	Свияжскъ/Sviyazhsk③ 斯维亚日斯克（鞑靼斯坦）
37.	德都斯和屯	西 57—58	Dedous（ville）	
38.	苏扎瓦雅必拉	西 51—52	F. Soutchawaya	
39.	来索尔和屯	西 57—58		Лаишево（тат. Лаеш）? Laishevo?④
六 排 西 三				
40.	额尔齐斯必拉	西 32—33	F. Ertiss	Ертіс/Ertis 额尔齐斯河
41.	达布孙淖尔	西 31—32	Lac de Sel	
42.	纳努衣必拉	西 30—31	F. Nay	
43.	纳努衣色钦	西 29—30	Source du Nay	
44.	塔隆哈尔海	西 30—31	Taroung-kharkhai	
45.	博归哈尔海	西 31—32	Bogoui-kharkhai	

---

① 又称 Cholman Idel，参见 *Polnoye sobraniye uchenykh puteshestviy po Rossii*. T. VI，p. 167.

② 苏拉河是俄罗斯的河流，属于伏尔加河的右支流。

③ *Polnoye sobraniye uchenykh puteshestviy po Rossii*. T. VI，180；*Древніе Города и Другіе Булгарско-Татарскіе* Памятники въ Казаньской Губерніи，2012，p. 489.

④ Древніе Города и Другіе Булгарско-Татарскіе Памятники въ Казаньской Губерніи. С. М. Шпилевскаго. Казань，1877. Репринтное издание Казань，Издательство Сергея Бузукна，2012，p. 383.

No	《乾隆内附舆图》	《乾隆内附舆图》上所处位置	Asie centrale	今 地 备 注
46.	哈尔达尔金哈尔海	西 31—32	Aldarghin-kharkhai	
47.	察汉鄂尔博	西 31—32	Tsachan-Olbo	Ақ Оба（Ақ Үбі）今东哈萨克斯坦州境内
48.	喀拉鄂尔博	西 31—32	Khara-Olbo	Қара Оба（Қара Үбі）/Qara Oba
49.	鄂罗斯锡尔必拉 ii	西 32—33	Oross-Sirbi	
50.	海拉图	西 31—32	Khairatou	
51.	海尔库扪必拉	西 31—32	F. Khair koumun	
52.	图伦该奇淖尔	西 31—32	Lac Touloun gaighi	
53.	巴尔奇克图	西 32—33	Bartsiktou	
54.	汉达海图	西 31—32	Khandakhaitou	
55.	推博尔	西 32—33	Tchouibor	
56.	和岳尔喀隆古	西 32—33	Khoyor Karoungou	
57.	阿尔齐图汉阿林	西 32—33	M. Artsitoukhan	
58.	鄂罗斯布里尔	西 32—33	Oross Boulir	
59.	鄂罗斯参博罗特	西 32—33	Sempolot (ville Russe)	Семей/Semey 塞米伊①
60.	鄂罗斯鉴格尔图拉	西 32—33	Gher-Toura Ville Russe Oustkamengorsk	Өскемен（Усть-Каменогорск）/Öskemen 奥斯卡曼（该城近代哈萨克地名为 Kenggir-Tura. 克拉普罗特拼写的 Gher-Toura 应为 Kenggher-Toura）
61.	乌里雅苏图	西 32—33		Улиясуту/Uliyasutu
62.	察尔必拉	西 32—33	F. Tsar	Шар/Shar
63.	坤都仑察尔	西 33—34	Koundouloun Tsar	
64.	乌兰楚迁	西 32—33	Oulian-Tchoutsian	
65.	乌逊楚迁	西 32—33	Oussou-Tchoutsian	
66.	图尔根	西 32—33	Tourghen	
67.	乌兰布拉克	西 32—33	Oulan boulak	

① 该城近代俄语名称为塞米巴拉金斯克（Семипалатинск），意为"七座房子"。据 *Polnoye sobraniye uchenykh puteshestviy po Rossii* 一书，这里原有蒙古人或鞑靼人的七座石头房子遗迹，俄语名称由此而来，参见 *Polnoye sobraniye uchenykh puteshestviy po Rossii*. T. VII, p. 22.

No	《乾隆内附舆图》	《乾隆内附舆图》上所处位置	Asie centrale	今 地 备 注
68.	阿布	西 32—33	Abou	
69.	鄂布根	西 32—33		
70.	鄂罗斯鄂尔博克	西 32—33	Oross Obbok	
71.	鄂罗斯哈蜜尔	西 32—33	Oross Kaningdsoung	
72.	科尔托斯台	西 32—33	Kortosotai	
73.	阿布赖克衣	西 33—34	Ablai-keï	Абылайкит/Ablaykit（Ablayin Qiyid）
74.	阿尔台穆鲁	西 30—31	Altay Mourou (dos ou crête de l'Altai)	
75.	海尔库扪必拉	西 31—32	F. Khair koumun	
76.	布克图拉穆必拉	西 31—32	F. Bouktourma	Буктырма/Bukhtarma（哈萨克斯坦境内额尔齐斯河支流）
77.	布鲁尔必拉	西 31—32	F. Bouroul	Ақ Берел（Бергіел）/Aqberel
78.	吹必拉	西 31—32	F. Tchoui	
79.	布尔噶克必拉	西 31—32	F. Bourgak	
80.	昌吉斯台必拉	西 31—32	F. Tchanghistai	Шыңғыстай/Shyngghystay（东哈萨克斯坦州）
81.	昌吉斯台喀伦	西 31—32	Tchanghistai Karaoul	
82.	纳林必拉	西 31—32		Нарын/Naryn
83.	阿尔沙台必拉	西 30—31	F. Archatai	
84.	鄂衣满必拉	西 30—31	F. Oiman	
85.	库克乌苏	西 30—31	F. Koukèoussou	
86.	和托和尔达巴汉	西 29—30	M. Khotokhor Dabakhan	
87.	扎尔满必拉	西 30—31	F. Dcharman	Жарма/Zharma
88.	库布达巴汉	西 29—30	M. Koubou Dabakhan	
89.	哈集尔库扪必拉	西 29—30	F. Khadsir Koumun	
90.	阿尔胡特必拉	西 29—30	F. Arkhout	
91.	察汉乌苏	西 29—30	F. Tsagan-oussou	
92.	吹必拉	西 29—30	F. Tchoui	
93.	博罗布尔噶苏必拉	西 28—29	F. Boro-bourgassoutai	
94.	达尔钦图必拉	西 28—29	F. Darkintou	

No	《乾隆内附舆图》	《乾隆内附舆图》上所处位置	Asie centrale	今　地　备　注
95.	扎斯台必拉	西 29—30	F. Dchastai	
96.	纳尔噶必拉	西 29—30	F. Narga	
97.	乌克克必拉	西 30—31	F. Oukek	Укок/Ukek
98.	阿尔察图必拉	西 30—31	F. Archatai	
99.	哈拉必拉	西 30—31	F. Khara	
100.	和卓尔布尔噶苏台	西 32—33	Khodcherbourkhasoutai	
101.	坤达图	西 32—33	Koundatou	
102.	乌里雅苏图	西 32—33	Oulanyasoutai	
103.	乌兰齐胡苏图	西 32—33	Oulikhousoutou	
104.	金集里克必拉	西 37—38	F. Ghindsilik	
105.	巴差必拉	西 37—38	F. Batchai	
106.	莫和尔察尔	西 34—35	F. Mokhor-tsar	
107.	察尔色钦	西 34—35	Source de Tsar	
108.	阿拉克阿林	西 34—35	M. Alak	
109.	塔尔古斯乌里雅台	西 33—34	F. Targous Ouliatai	
110.	阿海图	西 33—34	Akhaitou	
111.	额贝图	西 33—34	Ebeitou	
112.	乌达图	西 33—34	Outatu	
113.	图鲁台	西 33—34	Touloutai	
114.	喀拉郭尔	西 33—34	R. Kara-koul	
115.	库库郭尔	西 33—34	R. Koukou-koul	
116.	鄂尔齐斯必拉	西 32—33	F. Ertsis	
117.	库兰阿集尔干必拉	西 32—33	F. Koulan-adsirkhan	
118.	勒布锡必拉	西 37—38	F. Lebssi	
119.	察罕乌苏	西 37—38		Ақсу/Aqsu 阿克苏河（今塔尔迪库尔干境内）
120.	库库乌苏	西 37—38	F. Koukou-oussou	Көксу/Koksu
121.	哈拉塔尔必拉	西 38—39	F. Kharatal	Қаратал/Karatal
122.	毕集必拉	西 38—39	F. Bidsi	Бcжы/Byzhy
123.	察尔必拉	西 39—40		

续　表

No	《乾隆内附舆图》	《乾隆内附舆图》上所处位置	Asie centrale	今　地　备　注
124.	锡拉淖尔	西 39—40	L. Sira-noor	
125.	阿尔辉阿林	西 40—41	M.Arkhouy	
126.	库克萨里必拉	西 40—41	F. Kouksari	
127.	巴哈纳斯必拉	西 41—42	F. Bakhanas	Бақанас/Bakanas
128.	额尔克布齐必拉	西 40—41	F. Ergheboutsi	
129.	阿拉克图阿	西 40—41	M. Alaktou	
130.	巴尔喀锡淖尔	西 40—41	L. Balkassi-noor	Балқаш/Balksh 巴尔喀什湖
131.	察尔必拉	西 39—40	F. Tsar	
132.	察尔必拉	西 40—41	F. Tsar	
133.	察尔必拉	西 41—42	F. Tsar	Char Gurban①
134.	阿满哈尔海	西 41—42	Amankharkhai	Амақарағай/Amanqaraghay（森林，库斯塔奈州阿乌利亚库尔县 Auliekol）
135.	锡德特额垒谟阿林	西 42—43	M. Sidet-elouimo	Ереймен/Ereimen 额垒门山②
136.	巴彦阿林	西 41—42	Bayanaula（Bayan-Ola）③	
		六　排　西　四		
137.	瓮衮阿林	西 43—44	M. Ongoun	
138.	胡尔哈尔金淖尔	西 44—45	F. Khourkhaldsin	Қорғалжын（көл）/Korgalžyn 胡尔尕勒晋湖
139.	努拉必拉	西 44—45	F. Noura	Нұра/Nura 努拉河
140.	伊色特鄂谟	西 47—48	L. Isset	

① *Polnoye sobraniye uchenykh puteshestviy po Rossii*. T. VII, p. 21.

② 克拉普罗特拼写为 "Shidet-elouimo," 可能是指今天北哈萨克斯坦巴甫洛达尔州锡德特河（Shiderti）一带的额垒门山。*Zheringning Aty, Elingning Haty: Encyclopediyalyq Anyqtama*, Almaty, 2010, p. 686. 雷纳特《准噶尔汗国图》标示为 Ereimen Schidor, 参见 Baddeley, John Frederick（1854—1940）. *Russia, Mongolia, China, Being some Record of the Relations between Them from the Beginning of the XVIIth century to the Death of the Tsar Alexei Mikhailovich, A.D. 1602—1676, Rendered Mainly in the Form of Narratives Dictated or Written by the Envoys Sent by the Russian Tsars, or Their Voevodas in Siberia to the Kalmuk and Mongol Khans and Princes; and to the Emperors of China*. 2 vols. New York: Franklin, 1919 [I]. cciv.

③ 山脉，在巴甫洛达尔州境内。参见 *Zheringning Aty, Elingning Haty: Encyclopediyalyq Anyqtama*, Almaty, 2010, p. 645. Valikhanov Shoqan, *Köp Tomdyq Shygharmalar Zhynaghy*, IV; Almaty, 2010, p. 117.

续 表

No	《乾隆内附舆图》	《乾隆内附舆图》上所处位置	Asie centrale	今 地 备 注
141.	米阿斯鄂谟	西 47—48	L. Miass	Миасс/Miass①
142.	哈拉郭特尔	西 47—48	F. Khara-gochir	
143.	额勒克必拉	西 47—48	F. Elek	
144.	乌拉尔图阿林	西 48—49	M. Oural tou	
145.	库库郭特尔	西 48—49	Koukou-goter	
146.	察罕必拉	西 48—49	F. Tsakhan	
147.	塔奇和屯	西 48—49	Taki	Орал/Ural②
148.	噶顺	西 49—50	Gachun	Гашон/Gashon（俄罗斯的一条河流，流向萨拉托夫地区）
149.	德尔特科尔阿林	西 50—51	M. Derdekor	
150.	鄂傅和屯	西 51—52	Ofou (ville)	Уфа/Ufa 乌法
151.	萨拉多傅和屯	西 53—54	Siratow (ville)	Саратов/Saratov 萨拉托夫
152.	哈尔密斯	西 58—59		Qārmish【今鞑靼斯坦境内的喀剌米谢沃（Карамышево）】
153.	密斯	西 58—59		Меша？（苗沙河是俄罗斯的河流，位于鞑靼斯坦共和国，属于卡马河的右支流）
154.	伊尔日斯必拉	西 53—54	F. Yrjich	（Большой）Иргиз/Irgiz 大伊尔吉兹河（俄罗斯的河流，位于萨马拉州和萨拉托夫州内，属于伏尔加河的左支流）
155.	噶拉扪必拉	西 52—53	F. Galamun	Karaman③
156.	倭尔噶必拉	西 54—55	F. Wolga	Волга/Volga 伏尔加河
157.	锡拉哈米斯和屯	西 55—56	Sherkamish*④	Камыши/Kamyshin 卡梅申
158.	滕	西 57—58	Don*	Дон/Don
159.	玛纳察	西 57—58	Manacha*	Manych⑤

① *Polnoye sobraniye uchenykh puteshestviy po Rossii*. T. VI，p. 312.

② 近代乌拉尔市的当地名称为 Taki，参见 *Polnoye sobraniye uchenykh puteshestviy po Rossii*. T. VI，p. 220.

③ 参见 *Polnoye sobraniye uchenykh puteshestviy po Rossii*. T. VI，p. 113.

④ 俄罗斯伏尔加格勒州的一个镇，参见 *Polnoye sobraniye uchenykh puteshestviy po Rossii*. T. VI，p. 120.

⑤ Kniga Bol'shomu chertezhu, ili Drevnyaya karta Rossiyskogo gosudarstva, ponovlennaya v Razryade i spisannaya v knigu 1627 goda. — 2-ye izd. — Sankt-Peterburg：tip. Ros. akad. (*Книга Большому чертежу, или Древняя карта Российского государства, поновленная в Разряде и списанная в книгу 1627 года. — 2-е изд. — Санкт-Петербург: тип. Рос. акад.*)，1838，p. 52.

续　表

No	《乾隆内附舆图》	《乾隆内附舆图》上所处位置	Asie centrale	今　地　备　注
六　排　西　五				
160.	哈拉腾吉斯	西 65—66	Qara Tengiz*	黑海突厥语地名
161.	伊斯坦巴尔和屯控喀尔居处	西 66—67		Istanbul 伊斯坦布尔
七　排　西　三				
162.	纳林必拉	西 33—34	Narym	
163.	萨里阿林	西 31—32	M. Sari	Саур/Saur
164.	和通哈尔海喀论	西 33—34	Khotongkarkhai-Kharaoul	Қатынқарағай/Katonkaragay
165.	斋桑淖尔	西 32—33	L. Dsaisang-noor	Зайсан/Zaysan 斋桑泊
166.	鄂东必拉	西 32—33	F. Etoung	Үйдене/Üydene
167.	特穆尔绰尔和阿林	西 32—33	M. Tomour-dchor	
168.	特穆尔绰尔和必拉	西 32—33	F. Temour-Tchorkho	Қандысу-Шорға/Qandysu-Shorgha
169.	鄂尔和绰尔阿林	西 32—33	M. Orkchodchor	Орқашар/Orqashar
170.	哈尔巴阿林	西 34—35	M.Khalba	Қалба жотасы/ Qalba
171.	科布库克图阿林	西 34—35	M. Kobkouktou	Көкпекті /Kokpekty
172.	阿布塔尔谟多喀伦	西 33—34	Abtalmodo Kharaoul	
173.	阿布塔尔谟多必拉	西 33—34	F. Abtalmodo	
174.	博罗萧阿林	西 34—35	Boronai	
175.	哈尔巴达巴汉	西 34—35	M. Khalba dabakhan	Қалба жотасы/ Qalba
176.	库里野图	西 35—36	Kourietou	
177.	布坤必拉	西 34—35	F. Bougoun	Букен/Buken①
178.	塔尔巴哈台阿林	西 34—35	M. Tarbakhatai	Тарбағатай/Tarbagatay
179.	巴克图阿林	西 34—35	M. Baktou	Бақты/Bakty
180.	巴克图喀伦	西 33—34	Baktou-Kharaoul	Бақты/Bakty
181.	哈玛尔达巴汉	西 33—34	M. Khamar dabakhan	Хамар асуы/Khamar
182.	集谟尔斯克喀伦	西 33—34	Dsimorsek Kharaoul	Жимерсек/Jimersek
183.	乌讷狠托罗辉	西 33—34		Кунехен-Толохай/ Kunekhen-Tolokhay
184.	珠鲁胡珠必拉	西 32—33	F. Dchourou-khoudchou	Жур-хужу/Zhur-khuzhu
185.	珠鲁胡珠喀伦	西 32—33	Dchourou-khoudchou Kharaoul	Жур-хужу/Zhur-khuzhu
186.	玉尔必拉	西 34—35	F. Yur	Юр/Yur

① *Polnoye sobraniye uchenykh puteshestviy po Rossii*. T. VII, p. 25.

续　表

No	《乾隆内附舆图》	《乾隆内附舆图》上所处位置	Asie centrale	今　地　备　注
187.	雅尔必拉	西 34—35	F. Yar	Яр/Yar
188.	阿拉克图胡尔淖尔	西 34—35	Alaq-Tughul nor①	Алакɵл/Alakol（阿拉湖）
189.	温都克台阿尔善	西 34—35	Oundouktai archan	Ундуктай/Unduktay
190.	沙巴尔图和赖	西 35—36	Shabartou-Kholai	Шабарты/Shabarty（沙巴尔图，蒙古语意为"泥潭"）
191.	额密尔必拉	西 34—35	F. Emil	Емiл/Emil
192.	喀屯必拉	西 34—35	F. Khatoun	Қатын/Qatyn（今注入阿拉湖的哈腾苏河 Qatynsu）
193.	雅玛图必拉	西 34—35	F. Yamatou（今注入阿拉湖的扎曼图河 Zhamanty）	Жаманты/Zhamanty
194.	雅尔哈图必拉	西 34—35	F. Yarkhatou（今注入阿拉湖的耶尔海特河 Yrghayty）	Ырғайты/Yrghayty
195.	阿尔噶灵图	西 35—36	Argalingtou	Арғанаты/Arghanaty ②
196.	阿布赖哈萨克	西 37—38	Ablai-Khassak	
197.	阿尔辉阿林	西 36—37	M.Arkhouy	Арқат/Arqat③
198.	察汉布胡图阿林	西 35—36	M. Tsakhan-boukhoutou	
199.	阿古斯	西 35—36	Agous	Аягɵз/Ayagoz（阿亚古兹）
200.	蔼塘苏	西 35—36	R. Aitangsou	Айтаңсу/Aytangsu（塔尔巴哈台山南麓地名）
201.	诏谟多	西 36—37	Dchaomodo	Жао-Модо/Zhaomodo
202.	察汉托辉	西 36—37		（Аягɵздiң）Шаған-Тоғай
203.	和罗斯必拉	西 36—37	F. Khoross	
204.	巴哈纳斯必拉	西 36—37	F. Bakhanass	Бақанас/Bakanas（东哈萨克斯坦阿亚古兹境内德河流）

① 哈萨克斯坦阿剌湖（Alaköl），距离中国阿拉山口口岸不足 30 公里。洪堡讨论过阿拉克图胡尔淖尔（Alaq-Tughul-noor/Alak-tugul noor）和阿拉湖的词源，推测阿拉克图胡尔淖尔源于卡尔梅克语，意为"花牛犊"。他指出该湖的三种名称：Alakul（哈萨克语意为"花湖"），Alaktugul 和 Kurghe/Gurghe nor（蒙古语意为"桥湖"），参见 Humboldt, A.v. *Central-Asien. Untersuchungen über die Gebirgsketten und die vergleichende Klimatologie*, Erster Band (Erster und Zweiter Theil.), Berlin, 1844, p. 401. 克拉普罗特地图标识该湖的三种名称：Alaktugul nor, Sasyk kol, Gurghe nor. 蒙古人将西边的湖叫 Narym-naur；东边的湖叫 Sharabet 或 Kiruge-naur，参见 *Polnoye sobraniye uchenykh puteshestviy po Rossii*. T. VII, p. 40.

② 山脉名，位于阿拉木图州萨尔干市以北，参见 *Zheringning Aty, Elingning Haty: Encyclopediyalyq Anyqtama*, Almaty, 2010, pp. 148 – 149.

③ 位于阿亚古兹和塞米伊（Семей）之间的山脉。Qurbān-'Alī Khālidī, *An Islamic Biographical Dictionary of the Eastern Kazakh Steppe 1770—1912*. Edited by Allen J. Franke & Mirkasyim A. Usmanov. Brill, 2005, p. 61.

续　表

No	《乾隆内附舆图》	《乾隆内附舆图》上所处位置	Asie centrale	今　地　备　注
205.	库库萨尔必拉	西 36—37	F. Koukou ssar	
206.	察罕托辉	西 36—37	Tsakhan-tokhoui	
207.	勒布什必拉	西 36—37	F. Lebchi	Лепсі/Lepsi
208.	胡察克阿林	西 36—37	M. Khoudchak	
209.	库库托穆达巴汉	西 35—36		Көктүма/Koktuma
210.	金集里克达巴汉	西 35—36		
211.	必钗必拉	西 34—35	F. Bidcha	
212.	金集里克必拉	西 34—35	F. Ghintsirik	Жүнжүрек/Zhunzhurek
213.	勒布色锡钦	西 35—36	Source du Lebchi	Lebsi sekiyen
214.	巴什干必拉	西 35—36	F. Bachkhan	Басқан/Baskan
215.	沙尔干必拉	西 35—36	F. Scharkan	Сарқан/Sarkan
216.	察汉乌苏	西 35—36	F. Tsakhan-oussou	Чаған-усу/Chaghan-usu今 Ақсу/Aqsu(现今塔尔迪库尔干东部的阿克苏河)
217.	博穆乌苏	西 35—36	F. Boumou-oussou	Бум -усу
218.	哈拉哲克德必拉	西 36—37	F. Khara Dchikte	Қаражиде/Qarajide①
219.	哈拉塔尔必拉	西 37—38	F. Kharatal	Қаратал/Qaratal
220.	塔兰胡都克	西 37—38	Talan Khuduk	
221.	乌兰额尔吉	西 37—38	Oulan-erghi	Ұлан-Ерхе/Ulan-Erkhe
222.	齐陈哈拉	西 36—37	Tsitchin-khara	Шыжың/Shyjyng
223.	谟德因乌花	西 37—38	Motein-oukhoua	
224.	巴尔喀什淖尔	西 38—39	Balkhach-noor	Балқаш/Balqash
225.	阿拉克图阿林	西 38—39	M. Alaktou	Алатау/Alatau
226.	塔兰胡都克	西 37—38	Talan Khuduk*	
227.	郭必	西 40—41	Gobi	
七 排 西 四				
228.	汉阿林	西 42—43	M. Khan	Хан тауы/Khan tau
229.	古尔班哈苏鲁克阿林	西 43—44	M. Gourban khaslouk	Үш Қазылық/Üsh Qazylyq②
230.	簪布拉阿林	西 43—44	M. Dsengboula	Жамбыл/Zhambyl

---

① *Zheringning Aty，Elingning Haty: Encyclopediyalyq Anyqtama*，Almaty，2010，p. 198.

② 三哈苏鲁克山，指 Qarqarali Qazylyq, Kent Qazylyq, Qu Qazylyq 山，属于卡拉干达州境内的哈尔哈拉里（Qarqaraly）山脉的山群，位于哈尔哈拉里市以东、以南，今肯特山（Kent Taulary）一带。Valikhanov Shoqan, *Köp Tomdyq Shygharmalar Zhynaghy*, IV, Almaty, 2010, p. 117. 克拉普罗特《中亚地图》(1836)出现其中两个山，标识为"M. Kou ou Kou Kaslyk,""Kent ou Kent Kaslyk."

No	《乾隆内附舆图》	《乾隆内附舆图》上所处位置	Asie centrale	今　地　备　注
231.	胡玛必拉	西 44—45	F. Khouma	Құмақ/Khuma/Qumaq(乌拉尔河支流)
232.	贝勒古尔	西 44—45	Lac Beile-noor ou Khochi koul	Билікөл/Beile-gul/Peile noor①
233.	郭必	西 44—45	Gobi	
234.	伊拉克罗必拉	西 45—46	F. Yroklo	
235.	北哈萨克	西 44—45		
236.	阿玛尔吉哈萨克	西 45—46	Amargi Hasak*	满语意为"北哈萨克"
237.	古沁古尔班托罗辉	西 45—46	M. Goutsingourban Tolokhai ou Les trente trois collines	Толағай/Tolaghay②
238.	阿克萨哈尔巴尔贝	西 45—46	Akssakhar Barbai	Ақсақал Барбы/Aqsaqal Barby③
239.	锡河尔里克淖尔	西 45—46	L. Sikhorlik	Sikirlik④
240.	色衣库必拉	西 46—47	F. Seïkou	Seiku⑤

① 据德国学者洪堡,此湖又叫 Qabanqulaq 或 Khoschi-gul;参见 Humboldt, A.v., *Central-Asien. Untersuchungen über die Gebirgsketten und die vergleichende Klimatologie*, Zweiter Band (Dritter Theil), Berlin, 1844, p. 260.

② 此为蒙古语地名,意为三十三座山,tolaghay 一般指山头、山包;克拉普罗特译为 Goutsin Gourban Tolokhai ou Les Trente Trois Collines (三十三座山)。今卡拉干达州舍提县(Shet)境内的托罗海山脉;与该县毗邻的扎纳阿尔喀县(Zhanga-arqa)境内的萨雷苏河流域也有托罗海山。参见 *Zheringning Aty, Elingning Haty: Encyclopediyalyq Anyqtama*, Almaty, 2010, p. 461.

③ 又叫阿克萨喀尔(Aqsakal),图尔盖河、乌勒阔亚克(Ulkoyak),伊尔格斯(Irgis),比劳特(Bileytu),凯道尔(Kaydaul)等河注入该湖,参见 *Polnoye sobraniye uchenykh puteshestviy po Rossii*. T. VII, p. 41.

④ 参见 Baddeley, John Frederick (1854—1940). *Russia, Mongolia, China, Being some Record of the Relations between Them from the Beginning of the XVIIth century to the Death of the Tsar Alexei Mikhailovich, A.D. 1602—1676, Rendered Mainly in the Form of Narratives Dictated or Written by the Envoys Sent by the Russian Tsars, or Their Voevodas in Siberia to the Kalmuk and Mongol Khans and Princes; and to the Emperors of China*. 2 vols. New York: Franklin, 1919 [I]. Renat Map, no.p. 34.

⑤ 可能指萨乌克河(Savuq),哈萨克斯坦中部图尔盖河的旧名。参见 Aboul-Ghâzi Béhâdour Khân, *Histoire des Mongols et des Tatares*, trans. Petr I. Desmaisons (St. Petersburg: 1871—1874; repr., Amsterdam: Philo, 1970), p. 181(text), p. 191(trans.). *Kniga Bol'shomu chertezhu, ili Drevnyaya karta Rossiyskogo gosudarstva, ponovlennaya v Razryade i spisannaya v knigu 1627 goda, 1838*, 68; Togan, A. Zeki Velidi, *Bugünkü Türkili (Türkistan) ve Yakın Tarihi*, İstanbul: Arkadaş, İbrahim Horoz ve Güven Basımevleri, 1942—1947,地图:Türkili Haritasi.

续　表

No	《乾隆内附舆图》	《乾隆内附舆图》上所处位置	Asie centrale	今 地 备 注
241.	顺郭尔鲁必拉	西 47—48	F. Schungorlou	Шыңғырлау/Shynggyrlau①
242.	绥库必拉	西 47—48	Suoikou	
243.	格根必拉	西 47—48	F. Keghen	
244.	雅尔喀斯	西 47—48		Сағыз/Saygis, Sakis；② 或 Yrghyz 河的误写③
245.	因德尔阿林	西 48—49	M. Yender	Индер/Inder 因德尔山④
246.	鄂伊尔	西 48—49	Oir	Ойыл/ Oiyl⑤
247.	奇尔	西 48—49	Gir	Қиыл/Qiyil⑥
248.	达珀逊淖尔	西 48—49	Lac de Sel	Индер көлі/Inder köli 因德尔湖⑦
249.	特穆尔必拉	西 48—49	Temir *	Темір/Temir⑧
250.	穆呼尔托尔阿林	西 48—49	Mughalzhar *⑨	Мұғалжар тауы/Mugodzhar Hills（穆戈贾雷山穆戈贾雷山是哈萨克的山脉，位于该国西北部，位于阿克托别州，是乌拉尔山脉的延伸）

① 河名，西哈萨克斯坦州境内。*Kniga Bol'shomu chertezhu，ili Drevnyaya karta Rossiyskogo gosudarstva，ponovlennaya v Razryade i spisannaya v knigu 1627 goda*，1838，p. 69. *Zheringning Aty，Elingning Haty: Encyclopediyalyq Anyqtama*，Almaty，2010，p. 336.

② *Polnoye sobraniye uchenykh puteshestviy po Rossii*. T. VII，p. 44.

③ 河名，在阿克托别州境内。*Zheringning Aty，Elingning Haty: Encyclopediyalyq Anyqtama*，Almaty，2010，p. 132.

④ 今因德尔山，西哈萨克斯坦州内。*Kniga Bol'shomu chertezhu，ili Drevnyaya karta Rossiyskogo gosudarstva，ponovlennaya v Razryade i spisannaya v knigu 1627 goda*，1838，p. 70；*Zheringning Aty，Elingning Haty: Encyclopediyalyq Anyqtama*，Almaty，2010，p. 270. 哈萨克人叫 Дудер-тау，参见 *Polnoye sobraniye uchenykh puteshestviy po Rossii*. T. VII，p. 37.

⑤ *Kniga Bol'shomu chertezhu，ili Drevnyaya karta Rossiyskogo gosudarstva，ponovlennaya v Razryade i spisannaya v knigu 1627 goda*，1838，69；*Zheringning Aty，Elingning Haty: Encyclopediyalyq Anyqtama*，Almaty，2010，p. 116.

⑥ 河名，在阿克托别州境内。*Zheringning Aty，Elingning Haty: Encyclopediyalyq Anyqtama*，Almaty，2010，p. 106.

⑦ 近代又叫 Diuder-Tuz，Tuzdykul（盐湖），参见 *Polnoye sobraniye uchenykh puteshestviy po Rossii*. T. VII，p. 41.

⑧ 鄂伊尔河支流，在阿克托别境内。*Polnoye sobraniye uchenykh puteshestviy po Rossii*. T. VII，p. 45. *Zheringning Aty，Elingning Haty: Encyclopediyalyq Anyqtama*，Almaty，2010，p. 124.

⑨ 山名，在阿克托别州境内。参见 *Zheringning Aty，Elingning Haty: Encyclopediyalyq Anyqtama*，Almaty，2010，p. 114.

续　表

No	《乾隆内附舆图》	《乾隆内附舆图》上所处位置	Asie centrale	今 地 备 注
251.	哈拉库尔	西 49—50	Qara köl*①	
252.	萨穆尔	西 50—51	Samur*（可能是现今的萨雷阿伊丁湖 Saryaydyn），位于乌拉尔河以西	Қамыс-Самар көлдері/Қамышъ-Самаръ②
253.	和岳尔额准	西 50—51	Hoyir Özen*③	Сары Өзен/Sary Özen 萨雷乌赞 Қара Өзен/Qara Özen 哈拉乌赞
254.	鄂伊楚克和屯	西 50—51	Üyshik*④	Атырау/Atyrau 阿特劳市⑤
255.	纳林额勒苏	西 51—52	Naryn els*⑥	Нарын/Naryn⑦
256.	塔奔淖尔	西 53—54		Besköl⑧
257.	哈拉库尔	西 49—50	Qara köl⑨	
258.	图尔古特之阿裕锡汗所居之地	西 54—55		阿欲奇，阿玉奇，或称阿玉气、鄂岳奇（Ayuki /Öyoki，1640—1724）
259.	达布逊淖尔	西 54—55		Bogdan Dubassun（ozero Bogdo）⑩
260.	鄂集尔必拉	西 55—56	Edil*	Волга/Volga 伏尔加河

① 湖名，鄂伊尔、奇尔两条河流入该湖。参见 Batys Qazaqstan Obylysynyng Taryhy, Oral, 2015, p. 65.*Kniga Bol'shomu chertezhu, ili Drevnyaya karta Rossiyskogo gosudarstva, ponovlennaya v Razryade i spisannaya v knigu 1627 goda*, 1838, p. 69.

② Камышъ-Самаръ，参见 *Polnoye sobraniye uchenykh puteshestviy po Rossii*. T. VI, 216, p. 221.

③ Hoyir,蒙古语意为"两、双"；özen 为哈萨克语意为"河流"。这里指西哈萨克斯坦乌拉尔河以西的柯西乌赞(Kishi Özen，又名萨雷乌赞 = Sary Özen)和乌鲁乌赞(Uly Özen/Qara Özen)。

④ 阿特劳市(近代古里耶夫)的近代哈萨克语称呼。参见 Äbdiraxmanov A., Toponomïka jäne Étïmologïya. Pavlodar (Әбдірахманов А., *Топономика жэне Этимология*. Павлодар), 2010, p. 98.

⑤ 图尔古特人叫 Узянъ Балгазинъ，参见 *Polnoye sobraniye uchenykh puteshestviy po Rossii*. T. VI, p. 219.

⑥ Els(蒙古语意为"沙地")。纳林沙漠位于伏尔加河和乌拉尔河之间、里海西北，参见 *Zheringning Aty, Elingning Haty: Encyclopediyalyq Anyqtama*, Almaty, 2010, p. 277.

⑦ 近代俄罗斯地理学家著作中称之为 Нарымъ ашъ，应为 Naryn els 的误写，参见 *Polnoye sobraniye uchenykh puteshestviy po Rossii*. T. VI, p. 211.

⑧ 塔奔淖尔，蒙古语意为"五湖"，可能指今天的西哈萨克斯坦西部的别斯库尔，哈萨克语意为"五湖"。参见 *Zheringning Aty, Elingning Haty: Encyclopediyalyq Anyqtama*, Almaty, 2010, p. 295.

⑨ 湖名，鄂伊尔、奇尔两条河流入该湖。Batys Qazaqstan Obylysynyng Taryhy, Oral, 2015, p. 65. *Kniga Bol'shomu chertezhu, ili Drevnyaya karta Rossiyskogo gosudarstva, ponovlennaya v Razryade i spisannaya v knigu 1627 goda*, 1838, p. 69.

⑩ *Polnoye sobraniye uchenykh puteshestviy po Rossii*. T. VI, p. 136.

续　表

No	《乾隆内附舆图》	《乾隆内附舆图》上所处位置	Asie centrale	今 地 备 注
261.	索尔拉噶珊	西 56—57		
262.	杂里和屯	西 56—57		
七 排 西 五				
263.	索齑克萨尔噶珊	西 57—58		
264.	惹尔诺杂噶珊	西 57—58		
265.	萨尔噶珊	西 57—58		
266.	古里克三噶珊	西 57—58		
267.	阿噶锡和屯	西 55—56	Akish/Akash*①	Волгаград/Volgagrad 伏尔加格勒，原名察里津（Tsaritsyn）
268.	布克达阿林	西 55—56	Ko Bogdo*②	Bogdo
269.	杨噶拉和屯	西 55—56	Yankala/Yankhala*③	Черный Яр/Chyorny Yar
270.	朔尔博比拉	西 56—57	Sorpa/Shorba*④	
271.	札穆贝鲁克回子等居处	西 55—56	Camboyluk (Jamboyluk) Nogais*（哲穆河岸诺盖人，诺盖人的一支）	
272.	色尔克斯和屯	西 55—56	Serkes*	
273.	阿斯达拉罕和屯	西 55—56	Astrakhan*	
274.	鄂集尔必拉	西 55—56	Edil*	
275.	野特散回子等居处	西 57—58	Yedisan*（野特散，意为"七个部落"，诺盖人的一支）	Yedi uruv, Zhetiru⑤
276.	库墨必拉	西 58—59	Kuma*（库马河 Кумá）是俄罗斯南部的一条河流	Kumogol⑥
277.	集垒多讷特斯必拉	西 59—60	Seversky Donets*	
278.	端必拉	西 60—61	Don*	

① *Polnoye sobraniye uchenykh puteshestviy po Rossii*. T. VI，p. 128.

② *Polnoye sobraniye uchenykh puteshestviy po Rossii*. T. VI，p. 137.

③ *Polnoye sobraniye uchenykh puteshestviy po Rossii*. T. VI，p. 137.

④ *Polnoye sobraniye uchenykh puteshestviy po Rossii*. T. VI，p. 134.

⑤ 今哈萨克小玉兹中的哲特如（Zhetiru 意为"七个部落"）部落。参见 Togan, A. Zeki Velidi, *Bugünkü Türkili（Türkistan）ve Yakın Tarihi*, İstanbul: Arkadaş, İbrahim Horoz ve Güven Basımevleri，1942—1947，p. 166.

⑥ *Polnoye sobraniye uchenykh puteshestviy po Rossii*. T. VI，p. 88.

续　表

No	《乾隆内附舆图》	《乾隆内附舆图》上所处位置	Asie centrale	今 地 备 注
279.	爱多尔必拉	西 63—64	Aydar*	Айдар/ Aydar①
280.	多尔必拉	西 64—65		Торь/Tor②
		八 排 西 四		
281.	伊犁必拉	西 37—38	F. Ily	Іле/Ili
282.	沙尔特克	西 37—38	Sardek	
283.	库库乌苏	西 36—37	F. Koukou-oussou	Көксу/Koksu
284.	博罗哈及尔达巴汉	西 36—37	Borokhoudsir dabakhan	Боро-хожир асуы/Borokhojir asuyi
285.	阿尔坦额谟尔达巴汉	西 36—37	M. Artan-emor dabakhan	Алтынемел/Altynemel
286.	察林必拉	西 37—38	F. Tsaring	Шарын/Charyn
287.	椿集喀伦	西 35—36	Tchoundsi Kharaoul	Шонжы/Shonjy
288.	托里喀伦	西 35—36	Toli-Kharaoul	
289.	沙布尔托海喀伦	西 35—36	Tchabour-dchechi-Karaoul	
290.	哈尔噶噶图尔噶	西 37—38	Khargagatourga	
291.	明布拉克	西 37—38	Mingboulak	Мыңбұлақ/Myngbulaq
292.	纳林必拉	西 37—38	F. Narin	Нарын/Naryn
293.	塔穆汉喀伦	西 36—37	Tamkhan Karaoul	
294.	塔穆塔里克	西 36—37	Tamghantarik	
295.	特穆尔里克达巴汉	西 36—37	M. Temourik	Темірлік/Temirlik
296.	特穆尔里克喀伦	西 36—37	Temourik-Karaoul	
297.	格根喀伦	西 36—37	Geghen	Кеген/Kegen
298.	格根必拉	西 36—37		
299.	汉腾格尔阿林	西 36—37	M. Khantengher	Хан Тәңірі/Khan Tengri 汗腾格里峰
300.	哈尔奇拉喀伦	西 36—37	Kharkira-Kharaoul	Қарқара/Karkara
301.	哈尔奇拉必拉	西 36—37	F. Kharkira	Қарқара/Karkara
302.	特图达巴汉	西 36—37	M. Tem- Dabakhan	

---

① *Kniga Bol'shomu chertezhu*，*ili Drevnyaya karta Rossiyskogo gosudarstva*，*ponovlennaya v Razryade i spisannaya v knigu 1627 goda*，1838，p. 38.

② *Kniga Bol'shomu chertezhu*，*ili Drevnyaya karta Rossiyskogo gosudarstva*，*ponovlennaya v Razryade i spisannaya v knigu 1627 goda*，1838，p. 36.

续　表

No	《乾隆内附舆图》	《乾隆内附舆图》上所处位置	Asie centrale	今　地　备　注
303.	特克斯色钦	西 36—37	Source du Tekes	Текес/Tekes
304.	库纳克萨尔	西 36—37	F. Kounouksar	
305.	巴彦珠尔克	西 36—37	Bayandchouke	
306.	哈布齐海噶图尔噶	西 38—39		Қапшағай/Kapshagay
307.	沙尔博尔	西 38—39	F. Schabor	Сарыбел/Sarybel?
308.	撒勒克必拉	西 38—39	F. Salek	Шелек/Shelek
309.	图尔根必拉	西 38—39	F. Tourghen	Түрген/Türgen
310.	古尔班察布达尔必拉	西 38—39	F. Gourban-tsabdar	
311.	鄂衣衮阿林	西 38—39	M. Oigoun	
312.	伊锡克图必拉	西 38—39	F. Issiktou	
313.	阿苏必拉	西 38—39	F. Assou	
314.	阿苏达巴汉	西 38—39	M. Assou-dabakhan	
315.	塔尔噶尔必拉	西 38—39	F. Talgar	Талғар/Talgar
316.	谟尔根萨里阿林	西 39—40	M. Morghen-sari	
317.	古尔班阿里玛图	西 39—40	Gourban-Arimat	Алматы/Almaty
318.	哈什克楞必拉	西 39—40	F. Khachikleng	Қаскелең/Kaskeleng
319.	察玛尔干必拉	西 39—40	F. Tsamargu	Шамалған/Shamalgan
320.	库鲁图必拉	西 40—41	F. Kourtou	Күрті/Kurti
321.	哈什塔克必拉	西 40—41	F. Khachtak	Қастек/Kastek
322.	阿尔噶灵图	西 40—41	Argalingtou	Арғанаты/Arghanaty
323.	哈什塔克达巴汉	西 40—41	M. Khachtak-Dabakhan	Қастек/Kastek
324.	雅尔哈图达巴汉	西 41—42	M. Yarkhatou-Dabakhan	
325.	吹必拉	西 42—43	F. Tchoui	Шу/Chu 楚河
326.	和尔和图必拉	西 42—43	R. Khotkhatou	Құрағаты/Quraghaty ①
327.	古尔班哈因图必拉	西 42—43	F. Gourban Khayntou	
328.	阿沙巴尔必拉	西 42—43	F. Khochabar	
329.	博托迈塔克	西 42—43	M. Botamai-tak	Ботамойнақ/Botamoynaq②

---

① *Zheringning Aty*，*Elingning Haty: Encyclopediyalyq Anyqtama*，Almaty，2010，p. 360.

② *Zheringning Aty*，*Elingning Haty: Encyclopediyalyq Anyqtama*，Almaty，2010，p. 347.

续　表

No	《乾隆内附舆图》	《乾隆内附舆图》上所处位置	Asie centrale	今 地 备 注
330.	塔拉斯必拉	西 44—45	F. Talas	Талас/Talas
331.	阿筛阿林	西 44—45	M. Achai	
332.	河色拉特阿林	西 44—45	M. Khoserat	
333.	博什阿哈什漠	西 44—45	Bochakhach-mo	
334.	特漠尔哈巴哈克	西 44—45	Temor-khabakhak	
335.	阿沙必拉	西 45—46	F. Acha	Аса/Asa
336.	阿古淖尔	西 45—46		
337.	敏布拉	西 45—46		
338.	必库尔淖尔	西 46—47		
339.	哈拉哈尔巴克特赫巴	西 46—47	Qaraqalpaq tehe ba（Tehe ba 满文,意为"住处、所居之地"）	Қарақалпақстан/Karakalpakstan 卡拉卡尔帕克斯坦
340.	索尔屯衣努克特	西 46—47	Solto?	
341.	拜心斯坦努克特	西 47—48		
342.	锡尔必拉	西 47—48		Сырдария/Syr Darya 锡尔河
343.	敏布拉	西 45—46		Мыңбұлақ/Mingbulaq
	八　排　西　五			
344.	海纳尔必拉	西 50—51		Қайнар/Qaynar①
345.	塔什干	西 48—49	Tashkent*	Ташкент/Tashkent 塔什干
346.	哲木必拉	西 50—51	Jem*	Жем（Ембі）/Emba 杰姆河（西哈萨克斯坦,今伊木巴河）
347.	莽阿锡鲁达巴汉	西 50—51	Manggishlaq dabagan*	
348.	瓦尔吉哈萨克哲成	西 50—51	Wargi Hasak jecen*（满文 瓦尔吉＝wargi,意为"西", 这里指西哈萨克,即小玉兹哈萨克）	西哈萨克边界
349.	哈拉扎克	西 53—54		
350.	哈拉翁额尔胡都克	西 53—54		

① *Polnoye sobraniye uchenykh puteshestviy po Rossii*. T. VII, p. 45. *Zheringning Aty, Elingning Haty: Encyclopediyalyq Anyqtama*, Almaty, 2010, p. 100.

续　表

No	《乾隆内附舆图》	《乾隆内附舆图》上所处位置	Asie centrale	今　地　备　注
351.	塔莽苏扪胡都克	西 53—54	L. Tapoun-ssoumoun-Khodouk	
352. 353.	布逊淖尔	西 53—54	Lac. Boussoun	
354.	鄂尔和集回子和屯	西 54—55		
355.	图尔库扪所居之地	西 52—53	Pays de Turkmen	Туркмен/Turkmen 土库曼人
356.	这林图博胡都克	西 52—53	Source ou Lac Dserin Toubo	
357.	胡拉玛集胡都克	西 52—53	Source ou Lac Khouramadsi	
358.	达布逊淖尔	西 52—53	Lac de Sel	
359.	恰瓦和屯	西 52—53	Ywa	Хива/Khiva 希瓦
360.	塔莽苏扪胡都克	西 53—54		
361.	博克特尔回子和屯	西 51—52	Bokter ville des Boukhars	
362.	锡拉瓦特回子和屯	西 51—52	Sirawat villes des Boukhars	Shahabad ［Шават/Shovot,(Shavat)］①
363.	阿巴拉噶扎汉之子额先什罕所居之地	西 51—52	Demeure de Enouchi khan fils d'Abla khodcha-khan	Ануша-хан/Anusha khan（1663—1686）
364.	阿拉尔托辉鄂斯博克等所居	西 50—51	Demeure de chef Aral-Tokhoui Ossbok	Арал Өзбектері/Aral Uzbeks②咸海乌兹别克人
365.	达里岗阿鄂漠	西 51—52	Lac Daliganga	Арал Теңізі/Aral sea 咸海
366.	哈拉克子回子和屯	西 51—52	Karakhodsu ville des Boukhars	Қырықыз/Kyrkkyz?Qara-Hajji?③
367.	乌尔根齐回子和屯	西 51—52	Ourghenz, ville des Boukhars	Ургенч/Urgench 乌尔根奇④

　　① *Firdaws al-Iqbāl*，*History of Khorezm*，by Shir Muhammad Mirab Munis and Muhammad Riza Mirab Agahi. Translated from Chaghatay and Annotated by Yuri Bregel，Brill：Leiden-Boston-Köln，1999，49，p. 564.

　　② 今咸海南岸 Qaraji,卡拉卡尔帕克斯坦境内,参见 *Firdaws al-Iqbāl*，*History of Khorezm*，p. 651.

　　③ *Firdaws al-Iqbāl*，*History of Khorezm*，pp. 54 - 55.

　　④ 1646 年,阿布·加齐·巴哈杜尔汗(Abū al-Ghāzī Bahadur Khan)建立了目前的乌尔根齐(Urgench)市。因为阿姆河(Amu Darya)改道,这使得旧乌尔根齐(Kuhna Urgench)没了水,这促进了这一事实。新乌尔根奇的现址位于乌兹别克境内,而旧乌尔根奇的遗址则位于土库曼境内。

续　表

No	《乾隆内附舆图》	《乾隆内附舆图》上所处位置	Asie centrale	今 地 备 注
368.	腾吉斯鄂谟	西 54—55		Teңiz/Tengiz 里海的突厥语地名①
369.	萨玛尔罕	西 50—51	Samarkhan	Самарканд/Samarkand 撒马尔罕
370.	鄂尔图巴	西 49—50	Ortouba	Истаравшан/Istarawschan（原 Ura-Tjube）
371.	和济彦	西 48—49	Khodsiyan Khodchend	Худжанд/Khujand 苦盏
372.	阿济格布喀尔哲成	西 49—50	Ville Adsighebchardche	应为"小布哈拉边界"【满文"阿济格 = ajige（小）";"布喀尔 = Bukhara（布哈拉）";"哲成 = jecen（边界、边疆）"】
373.	奈满努克特	西 48—49	Nayman-Nouktè	Найман/nayman 布鲁特奈满部落游牧地
374.	达雅特努克特	西 47—48	Tayat- Nouktè	Теит/Teyit 布鲁特达雅特部落游牧地
375.	吉布察克阿林	西 46—47	M. Kibdchak	Қыпшақ/Qypchaq
376.	连拉巴斯回子等居处	西 58—59		Mali bash
377.	德尔集和屯	西 58—59	Tarki*	Тарки/Tarki②
378.	特尔奔和屯	西 59—60	Derbent*	Дербент/Derbent 杰尔宾特
379.	奈满努克特	西 48—49	Nayman-Nouktè	Найман/Nayman 布鲁特奈满部落游牧地
八 排 西 六				
380.	沙马吉和屯	西 59—60		Shamakhi, Azerbaijan
381.	古尔必拉	西 60—61	Kur	Kura 库拉河
382.	那什旺必拉	西 61—62		Nakhchivan 纳希切万
383.	额里旺和屯 ii	西 62—63	Erivan	Yerevan 叶里温
384.	阿拉斯必拉	西 63—64	Aras	Aras 阿拉斯河

---

　　① 据俄国地理学家,鞑靼人称之为察罕腾吉斯 Чаганъ Тенгисъ,卡尔梅克人称之为库鲁索穆腾吉斯 Кулсомъ Тенгисъ,参见 *Polnoye sobraniye uchenykh puteshestviy po Rossii*. T. VI, p. 87.

　　② 达吉斯坦共和国境内的一座古城,现在的马哈奇卡拉。参见 *Kniga Bol'shomu chertezhu, ili Drevnyaya karta Rossiyskogo gosudarstva, ponovlennaya v Razryade i spisannaya v knigu 1627 goda*, 1838，p. 60.

续　表

No	《乾隆内附舆图》	《乾隆内附舆图》上所处位置	Asie centrale	今　地　备　注
八　排　西　七			
385.	萨哈连墨德里	西 63—64	Sahaliyan mederi（满语意为黑海）	黑海
386.	额尔色隆和屯	西 76—77	Erserum	Erzurum 埃尔祖鲁姆
八　排　西　八			
387.	红噶尔国之汗所居拱斯当底衲伯勒和屯	西 80—81	Constantinople	Khwand-kār 或 Khunkār 控噶尔或 恭喀尔①
388.	谟拉和屯	西 87—88	Mora	
九　排　西　五			
389.	珠穆特回子所居之部落	西 50—51	Horde Boukhare Dchoumte	Йомуд/Yomut（Yomud）②
390.	乌兰古玛额勒苏（应为突厥-蒙古混合语）：Ulan（蒙古语意为"红"）+ qum（突厥语意为"沙漠"）+ els（蒙古语意为"沙地"）	西 51—52	Dessert	Қызылқұм/Qyzylqum 克孜勒库姆沙漠（位于中亚阿姆河与锡尔河之间的河间地，包括哈萨克斯坦、乌兹别克斯坦和部分土库曼斯坦领土）
391.	布尔古特台胡都克	西 52—53		Burqut③
392.	特克回子之部落居处	西 49—50	Horde Boukhare Tek	Takka［Teke］④（土库曼部落之一）

---

① 清代对奥斯曼帝国的称呼，参见 Aboul-Ghâzi Béhâdour Khân, *Histoire des Mongols et des Tatares*, trans. Petr I. Desmaisons（St. Petersburg：1871—1874；repr., Amsterdam：Philo, 1970), p. 212(text), p. 227（trans.）. Pelliot, Paul Eugene（1878—1945）. *Notes critiques d'histoire Kalmouke*. 2 vols.「Vol. 1：Texte；Vol. 2：Tables genealogiques」.Paris：Maisonneuve, 1960 [I], 88–89, n258；Baddeley, John Frederick（1854—1940）. *Russia, Mongolia, China, Being some Record of the Relations between Them from the Beginningof the XVIIth century to the Death of the Tsar Alexei Mikhailovich, A.D. 1602—1676, RenderedMainly in the Form of Narratives Dictated or Written by the Envoys Sent by the RussianTsars, or Their Voevodas in Siberia to the Kalmuk and Mongol Khans and Princes；and to the Emperors of China*. 2 vols. New York：Franklin, 1919 [II], p. 330.

② Yomut 或 Yomud 是土库曼人部落，居住在 Gorgan, Turkmenbashi 和里海东部海岸以及 Khiva 和 Dashoguz。参见 Vambéry Arminius, *Travels in Central Asia*, New York, 1865, p. 353.

③ *Firdaws al-Iqbāl*, *History of Khorezm*, by Shir Muhammad Mirab Munis and Muhammad Riza Mirab Agahi. Translated from Chaghatay and Annotated by Yuri Bregel, Brill：Leiden-Boston-Köln, 1999, p. 82, p. 594.

④ Vambéry Arminius, *Travels in Central Asia*, New York, 1865, p. 351.

续　表

No	《乾隆内附舆图》	《乾隆内附舆图》上所处位置	Asie centrale	今　地　备　注
393.	安巴布喀尔哲成	西48—49	Anbabkardchè	疑为"大布哈拉边界"（满文"安巴＝amba 大"；"布喀尔＝Bukhara 布哈拉"；"哲成＝jecen 边界、边疆"）
394.	都鲁玛回子之部落居处	西49—50	Horde Boukhare Doulouma	Дурмен Durman? （乌兹别克或吉尔吉斯部落）
395.	科克伦回子之部落居处	西49—50	Horde Boukhare Kokrun	Гоклен/Goklen （土库曼部落之一）
396.	瞻伊斯巴尔回子和屯	西49—50	Ville Boukhare Dchensozubar	
397.	哈扎尔巴什红帽子等居处	西53—54		Кизылбаш/Qyzyl-bash（红帽，即萨法维王朝波斯人）①
398.	尼筛回子之部落居处	西49—50		Nesa，位于巴格尔（Bagir）附近的城镇（今阿什哈德附西10公里）②

　　纵观上表可见，乾隆图中出现了几位重要历史人物，分别为希瓦汗国可汗 Anusha khan（Abū al-Muẓaffar Anūsha Muḥammad，1663—1686），他是阿布·加齐·巴哈杜尔汗（Abū al-Ghāzī Bahadur Khan，1644—1663 年在位）的儿子；③阿裕锡，可能指阿欲奇或阿玉奇（Ayuki，1640—1724），是伏尔加土尔扈特部可汗；哈萨克可汗阿布赉（1711—1781）。

　　《乾隆内府舆图》第一次正确地描绘 18 世纪中亚各国的地理范围和各部族的活动范围。其最明显的特点是，始终使用了土著民族语言地名，几乎没有使用俄罗斯语地名，重现了被遗忘的诸多地名，如 Aqsaqal Barby（湖名，在中部哈萨克斯坦）湖。Akish/Akash（今俄罗斯伏尔加格勒市），这也是西方传教士的最重要的地理考察背景。

　　清代两大世界地图中的中亚地理知识，极大地拓宽了克拉普罗特等西方地理学家关于中亚的地理视界。在此基础上，克拉普罗特融合了中西地理知识，绘制了闻名于世的

---

　　①　*Kniga Bol'shomu chertezhu，ili Drevnyaya karta Rossiyskogo gosudarstva，ponovlennaya v Razryade i spisannaya v knigu 1627 goda*，1838，71；Aboul-Ghâzi Béhâdour Khân，*Histoire des Mongols et des Tatares*，trans. Petr I. Demaisons. St. Petersburg：1871—1874；repr.，Amsterdam：Philo，1970，pp. 211‐215（trans.）；*Firdaws al-Iqbāl，History of Khorezm*，pp. 27‐29.

　　②　*Firdaws al-Iqbāl，History of Khorezm*，by Shir Muhammad Mirab Munis and Muhammad Riza Mirab Agahi. Translated from Chaghatay and Annotated by Yuri Bregel，Brill：Leiden-Boston-Köln，1999，31，p. 554.

　　③　成吉思汗后裔，希瓦汗国（Khiva）阿剌卜沙王朝（'Arabshāhid，以黄金家族昔班系的阿剌卜沙汗命名）的阿布·加齐·巴哈杜尔汗（Abū al-Ghāzī Bahadur Khan，1644—1663 年在位）编纂了一部关于蒙古帝国黄金家族和（13 世纪的）蒙古高原各部历史的著作。他将这部著作命名为《突厥世系》（Šejere-i Türk）。

《中亚地图》(1836)和《亚洲地图》(1844)。① 克拉普罗特地图中的地理知识清晰地表明,除了清代两大世界地图,他还参考了俄罗斯地图或中亚本地的地理信息,丰富了 18 世纪末、19 世纪初的中亚历史地理知识。比如,克拉普罗特《中亚地图》出现了七河流域(相当于今哈萨克斯坦阿拉木图州)哈萨克部族的分布地区:吉尔吉斯-阿尔瓦赫斯(Kirghises arwaghiz,今吉尔吉斯部落萨尔巴格锡 Sary-bagysh),吉尔吉斯-察布拉什特(Kirghises Tchaprasti,今属哈萨克大玉兹),吉尔吉斯-札拉伊尔(Kirghises Djelair,属哈萨克大玉兹),吉尔吉斯阿德坎(Kirghises Adkan,应为 Adban 的误写,②今阿勒班,属哈萨克大玉兹),吉尔吉斯-素万(Kirghises Souvan,属哈萨克大玉兹),吉尔吉斯-都拉特(Kirghises Doulat,属哈萨克大玉兹),吉尔吉斯-喀布塔盖马太(Kirghises Kaptagamataï,属哈萨克中玉兹奈满部),吉尔吉斯萨德尔马太(Kirghises Sadyrmataï,属哈萨克中玉兹奈满部),吉尔吉斯-瑟穆兹奈满(Kirghises Semiznaïman,属哈萨克中玉兹奈满部)。吉尔吉斯是近代俄国人对哈萨克人的惯用的、歪曲的称呼,以便避免混淆俄罗斯哥萨克人(казаки)。当时今吉尔吉斯人(即柯尔克孜族)被称为哈拉吉尔吉斯人(Kara Kyrgyz/Qara Qyrghyz),克拉普罗特用清朝对吉尔吉斯人的称呼,称之为布鲁特人(Bourout)。至于哈萨克一名,按俄罗斯人自己的说法是"吉尔吉斯-凯撒克"(Киргиз-Кайсаки),而清朝的说法是"哈萨克"(Khasak)。不过,克拉普罗特在自己的地图中两者都用了:Pays des Khasak ou Kirghiz Kaysak(哈萨克或吉尔吉斯-凯撒克国)。

要之,以往述及中外历史地图的相互关系时,较多考虑西方地图知识对东方地图知识的影响,其内在逻辑是近代地理知识源起于欧洲,通过考察伊德里斯地理知识对欧洲地图学的影响,可以看到这样的认识是片面的。至清代,两大世界地图也影响了欧洲近代地图的亚洲观。

Al-Idrīsī's Maps with Chinese and Western maps views on Central Asian Geography in Seventeenth- and Eighteenth-Century

Nurlan Kenzheakhmet Abai Kazakh National Pedagogical University

Abstract: Al-Idrīsī's Maps shows the creation of map images by medieval Arab geographers on the basis of absorbing Ptolemaic geography. Influenced by the map of Al-Idrīsī', the geographic gaps and blind spots of the old continent on the European map were filled and reconstructed, and connected with the new world geographic knowledge, forming a relatively complete world map.At the end of the Ming and early Qing dynasties, a large amount of overseas geographic knowledge was introduced by Western missionaries entered China. Among them the most importans are Matteo

① Carte de l'Asie centrale dressée d'après... les missionnaires de Pe King/ par M. J. https://gallica.bnf.fr/ark:/12148/btv1b53093247k,2020 年 10 月 14 日。

② 参见 Mukhammedzhan Tynyshpayev, *Materialy k Istorii Kirgiz-Kazakskogo Naroda. Rodoslovnye tablitsy k geneologii Kirgiz-Kazakskikh rodov*. Tashkent, 1925.

Ricci's (1552—1610) *Kunyu Wanguo Quantu* (Map of the Ten Thousand Countries of the Earth, 1602), Ferdinand Verbiest's (1623—1688) "Kun Yu Quan Tu World Map" and so on. In the middle of the Qing Dynasty, the "Map of the Emperor Yongzheng's Ten Pai Emperors" (Map of the Yongzheng reign in ten fascicles) and the *Qianlong neifu yutu* 乾隆内附舆图 (Terrestrial map of the imperial repository of Qianlong), which were led by western missionaries and used modern cartographic techniques, enriched the geographic information of Central Asian countries and filled the gaps in contemporary European maps. The maps of the Qing Dynasty also affected the geographical knowledge of Western geographers such as Julius Klaproth.

Key words: Al-Idrīsī's Maps, European Maps, Tartaria, the *Qianlong neifu yutu* (Terrestrial map of the imperial repository of Qianlong), Central Asia, Kazakh Steppe

(本文作者为阿拜哈萨克国立师范大学教授、哈佛大学费正清中国研究中心客座教授)

中国、俄罗斯、德国——邻居们?
早期葡文资料中的大混杂(约 1500 至 1550 年)

罗德里希·普塔克(Roderich Ptak) 撰　洪堃绿 译

摘　要:作为航海民族的葡萄牙人曾取道东南亚到达远东。他们熟悉广东和福建的沿海港口和岛屿,但对中国内陆和其他大陆区域所知甚少。东欧和俄罗斯的大部分地区也不在他们的了解范围内。在此背景下,16 世纪初和 16 世纪中叶的一些作者提出了有趣的问题:中国和德国是否在亚洲北部或中部具有共同边界?两者是否通过俄罗斯和"鞑靼"彼此相通?加斯帕·达·克路士和其他一些著名记录者曾简短提及这些内容并提出了不同观点。本文选取代表性作品,考察其中的相关内容,试图对其中记载的地理想象和地理特征进行概述。

关键词:早期葡文资料里的中国西部;对中亚地理与空间的视野;疆域与边界

一

远在马可·波罗(Marco Polo)、鄂多立克·达·波代诺内(Odorico da Pordenone)等人动身前往蒙古地区和中国之前,欧洲学者就已展现出了对"东方"世界的兴趣。然而,由于与地中海沿岸和中欧的文化经济中心距离遥远,亚洲国家具体位于何处、这些区域地理情况如何,当时的学者几乎一无所知。今天,得益于数不胜数的研究,我们可以大致说出地理知识的传递情况、各个地图和文本可能以前人的什么作品为基础,简单来说就是认识水平如何逐步变化。但是这些细节并非本文关注所在。当时如何将世界作为整体来看待的问题也非重点。要指出的只有一点:对当时许多人来说,当今以耶路撒冷为最重要城市的巴勒斯坦/以色列处于中心位置。亚洲、非洲和欧洲这些已知的大洲通常围绕该中心分布。诚然,也有人认为地球是球形的,但是源于托勒密的传统观念占了上风,所谓的 TO 地图是当时看待世界的最主要方式。

这种传统观点的特点之一是无法阐明欧洲与亚洲之间的过渡地带。神圣罗马帝国(Sacrum Romanum Imperium)文化势力范围远至东方,至少中世纪时、甚至包括之后的许多人曾这样认为,南欧人尤甚;但最远到达何处,当时通常没有定论。在神圣罗马帝国的另一边生活着斯拉夫人(Slavonians)和波罗的人(people from the Baltic area),而在他们"后面"则分布着那些无法确定确切范围的区域。毫无疑问,当时人们已经知道了东欧的大河流,包括塔纳斯河(Thanas, *Tanais* etc.),即今天俄罗斯南部的顿河(Don River)。被标注出的还有黑海(Black Sea)及其内海梅奥提斯湖(Meothis, *Maeotis* etc.),即亚速海(Sea of Azov)。早在 TO 地图中,这些水域就已扮演了中心角色。与此相反,对于在欧洲外的文献资料中以多种不同名字出现过的里海(Caspian Sea),甚至对于咸海(Aral Sea),古代欧洲了解甚少。对于许多来自地中海沿岸温暖地带的人来说,就连北部高纬度地区都算是未知区域。此外，这些地区与位于遥远东方、尚未基督教化的地区一样，被视为几乎无法接近的地带。因此，有时人们容易将这些地方同黑暗势力、危险等负面事物联系在一起。例如，人们猜测邪恶的歌革（Gog）和玛各（Magog）在亚洲东部边缘，这点也经常体现在地图中。这样的联想诱使不少学者开始思考中国究竟状况如何的问题，因为总有人说，罗马人就已经购买了来自那里的贵重商品。

流传下来的文献资料清晰表明，对于亚洲的遥远地带，欧洲曾存在着不同的看法和认识。尽管如此，中世纪时对此产生决定性影响的主要还是地中海地区的地理学家。当时对于许多人来说，斯堪的纳维亚（Scandinavia）、普鲁士（Prussia）、波罗的海（Baltic Sea）以及范围直至今天的乌克兰（Ukraine）的斯拉夫地区，都属于已知世界的边缘地带。[1] 在东方地域的地理状况方面，就连马可·波罗等人的描述都未必总是清晰。当时人们经常尝试将源于古希腊的或者众所周知的 TO 模型的理念与旅行者带来的新知识进行结合。一个与此相关的问题是，在遥远的东方是否曾存在德国人、俄国人、中国人和其他人直接接触的地方？以及，13 世纪曾对欧洲产生了严重威胁的蒙古人在此又扮演了什么样的角色？

不言而喻，当时生活在今日的中亚国家、伊朗、高加索的国家和南俄罗斯的人对上述地区的地理有相当详细的了解。而在世界的另一端，当时的中国人同样试图认识远方的区域并将之反映在地图当中，例如以朱思本等人所绘地图为基础绘制而成的不同"混一"地图作品。然而，与欧洲人一样，中国人的认识也不完整：他们知道中亚部分地区，听说过地中海、意大利和伊比利亚半岛（Iberian peninsula），这些认识大概主要来源于阿拉伯和波斯的来客；然而，遥远的北部地区，从西伯利亚到斯堪的纳维亚半岛，以及东南亚部分和印度洋沿岸的区域，在这些地图上表现得十分失真。[2] 简而言之，虽然当时海上丝绸之路和横越亚欧两洲的复杂交通网使所有形式的交流成为日常情况，但不论在欧洲还是亚洲，显然仍存在巨大的知识缺口；文字描述和地图证实了这点。

---

[1]　有价值的记录例如见于 Manuel Filipe Canaveira, O Último d'Alemanha, confins da China: Os missionários jesuítas em busca da fronteira sino-alemã, in Helmut Siepmann(ed.), *Portugal，Indien und Deutschland: Akten der V. deutsch-portugiesischen Arbeitsgespräche / Portugal，Índia e Alemanha: Actas do V encontro luso-alemão*, Cologne: Zentrum Portugiesischsprachige Welt, Universität zu Köln / Lisbon: Centro de Estudos Históricos, Universidade Nova de Lisboa, 2000, pp. 265 - 280。许多较新的研究也略微涉及了我们在此研究的主题，即欧洲人眼中的亚洲形象，甚至是德国人、中国人和俄罗斯人之间的关系。在此仅举两例：Stéphanie De Jésus, *L'image de l'Orient dans des récits de voyage portugais du XVIème siècle: vers une nouvelle image mythique de l'Orient*, Université Bordeaux Montaigne, 2014 (doctoral thesis); Dinu Luca, *The Chinese Language in European Texts: The Early Period*, New York: Palgrave Macmillan, 2016。

[2]　近年来出现了许多关于"混一"地图的新研究。重要论文例如见于刘迎胜主编、杨晓春副主编《〈大明混一图〉与〈混一疆理图〉研究——中古时代后期东亚的寰宇图与世界地理知识》，凤凰出版社，2010 年。最近的有 Nurlan Kenzheakhmet 和林梅村的文章，见于 *Journal of Asian History*, Vol.49, 2015。从地图史的角度出发对这些地图，特别是其朝鲜版本展开的研究，例如见 Hyunhee Park, *Mapping the Chinese and Islamic Worlds. Cross-Cultural Exchange in Pre-modern Asia*, Cambridge: Cambridge University Press, 2012, 特别是第 104—107 页。此前例如有：J. B. Harley David and Woodward(eds.), *The History of Cartography*, Vol. 1, Book 2: *Cartography in the Traditional East and Southeast Asian Societies*, Chicagoand London: Chicago University Press, 1994, pp. 243 - 249。

随着郑和在 15 世纪初开始航海活动,中国开始更多地将目光投向海洋世界。著名的《郑和航海图》和多个文本均为证明。① 中国对中亚和北亚的了解似乎也慢慢增加。在欧洲,情况也发生了变化:随着葡萄牙人对大西洋展开探索,出现了新的文字描述和地图,内容很快就涉及了向下直至好望角(Cape of Good Hope)的整个海洋区域。在葡萄牙人绕过好望角之后——此时离明朝早期的官方航海活动已过去很长时间——他们也尽力在地图上表现印度洋和东南亚的部分,慢慢地还有远东的部分。与此同时出现了许多对此前欧洲无人知晓的岛屿、港口和国家的详细描述。行笔至此,时间早已进入到 16 世纪。

葡萄牙人的航海探索使新视角取代了源于古希腊罗马的旧观点,而航海者的视线自然而然地从海洋转向了陆地。16 世纪初的最早一批地图就已显示出,人们很快就精确掌握了亚洲海岸大部分的区域。但是对于海岸线后方远处、航海贸易路线之外、位于亚洲内陆的大多数区域,情况并非如此。例如,人们从海洋一面认识了东南亚大陆的轮廓,但对于今天属于老挝或者北缅甸的区域,当时的葡萄牙人所知甚少。对中国的了解情况与此类似:到 16 世纪 30 年代为止,人们收集到的信息足以勾画出广东和福建的海岸线,并确定海南岛的大致位置。之后还有浙江,那里的舟山群岛对于航海者来说十分重要,特别是其中的双屿。当时葡萄牙人称该地为 Liampo,发音上与宁波相似,以此也标注出了中国大陆上的相关地区。②

然而,对于包括山东在内的北部沿海地区,葡萄牙在地图绘制上几乎毫无进展。传统的航海路线从广东中部出发,经过福建直达日本南部,上述北方沿海地区不在这条路线上,遑论渤海。至于琉球群岛和台湾,制图者同样仅以不现实的方式加以体现。就算有文本简短提及上述岛屿,也几乎不谈细节。因为无论在 16 世纪 50 年代,即在澳门半岛上建起首批葡萄牙建筑之前,还是在之后不久的一段时间中,葡萄牙船只总是"一站直达"地航行于广东中部与日本之间。

由此可见,葡萄牙人早期对中国的认识局限在东南海岸线,几乎可以说是"航海路线主导认识"。这让人想起郑和时代对海洋世界的认识。两者的情况类似。与航海者的需求相吻合的是,人们的视线从海洋转向了陆地,让人们相当准确地掌握了沿海地区和岛屿区域的情况,但不包括其后方的陆地区域。葡萄牙人也是如此。他们虽然大体上熟悉海南和南方大都市广州的部分地区、伶仃洋、广东和福建的岛屿以及当地的众多小港口,但

---

① 较新的研究有:周运中《郑和下西洋新考》,中国社会科学出版社,2013 年。地图的现代新编版本:海军海洋测绘研究所、大连海运学院航海史研究室编制《新编郑和航海图集》,人民交通出版社,1988 年。

② 关于 16 世纪上半叶在葡萄牙绘制而把中国和东南亚表示出来的地图最近可见:周振鹤、林宏《早期西方地图中澳门地名与标注方位的谜团》,《澳门研究》总第 82 期,2016 年第 3 期,第 58—97 页。还有:Miguel Rodrigues Lourenço, Ritmos de conhecimento do litoral chinês na cartografia portuguesa do século XV, in Francisco Roque de Oliveira (ed.), *Percepções europeias da China dos siculo XVI a XVIII. Ideas e imagens na origem da moderna Sinologia*, Lisbon: Centro de Estudos Geográficos da Universidade de Lisboa und Palácio Nacional de Mafra, 2017, pp. 15 - 32. 同书中对其他时期的研究有:Francisco Roque de Oliveira, Cartografia portuguesa e luso-asiática da China dos séculos XVI e XVII: três mapas em três escalas, pp. 33 - 56. 关于双屿刚刚出版了:金国平、贝武权主编《双屿港史料选编》,共 4 册,海洋出版社,2018 年。

对中国内陆所知甚少。对此当然可以解释说,到 16 世纪中期为止,除托梅·皮雷斯(Tomé Pires)一行外,大概没有其他葡萄牙人成功抵达中国北部的大城市。①

然而,当时的葡萄牙人还是尝试拓展、提升他们对于中国的认识,了解关于中国内陆的细节。与此相关的著述众多,一些方面甚至已被反复讨论。尽管如此,仍有一些十分有趣、甚至充满谜团的内容。以下我将提出并进一步阐明其中的一个话题。简单来说,本文涉及的问题是,早期从海洋认识中国的叙述者们如何看待这个我们今天认为包括了中国西部、中亚甚至俄罗斯的广阔地域,以及他们如何看待德国人的角色。像本文这样的短篇论文自然无法涉及所有文献资料和细节,例如探究某部作品的出版史。因此,我将选择有代表性的文献资料来限定范围,从托梅·皮雷斯开始,到费尔南·门德斯·平托(Fernão Mendes Pinto)的《远游记》(Peregrinação)结束。

二

《东方简志》(Suma Oriental)由托梅·皮雷斯在马六甲(Melaka)写成,时间为他前往中国(1517)之前的 1512 至 1515 年之间。共有两个葡语手稿,分别发现于巴黎和里斯本,其中后者短于前者。此外存世的还有乔凡尼·巴蒂斯塔·赖麦锡(Giovanni Battista Ramusio)的旧版意大利语翻译。② 鲁伊·曼努埃尔·洛瑞罗(Rui Manuel Loureiro)的研究阐明了《东方简志》的流传史。同时,洛瑞罗也对这部作品中关于中国的部分进行了进一步探讨。对于皮雷斯在撰写手稿时所使用的资料来源,我们只能进行推测:毫无疑问,皮雷斯在马六甲当地收集了资料。他提到自己同到过中国的吕宋(Luzon)人进行过交谈。我们或许也要将爪哇(Java)商人列入其信息来源中。此外要考虑的还有,乔治·欧维士早在 1513/1514 年就已在屯门经商,他肯定也将关于中国的新消息带到了马六甲。

---

① 在此仅指出若干关于托雷·皮雷斯的旅行及其后续影响的重要研究:Paul Pelliot, Le Hoja et le Sayyid Husain de l'histoire des Ming, T'oung Pao, Vol. 38, 1948, pp. 81-292;金国平、吴志良, Uma embaixada com dois embaixadores. Novos dados orientais sobre Tomé Pires e Hoja Yasan, Administração, Vol. 16, no. 60, 2003, pp. 685-716;Cheah Boon Kheng, Ming China's Support for Sultan Mahmud of Melaka and Its Hostility towards the Portuguese after the Fallo f Melaka in 1511, Journal of the Malaysian Branch of the Royal Asiatic Society, Vol. 85 no. 2, 2012, pp. 55-77;Pascale Girard, João Viegaset al. (ed. and trans.), Prisonniers de l'Empire Celeste: Le désastre de la première ambassade portugaise en Chine. Récits et témoignages portugais et chinois (1517—1524), Paris: Chandeigne, 2013。

② 巴黎手稿的出版版本:(1) Armando Cortesão(ed. and trans.), The Suma Oriental of Tomé Pires. An Account of the East, From the Red Sea to Japan, Written in Malacca and India in 1512—1515, and the Book of Francisco Rodrigues ..., 2 vols., London: Hakluyt Society, 1944. (2) Armando Cortesão (ed.), A Suma Oriental de Tomé Pires e o Livro de Francisco Rodrigues, Coimbra: Por Ordem da Universidade, 1978. (3) Rui Manuel Loureiro(ed.), Suma Oriental, Lisbon / Macau: Centro Científico e Cultural de Macau, Fundação Jorge Álvares, Fundação Macau, 2017. 里斯本手稿:Rui Manuel Loureiro(ed.), O manuscrito de Lisboa da "Suma Oriental" de Tomé Pires (Contribuição para uma edição crítica), Macau: Instituto Português do Oriente, 1996. 关于乔凡尼·巴蒂斯塔·赖麦锡的翻译版,例如参阅:Marica Milanesi (ed.), Navigazioni e Viaggi, 6vols., Turin: Enaudi, 1978—1988(该文章见于第 2 册)。此外例如参阅:金国平《西力东渐——中葡早期接触追昔》,澳门基金会,2000 年,第 171—173 页。

同样，皮雷斯也可能与意大利商人有所来往。[①]

现在来看书中关于中国的部分。[②] 出乎意料的是，托梅·皮雷斯在《东方简志》中声称中国军事力量薄弱。可能当时有人因中国人在商业上的成功心生愤懑，从而散布谣言并试图以此影响葡萄牙人的看法。而不能排除托梅·皮雷斯从这些人那里接受了这一负面观点。但具体情况我们不得而知。[③] 同样引人注目的是，除此之外皮雷斯几乎只写了正面的内容，例如中国人的外貌和服装。不能忽视的还有：中国人吃猪肉，因此他们不是穆斯林——在当时看来，这是一个重要特征。对于中国人中，特别是那些祖先来自福建和其他地区、生活在东南亚的商人中有穆斯林这点，皮雷斯似乎并不特别感兴趣，信天主教的葡萄牙人也几乎不可能与这些人合作。而在其他一些方面，皮雷斯的说法则完全错误，例如在北京进行的皇帝"选举"。就连他所写的中国首都的名字"Cambara"也让人产生疑问。对此有人猜测，作者参考了可回溯到马可·波罗作品的一些说法（当时在葡萄牙流传的书中有 *O Livro de Marco Paulo*）。但《东方简志》和中世纪的资料之间的关系无法完全厘清。

然而对于我们来说，托梅·皮雷斯的描述之所以重要，仅在于他的两点观察：第一，中国人是白种人，就跟葡萄牙人本身一样。尤其重要的是，他们看起来与德国人相似。具体如何相似，文中没有指明。只有对中国人冬装的描述显示出，皮雷斯认为中国人同德国人一样来自寒冷地带。同样值得注意的还有：他认为中国女性外表美丽，让他想起了西班牙女性，他还补充说，她们跟寒冷地区的女性一样嗜酒。另外，中国人推崇葡萄牙的葡萄酒，常喝得酩酊大醉。

第二点观察位于描述中国部分的末尾，它带领我们来到了鞑靼人（Tatars）的世界。文中说他们是马背上的战士，红胡子，白皮肤。他们的国家距离中国有两个月的路程，此外，中国向上一直延伸到遥远的北方。葡萄牙军队的一些炮兵（*bombardeiros*）可以证明，他们曾从德国人那里听说过这些战士，还听过一座中国人称为"Quesechama"的城市。这

---

① 关于《东方简志》的出版史和流传史、该作品中的中国部分，以及对皮雷斯个人信息的推测，例如参阅：Loureiro, *Suma Oriental*，特别是第 30—36 页；Loureiro, *O manuscrito*, pp. 23 - 43；Loureiro, *Fidalgos, missionários e mandarins. Portugal e a China no século XVI*, Lisbon：Fundação Oriente, 2000, pp. 165 - 176；Paulo Jorge de Pinto Sousa, A China pelos olhos de Malaca. A Suma Oriental e o conhecimento europeu do Extremo Oriente, in：Roberto Carneiro and Guilherme d'Oliveira Martins (eds.), *China e Portugal — Cinco centúrias do relacionamento: uma leitura académica*, Lisbon：CEPCEP, 2014, pp. 13 - 22；Jorge Santos Alves, A China na Suma Oriental de Tomé Pires (1512—1515)：em busca dos informadores, in Roque de Oliveira(ed.), *Percepções europeias*, pp. 57 - 66。此外参阅第 84 页注 2 中的其他作品。关于 Jorge Álvares 的研究例如有：Loureiro, *Fidalgos*, pp. 149 - 157。与此相关的较早研究见：Luís Keil, *Jorge Álvares, o primeiro Português que foi à China* (1513), Lisbon：Tip.Beleza, 1933。

② 在此我主要参考的是 Loureiro 的新版，*Suma Oriental*, pp. 150 - 159。关于中国的部分已有多种翻译，其中，最佳的可能是法语版：Girard and Viegas, Prisonniers, pp. 87 - 97。但是一直以来被引用得最多的是英语版：Cortesão, *The Suma Oriental*。英语版也被部分刊印到别的文章中，例如见于：Clive Willis(ed.), *China and Macau*, Aldershot：Ashgate, 2002, pp. 1 - 5。带有大量评论的葡语新版正在筹备阶段，将由东方基金会(Fundação Oriente)出版。此外亦见：金国平《中葡关系史地考证》，澳门基金会，2000 年，第 137—150 页。

③ 参见对此的有趣猜想：Alves, A China na Suma Oriental, pp. 63 - 64。也有其他文本介绍了中国军队力量薄弱这个说法。对此存在多种解读。

个名字意义不大,因为它的意思是"它的名字叫"(which is called)。因此通常认为此处是个谬误。至于这些炮兵,可以设想的是,葡萄牙在马六甲的小规模驻军中有若干德国人,因为之后的文献资料间或提到了葡萄牙军队中的德国雇佣兵。但具体情况并不清楚。

回到《东方简志》。对我们来说重要的是,文中还提到了一条显然是连接中国(或者鞑靼人的地区?)和德国的捷径。毫无疑问,文中所指的确实是这样的路线,但又出现了表述不清的问题。同样毋庸置疑的是,由于天气寒冷,该地区人烟稀少。值得注意的还有接下来几段,它们体现了皮雷斯在地理细节方面的不足,但也有可能又是个誊写错误:文中说,在中国和鞑靼人的国家之间是"Guores"。① 在紧接在中国部分之后的相关章节的第一句话中可以看到,"Guores"实际上是指琉球群岛的居民。因此,中国与鞑靼人之间存在"Guores"这个说法不成立。此外我们还可以读到,鞑靼地区"后面"是俄罗斯。这虽然并非完全错误,但当然同样是严重简化的结果。

总而言之,从这些"叙述构件"中可以看出,皮雷斯将德国人和中国人互相推近了一定距离,甚至视两者为"遥远的邻居"。他之所以具有这种观点,显然是因为当时同时存在着不同的资料来源:一方面是带有马可·波罗影子的中世纪传统观念,另一方面是第三方的口述。如果皮雷斯在其中国之旅之后才写《东方简志》,那么相关部分或许就会有不同的结果。但这仅是推测,因为就算身在中国,甚至在首都,皮雷斯也未必会认识到那些对于扎实、相对正确地描绘中国与中欧之间地区所必需的事物。最后还要指出的是,可以认为皮雷斯想借助德国人(和其他手段)来展现正面的中国形象,因为他赋予了中国人葡萄牙人所熟悉的特征。这样一来,就可以将中国人与主要为深肤色的、通常受伊斯兰教影响的南亚及东南亚沿海居民区分开来。这也意味着,进入中国的路途是值得的,特别是因为据说中国军事力量薄弱,进入中国的风险也不大。

另一位对中国进行了描写的旅行者是来自佛罗伦萨(Florence)的乔凡尼·达·恩波利(Giovanni da Empoli,1483—1517)。他受葡萄牙方面任命,共三次前往亚洲,但只有最后一次到达了广州,并在那里逝世。在到达中国之前,他就记录了许多观察到的内容,特别是在 1514 和 1515 年的信件中。② 在他笔下,中国再次被描述为富裕的地方,此外他在 1515 年写道,那里的人是白种人,他们的着装和德国人一样,并且"真真切切是我们的朋友"(molto nostri amici)。他还说,中国与高地鞑靼(Higher Tartary)接壤。这指的其实是今天的阿富汗和塔吉克斯坦之间的交界地带。最后我们能读到,中国的统治者是"大可汗"或者说"Cathay"王。骑马可在三个月后到达这个帝国。为此要沿一条类似莱茵河(Rhine River)的长河前行,两岸分布着围着城墙的地方,最终抵达国王所在之地

---

① 一些翻译版本修改了这段。例如参见 Girard, Viegas, *Prisonniers*, p. 97.

② 关于乔凡尼·达·恩波利的全面研究见: Marco Spallanzani, *Giovanni da Empoli: un mercante fiorentino nell'Asia portoghese*, Florence: Studio per Edizioni Scelte, 1999. 较简略的研究见: Marco Spallanzani, *Mercanti fiorentini nell'Asia portoghese (1500—1525)*, Florence: Studio per Edizioni Scelte, 1997, 特别是第 81—96 页。此外见 Laurence A. Noonan, *John of Empoli and his Relations with Afonso de Albuquerque*, Lisbon: Instituto de Investigação Científica Tropical, 1989; Girard、Viegas, *Prisonniers*, pp. 99-102; Rui Manuel Loureiro, Informações italianas sobre a China nos primeiros anos do século XVI, in: Rui Manuel Loureiro, *Nas partes da China. Colectânea de estudos dispersos*, Lisbon: Centro Científico e Cultural de Macau, 2009, pp. 35-54.

"Zaitun"。"Zaitun"指的是泉州,众所周知其在宋代和元代是世界大港,明朝时退居次要地位。然而更重要的是,中国、鞑靼人和神圣罗马帝国(通过与莱茵河的比较)再次被以理想化的方式联系到了一起。但乔凡尼·达·恩波利的所知或者说无知从何而来,还尚无定论,因为他的叙述中许多让人想起马可·波罗游记的部分在当时已不再是最新的看法。正如有人推测,不能排除他看过《东方简志》的某个手稿或者别的葡语文献资料的可能性。① 若是如此,那么他的情况与托梅·皮雷斯类似:两人都从根本上对中国有积极态度,但是对于国家内部所知甚少,因此他们重复着前人一贯以来的观点。

其他在 16 世纪初对中国及其邻国进行过表述的叙述者可以一带而过。但还要提及的一个文本是来自杜瓦尔特·巴尔伯萨(Duarte Barbosa,1480—1521)的叙述。他说,德里苏丹国(Delhi Sultanate,1206—1526)在北部与鞑靼人相邻。由此可见,巴尔伯萨对当时的政治地理关系同样不怎么熟悉。他显然将生活在今天的阿富汗的蒙古后裔与其他民族和国家混淆了。但这并不奇怪,因为在中世纪晚期及之后,鞑靼人这个说法被用到了东欧和中亚的许多族群以及蒙古人身上,没有进行清晰的划分。大西洋国家的叙述者们在这方面也不例外。

有趣的还有:巴尔伯萨对中国的了解并非源于自身的体验,但他告诉我们,中国人的服装让人想起德国人的服装。至于饮食方面,中国人遵循的是与"我们的"、即与葡萄牙人类似的习惯。② 总而言之可以再次得出:对明朝及其文化的描述主要是正面的,文本再次显露出中国、"鞑靼人"和德国人之间具有松散联系的痕迹。

三

与上述文本完全不同的是科里斯托万·维耶拉(Cristóvão Vieira)和瓦斯科·卡尔沃(Vasco Calvo)常被引用的笔记。两位作者陪同托梅·皮雷斯进行了中国之旅,而如我们所知,行程以失败告终。③ 同其他人一样,卡尔沃和维耶拉被囚禁在广州。所幸的是,

---

① 例如参见 Loureiro,Informções italianas,pp. 42,44。

② 关于文本的研究,见:Manuel Longworth Dames(ed. and trans.),*The Book of Duarte Barbosa*. *An Account of the Countries Bordering on the Indian Ocean and Their Inhabitants*,*Written by Duarte Barbosa*,*and Completed about the Year 1518 A.D*.,2vols.,Millwood N.Y.:Kraus Reprint,1967(原作:Hakluyt Society 1918—1921),Vol. I,p. 233;Vol. II,pp. 213,215。有多个葡语版本,包括 Augusto Reis Machado(1946)、Luís de Albuquerque(1989)和 Neves Águas(1992)。

③ 关于皮雷斯的旅行,例如见第 84 页注 1 的研究。关于卡尔沃和维耶拉的文本,见:Raffaella D'Intino,*Enformação das cousas da China*. *Textos dos séculos XVI*,Lisbon:Imprensa Nacional — Casa da Moeda,1989,pp. 3 - 53;Luís de Albuquerque,Rui (Manuel) Loureiro 等人,*Notícias das Chine e do Tibete*,Lisbon:Publicações Alfa,1989,pp. 7 - 65;Loureiro,*Cartas dos cativos de Cantão: Cristóvão Vieira e Vasco Calvo*(*1524?*),Macau:Instituto Cultural de Macau,1992;Loureiro,A visão da China nas cartas dos cativos de Cantão(1534—1536),*Estudos Orientais*,Vol. 3,1992,pp. 279 - 295;Loureiro,*Fidalgos*,pp. 337 - 359;Roque de Oliveira,A China em três leituras europeias do século XVI. Das notícias de Cantão de 1534 e 1536 ao "pais visitado" em 1590,*Garcia de Orta*(Série de geografia),Vol. 15.2,1996,pp. 1 - 44(特别从第 22 页起)。翻译:Donald Ferguson,*Letters from Portuguese Captives in Canton*,*Written in 1534 and 1536*,Bombay:Education Society's Steam Press,1902;Girard、Viegas,*Prisonniers*,pp. 103 - 182;Willis,*China and Macau*,多个段落取自 Ferguson;金国平《西力东渐》,第 182—209 页;张海鹏主编《中葡关系史资料集》,2 册,四川人民出版社,1999 年,上卷,第 160—201 页。在两部作品的成文时间方面至今还有不同观点,但这对本文来说不重要。

他们的记录得以流传。这些文本的内容已被多次研究。文本证明的事实包括：虽然皮雷斯前往中国的意图是好的，但葡萄牙使团成员遭到了恶劣的对待。但与此同时，卡尔沃和维耶拉搜集到了珍贵的信息，主要关于广州及其附近地区，也涉及福建省。我们之所以在文本中也读到了腐败官员压迫当地民众、国家中发生起义、军事力量薄弱的内容，无疑是因为作者希望利用恰当的语言促使在马六甲的葡萄牙人开展营救行动。但这样的愿望并非本文重点。重要的只有两点：卡尔沃和维耶拉的说法多数显得可靠，无论如何都比那些只给出外部视角的文本中的说法可靠。此外，两位作者没有提到中国西部遥远地带，这或许是因为他们无法得出可靠的相关细节。他们并没有提到鞑靼人和德国人。因此，在他们的文章中几乎看不到关于中国疆域的理想化和猜测性表达。①

而又不同的是来自加斯帕·达·克路士(Gaspar da Cruz)的长篇幅叙述。达·克路士是道明会(多明我会，Dominicans)成员，曾长时间在东南亚工作，1556/1557 年在广州停留了数月。他于 1569 年返回里斯本，可能与著名编年史作家迪奥戈·库托(Diogo do Couto)乘坐的是同一艘船。达·克路士于 1570 年逝世，不久后他的作品得以印刷出版。这是第一本以葡语写成、内容几乎只与中国有关的书。此前的文本，包括一些众所周知的编年史，不仅描写了发生在中国的事件，也包含诸多其他内容。使得达·克路士的描述值得注意的另一个原因在于它们的可靠性。此外它们也显示出了作者开放的心态，他很少贬低对他来说陌生的世界。② 原因可能很简单：达·克路士受过教育，也无须经历前人遭遇的不幸。

如前所述，加斯帕·达·克路士在广州搜集了信息。尽管如此，他仍同之前的叙述者们一样，无法正确评价许多事物。这体现在他对那些他认为位于欧洲和中国之间的地域的描述中，这部分混乱至极。因为其文章第三章开头部分的相关描述十分详细，在此引用全文，引用的是何高济的翻译：③

> 和中国毗邻的许多大国，在欧洲一侧，从塔纳斯河发源的湖上面与中国接境的，一个是欧洲尽头的俄罗斯，它属于西徐亚，是它的一部分。这个俄罗斯位于阿鲁茫尼(Almayne，Alemanha)的末端(último)，它要么是和中国相邻，要么是其一部分，看来更可能是中国的一部分，因为，据那里一些当佣房的葡人告诉我，中国人知道阿鲁

---

① 还有一些其他文本亦是如此，例如 D'Intino, *Enformação* 中刊印的文章，在此无须论及。

② 该文被多次出版。其中经常被引用的葡语版为：D'Intino, *Enformação*, pp. 147–254；Rui Manuel Loureiro, *Tratado das Coisas da China*, Lisbon：Edições Cotovia — Comissão Nacional para as Comemorações dos Descobrimentos Portugueses, 1997。英语翻译见：Charles R. Boxer (ed. and trans.), *South China in the Sixteenth Century. Being the Narratives of Galeote Pereira*, *Fr. Gaspar da Cruz*, *O.P.*, *Fr. Martín de Rada*, *O.E.S.A.* (1550—1575), London：Printed for the Hakluyt Society, 1953。中文翻译：(英) C·R·博克舍编注《16 世纪中国南部行纪》，何高济译，中华书局，1990 年。中葡双语本见：Filipa Calado (ed.), Tratado em que, se contam muito por extenso as cousas da China com suas particularidades e assim do reino de Ormuz composto por EL R. Padre Frei Gaspar da Cruz … / 详细讲述中国情况 …, Macau：Museu Marítimo and Instituto de Promoção do Comércio e do Desenvolvimento de Macau, 1996。早在 1577 年就出版了一部仿达·克路士的西班牙语作品，作者为伯纳迪诺·德·艾斯加兰蒂(Bernardino de Escalante)。该作由约翰·佛郎布吞(John Fampton)翻译成了英语。

③ (英) C·R·博克舍编注《16 世纪中国南部行纪》，何高济译，第 50—51 页。

茫尼,把它的民族叫做阿里曼涅(Alimenes),而中国皇帝有很多雇佣军,用来守卫沿鞑靼边疆的薄弱关口,这些人据说是大个子,健壮,浓胡须,穿短袜,佩钝刀。

由此看来清楚的是,中国和阿鲁茫尼的尽头接境,而俄罗斯在其欧洲的一侧是西徐亚的一部分,它的尽头看来显然是中国的一部分。关于这个论断,还要说的是,我们已提到俄罗斯包括西徐亚的大部,可以肯定,在阿鲁茫尼的那边是不信教的民族,偶像教徒和异教徒,那么这必定是中国人,因为他们和俄罗斯人接境。须知有两个俄罗斯,其一位于波兰和阿鲁茫尼之间,它和梅奥提斯湖相连接,那里有一个良港,叫做卡发的名城。关于此城,当我在忽鲁模斯时,我听那些从该地到忽鲁模斯做生意的人说,俄罗斯国王曾率大军攻占它,已经攻克另两座突厥人在他土地上占据的城池。

另一个俄罗斯在阿鲁茫尼的末端,属于西徐亚,是欧洲的尽头,我们在这里谈的就是这个俄罗斯。

这样,阿鲁茫尼在两个俄罗斯之间,最后伸延到梅奥提斯湖的一边,形成欧洲的终疆界。前面已述及,能否说中国与阿鲁芒尼的末端相连,这个疑难迎刃而解,因中国幅员辽阔,所辖领土广延,可以清楚表明它和阿鲁茫尼相邻,此外它在跟印度接境并使印度形成其部分领土的一边,还有漫长的海岸。

以上译文译自博克舍(C. R. Boxer)的英语版本。毫无疑问,可以参照葡语版本对多个段落加以修改,例如最后一部分,但这同样不能使读者更清晰地了解地理情况。在此仅提出几个与名称相关的说明以便理解:塔纳斯河指的是顿河(Don River),这在前文已提及,而梅奥提斯湖指的是亚速海(Sea of Azov)。所说的西徐亚人(也被称为斯基台人、斯基泰人,Scyths)让人想到欧洲旧时的说法。我们现在当然知道,西徐亚人的活动范围曾到达今天的新疆,但对于 16 世纪来说并非如此。此外,加斯帕·达·克路士的确曾到过位于波斯湾入口处的忽鲁模斯(Hormuz)。在那里他确实可能听过位于克里米亚半岛(Crimea)的卡发(Kaffa,Capha,etc.)。俄罗斯人的攻占指的可能是恐怖的伊凡(Ivan the Terrible)在 16 世纪初的征战。

但相关内容不止见于此处。在其文本第四章中,达·克路士再次谈到上述内容。首先他描述了鞑靼人,将他们的生活习惯描述为粗鲁而残暴。从描述中可以看出,这指的是蒙古人。然而之后他又写道:"……和中国接境的有鞑靼人,他们的驻地从莫卧儿延绵至梅奥提斯湖和塔纳斯河,那是一个大国,人口多的数不清。"[①]从此处可以再次看出,达·克路士对他所处时代的政治关系了解不多。

第四章的另一处或多或少地证实了我们在第三章中已读到的内容:

在塔纳斯河发源的湖上面,他们和欧洲边的阿鲁茫尼高地(Alta Almayne)相接,尽管有山把他们和阿鲁茫尼隔开。至于山缘的这些人,中国人说,中国皇帝雇用了很多战士,以防守鞑靼一侧薄弱的关口和城墙。他们说,这些人是有大胡子的大汉,穿戴修整的长袜和帽子,佩钝刀。一个到过内地的葡侨告诉我说,他听中国人讲,他们称这些人是阿里曼涅(Alimenes)。有人认为中国从上面延伸至俄罗斯高地(Alta

---

① （英）C·R·博克舍编注《16 世纪中国南部行纪》,何高济译,第 59 页。

Rusia),后者包括在西徐亚中,因为有两个俄罗斯,一个在波兰和阿鲁茫尼之间,另一个从北方往下在阿鲁茫尼的尽头。中国伸延至后一个俄罗斯不是不可能的,因为,如我已指出,中国显然包括西徐亚的大部……中国位于整个欧洲后面……①

如开头所述,达·克路士博览群书。他在自己的作品中引用了前人的表述,但前人的看法显然妨碍了他洞察真正的关系。他因此为中国、俄罗斯和其他地区之间加上了臆测的关联。这些内容与关于广州和中国南部的、显得相对现实的部分形成了强烈的对比。

最后当然还要谈到阿鲁茫尼(Almayne)和阿里曼涅(Alimanes)这两个名称。如此前其他文献一样,两者均指葡语里的 Alemanha。此外,多位历史学家都指出了一个有趣的事实:一些早前的元式地图在亚欧大陆的西北部标出了与今天葡语中的"Alemanha"发音相似的地名。这些中文地名以阿拉伯文献或其他文献为基础(例如穆罕默德·伊德里西 / Muhammad al-Idrisi,1100—1166),但我们还不清楚阿鲁茫尼的末端或尽头(Último d'Alemanha)这个空间概念表述与中文地名之间具体有何关联。涉及的名称不止于此,例如还有一个位于巴尔喀什湖(Balkash Lake)地区的地方,以及阿雷曼人(阿拉曼,Alemanni,Alamanni)。有人甚至提到了阿拉尼亚(Alania,靠近亚速海),并相应地引用了圣依西多禄(Isidore of Seville,约560—636)的说法。② 简而言之:在中世纪晚期和近代早期,欧洲流传着多个因相似而容易被混淆的名称。

同样有待探究的还有,认为曾有德国人(或俄罗斯人)为中国人工作的看法从何而来,这样的说法真的来自中国人吗? 或是相关说法曾被误解? 此外,达·克路士提到,有个葡俘到过"内地"。这指的是谁? 是指到过广州的亚玛罗·皮雷拉(Amaro Pereira)或者马修斯·德·布里杜(Mateus de Brito)吗?③ 在下文中我们会再次遭遇类似的问题。

虽然上述问题中仍有许多尚无答案,但可以肯定的一点是,达·克路士和其他16世纪中期的叙述者在写到属于今天的中国新疆地区、中亚和俄罗斯的地方时,有时仍借鉴古

① (英)C·R·博克舍编注《16世纪中国南部行纪》,何高济译,第60—61页。

② 例如参阅 Walter Fuchs, *The Mongol Atlas of China*, *by Chu Ssu-Pen*, *and the Kuang-yü-t'u*, Beijing: Fu-Jen University Press, 1946, p. 11; Boxer, *South China*, p. 71, note 2; Joseph Needham 等人, *Science and Civilisation in China*, Vol. 3: *Mathematics and the Sciences of the Heavens and the Earth*, Cambridge: At the University Press, 1959, p. 555; Hartmut Walravens, *Die Deutschland-Kenntnisse der Chinesen*(*bis 1870*). *Nebst einem Exkurs über die Darstellung fremder Tiere im K'un-yü t'u-shuo des P. Verbiest*, Cologne, 1972 (doctoral thesis), pp. 5 - 6; Loureiro, *Tratado das coisas da China*, p. 87, note 118; Canaveira, *O Último d'Alemanha*, 特别是第 271—272 页。Priscilla Throop (trans.), *Isidore of Seville's Etymologies*, Vol. 2, Charlotte, Vermont: 译者自己的出版社, 2005, Book XIV.4.3. 阿鲁尼河这个名称见于朝鲜混一世界地图中的最西北,这个名称通常不被讨论。此外要考虑的名称还有例如见于《西游录》、《长春真人西游记》等文中的阿里马、阿力麻里、阿里马力城。这是新疆伊犁霍城县的一个地名。古地图中也标出了这个地方。见林梅村《蒙古山水地图》,文物出版社,2011年,第55,67页。

③ 例如参见 Loureiro, *Fidalgos*, pp. 625 - 626. 其他文本例如见 D'Intino, *Enformação*, 特别是第 85—96 页。

代或者中世纪的说法。① 葡萄牙最伟大的诗人路易斯·瓦斯·德·卡蒙斯（Luís Vaz de Camões，通常认为 1524—1580）据说曾到过澳门，他在某种程度上也未能免俗。在《卢济塔尼亚之歌》（Lusíadas）中，德国人的影响范围远致东方，在位于德国另一侧或位于北部的其他地区方面，他的表述十分模糊。在伊比利亚人看来，这些寒冷的地带几乎无法靠近，它们是已知世界的边缘。②

服务于葡方的、对亚洲内陆进行了思考的还有加尔西亚·达·奥尔塔（Garcia da Orta）和弗兰德人加斯帕·巴尔扎埃奥（Gaspar Bazeu 或 Barzaeo）。后者猜测德国和中国具有共同的边界，在此他明确地指向了高地鞑靼（Tartária Maior）。他似乎也暗示这是从中国人那里了解到的。从这点上看，巴尔扎埃奥与加斯帕·达·克路士的说法相当接近，在此又一次产生的难题是，他们的信息究竟从何而来？③

在《印度香药谈》（Colóquios dos simples e das drogas，1563）中，加尔西亚·达·奥尔塔关注了本文主题的另一个变体：和他交谈的若阿诺（Ruano）提到了一个模糊的传闻，即匈牙利（Hungary）或北部地区可能延伸到了中国。这段文字常被评论。归根结底，这个说法可能与蒙古人的掠劫行为有关，如我们所知，蒙古人曾入侵东欧部分地区。在马可·波罗之后，葡萄牙再也没有得到过关于北亚的草原和森林的新信息，因此产生了相应的想象。另一方面，奥尔塔曾长时间在印度工作，他完全能够描述中亚的新事物，此外，他还知道乌兹别克等名称，虽然就像在匈牙利这个例子中一样混淆了许多地理细节。④

四

最后我们要看的还有费尔南·门德斯·平托（Fernão Mendes Pinto）的《远游记》（Peregrinação）。关于平托及其文本的著述颇多，但我们对其童年和青少年了解甚少。16 世纪 20 年代，平托与葡萄牙上层社会往来，这显然为他之后在亚洲的活动提供了便利。在亚洲，平托的身份主要是商人，也曾短时间地加入过耶稣会。他主要在东南亚和中国沿海地区旅行，此外很早就到过日本，可能是最早抵达日本的葡萄牙人之一。1558 年

---

① 关于达·克路士的资料来源的大量说明例如见于 Loureiro, *Fidalgos*, pp. 617 - 645, 以及 Loureiro, Gaspar da Cruz, primeiro sinólogo europeu, in: Loureiro, *Nas partes da China*, pp. 113 - 128。

② （葡）路易斯·德·卡蒙斯《卢济塔尼亚之歌》，张维民译，中国文联出版公司，1995 年，第三章，特别是第 6—12 段，第 94—97 页。Canaveira, O Último d'Alemanha, pp. 266 - 268。近期有关 Camões、中国和澳门的研究例如见 Eduardo Ribeiro, *Camões no Oriente e outros textos*, Lisbon: Labirinto de Letras, 2012, 特别是第三章，以及 Eduardo Ribeiro, *Camões em Macau. Uma verdade historiográfica*, Lisbon: Labirinto de Letras, 2012。

③ António da Silva Rego (ed.), *Documentação para a história das missões do Padroado português do Oriente: Índia, 1500—1559*, 8 vols., Lisbon: Fundação Oriente, Comissão Nacional para as Comemorações dos Descobrimentos Portugueses, 1991 (原作 1948—1952), Vol. VII, pp. 83, 172 - 173。此外例如参阅 Boxer, *South China*, p. 71, note 2; Canaveira, O Último d'Alemanha, pp. 270 - 271。

④ Garcia da Orta, *Colóquios dos simples e drogas da Índia*, ed. by Conde de Ficalho, 2 vols., Lisbon: Imprensa Nacional — Casa da Moeda, 1987 (原作 1891—1895), Vol. I, p. 260, p. 271 note 4 (关于匈牙利的内容), Vol. I, pp. 77 - 78, p. 89 note 3; Vol. II, pp. 92 - 93, p. 97 note 5 (关于乌兹别克的内容); Canaveira, O Último d'Alemanha, p. 267.

他返回葡萄牙，开始撰写《远游记》。① 然而，平托没能看到这部巨作印刷面世。在他去世很久之后，这部作品才得以出版，出版地为西班牙（1614）。我们至今仍不知道出版人在多大程度上修改了原始手稿。

众所周知，《远游记》结合了现实和想象的元素。从中我们能了解许多关于陌生国家及其风俗的信息，特别是中国，但是作者也在描述中掺杂了批评和个人经历。一些作者甚至表示，这部作品的有些部分要当作讽刺文学来读。清楚的是，当时的印刷版本迎合了读者的期待。可能正因如此，这部作品很早就引起了关注，并被多次翻译。但是直到今天，《远游记》的许多段落甚至包括一些结构特征都存在谜团。历史学家和文学家们提出了不同的解释。此外我们不清楚平托在动笔写作之前参考了哪些资料。可以设想的有迪奥戈·库托（Diogo do Couto）和加斯帕·达·克路士的作品，还有一些甚至可能是平托亲自参与撰写的文章。②

葡语的《远游记》自然也是版本众多。在今天被视为权威版本的是 2010 年由东方基金会（Fundação Oriente）出版的版本。现代的翻译版本中特别要提到的是法语版和常被引用的英语版（但后者存在一些不足）。此外还有金国平的中文版本。③ 早前的翻译，包括德语、荷兰语、西班牙语等，同样可以用作参考，但多为缩减版。

---

① 关于平托生平和社会关系网的一些说明例如见于：Zoltán Biedermann, Andreia Martins de Carvalho, Home Sweet Home：The Social Networks of Mendes Pinto in Portugal；Luís Filipe Barreto, Fernão Mendes Pinto and the Jesuit Connection；Jorge Santos Alves, Fernão Mendes Pinto and the Portuguese Commercial Networks in Maritime Asia（1530—1550）。这三篇都载于 Jorge Santos Alves（ed.），*Fernão Mendes Pinto and the Peregrinação. Studies，Restored Portuguese Text，Notes and Indexes*，4 vols., Lisbon：Fundação Oriente, 2010, Vol. I, pp. 29 - 119。

② 这点例如见 Loureiro, *Fidalgos*, 特别是第 406 页及以下和第 515 页及以下；Francisco Roque de Oliveira, *A construção do conhecimento europeu sobre a China，c. 1500 — c. 1630: impressos e manuscritos que revelaram o mundo chinês à Europa culta*, Universitat Autònoma de Barcelona, 2003（doctoral thesis），特别是第 615—629 页和关于加斯帕·达·克路士的第 11 章；Francisco Roque de Oliveira, "'Una relación de suficiente probabilidad' — Iberian Readings and Transcriptions of Fernão Mendes Pinto's Unpublished *Peregrinação*", in：Alves（ed.），*Fernão Mendes Pinto and the Peregrinação*, Vol. I, pp. 271 - 297；Barreto, Fernão Mendes and the Jesuit Connection。Barreto 提到的重要文本见于 D'Intino, *Enformação*, pp. 55 及以下。

③ Alves（ed.），*Fernão Mendes Pinto and the Peregrinação*, Vol. 2：原文，Vol. 3：注，Vol. 4 索引。翻译：Robert Viale（trans.），*Pérégrination. Récit de voyage*, Paris：La Différence, 1991；Rebecca D. Catz（ed. and trans.），*The Travels of Mendes Pinto*, Chicago、London：The University of Chicago Press, 1989；（葡）费尔南·门德斯·平托《远游记》，金国平译，共 2 册，葡萄牙航海大发现事业纪年澳门地区委员会、澳门基金会等机构，1999 年。关于《远游记》的出版和翻译，例如见：Francisco Leite de Faria, *As muitas edições da "Peregrinação" de Fernão Mendes Pinto*, Lisbon：Academia Portuguesa da História, 1992。能提供帮助的还有：Alexandre M. Flores、Reinaldo Varela Gomes、R. H. Pereira de Sousa, *Fernão Mendes Pinto. Subsídios para a sua bio-bibliografia. 1583—1983，4.º Centenário da sua morte*, Almada：Câmara Municipal de Almada, 1983。此外还有多个专门探讨翻译史的研究，例如：Patricia Regina Esteves de Couto, *The Marvellous Travels of Fernando Mendez Pinto across the Low Countries: Translation，Appropriation and Reception*, 2 vols., Lisbon：Universidade de Lisboa, 2012（doctoral thesis），I, pp. 117 及以下，II, addenda（http://repositorio.ul.pt/bitstream/10451/6610/2/ulsd063072_td_vol_1.pdf；2015.05.30）。

对我们来说重要的还有两点：第一,同许多前人一样,平托传达出的是正面的中国形象。负面的评论较为罕见。《远游记》中关于日本的部分也是如此。总的来说平托显得相当宽容。只有在宗教方面,他又同之前的伊比利亚作者一样,局限于欧洲的标准。简而言之,他注意到了陌生的宗教崇拜,但是并不理解,而且显然也不试图理解。① 第二,毫无疑问的是,平托通过自身经历了解了中国的沿海地区,其中包括他熟悉双屿(Liampó)。至于他到过中国内陆哪些地方,我们不得而知。他提到的地名中只有少数可以辨别。他可能将在中国港口流传的信息和从文本中得出的印象任意混合。这似乎也符合我们的主题。

让我们先看《远游记》第 72 章中的一段。中文翻译为：②

> 安东尼奥·德·法利亚(António de Faria)……讲,如果关于这些河流记载属实的话,其中两条源于一个名叫莫斯孔比亚(Moscumbià)的大湖,其他两条来自一个拥有一座名叫阿力麻里(Alimania)的终年积雪的山脉的省份。因此,每年夏季积雪融化时,河水猛涨,比一年任何一个季节都更加水流汹涌。我们现在停泊在那条河的河口有一个名叫八特贝喃(Paatebenam)的地方。在天主英明的指引下,我们要向东及东——东南方向驶去,在沿岸前往距我们二百六十里格远的南京湾(enseada do Nanquim)。

---

① 关于《远游记》中中国和日本部分同样有专门的研究,在此仅举几例：Georges Le Gentil, *Les Portugais en Extrême-Orient: Fernão Mendes Pinto, un précurseur de l'exotisme au XVIème siècle*, Paris：Hermann, 1947；Michel Cartier, Voyage à travers une Chine imaginaire：la *Pérégrination* de Fernão Mendes Pinto, in：*Chine et Europe: évolution et particularités des rapports est-ouest du XVIe au XXe siècle. Actes du IVe Colloque International de Sinologie de Chantilly*, Paris, etc.：Institut Ricci, etc., 1991—1992, pp. 75‐93；Rui Manuel Loureiro, A China de Fernão Mendes Pinto, entre a realidade e a imaginação, in：Rui Manuel Loureiro, *Nas partes da China*, pp. 151‐180；金国平, O valor documental da *Peregrinação* — Contributo para a história da presença portuguesa na China e da fundação de Macau, *Administração*, Vol. 72, no. 19, 2006, pp. 771‐783；Francisco Roque de Oliveira, Viagem ao trono do mundo — Inquérito sobre as fontes escritas e cartográficas da pretensa peregrinação de Fernão Mendes Pinto através da China em 1542—1544, *Revista Portuguesa de Estudos Chineses — Zhongguo Yanjiu* 中国研究, Vol. 1.2, 2007, pp. 225‐264。一项较早地阐释了众多地名并探讨了中国部分中的细节的研究为：M. Médard（ed.）, *A propos de voyages aventureux de Fernand Mendez Pinto. Notes de A. J. H. Charignon, recuillies et complétées par...*, Beijing：Imprimerie des Lazaristes, 1935。关于日本形象,例如参阅：Christóvam Ayres de Magalhães Sepúlveda, *Fernão Mendes Pinto e o Japão: pontos controversos, discussão, informações novas: memória apresentada à Academia Real das Sciencias de Lisboa*, Lisbon：Typographia da Academia, 1906；Ana Paula Laborinho, O imaginário do Japão na Peregrinação de Fernão Mendes Pinto, *Mare Liberum*, Vol. 11‐12, 1996, pp. 39‐52。以下汇编同样很有帮助：Peter Kapitza, *Japan in Europa. Texte und Bilddokumente zur europäischen Japankenntnis von Marco Polo bis Wilhelm von Humboldt*, 3 vols., Munich：Iudicium Verlag, 1990, 特别是第一卷第104 页及以下。

② （葡）费尔南·门德斯·平托《远游记》,金国平译,第 72 章,第 209 页。括号中的葡语地名拼写依据的版本为 Alves（ed.）, *Fernão Mendes Pinto and the Peregrinação*（见第 92 页注 1）。《远游记》中的许多地名也以下见于在线地图：https://www.google.com/maps/ms? msid = 201067049194195525896. 0004b1af4fc2c18d0407a&msa = 0(2014.04.27)。

对于《远游记》主角之一法利亚提到的这些名字，译者和编辑者一般是这样解释的：莫斯孔比亚指莫斯科（Moscov），阿力麻里指德国（Germany）。八特贝喃在文本其他位置没有出现，指的是中国某条未知的河流。南京湾指的是杭州湾。然而让人尤为疑惑的是，前两个名称被莫名其妙地和位于东方远处的海岸联系到了一起。另一种解释认为，阿力麻里指的是 Almalik，但因为 Almalik 是伊犁地区一个地名，这样的看法无济于事。① 尽管如此，这种看法似乎也非全无可取之处。平托有可能从加斯帕·达·克路士的作品中知道了俄罗斯与德国之间的模糊联系。他甚至可能因为雪山想成了"Alta Alemanha"（德国高地）。若是如此，这或许确实与中国西部或另一边的某个多山地带有关。有一种解释说，莫斯孔比亚大湖其实根本指的就是贝加尔湖（Lake Baikal），②甚至可能指的是当时许多人推测的大河源头所在地。当时的地理文献中被不断提及扬子江发源于何处的问题，有人甚至推测其源于湖泊。或许平托也听说过这点，而在之后将相应的事实混为一谈。

同时，大江的问题让人随即想到"Batampina"（金国平音译为八坦皮那）这个名称，其在《远游记》中多次出现，如第 85 和第 88 章。这既是地名也是水域名，与"Paatebenam"在写法上接近。有人认为这里的水域指的是扬子江，也有人认为是连接北京和江苏的大运河。无论如何，可以将第 88 章描述的元素同刚刚描述过的源于遥远西方的扬子江联系到一起。③

但对《远游记》第 85 章的讨论不止于此。这章中提到了一个"Alemão"，即一个德国人。文中说他跟人说中文，同时又自称来自莫斯科（Moscouia）。这里又要提出疑问：这指的真的是德国人吗？平托是否跟前人一样混淆了德国人和俄罗斯人？还是要归咎于他阅读过的资料？——难道不可能像金国平提出的，这里指的是一个来自发音类似的阿力麻里（Almalik）的人？④ 若是如此，那么许多翻译就要相应地更正。

平托不仅在第 85 章中提到自己掌握了中文。在别的地方他也试图通过类似的说明来强调其叙述的可信性。例如在第 92 章中，他声称一份中文资料纪录了关提陂高（Guantipocau）这个地名。对此他评论道："根据其地方的气候，应在北纬六十二度左右，正在我们德国（Alemanha）的背身方向。"前文已提到德国延伸到北部高纬度地区的看法。不论如何，或许"Guantibocau"这个写法背后是异文"荒地北口"；这样一来指的真的是北边的寒冷草原之类的地方。⑤

---

① 例如参见（葡）费尔南·门德斯·平托《远游记》，金国平译，第 72 章，第 210 页注 6，和第 88 章，第 244、245 页注 5。此外见第 90 页注 2 说明。

② 网页与第 93 页注 2 相同；其他内容见条目 Moscumbià、Moscuia、Calindão、Leysacotay。此外例如参见（葡）费尔南·门德斯·平托《远游记》，金国平译，特别是第 72 章，第 208—209 页、第 210 页注 4。

③ 例如参见 Cortesão, *Suma Oriental*, Vol. I, p.lv; Alves(ed.), *Fernão Mendes Pinto and the Peregrinação*, Vol. II, Ch. 85, p. 277 及 Ch. 88, p. 285; Vol. III, p. 112 note 9 及 pp. 113 - 114 note 4. （葡）费尔南·门德斯·平托《远游记》，金国平译，第 85 章，第 244、245 页注 8，第 251 页。

④ 第 94 页注 3。

⑤ Alves(ed.), *Fernão Mendes Pinto and the Peregrinação*, Vol. II, Ch. 92, p. 300;（葡）费尔南·门德斯·平托《远游记》，金国平译，第 92 章，第 266、268 页注 5。此外参见 Canaveira, *O Último d'Alemanha*, p. 268。

对本文来说有趣的还有以下段落,出自第 124 章:

> 还有一个名叫卡朗(Carão)的皇帝。据我们在此得到的消息称,他的疆土在此往前六十里格的孔卡利道(Goncalidau)山中。当地人称该国人为莫斯科(Moscoby)公国人。我们在本城中还见到过几个其国民。这些人金发碧眼,身材高大,穿着长裤和外衫,带着我们欧洲只有佛兰德人(Framengos)和德国人(Tudescos)才戴的那种帽子。身份较高的人穿着皮大衣,有些还是上乘貂皮的,佩戴宽剑。从他们讲的话中我们听到几个拉丁词。①

这段描述的起点是中亚;此前还提到了莫卧儿(Mughal)王。然后平托又描述了另一个地域。我们在此看到的地理广度让人联想到第 92 章。此外,"Guantibocau"和"Goncalidau"听上去节奏类似。在着装和有特色的外表上混淆俄罗斯人(?)、德国人和其他人这点,对我们来说也已不再新鲜。因此再次怀疑文本中可能掺杂了加斯帕·达·克路士的描述。最后要提的一处也是如此:《远游记》第 126 章中将莫斯科(Muscoo)与一处咸水湖——推测是里海(Caspian Sea)——联系到了一起。②

<h1 style="text-align:center">五</h1>

不论从何种意义上看,《远游记》都是绝无仅有的作品。它介于历史与文学之间,对欧洲游记文学后来的发展产生了深刻的影响。③ 但是其自身还存在不少谜团。例如我们不知道,平托是否自己混淆了某些地理概念。可以设想的是,在他逝世后,整理印刷文稿的人修改了一些段落。或许这能解释一些拼写上前后不一的情况。不论如何,绝大多数学者认为平托总体上良好地掌握了沿海地区情况,然而对亚洲内陆了解较少。他的确在中国听说了很多,但是听闻的内容不足以使他得出全方位的认识。他在葡萄牙能参考的文献资料同样没有提供进一步的帮助。这样一来,平托终究还是踏上了我们在托梅·皮雷斯(Tomé Pires)身上就已看到的传统道路。简而言之,欧洲中世纪的一些遗音还在平托

---

① Alves(ed.), *Fernão Mendes Pinto and the Peregrinação*, Vol. II, Ch. 124, p. 410;(葡)费尔南·门德斯·平托《远游记》,金国平译,第 124 章,第 366 页。

② Alves (ed.), *Fernão Mendes Pinto and the Peregrinação*, Ch. 126, p. 417. 详细评论见于该书 Vol. III, pp. 159 - 160 note 8 - 11, p. 162 note 3 - 4. 较不详细的说明见于 Catz, *Travels*。其中参阅 Le Gentil, *Les Portugais*, p. 128. 翻译部分见:(葡)费尔南·门德斯·平托《远游记》,金国平译,第 126 章,第 373 页。亦见第 375 页,注 6 和 8。

③ 有趣的是,在此前的不同德语翻译版本中,阿力麻里和类似的名称有时被删除,有时也被保留。就此例如参阅 *Wunderliche und Merckwürdige Reysen Ferdinandi Mendez Pinto, welcher er inerhalb ein und zwanzig Jahren ... verrichtet*, Amsterdam: Bey Henrich und Dietrich Brom / Buchhändlern, 1671, 例如第 123 和 147 页(https://books.google.de/books? id = o21CAAAAcAAJ&printsec = frontcover&dq = inauthor: %22Fern%C3%A3o + Mendes + Pinto%22&hl = de&sa = X&ei = O1A0U4DnEIaThQf8_YFo ♯ v = onepage&q = Milan&f = false; 2018.06.04). 注意: 此为部分删节版本,章节划分完全不同。在 *Fernand Mendez Pinto's abenteuerliche Reise durch China, die Tartarei, Siam, Pegu und andere Länder des östlichen Asiens*, Jena: Hermann Costenoble, 1868, Ch. 124, p. 199 中,佛兰德人和德国人突然变成了荷兰人(Dutch)和瑞士人(Swiss)。

身上延续,但在新的、规模比以往大得多的舞台上施展,此外还根据观众的需求被进行了包装。而这些遗音中恰好包括我们知道的一些惯用主题,关于德国人、俄罗斯人和其他人的方面即是如此。

然而与此同时,平托在某种意义上也处于这一旧传统的尾声。因为其他在 16 世纪中期左右或之后上路的人,开始质疑某些概念。例如盖略特·伯来拉(Galeote Pereira)就拒绝将德国人的地界和亚洲人的联系到一起。虽然他自己对这个问题也没有清晰的解决方法,但是他显然知道,中亚和北亚的地理与他同时代的许多人所认为的不同。①

直到耶稣会士才带来了真正的进步。罗明坚(Michele Ruggieri,1543—1607)的《大明国图志》和利玛窦(Matteo Ricci,1552—1610)的《坤舆万国全图》即为这些变化的例证。耶稣会士不仅能够阅读中文资料,他们中的一些人也在当地与中国文人来往,通过这些文人,他们更多地了解了中国西部和中亚的真实情况。《坤舆万国全图》示出了许多源于中文的名称,例如在东南亚以及中亚部分。这清晰地显示出,耶稣会士接受了中国的地理概念,以此来完善他们对亚洲的理解。多年来众多葡方人士津津乐道的中德边界就此开始消失。欧洲和中国之间的距离比人们之前认为的远得多——这点大概不会让罗马和里斯本太过高兴。

China, Russia, Germany: Neighbours?
Mixed Images in Early Portuguese Texts (c. 1500—1550)
Roderich Ptak Ludwig-Maximilians-Universiität München

Abstract: As a seafaring nation, the Portuguese approached the Far East via Southeast Asia. While they were familiar with the coastal ports and islands of Guangdong and Fujian, they knew very little about the interior of China and other continental regions. Much of Eastern Europe and Russia also remained unknown to them. This led to an interesting question addressed by several authors of the early and mid-sixteenth century: Did China and Germany have a common border in northern or central Asia? Were both spheres in touch with each other through Russian and "Tartar" intermediaries? Gaspar da Cruz and other famous chroniclers briefly mention these points, providing different suggestions. The article examines the relevant references in selected texts; it intends to provide a survey of the geographical visions and features one can find in these works.

Keywords: West China in early Portuguese texts; visions of the geography and spaces of Central Asia; borders and border regions

（本文作者为德国慕尼黑大学汉学系教授、译者为德国波恩大学汉学系博士研究生）

① D'Intino, *Enformação*, p. 126; Boxer, *South China*, p. 39; (英) C·R·博克舍编注《16 世纪中国南部行纪》,何高济译,第 26 页;Caniveira, O Último d'Alemanha, p. 269.

阿合探马儿考

特木勒

摘　要： 汉文元史史料中多次出现"阿合探马儿"，意谓五户丝。学者大多以为是蒙古语词，却并不清楚其语义。本文勾稽八思巴字蒙古文圣旨中出现的 Aqar-Tamar 和《国王词典》的史料证明阿合探马儿（Aqar-Tamar）意谓"流动的血管"。投下征收的五户丝，也就是阿合探马儿是各投下用来运转和维持军站的物资和费用。

关键词： 阿合探马儿；五户丝；投下

一

元史史料中多次出现"阿合探马儿"、"阿哈探马儿"或"阿合答木儿"，这个词的原型究竟是什么？《中国通史》"元代卷"说："元代的投下户，按照规定，除负担朝廷的兵、站诸役，及提供部分丝料国赋之外，还需向投下领主缴纳五户丝，蒙古语称之为阿合答木儿。五户丝制度构成元代投下制度的基本赋役形态。"①认为是五户丝的蒙古语称谓。但是关于此词之义一直困扰学者。王恽《中堂事记》说："诸投下五户丝料（译语曰阿合探马儿）自来就征于州郡。堂议云，如此，是恩不上出，又不一于政体，未便。奏准，皆输大都总藏，每岁令各投下差官赴省，验数关支。"蔡美彪先生说史料中阿合探马儿"原文为双行小注，是蒙古语对五户丝课税的专称，语义不详"。②这个阿合探马儿究竟何义？兰司铁以为是 tamur，其词根 tamu 意谓编结。岩村忍先生将其中前半部分"阿合"与《华夷译语》中"阿兀"和"阿危"（意谓宽）相比照，解释为"宽大的丝料"。很多学者认为阿合探马儿是五户丝料的蒙古语名。岩村忍先生说："被称作投下、爱马的特权领地的财政，就是以五户丝的贿赂相维持。虽然人们一般都将五户丝等同于阿合探马儿，可是关于阿合探马儿的语义和内容一直以来不清楚。"③很多学者都以为来自蒙古语，但是非常奇怪，迄今尚无人在蒙古语诸词典中找到任何线索。关于这个词的语义，学者提出各种解释，实际上至今还无人给出令人信服的证据。

二

至元二十年（1283）六月初七日，中书省官员与忽必烈之间关于江南民户差发的对话，谈到了"阿合探马儿"。这应该是迄今所见元朝政府公文书中记录阿合探马儿的最早的一

---

① 白寿彝总主编《中国通史》第八卷"中古时期-元时期"（陈得芝主编），第 990 页，上海人民出版社，1997 年。
② 蔡美彪《拔都平阳分地初探》，《辽金元史考索》，第 374 页。中华书局，2012 年。
③ 岩村忍《モンゴル社會經濟史の研究》第 406 页。京都大学人文科学研究所，1968 年。

个。37年以后的延祐七年，元朝中央讨论"江南无田地人户包银"，再一次出现"阿哈探马儿"。阿合探马儿、阿哈探马儿，译音用字稍有差异，却一定都是同一个词的汉字音写。为了叙述方便，我们将《元典章·户部》收录的这两件文书按照时间先后一并征引如下。首先是《元典章·户部》卷十之《投下税粮许折钞》：

> 至元二十年八月，行省准中书省咨：六月初七日奏过事内一件："奏：'去年江南的户计，哥哥兄弟、公主驸马每根底各各分拨与来的城子里，除粮课程外，其余差发不着有。既各投下分拨与了民户，多少阿合探马儿不与呵，不宜的一般。俺斟酌了奏呵，怎生？''那般者'圣旨有来。如今俺商量来，如今不着差发，其间却科取阿合探马儿，不宜。每一万户一年这里咱每与一百定钞，替头里却江南于系官合纳的粮内斟酌要钞呵，怎生？"奏呵，奉圣旨："那般者！既与了民户呵，却不与阿合探马儿呵，济甚事？虽那般呵，他每根底分明说将去者！这里必阇赤每根前说与，也交理会者！为江南民户未定上，不拣甚么差发未曾科取，如今系官钱内一万户，阿合探马儿且与一百定钞者！以后定体了呵，那时分恁要者！各投下说将去。"钦此。都省除已依验各势下拨定户计合该钞数，行下万亿库先行放支外，咨请行下合属。依上于元拨定各投下人户今岁合纳系宪税粮内，验所拨户数合该宝钞，照依彼中米价，扣算石斗，折收宝钞，甲解本省发来。余上粮数，依理征收施行。①

第二件文书是《元典章户部》卷七之《江南无田地人户包银》：

> 延祐七年六月日，江浙行省准中书省咨，延祐七年四月二十一日奏，"腹里汉儿百姓无田地的，每一丁纳两石粮，更纳包银丝线有。江南无田地人户是甚差发不当，各投下合得的阿哈探马儿官司代支，也不曾百姓身上科要，好生偏负一般。俺众人商量来，便待依着大体例，丁粮包银丝线全科呵，莫不陡峻么。如今除与人作佃庸，作赁房居住，日趁生理，单身贫下小户不科外，但是开张解库铺席行船做买卖有营运般实户计依腹里百姓在前科着包银例每一户额纳包银二两折至元钞一十贯，本处官司验各家物力高下，品搭均科呵，怎生？"奏呵。奉圣旨：依着恁众人商量来的行者。钦此。②

这件文书产生于延祐七年（1320），中书省官员比较腹里汉儿百姓与江南民户的差发负担以后说："江南无田地人户，是甚差发不当，各投下合得的阿哈探马儿官司代支，也不曾百姓身上科要，好生偏负一般。"

上引这两件文书元史学者都很熟悉。笔者认为这两件可以通观。中书省官员指出"既各投下分拨与了民户，多少阿合探马儿不与呵，不宜的一般"。对此，忽必烈也表示赞同，他说既然分拨民户给了各投下，却不从民户征收阿合探马儿给其投下，是不合适的，也

---

① 陈高华、张帆、刘晓、党宝海点校《元典章》第二册，中华书局、天津古籍出版社，2011年，第951—952页；洪金富点校《元典章》第二册，"中研院"史语所，2016年，第895—896页。

② 陈高华、张帆、刘晓、党宝海点校《元典章》第二册，第762—763页；洪金富点校《元典章》第二册，第765页。

即"既与了民户呵,却不与阿合探马儿呵,济甚事?"这也就是说,阿合探马儿是被分拨民户应该交给所属投下的,是"各投下合得的"。根据元朝条画"依哈罕皇帝、先帝圣旨,据各投下分到民户,除五户丝外,不拣什么差发,不教科要"。① 也就是说,在元朝统治者看来,投下从自己的民户"科要"五户丝应当应份的,这是元朝的制度。但是除了五户丝之外的其他差发,投下是不能随意科要的。

但是当时的实际情况是,分拨给各投下的江南民户是"不着差发"的,这种情况下,"其间却科取阿合探马儿,不宜"。这说明阿合探马儿显然只是差发的一部分。整体大的差发"不着"的情况下,"科取"差发中的阿合探马儿显然是不合理的。中书省认为暂时不应该向江南民户征收阿合探马儿。忽必烈也赞同这个意见。最后做出的决定是:暂不征收阿合探马儿。忽必烈要求"已后定体了呵,那时分怎要者!"同时将此事通报各投下。那么,阿合探马儿何从措办呢?中书省建议"替头里却江南于系官合纳的粮内斟酌要钞",其额度是每一万户一百锭钞。也就是由中央政府从已经征收的江南税粮中划拨转款给各投下,这就是延祐七年文书中所谓"官司代支"。"代"恰好对应"替头里"。

上引这两件文书中向我们展示了至少三个问题:首先,各投下向其民户征收阿合探马儿应该是元朝的惯例。换句话说,各投下只要被分到民户,就有权从其民户征收阿合探马儿。这个阿合探马儿是投下该得的。其次,在当时江南民户"不着差发"的情况下"科取阿合探马儿"是不合理的,这说明阿合探马儿是差发的一部分或者说差发中的一项。这一点上,陈得芝先生认为阿合探马儿是蒙元皇族"成员应得分民财赋的一部分"的理解是正确的。② 无论如何,江南民户在不承担整体差发的情况下,向他们征收其中的一项阿合探马儿是不合理的。中书省提出的意见因此获得了忽必烈的首肯。最后,元朝中央做出的决定是,暂时不向江南民户征收阿合探马儿。

三

阿合探马儿,也写为阿哈探马儿或阿合塔木儿,其语义究竟是什么?有学者甚至认为其"意思是兄弟们享受之利益"云,③可能是根据"阿合"、"阿哈"与蒙古语阿哈(aqa,意谓兄)之间的表面相似性得出的结论,却没有提出更多的依据。首先我们要解决的问题是,"阿合探马儿"是蒙古语还是别的什么语言?原来的读音是什么?

元朝在西藏括户以后,依据户口数,制定了沿途各万户负责支应"兵站"的办法,在《汉藏史集》有记录。至正二十二年(1362)仲春月,元惠宗妥欢帖木儿"大都里有时分"发给朵·甘思(Mdo-Khams)宣慰使司都元帅府的圣旨是一篇八思巴字蒙古文圣旨,其主要内容是委任云丹坚赞为察翁格奔不地方招讨司招讨使的圣旨,该圣旨原件现存于西藏自治区档案馆。圣旨要求云丹坚赞:"aliba alba γobčiri ǰam čerig ün sang tamaγa in aqar tamar kiged üiles i güičegülün atuγai kemen ǰarliq ügbei."④意谓"一切差发、赋税、站军

---

① 《通制条格》卷二《非法赋敛》,第85页。

② 陈得芝《元世祖诏令、圣训丛谈》,《蒙元史与中华多元文化论集》,第23页,上海古籍出版社,2013年。

③ 葛金芳《中国近世农村经济制度史》,第388页。商务印书馆,2013年。

④ 呼格吉勒图、萨如拉编《八思巴字蒙古语文献汇编》收录为《妥欢帖睦尔皇帝虎年(1362)圣旨》,参见该书第325—326页,内蒙古教育出版社,2004年。

的地税商税的 aqar-tamar 等勾当根底完备者么圣旨与来"。听圣旨宣谕者包括各枝儿即各投下，以及各万户、千户、百户的那颜们。韩儒林先生说 1260 年"元世祖取得政权，把吐蕃作为封地给了他的第七子奥鲁赤了。奥鲁赤死后，他的儿子镇西武靖王铁木儿不花和他的孙子搠思班相继承袭了这块封地，所以吐蕃有事常常是由他们祖孙父子受命处理的。明太祖洪武三年邓愈率兵到河州，'镇西武靖王卜纳剌亦以吐蕃诸部来纳款'。足见元朝一代西藏始终是元世祖第七子一家的采邑"。① 同时还需要注意的是，在吐蕃应当"兵站"应该就是奥鲁赤投下的人。《汉藏史集》说藏北草原奇寒难忍，而驿站往来使臣极多，所以"规定乌斯地方各个万户，以达果为单位，将马匹、驮畜、乳畜、肉羊、供给驿站的青稞、褐布、帐篷、马鞍、坐垫、绳具、炉子、卧具、医药费以及人员统统交给蒙古人"，由蒙古人当站。② 很明显，乌斯各万户"支应"兵站的这些物资应该就是元顺帝八思巴字圣旨所说 aqar tamar。

这里的 aqar-tamar 引起我们的注意，笔者认为就是阿合探马儿。aqar 就是阿合，只是在两个舌音结尾词连续使用，汉字音写的时候省略了前一个词的舌音而已；tamar 就是探马儿。看来阿合探马儿与 ǰam čerig 的支应有关。而朵甘思的 ǰam čerig 应该就是《汉藏史集》所记"兵站"，也就是军站。这可能是迄今所见元代蒙古文史料唯一一处关于阿合探马儿的记录。对于了解这个词的读音提供了确定的证据。

这个词当然是从至正年间蒙古文圣旨碑里发现的，我们据此就可以断定阿合探马儿是蒙古语词汇吗？其语义究竟是什么？我们在蒙古帝国西部伊利汗国相关联的多语词典中找到了答案。大概在元惠宗八思巴字蒙古文圣旨碑成文时间差不多同时，也门剌粟里王朝形成了一种六语对照语汇，现代学者将此语汇称为《国王词典》，这个词典收录的突厥语词为我们揭开了谜底：aqar 是静动词，意谓"流动"，英文译注为 flowing，对应的蒙古语词是 uruqsqu；tamar 是名词，意谓血管，与之相对应的蒙古语词是 sudasun。英文译为 vein。③ 如果我们将两个词连起来，aqar-tamar 就是 urusqu sudasun，就是流动的血管或流动的血脉。《国王词典》收录的突厥语词汇与该书所收录的蒙古语词汇一样，反映了蒙古帝国的名物制度。顺带提及，王恽《秋涧先生大全集》所记录的"阿合塔木儿"当然就是"阿合探马儿"，没有问题。喀什噶里《突厥语大辞典》记录的 tamur 恰好契合"阿合塔木儿"之"塔木儿"。无独有偶，丹科夫（Robert Dankoff）解释《突厥语大辞典》中的 tamur 就是 tamar，语义完全相同，这当然不是巧合。④

① 韩儒林《元朝中央政府是怎样管理西藏地方的》，载《历史研究》1958 年第 8 期。后来收录在南京大学历史系元史研究室编《元史论集》，人民出版社，1984 年。《韩儒林文集》，江苏古籍出版社，1985 年。他在文中指出，元朝在西藏地方设立的三个最高地方行政机构之一"吐蕃等路宣慰使司都元帅府，设宣慰使四员，管辖朵·甘思(Mdo-Khams)等地。元代用甘思二字译 Khams，今译作康，为甘孜藏族自治州及昌都地区。西藏古史有'朵·甘思六冈'(Mdo-Khams sgan drug)之说，元代朵甘思的奔不儿亦思冈和亦思马儿甘万户府或者就在六冈之内"。

② 陈庆英汉译《汉藏史集》，西藏人民出版社，1986 年，第 181 页。

③ *The King's Dictionary: the Rasûlid Hexaglot — Fourteenth Century Vocabularies in Arabic, Persian, Turkic, Greek, Armenian, and Mongol*, with introductory essays by Peter B. Golden and Thomas T. Allsen; edited with notes and commentary by Peter B. Golden. Leiden & Boston: Brill, 2000. p. 108/p. 213/p. 260.

④ Robert Dankoff & James Kelly, *Compendium of the Turkic Dialects*, Printed at Harvard University: Office of the University Publisher, 1985.p. 176.

《经世大典·站赤》说"我国家疆理之大,东渐西被,暨于朔南,凡在属国,皆置驿传,星罗棋布,脉络通通,朝令夕至,声闻毕达",①元人将驿传譬喻为人体的脉络。党宝海先生《蒙元驿站交通研究》所引许有壬《彰德路创建鲸背桥记》的材料:"圣朝既平宋,经画遐迩,大都小邑,枝疏脉贯,际天所覆,犹身焉。政令之宣布,商旅之通迁,水浮陆驰,舟格梁济,荒陬僻壤,无远不达,犹气血周流,百骸用康,一或壅塞,则身为之病。"②这里的"气血周流"所喻正是"圣朝"的驿站系统。此书还提示我们注意到刘诜评论元朝驿站"盖使九州四海之广大,穿边辅邑之远近,文书期会,络绎周流,如人之血脉贯通于一身,诚有国者之要务也"。③ 这里讲的都是驿站系统对于整个"圣朝"的意义和重要性,"俾天下流通而无滞,惟驿为重"。④ 阿合探马儿,是突厥语 aqar-tamar 的汉字音写,作为差发的一部分,或者说是五户丝的一部分,其意思大体等同于汉语文献中出现的,描述元代站赤的"血脉贯通"或"气血周流",八思巴字圣旨碑说 jam čerig ün sang tamaɣa in aqar tamar,据此,我们大体可以确定,阿合探马儿是诸投下用来维持和运转军站的费用和物资。各投下维持和运转军站,需要大量物资,这些物资都来自他们"合得的阿合探马儿"。

A Note on *A HeTan Ma Er* or *Aqar-Tamar*
Temur Nanjing University

Abstract:*A He Tan Ma Er* was recorded in Chinese sources of Yuan history for several times. The meaning of the term remains unknown while many scholars thought it is a Mongolian word. Based on sources from Mongolian edict of Yuan Emperor and *The King's Dictionary*,the author finds that *A-He-Tan-Ma-Er* is Chinese transcription of Turkish term *Aqar-Tamar*,which means flowing vein.

Keywords:A-he-tan-ma-er;Aqar-Tamar;Mongolian Princes

(本文作者为南京大学历史学院教授)

---

① 《经世大典·站赤》,7192 页上。
② 党宝海《蒙元驿站交通研究》,第 2 页,昆仑出版社,2006 年。
③ 党宝海《蒙元驿站交通研究》,第 3 页。
④ 《析津志辑佚》,北京古籍出版社,1983 年,第 120 页。

明朝与天山地区绿洲城市的外交关系

——近二十年西方学界研究成果综述

弗兰卡·库弗(Franca Küffer) 撰 李博曌 译

引 言

位于如今新疆地区天山山脉附近的绿洲城市,无疑是丝绸之路北部路线网中极为重要且繁华的政治经济中心。受到周围国家和周边地区成熟的宗教与文化的影响,它们在欧亚贸易,以及手工业与科技知识上的交流中起着重要的历史作用。来往于欧亚之间的商队通常由商人、学者与旅行者组成,他们在行进途中将这些绿洲作为落脚点,各地之间的沟通与文化交流得以在此进行。这些城市,如哈密或吐鲁番,因此具有国际性意义。对它们的控制权意味着巨额商业收入,以及对整个中亚地区广泛的政治影响力。

其结果是,在历史进程中,为了夺取这些实际上远离其政治中心的聚落的统治权,不同国家与地区间常常发生激烈冲突。明代中国也是其中的一员。在元朝的多年统治之后,明朝统治者认为,重建外交秩序迫在眉睫。因此明初,在洪武帝朱元璋治下,统治政策"有了根本的改变,建立了一套与元朝完全不同的统治体系"。[①] 民间的对外贸易被禁止,所有的对外关系都建立于朝贡体系的基础之上。这意味着,所有向明朝派出使臣的统治者,名义上都听命于明朝皇帝,"以说明其拥有统治天下的无上权力"。[②] 直到明朝的第三位统治者永乐皇帝朱棣在位期间,明朝政府才制定了开放与扩张的对外政策,与中亚地区建立了经济与外交关系,其中也包括争夺天山区域绿洲城市的控制权。

本文旨在研究与介绍西方学术界关于明朝政府与西北塔里木盆地区域绿洲外交关系的研究成果。笔者将着重于近 20 年间的论文、刊物与专著,以展示该领域的最新研究成果。

研 究 现 状

长久以来,中国的对外关系一直都是西方学界的重要研究领域。这里首先应提及美国历史学家、汉学家 John K. Fairbank(费正清),他自 20 世纪 50 年代以来出版了许多有关中国对外关系的著作,做出了巨大贡献。该领域最新的著作之一,是 2015 年由 Jerry H. Bentley(杰瑞·本德利),Sanjay Subrahmanyam(桑贾伊·苏布拉马纳姆)与 Merry E. Wiesner-Hanks(梅瑞·威斯纳-汉克斯)合作出版的 *The Cambridge World History*

---

① Ralph Kauz, Politik und Handel zwischen den Ming und den Timuriden. China, Iran und Zentralasien im späten Mittelalter, Wiesbaden: Reichert Verlag, 2005, p. 2.

② Ralph Kauz, Politik und Handel zwischen den Ming und den Timuriden. China, Iran und Zentralasien im späten Mittelalter, Wiesbaden: Reichert Verlag, 2005, p. 2.

Volume 6: *The Construction of a Global World*,*1400—1800 CE*,*Part 1*: *Foundations*（《剑桥世界史第六卷：全球世界的构建，公元1400至1800年，上卷：奠基时代》）。

将时间段缩短到明代，在这一时期中，人们对于海洋的探索以及海上贸易，引起了学者们极大的关注。例如德国汉学家 Roderich Ptak（罗德里希·普塔克），①他在论文 *Die chinesische maritime Expansion im 14. und 15. Jahrhundert*（《14，15世纪的中国海洋扩张》）中全面地讨论了永乐时期中国的首次对外开放，将海洋变为官方认可的交流场所。此外，与蒙古的外交关系也是西汉学家感兴趣的领域之一。该领域的著作，例如 Henry Serruys（亨利·塞鲁斯）于1959年至1975年间出版的 *Sino-Mongol Relations During the Ming*（《明朝时期中蒙关系研究》），②援引大量古老的文献资料，并提及该领域研究中的一大难题：史料检索。

在明朝对天山区域绿洲城市外交政策研究领域中，Morris Rossabi（罗茂锐），美国哥伦比亚大学东亚语言与文化系教授，做出了杰出的贡献。

查阅大量史料后，他于1970年完成了博士论文 *Ming China's Relations with Hami and Central Asia*，*1404—1513*. *Reexamination of Traditional Chinese Foreign Policy*（《1404—1513年间明中国与哈密及中亚的关系——再看古代中国的对外政策》），该文在这一西方学界中迄今少有人关注的领域具有开创性意义。文中，他提出了一个足以推动学界研究发展的观点，即无论是出于军事战略考虑，还是由于这一地区繁荣的商业贸易水平，中亚地区对明朝而言都极为重要。

长久以来，一个在中国得到广泛认可的观点是，明朝通常对邻国采取防御性政策，并局限于在内部发展经济。罗茂锐的看法与此完全相反。③ 他首先指出了一个研究中的重大问题，即无论是来自明朝一方，还是来自中亚地区一方，能够找到的史料都太过单一。可能正是由于资料的缺失，导致过往研究者形成这一观点。部分历史资料，例如外交官或边境官员的报告，仅从明朝一方的视角来记录双方的关系。在他们笔下，中亚人民被描述为"蛮夷"，仅被看作是奉行朝贡义务的藩属。④ 唯有《明实录》中的记载客观而全面地展示了双方之间的外交关系。

罗茂锐于1997年发表并收录于 Sabine Dabringhaus（达素彬）与普塔克出版的论文集 *China and her Neighbours*. *Borders*，*Visions of the Other*，*Foreign Policy*. *10th to 19th Century*（《10至19世纪的中国与周边国家：边境，视角，对外政策》）中的论文 *Ming Foreign Policy: The Case of Hami*（《明朝外交政策：哈密之争》），也是以对传统观点的讨论开头的："关于明朝的外交关系有一个传统观点，即明朝遵循的是防御性的原则，以此限

---

① 参照 Roderich Ptak，*Die chinesische maritime Expansion im 14. und 15. Jahrhundert*，Bamberg，1992.

② 参照 Henry Serruys，*Sino-Mongol Relations During the Ming*，3 Volumes，Brüssel：Peeters Publishers，1959—1975.

③ Morris Rossabi，*China and Inner Asia*. *From 1368 to the Present Day*，London：Thames und Hudson，1975.pp. 18‐22.

④ Morris Rossabi，The Ming and Inner Asia. In：Denis Crispin Twitchet / Frederick W. Mote (Hg.)：Cambridge History of China：China and Inner Asia. Volume 8. The Ming Dynasty. 1368—1644. Part 2. Cambridge：Cambridge University Press，1998，p. 223.

制与外邦人及外国的接触。"①在这篇文章中,他以哈密为例,详细探讨了这些丝绸之路上的聚落对明朝政府的战略重要性,以及明朝为了从政治与经济上控制这些地区,所付出的持续不断的努力。

在此,他特别分析了两个阶段的情况,一是永乐朝的外交,二是到哈密被邻国吐鲁番统治者速檀阿力②占领为止,明政府在 16 世纪初以前实行的部分扩张性政策。罗茂锐强调,在第一阶段,明朝政府建立了对邻国较为全面与现实的认知与评估,并跨越国界线,与这些绿洲聚落建立了良好的关系。③ 尽管距离遥远,但哈密对明朝而言依然是"通往西方的大门",从 15 世纪开始,这里就是一个安全而繁华的贸易场所,也是对抗不请自来的侵略者的良好缓冲地带。由贸易协定与朝贡条约组成的外交体系,在朱棣逝世以后依然继续运转,直到瓦剌向中亚地区扩张,以及明朝在多年战争后完全失去对哈密的控制权,事情才发生了变化。最后,他指出,相较于唐朝的扩张行为,明朝的对外政策总体而言受到更多限制,明成祖的开放政策应视作一个例外。

罗茂锐还是 1998 年出版的 Cambridge History of China(《剑桥中国史》)中 Ming and Inner Asia(《明朝与亚洲腹地》)一章的作者。④ 按照计划,这一系列由费正清、Denis C. Twitchett(杜希德)等人编撰的书籍共应出版 17 册,从 1978 年起已出版 15 册,⑤如今已成为中国历史研究领域中被频繁引用的作品。

罗茂锐根据其迄今为止的研究撰写了这一章节,并在开头指出,在经历了将近一个世纪的元朝统治以后,明朝政府对外族十分警惕,实行各种严格的限制令以此抵御来自中亚地区的威胁。他认为,明朝初期的外交关系受到层层限制,目的是守卫边疆,而非贸易或文化交流。而塔里木盆地区域的聚落能够作为西北边境良好的御敌缓冲区,明太祖因此试图控制此地。罗茂锐写道:"明朝与塔里木河区域并无定期的贸易往来……也并未签订公平的商业协定,或确立朝贡关系。"⑥出于战略考虑,明朝政府希望能够直接控制该区域的绿洲城市,1391 年出兵攻占哈密的事件正体现了这样的想法。控制,而非统治,因为这里位置偏远,为此需要付出的费用也过于巨大。对这些绿洲城市的控制能够展示明朝政府的实力,它们也能够作为明朝疆域外的一道战略防御工事。

关于之后明成祖朱棣对中亚地区开放政策的原因,罗茂锐是这样解释的:

---

① Morris Rossabi, "Ming Foreign Policy: The Case of Hami". In: Sabine Dabringhaus,/ Roderich Ptak (Hg.), China and her Neighbours. Borders, Visions of the Other, Foreign Policy 10th to 19th Century (= South China and Maritime Asia Bd. 6), Wiesbaden: Harrasowitz Verlag, 1997, p. 79.

② 许多历史学家认为,速檀阿力即蒙兀儿斯坦统治者哈只阿力,当时蒙兀儿斯坦首都即为吐鲁番。

③ Morris Rossabi, "Ming Foreign Policy: The Case of Hami". In: Sabine Dabringhaus,/ Roderich Ptak (Hg.), China and her Neighbours. Borders, Visions of the Other, Foreign Policy 10th to 19th Century (= South China and Maritime Asia Bd. 6), Wiesbaden: Harrasowitz Verlag, 1997, p. 80.

④ Denis Crispin Twitchett / Frederick W.Mote (Hg.): Cambridge History of China: China and Inner Asia. Volume 8. The Ming Dynasty. 1368—1644. Part 2, pp. 221 - 271.

⑤ https://www.cambridge.org/core/series/cambridge-history-of-china/A4D3D77A97EACA3F90 3136BBF64B9169 (Stand 15.08.2018).

⑥ Denis Crispin Twitchett / Frederick W.Mote (Hg.): Cambridge History of China: China and Inner Asia. Volume 8. The Ming Dynasty. 1368—1644. Part 2, p. 248.

永乐帝的皇位是从建文帝手中夺来的,随之而来的正统性问题,促使他追求藩国使节来朝,因为根据儒家的传统观点,一位明君天然能够引来所谓的"蛮夷到来并归化"(来化)——即外族人承认汉文明的优越性,并逐渐汉化……但这并非常规做法;明代大多数其他皇帝都力图限制与外邦人的交往。①

因此,明王朝与西北绿洲的关系建立在外交需求,以及双方共同的贸易需求之上。建交的第一步是明朝往哈密派出使团,而当时的哈密国王安克帖木儿上贡马匹,作为答复。明成祖于是封其为王,将其纳入明朝保护之下。这虽然只是名义上的归顺,并非真正服从于明朝的统治,但永乐皇帝却因此成功地对这一区域施加了影响力。安克帖木儿的继任者也受到了他的庇护,永乐帝允诺帮助他们抵御外敌,例如来自瓦剌的侵袭。② 永乐帝于1424 年逝世,此后便纷争不断。明政府中关于对外关系的分歧与争议越来越多,来自外部的威胁也不断增加。1444 年,瓦剌的统治者也先台吉占领了哈密,明朝因此失去了对哈密长久以来的控制权。其后的明朝皇帝试图再次建立与这一地区的联系,但再也无法实现永乐时期的盛况。

接下来,罗茂锐深入探讨了哈密与邻国吐鲁番绿洲的冲突,即哈密之争。这导致这一地区其后减少了向明朝派遣使臣的频率,以及丝绸之路上的绿洲地区落入吐鲁番国的掌控之中。这包括1473 年速檀阿力攻破哈密,以及其孙速檀满速儿对哈密的彻底占领。③

和他之前的文章一样,罗茂锐的行文结构严整,内容清晰,非专业人士也能很好地理解文中的内容。在对明中国与中亚地区之间发生的历史事件进行阐释时,罗茂锐格外关注其背景与环境。在研究双方之间的关系时,他同时也对明代对内与对外政策之间的因果关系进行探讨。他所撰写的论文包含了各方面的重要背景信息,为该领域的进一步研究提供了极大的帮助。

美国耶鲁大学历史系教授 Peter C. Perdue(濮德培),研究重心为东亚与中国历史,于2005 年出版了一本 700 页的巨作 *China marches West. The Qing Conquest of Central Eurasia*(《中国西征:清朝对欧亚大陆腹地的征服》)。该书"纯粹出于对世界上人迹罕至的地区以及中国历史上常被忽视的话题的好奇心",④讨论了新疆地区的历史,尤其是清帝国时期的新疆。在文中,他也提及了西方现有研究资料的不足,在文中援引了原始文献,但并未多做阐释。

① Morris Rossabi, The Ming and Inner Asia. In: Denis Crispin Twitchet / Frederick W. Mote (Hg.): Cambridge History of China: China and Inner Asia. Volume 8. The Ming Dynasty. 1368—1644. Part 2. Cambridge: Cambridge University Press, 1998, p. 222.

② Morris Rossabi, The Ming and Inner Asia. In: Denis Crispin Twitchet / Frederick W. Mote (Hg.): Cambridge History of China: China and Inner Asia. Volume 8. The Ming Dynasty. 1368—1644. Part 2. Cambridge: Cambridge University Press, 1998, p. 249.

③ Morris Rossabi, The Ming and Inner Asia. In: Denis Crispin Twitchet / Frederick W. Mote (Hg.): Cambridge History of China: China and Inner Asia. Volume 8. The Ming Dynasty. 1368—1644. Part 2. Cambridge: Cambridge University Press, 1998, p. 232, 250ff.

④ Peter C. Perdue, *China marches West. The Qing Conquest of Contra Eurasia*, Cambridge: The Belknap Press of Harvard University Press, 2005, Vorwort p. 1.

在第一部分 *The Formation of the Central Eurasian State*（《欧亚大陆国家的形成》）中，濮德培介绍了当时的历史背景，它们导致了其后清王朝的扩张，以及清朝与准噶尔和俄罗斯帝国的冲突。在此他引用了 Richard Frye（理查德·弗赖伊）[①]的观点，即中亚地区的历史是独立的、自组织的绿洲聚落及其居民的历史。濮德培指出，天山地区的这些城市在明代已经表现出了对与中国建立外交关系的兴趣，因为这位强大的邻居能够为它们提供各方面的庇护。因此，他们进入了明政府的朝贡体系。而明政府接纳这些绿洲城市，是因为它们位于长城以内、草原前方，在地理上具有重要的战略意义。[②]

随后，他对明朝帝王与蒙古统治者之间的冲突进行了阐述，后者也希望取得绿洲地带的控制权，尤其是在永乐皇帝去世以后。[③] 濮德培的解释为清朝扩张史与近代新疆历史进一步的研究打下了坚实的基础。

美国乔治城大学外交服务学院历史学教授 James Millward（米华健），在其代表作《欧亚大陆的十字路口：新疆全史》中，系统性、全方位地研究了新疆至 2006 年为止的历史。在本书的前言中，米华健指出，西方学者在做中亚地区的历史研究时，面临着许多挑战，在对史料进行研究之前，他们首先必须在语言与历史方面拥有足够的专业知识储备。以城市吐鲁番为例，在不同的语言与时期中，它的名字有 *Jushi* 车师，*Gaochang* 高昌，*Qocho* 高昌回鹘，*Qarakhoja* 哈剌-火州，*Turpan*，*Tulufan* 吐鲁番等。[④] 对新疆历史进行学术研究，需要研究者掌握足够的专业知识。同时，他也提到了现有的该领域研究成果，例如中国、日本、俄罗斯、法国、德国等国家学者的过往研究，然而在他看来，这些文章不是难以获取，就是缺失了重要的历史背景资料，难以在此基础上进行进一步的研究。此外，他认为当代中国在这一领域的研究政治色彩太过浓重，"当代民族主义纲领"[⑤]的烙印一览无余。

迄今为止，从未有一本书对新疆历史进行过全面、客观、具有普适性的介绍，米华健认为这是该领域研究中一个极大的不足之处，他尝试用自己的研究来填补这一漏洞。

在《欧亚大陆中部的先民（9 至 16 世纪）》一章中，米华健也写到了天山区域绿洲与明朝统治者之间的关系。他认为明成祖时期的外交秩序极为特殊，永乐皇帝在位的几十年间，双方之间频繁相互派遣使臣，贸易往来也十分活跃，而绿洲聚落通过奉上贡品，确立了其明朝藩属的地位。[⑥] 朱棣的去世，以及 1460 年后，羽奴思在帖木儿帝国的支持下掌控了吐鲁番地区的事实，使得明政府不得不改变对天山绿洲的政策。其结果是，作为明朝重要军事前哨区域的哈密成为其后连续不断武装冲突的发生地。朝贡体系，一个因其重要

[①]　Richard N. Frye, *The Heritage of Central Asia: From Antiquity to the Turkish Expansion*, Princeton: Markus Wiener Publisher, 2001, p. 13.

[②]　Peter C. Perdue, *China marches West. The Qing Conquest of Contra Eurasia*, Cambridge: The Belknap Press of Harvard University Press, 2005, p. 25.

[③]　Peter C. Perdue, *China marches West. The Qing Conquest of Contra Eurasia*, Cambridge: The Belknap Press of Harvard University Press, 2005, pp. 52 - 74.

[④]　James Millward, *Eurasian Crossroads. A History of Xinjiang*, New York: Columbia University Press, 2007, xiv.

[⑤]　James Millward, *Eurasian Crossroads. A History of Xinjiang*, New York: Columbia University Press, 2007, xiii.

[⑥]　James Millward, *Eurasian Crossroads. A History of Xinjiang*, New York: Columbia University Press, 2007, p. 72.

性而在各类研究中时常被讨论的制度,米华健将它描述为在其后依旧盛行的"协定",至17世纪为止,都规范着明朝宫廷与中亚地区的来往。① 米华健评价道:"……(朝贡体系)试图维持国家对外贸的垄断,以此作为外交与战略的工具。这一明朝针对中亚地区政策的一个副作用是,新疆的统治者也同时拥有了对东方贸易的垄断权,而这恰恰能够为他们提供巨额利润。"②这样的协定最终使双方得以在清朝之前大体上维持和平的远距离贸易活动。

米华健于2007年出版的这本书,在新疆历史研究领域至今仍然具有极大的现实意义。它为日后的研究提供了新的思路,同时非专业的读者也能很好地理解本书的内容,受众范围极广,填补了前文所提到的研究空缺。

苏联解体以后,联合国教科文组织发起了一项关于丝绸之路的重大研究项目,其中最重要的成就当属六卷本 History of Civilizations of Central Asia(《中亚文明史》)的出版。来自苏联、中国等国家以及西方学界的许多科学家都参与了这一盛会,对中亚历史、社会与文化进行整理,并编写成册。尽管这套作品并非纯由西方学界发表的研究成果,但由于其意义重大,此处也不应省略。第五卷中的 The Tarim Bassin(《塔里木盆地》)一章由中国社会科学院历史学家马大正撰写。③ 在这一章节中,马大正仅论述了16世纪起该区域的历史,但对此进行了深入的分析。教科文组织出版的这套书并未涉及该区域之前的历史,只在某些部分,例如对建筑、书法等进行介绍时略有提及。

达素彬,弗莱堡大学东亚历史教授,在她2015年出版的 Geschichte Chinas 1279—1949(《中国历史,1279—1949》)中,结构清晰、表述精确地对元代至新中国成立之间的历史事件进行了概述。该书的后三分之一详细地介绍了这一领域的研究现状,并援引了中国、日本及西方学界的文献。作者指出,中国的对外关系一向是重要的研究领域,因此目前已有"堆积如山的文献资料"。④ China und die Außenwelt(《中国及外部世界》)⑤一章篇幅较短,其中也对明朝的对外政策⑥进行了探讨,但仅限于明朝与蒙古的关系,或者说明蒙朝贡关系。但本书也提及了该主题下的其他可用资料,例如罗茂锐的研究成果。⑦

最后,Frederick Starr(弗雷德里克·斯塔尔)于2004年出版的论文集 Xinjiang. China's Muslim Borderland(《新疆:中国的穆斯林边陲》)也是该领域不可忽视的著作。

---

① James Millward, *Eurasian Crossroads. A History of Xinjiang*, New York: Columbia University Press, 2007, 74ff.

② James Millward, *Eurasian Crossroads. A History of Xinjiang*, New York: Columbia University Press, 2007, p. 75.

③ Ma Dazheng 马大正, "The Tarim Bassin". In: Chahryar Adle und Irfan Habib (Hg.), *History of Civilizations of Central Asia*, *Development in contrast: from the sixteenth to the mid-nineteenth century*, Volume V. Paris: UNESCO Publishing, 2003, pp. 182 - 209.

④ Sabine Dabringhaus, *Geschichte Chinas 1279—1949*, Berlin: Walter de Gryter, 2015, p. 145.

⑤ James Millward, *Eurasian Crossroads. A History of Xinjiang*, New York: Columbia University Press, 2007, pp. 145 - 157.

⑥ James Millward, *Eurasian Crossroads. A History of Xinjiang*, New York: Columbia University Press, 2007, 146ff.

⑦ James Millward, *Eurasian Crossroads. A History of Xinjiang*, New York: Columbia University Press, 2007, p. 147.

作为美国华盛顿东西方研究中心（EWC）的项目成果，这部论文集包含 16 位学者的作品，研究范围涵盖早期至近现代的中亚历史。本书的第一部分为历史背景导论，米华健与濮德培介绍了新疆地区的早期历史以及其民族文化特征。

结　语

在为本文查找资料的过程中，笔者明确感受到至关重要的两点：想要条理清晰、内容完整地介绍近二十年西方学界在明朝与天山绿洲关系上的研究成果，如果对明代针对中亚的政策，或是 1998 年以前的文献一无所知的话，是不可能做到的。

也许会有人提出这样的异议，即该主题相关的时间长度与区域面积大小均十分有限，在中国历史研究领域中似乎并不具备重要研究价值。但在笔者看来，它毫无疑问是明王朝与中亚外交关系的典范。罗茂锐发现了这一点，并对此进行深入的研究，在这一领域作出了巨大贡献。他着眼于天山绿洲的明史研究打破了旧有的观点，为古代中国的对外政策以及明帝王在元朝瓦解后建立的新秩序，赋予了全新的内涵。其他人对此的论述并未脱出长久以来的看法，即认为这一时期的外交仅是为了守卫边疆，抵御外敌，却忽视了明朝对与周边国家在经济与外交上建立联系的兴趣，以及明政府建立起的对邻国全面与现实的认知与评估。

就算是对比唐朝的全面扩张行为，永乐时期的外交政策仍然能够称得上是开放性的对外政策。前文介绍过的大多数西方研究均对这一阶段进行了关注与探讨，与此相对，直至明朝末期为止的后续发展，例如速檀阿力之孙满速儿占领哈密以后的双边关系，便少有人研究。也许是其后双方关系再无进展，但这也可能是一个尚未被研究过的领域。

总体而言，在过去的二十年中，这一主题下的中国历史研究文献数量有所增加。① 丝绸之路研究作为一个整体议题，也越来越被研究者重视。

关于明朝对塔里木盆地西北绿洲外交政策的文献与本文主题无关，在此不做讨论。

文 献 列 表

Jerry H. Bentley/Sanjay Subrahmanyam/Merry E. Wiesner-Hanks（Hg.），*The Cambridge World History Volume 6: The Construction of a Global World*，1400—1800 CE，*Part 1: Foundations*，Cambridge：Cambridge University Press，2015.（《剑桥世界史第六卷：全球世界的构建，公元 1400 至 1800 年，上卷：奠基时代》）

Sabine Dabringhaus，*Geschichte Chinas 1279—1949*，Berlin：Walter de Gryter，2015.（《中国历史，1279—1949》）

Richard N. Frye，*The Heritage of Central Asia: From Antiquity to the Turkish Expansion*，Princeton：Markus Wiener Publisher，2001.《中亚地区的遗产：从古代至土耳其的扩张》

Ralph Kauz，*Politik und Handel zwischen den Ming und den Timuriden. China，Iran und Zentralasien im späten Mittelalter*，Wiesbaden：Reichert Verlag，2005.（《明朝和

---

① Sabine Dabringhaus，*Geschichte Chinas 1279—1949*，Berlin：Walter de Gryter，2015，Vorwort.

帖木儿帝国间的政治经济交流：中世纪后期的中国，伊朗与中亚地区》）

Hans-Joachim Klimkeit，*Die Seidenstraße. Handelsweg und Kulturbrücke zwischen Morgen- und Abendland*，Köln：DuMont Buchverlag，1988.(《丝绸古道上的文化》）

Ma Dazheng 马大正，"The Tarim Bassin". In：Chahryar Adle und Irfan Habib（Hg.），*History of Civilizations of Central Asia，Development in contrast: from the sixteenth to the mid-nineteenth century，Volume V*. Paris：UNESCO Publishing，2003，S. 182—209.(《塔里木盆地》）

James Millward，*Eurasian Crossroads. A History of Xinjiang*，New York：Columbia University Press，2007.(《欧亚大陆的十字路口：新疆全史》）

Peter C. Perdue，*China marches West. The Qing Conquest of Contra Eurasia*，Cambridge：The Belknap Press of Harvard University Press，2005.(《中国西征：清朝对欧亚大陆腹地的征服》）

Roderich Ptak，*Die chinesische maritime Expansion im 14. und 15. Jahrhundert*，Bamberg，1992.(《14、15 世纪的中国海洋扩张》）

Morris Rossabi，*Ming China's Relations with Hami and Central Asia，1404—1513: A Reexamination of Traditional Chinese Foreign Policy*，Columbia University. Ph.D. diss.，1970.(《1404—1513 年间明中国与哈密及中亚的关系——再看古代中国的对外政策》）

Morris Rossabi，*China and Inner Asia. From 1368 to the Present Day*，London：Thames und Hudson，1975.(《明朝与亚洲腹地：1368 年至今》）

Morris Rossabi，"Ming Foreign Policy：The Case of Hami". In：Sabine Dabringhaus，/ Roderich Ptak（Hg.），*China and her Neighbours. Borders，Visions of the Other，Foreign Policy 10th to 19th Century*（= *South China and Maritime Asia Bd. 6*），Wiesbaden：Harrasowitz Verlag，1997，S. 79 - 97.(《明朝外交政策：哈密之争》）

Morris Rossabi，The Ming and Inner Asia. In：Denis Crispin Twitchet / Frederick W. Mote（Hg.）：*Cambridge History of China: China and Inner Asia. Volume 8. The Ming Dynasty. 1368—1644. Part 2*. Cambridge：Cambridge University Press，1998，S. 221 - 271.(《明朝与亚洲腹地》）

Henry Serruys，*Sino-Mongol Relations During the Ming*，3 Volumes，Brüssel：Peeters Publishers，1959—1975.(《明朝时期中蒙关系研究》）

（本文作者、译者分别为德国波恩大学汉学系博士研究生、硕士研究生）

清初到顺治年间满族与厄鲁特的早期接触

布里塔-马丽娅·格鲁伯(Britta‒Maria Gruber)、刘燕燕　撰　洪堃绿　译

摘　要：在中国历史中，西蒙古的厄鲁特因噶尔丹及其继任者们而为人熟知，他们对满族统治者造成了巨大威胁，双方漫长的军事冲突直到 1758 年才以清军的胜利结束。本文着重探讨满族与厄鲁特在敌对关系爆发前的接触。在这一阶段，双方的关系似乎建立在某种藩属关系的基础上，顺治年间的题本和此前的《旧满洲档》中的几则记录均对此有所体现。满族统治者显然被视为最高权力者，是在各种事务上通过理藩院进行咨询的对象。

关键词：理藩院；满蒙关系；厄鲁特

提起清朝的厄鲁特或者四卫拉特，即和硕特部、土尔扈特部、杜尔伯特部和辉特部[①]时，人们首先想到的是长期的军事冲突问题。在冲突的最开始，厄鲁特准噶尔部首领噶尔丹[②]扮演了中心角色。而 1758 年清朝军队攻下准噶尔则为这场长久的冲突画下了句号。

在 1709 年刊印的《亲征朔漠方略》一书的序中，圣祖皇帝写道：[③]

> ……有厄鲁特噶尔丹者赋性凶残，中怀狡诈，戕害其兄弟，兼并四部，蚕食邻封，其势日张，其志益侈……

在乾隆年间刊印的《平定准噶尔方略》[④]中可见这样一段话：

> 国初其酋曰顾实汗，始统有都尔伯特青海北厄鲁特套西诸部。自天聪[⑤]崇德[⑥]

[①]　土尔扈特人西迁控制了伏尔加三角洲和里海北部的草原，建立了卡尔梅克汗国。1620 年前后，在一场与喀尔喀阿勒坦汗的苦战后，绰罗斯/和硕特部的一些人与杜尔伯特部的一些人一起向北逃往西伯利亚。但是，绰罗斯部的大部分人同生活在黑额尔齐斯河、乌伦古河、额敏河及伊犁河流域的杜尔伯特部及辉特部组成了准噶尔汗国。见 Fred Bergholz, *The Partition of the Steppe*. American University Studies, Series IX, History, Vol. 109, New York: Peter Lang, 1993, p. 31ff. and 356。

[②]　噶尔丹(1644[1632?]—1697)。见 ECCP: Arthur W. Hummel, *Eminent Chinese of the Ch'ing Period* (*1644—1912*), Washington: U.S. Government Printing Office, 1943, reprint in Taipei: Che'ng Wen Publishing House, 1970, pp. 265‒268.

[③]　Beye dailame wargi amargi babe necihiyeme toktobuha bodogon-i bithe. 见于：Michael Weiers (Ed.), *Historische Mandschutexte von Erich Haenisch*. Aus dem Nachlaß mit Anmerkungen herausgegeben von Michael Weiers, Wiesbaden: Otto Harrassowitz, 1970, Textafel/Table 1b。转写见文 A。

[④]　*Jun-gar-i ba-be necihiyeme toktobuha bodogon-i bithe*. 见于：同上, Textafel/Table 98a。转写见文 B。

[⑤]　1626—1636，名皇太极，见 ECCP, p. 1‒3, Abahai 条目下，及孙文良、李治亭《清太宗全传》吉林人民出版社，1983。

[⑥]　1636—1643。

之间遣使入贡。世祖章皇帝①锡之册印，俾统其众。厥后噶尔丹起自北厄鲁特，自立为台吉。狡黠桀骜，阻兵安忍，侵我属国喀尔喀。攘窃牲畜，泞食邻封，恶不可长……

记载以上两个段落的作品属于传统史书，②从中显然可以看出，引发长期战争的噶尔丹是满族统治者的要敌。需要注意的是，以上对噶尔丹的描述来自他的敌人，不能反映他的真实性格和品行。

鉴于冲突时间漫长、相关著述颇丰，在此要提出满族与厄鲁特在噶尔丹时期之前的早期接触及其关系的问题。与此相关的记载最早见于《旧满州档》。③ 这是由满文和蒙文写成的档案材料，记录的时间为 1607 至 1632 年及 1635 至 1636/1637 年。它们由不同的书吏在事件发生后相对较近的时间中记录而成。

《旧满州档》中包含四则关于厄鲁特的记录，其中称之为"Urut"者之后称为"Ōlet"。

第一则记录的时间为天聪三年正月十二日（1629 年 2 月 4 日），只提到了从蒙古厄鲁特国返来的昂昆达尔汗和硕齐病死。④

第二则记录的时间是天聪六年九月初八日（1632 年 10 月 21 日）：

> 初八：厄鲁特部明安贝勒之子多尔济额驸醉后于汗前持刀者二次，又遣其取猎人，不选善猎之人，而选不堪者携来。故革其备官职。⑤ 念彼当其国家太平时来归有功，免之，罚银百两。⑥

接下来记录的是明安贝勒等人受到类似处罚的不敬之举。

第三则记录的时间为崇德元年五月初七日（1636 年 6 月 9 日）：

> 初七：达雅齐，尔原系蒙古乌鲁特部明安贝勒之婿，明安贝勒率部来归，尔从之来，又不负委任，克尽厥职，勤勉可嘉，授为牛录章京，⑦准再袭二次。⑧

最后一则记录的时间是崇德元年十一月初九日（1636 年 12 月 5 日）：

---

① 1644—1661，世祖章皇帝，名福临，年号顺治。ECCP, pp. 255‐259.

② 史学里的"传统史书(Tradition)"指的是写给后人的作品，通常只体现作者的视角。因此，不能保证这些作品的客观性，需要谨慎对待。其更多属于"历史观"。

③ JMZD：陈捷先编《旧满洲档》，10 册，国立故宫博物院，1969。说明见 Ch'en Chieh-hsien, *Manchu Archival Materials*, Taipei, 1988, pp. 14‐33.

④ JMZD，第 6 册，第 2865 页。满文转写见文 C。

⑤ 满文为"beiguwan-ihergen"。

⑥ JMZD，第 8 册，第 3857 页。满文转写见文 D。译者注只涉及汉语翻译部分。汉语翻译摘自：中国第一历史档案馆、中国社会科学院历史研究所译注《满文老档》第 2 册，中华书局，1990 年，第 1336 页——译者注。

⑦ 牛录章京可能是佐领。BH 726. BH：H. S. Brunnert and V. V. Hagelstrom, *Present Day Political Organization of China*, Beijing, 1911.

⑧ JMZD，第 10 册，第 4794—4795 页。满文转写见文 E。译者注只涉及汉语翻译部分。汉语翻译摘自：中国第一历史档案馆、中国社会科学院历史研究所译注《满文老档》第 2 册，第 1456 页——译者注。

初九日,前往蒙古喀尔喀部马哈撒嘛谛汗①处议和之卫寨桑等,携马哈撒嘛谛汗来朝议和进贡,则畜使臣卫徵喇嘛、毕车齐吴巴希、哲赫浑津、毕车齐班第、德得依冰图、乌珠穆沁之纳木浑津等六人及商人一百五十六人还。十一日,马哈撒嘛谛汗使臣卫徵喇嘛等朝见圣汗,陈所贡财物牲畜,卫徵喇嘛捧其汗奏疏率众跪。蒙古大学士希福受之,跪读于圣汗前。其疏曰:"马哈撒嘛谛色臣汗谨奏威服一切之天聪汗。共持和睦之道,相互遣使往来,乃谓典籍之所首尚。然奉有与明国贸易不合卖马之谕,我等正欲禁止贸易,因见喀尔喀部七旗及厄鲁特四部落俱往交易,帮我等亦往交易。为首使臣以卫徵喇嘛在内共六人。"读毕,卫徵喇嘛等行三跪九叩头礼。大筵宴之。②

《开国方略》卷二十二在己酉这一天的记录中记载了相同的段落。③ 该书卷二十四中还有一则关于厄鲁特早年情况的记录:

> 冬十月丙午厄鲁特部遣使入贡。厄鲁特部顾实车臣绰尔济遣其头目库鲁克来贡马匹、白狐皮、獭喜兽、④绒毯等物。顾实车臣绰尔济初未入贡,闻太宗德威远播,于丙子年遣使,因路远至是始……⑤

在 1637 至 1653 年间没有关于厄鲁特的记载。然而,《Daičing gürün-ü ekin üy-e-yin γadaγadu mongγol-un törö-yi ǰasaqu yabudal-un yamun-u manǰu mongγol ayiladqal》⑥ 这一题本集录中包含了十一则直接涉及厄鲁特的记录,为顺治年间厄鲁特与满族关系提供了一些信息。

第一则记录的时间为 1653 年 3 月 15 日,即"Ijishōn dasan-i juwanci aniya juwe biyai juwan ninggun",顺治十年二月十六日。由于魏弥贤(Michael Weiers)已翻译了该文,在此仅总结主要内容:厄鲁特固始汗之婿诺木齐台吉等进献贡品。随行人员共计三十五人,已到达张家口并通报了理藩院。⑦ 引文如下:

---

① 马哈撒嘛谛汗即 Šoloi (1577—1655),东喀尔喀(1633—1652)的第一个首领。见 Veronika Veit, Die mongolischen Völkerschaften vom 15. Jahrhundert bis 1691. In: Michael Weiers (Ed.), *Die Mongolen*. Darmstadt: Wissenschaftliche Buchgesellschaft, 1986, pp. 379 – 411, 特别是第 404—406 页。

② JMZD,第 10 册,第 5285—5286 页。满文转写见文 F。译者注只涉及汉语翻译部分。汉语翻译摘自:中国第一历史档案馆、中国社会科学院历史研究所译注《满文老档》第 2 册,第 1693—1694 页——译者注。

③ 〔清〕阿桂等《皇清开国方略》,"中国方略丛书"系列,2 册,台湾商务印书馆,1968,第 529—532 页。

④ 獭喜兽即普氏野马,学名为 Equus ferus。见 Erich Hauer, *Huang-Ts'ing K'ai-Kuo Fang-lüeh* (*Die Gründung des mandschurischen Kaiserreiches*), Berlin and Leipzig: de Gruyter, 1926, p. 689, note 55。

⑤ 〔清〕阿桂等《皇清开国方略》,"中国方略丛书"系列,2 册,台湾商务印书馆,1968 年,第 574 页。

⑥ MMAD:乌云毕力格、吴元丰、宝音德力根主编《清前期理藩院满蒙文题本》,24 册,内蒙古人民出版社,2009 年。

⑦ 理藩院,满文为 tulergi golo-be dasara jurgan,英语译作"Ministry/Board regulating the outer provinces"。英语旧译"Court of Colonial Affairs"(BH 491)似乎并不恰当。

臣院议得：厄鲁特向与我朝同好，用心前来(进贡)，我等曾准其入边。因以往如此，应如常准其入边！①

皇帝批文为"gisurehe songkoi obu"，即"著依议"，指的是理藩院的计划。
第二则题本的时间为1653年7月19日。② 如下：

题本
理藩院侍郎席达礼等谨题：为运送达赖喇嘛③行包而来厄鲁特部班迪来归事。
厄鲁特顾实汗之子车臣台吉下班迪，本系察哈尔人，偕同塞尔济勒楚呼尔察哈尔汗之赙赠，遂留于厄鲁特。达赖喇嘛来朝时，车臣台吉遣彼运送喇嘛之行包。达赖喇嘛归时，自黄河以东骑马二匹来归。臣院议得：厄鲁特顾实汗向与我朝同好，且念车臣台吉逢白帽反叛之际，有助于朝廷，封赏车臣台吉以土谢图巴图鲁岱青名号。此人非从其地来归，系遣派运送达赖喇嘛之行包者。我朝既然款待达赖喇嘛，相应由臣院派官一员，领催一员解送，④关内乘驿，关外乘差马，送至达赖喇嘛处。谨题请旨。⑤（上奏人名）

虽然厄鲁特部班迪可能携带达赖喇嘛的行包逃跑，理藩院似乎连把这视为不敬都不愿意。理藩院派人保护喇嘛的行包，让班迪自由行动。与厄鲁特的良好关系显然在该决定中扮演了中心角色。可惜找不到关于此事的更多信息。
第三则题本涉及的是一件迥然不同的事，时间为1654年4月4日。⑥

批红：著依议。
理藩院侍郎沙济达喇等谨题：为厄鲁特阿巴赖诺颜请求建造庙宇工匠事。
阿巴赖诺颜奏书内称："曾向对人民拥有权力之圣汗之明奏书。遇拥有决胜力量、知道一切之圣明，其设安逸众生之宴席。值此之时，我等均甚为欢喜，将所思之事具奏。恳请垂怜派送建庙工匠。拟建造完毕后，速行遣回。"等语。具奏皇上。奉圣旨："著该部议奏。"我部遵谕旨议曰："太宗皇帝之时，因喀尔喀土谢图汗奏请建庙工匠，曾派送石匠一名、泥水匠两名。现值招徕之时，阿巴赖诺颜又原本与我等同好。再，阿巴赖诺颜

① Michael Weiers，The Lifanyuan：A Review Based on New Sources and Traditional Historiography. In：Dittmar Schorkowitz and Ning Chia（Eds.），*The Lifanyuan and Libu revisited*，Leiden，Boston：Koninklijke Brill，2017，pp. 71-91，特别是第91页。
② Ijishōn dasan[-i] juwanci aniya ninggun biyai orin sunja，顺治十年六月二十五日。见MMAD，第18b—19a页。转写见文G。
③ 关于达赖喇嘛觐见顺治帝，见W. W. Rockhill，The Dalai Lamas of Lhasa and Their Relations with the Manchu Emperors of China. 1644—1908. In：*T'oung Pao*，Second Series，Vol. 11，No. 1，1910，pp. 1-104，特别是第11—18页。
④ 领催：bošoku（BH 746）。
⑤ 汉语翻译摘自中国第一历史档案馆、中国藏学研究中心合编《清初达赖喇嘛档案史料选编》，中国藏学出版社，2000年，第46页——译者注。
⑥ Ijishōn dasan-i juwan emuci aniya ilan biyai ice sunja，顺治十一年三月初五日。见MMAD，第61—62页。转写见文H。

来使禀称：'皇上若垂怜，恳求将各种工匠派送。'故而拟派送木匠两名、瓦匠一名、泥水匠一名。拟告知'建庙完毕后速行送来'后派送。"等语商议。为此谨题请旨。（上奏人名）

第四则题本时间为 1654 年 7 月 7 日。[①] 内容如下：

> 批红：著依议。
> 题本。理藩院侍郎沙济达喇等谨题，为从厄鲁特逃来之阿喇布坦班第事。
> 厄鲁特楚琥尔乌巴什下阿喇布坦班第之一子、家奴男子两名逃来。问阿喇布坦班第，告称："我本是察哈尔人。察哈尔汗去世后，我父巴岱伊勒都齐，连同家眷、牲畜，前去向达赖喇嘛送布施，遇库库淖尔（青海）之喀尔喀绰克图，将我等掳去。此后，厄鲁特之楚琥尔乌巴什与喀尔喀开战，杀我父，将我带去。蛇年（1653）九月，我与巴图鲁台吉下之额尔德尼绰尔济一同往来贸易时，自途中逃来祈求皇帝。前来时，因马变瘦，暂在归化城之伊拉古克三呼图克图[②]门徒达尔扎喇嘛处居住。现来之我叔父辛达逊，在察哈尔部之额驸阿布鼐亲王处。如皇上垂怜，恳请使与我叔父相见。"臣等议得：阿喇布坦班第，拟使与其叔父辛达逊相见。如厄鲁特人索要，到彼时（再）议奏。为此谨题请旨。（上奏人名）

第五则给皇帝题本时间为 1655 年 5 月 6 日，[③]批红是："著依议。"题本由启心郎[④]萧格等写成，关于班禅呼图克图由厄鲁特索诺木台吉转交奏书一事。简而言之，理藩院建议送给班禅呼图克图和索诺木台吉下列物品：三十两重银多穆（dongmo，盛酥油茶的圆壶）一个，酒海（cara）一个和缎二十匹。

一个月之后，1655 年 6 月 29 日，[⑤]理藩院向皇帝上奏，列出了厄鲁特部鄂齐尔图台吉的使者带来的贡品。使者们在张家口待命。贡品包括鄂齐尔图台吉的三百匹马，使者额尔德尼乌巴什、巴图尔博齐、巴岱塔苏尔海和达尔罕囊索的三匹马和两匹骆驼，以及苏苏木格隆的三匹马。他们一行共有六十九个男性和两个女性、一百四十二匹马和九十四峰骆驼，以及贸易用马六百匹。题本中写道："臣院议得：厄鲁特向与我朝通好，鄂齐尔图台吉之使亦举止良好，我等拟准其一行入朝。"批红仍为"著依议"。

1655 年 11 月，[⑥]厄鲁特的另一个朝贡使团到达张家口，带来了鄂齐尔图台吉的一千

---

① Ijishōn dasan-i juwan emuci aniya ninggun biyai juwan emu，顺治十一年六月十一日。见 MMAD，第 67b—68a 页。转写见文 I。

② 伊拉古克三（Ilaγuγsan，胜利、征服者），呼图克图（qutuγtu，喇嘛封号）。

③ Ijishōn dasan-i juwan juweci aniya duin biyai ice，顺治十二年四月初一日。见 MMAD，第 107b—108a 页。

④ 启心郎（mujilenbahabukō）：官职名，清初级别仅次于侍郎（ashan-i amban）。Jerry Norman, *A Concise Manchu-English Lexicon*, Seattle and London：University of Washington Press，1978，p. 203.

⑤ Ijishōn dasan-i juwan juweci aniya sunja biyai orin ninggun，顺治十二年五月二十六日。见 MMAD，第 111b—112a 页。

⑥ Ijishōn dasan-i juwan juweci aniya sunja biyai orin ninggun，顺治十二年五月二十六日。见 MMAD，第 111b—112a 页。

五百匹马,使者卓里克图乌巴什、博托洪图布慎、克受塔苏喇海、莫尔根绰尔济的七十匹马,绰克图乌巴什、阿齐图希雅、博尔哈齐绰尔济的六十匹马;巴罕喇嘛、罗布藏格隆、额齐赫绰尔济的五十匹马。使团中还有莫尔根鄂布和班珠尔班第,其中也有布施喇嘛的使者。使团一行包括二百零五人和二百零五匹马、二百八十九匹头骆驼,超过两千匹贸易用马。车臣台吉带来了三十匹马、三十八只紫貂、一张黑狐皮等。

这是迄今提到的最大的朝贡使团,题本末尾再次写道:"因厄鲁特向与我朝通好,鄂齐尔图台吉之使亦一向举止(良好),我等拟准前来向皇帝进贡之使者入朝。待将商人从(其)地(张家口)派往归化城,我等拟令其如常贸易。"①

次年四月,厄鲁特部鄂齐尔图台吉的使者抵达张家口,带来了包括马匹和骆驼的贡品。他们之中的商人被允许在归化城进行贸易。理藩院的理由同前:"厄鲁特向与我朝通好……"②

1656 年 4 月 20 日,③理藩院呈交了一份关于厄鲁特巴图鲁希亚提出的指控的题本。指控的内容如下:

> 我在阿巴噶这边名为莫得尔的地方等候我的首领达尔罕巴图鲁等来向皇上进贡时,羊年十一月初五晚,我六十二匹马被盗。次日,我带领一个同伴前去追踪,天黑后在半路过夜。第三日前去追踪,在古穆贝勒的茂明安巴特玛台吉牧群中获得四马。今在彼处又有五马散放,两匹马腿被捆,我等获得。得到共十一匹马后,告知古穆贝勒,古穆贝勒将巴特玛台吉之子阿玉什台吉招去,与我对质,向阿玉什台吉称:"你务必搜查这五十一匹马后给还。"虽命将我马带来,未给。之后,我又前去古穆贝勒处告称未将我马给还。故而古穆贝勒将名叫阿都赖之人派到阿玉什台吉(处),称:"将此马给与。如若不给马,若派你与彼等一同前去(理藩)院,不可。"因此(理藩)院议称:"拟派我部员外郎一名到古穆贝勒处,将厄鲁特带去对质。若偷窃属实,将所偷厄鲁特之五十一匹马取来与厄鲁特后遣返,将偷窃之人解来此处议罪题奏。如若不实,将厄鲁特遣去。俟核实两方之言、修书带来后议奏。为此谨题请旨。"(上奏人名)

批红一如往常:"著依议。"

最后两则呈交给皇帝的题本关于招待被送回的喀尔喀和厄鲁特使者。第一则的时间为 1656 年 12 月 23 日。④ 第二则的时间为 1659 年 5 月 5 日。⑤ 两则题本都是请求皇帝

---

① Ijishōn dasan-i juwan juweci aniya omšon biyai ice,顺治十二年十一月初一日(1655 年 11 月 28 日)。全文见于 MMAD,第 143b—144b 页。

② Ijishōn dasan-i juwan ilaci aniya ilan biyai juwan uyun,顺治十三年三月十九日(1656 年 4 月 13 日)。见 MMAD,第 173 页。

③ Ijishōn dasan-i juwan ilaci aniya ilan biyai orin ninggun,顺治十三年三月二十六日。见 MMAD,第 174—175a 页。转写见文 K。

④ Ijishōn dasan-i juwan ilaci aniya omšon biyai ice jakōn,顺治十三年十一月初八日。见 MMAD,第 189 页。

⑤ Ijishōn dasan-i juwan ningguci aniya anagan-i ilan biyai tofohon,顺治十六年闰三月十五日。见 MMAD,第 214 页。

决定要赠与的礼物和回程路途所需之物。两则批红一如往常,均为"著依议"。

有些奇怪的是,1656 至 1659 年间不再有关于厄鲁特派出的使者或者朝贡使团及其他任何问题的记录。以此可以推测,该集录似乎随机选取题本进行收录。尽管如此,我们还是从上述关于满族和厄鲁特的关系的原始资料中获取一些信息。

早在 1632 年,双方之间就已必然存在着紧密联系。1636 年,和硕特部王子顾实汗(Guši Qan, Gu shri bstan 'dzin)建立汗国,在接下来几年中,他通过支持格鲁派并使五世达赖喇嘛掌控当地政治来拓展自身对西藏的控制。早在努尔哈赤时期,本为萨满教徒的满族人就已经与藏传佛教进行了接触。之后,满族人也支持格鲁派,实际上巩固了该教派在西藏的最高地位。在本文所研究的时间中,正如题本中可见,满族与顾实汗关系良好。和硕特及其同盟喀尔喀作为属国受到保护,在遭遇困难时有权通过理藩院向清帝寻求帮助。噶尔丹登场之后,风向开始转变。

文中所提满文引文的转写

Text A:［...］（2）*ōled-i dorgi-de*（3）*g'aldan tucinjifi . banitai ehe oshon . jalingga koimali ofi . ini*（4）*ahōn deo-be wafi . duin ōled-be yooni bargiyara . geli adaki*（5）*jecen-i babe ibedeme gaire jakade . hōsun ulhiyan-i nonggibufi . gōnin ele bade oho .*

Text B:（r. 1）［...］*musei*（2）*gurun-i tuktan fonde . terei aiman-i da gusi*（3）*han-de isinjifi . teni durbet . huhu noor*（4）*amargi ōlet . hōwang ho birai mudan-i wargi*（5）*ergi geren aiman-be yooni baha . sure han .*（6）*wesihun erdemungge forgon-de . elcin takōrafi albabun*（7）*jafanjihe-de .*（v. 1）*šidzu eldembuhe hōwangdi abdangga fungnehen doron šangnafi . ini*（2）*fejergi geren-be kadalabuha . amala g'aldan . amargi ōlet-ci*（3）*duribufi . beyebe taiji obuha . jalingga koimali doksin*（4）*oshon . banitai dain-de amuran ofi . musei harangga*（5）*aiman kalka-be nungneme . morin ulha-be durime*（6）*tabcilaha . adaki aiman-be ibedeme gejurehe . ehe-be toktobuci ojorakō turgunde .*［...］

Text C:**F 2865**（1）*sure han-i ilaci aniya: sohon meihe aniya:*（2）*aniya biyai juwan juwe-de monggo urut gurunci*（3）*ubašame jihe minggan beilei jui + angkōn darhan hosioici*（3）*nimeme akō oho-de*［...］

Text D:**F. 3857**（7）○*jakōn-de , dahame jihe urut gurun-i minggan beile-i jui dorji efu-be . soktofi + han-i juleri juwe jergi loho jafaha . aba-i niyalma-be gana seme takōraha-de .*（8）*sain niyalma-be gajihakō . ehe niyalma-be gajiha seme beiguwan-i hergen-be efulehe bihe: + gurun taifin-i fonde baime jihe gung-de nakaha: tanggō yan-i weile gaiha:*

Text E:**F. 4794**（1）*ice nadan-de*［...］（10）*dayaci si dade . monggo-i urut gurun-i minggan beile-i hojihon bihe: minggan beile gurun gajime ubašame* **4795**（1）*jiderede . si emgi dahame jihe: jai joriha jurgan-be jurcerakō . afabuha weile-be mutembi:*

(2) *kicebe sain seme nirui janggin obuha: jai juwe jergi sirambi.*

Text F: F. 5285 (1) ◯*uyun-de: monggoi kalkai: maha samadi han-de: doro acara jalinde* (2) *gisureme genehe ui jaisang se: maha samadi: han-i doroi jalinde* (3) *gisureme. hengkileme ulga ulin alban benjime jidere: weijeng lama: biceci* (4) *ubasi: jehei honjin. biceci bandi. dedei bingtu:* ◯*ujimucin-i* (5) [*n*]*amu honjin* (6) *ujulaha ninggun elcin: hōdai niyalma emu tanggō susa*i (7) *ninggun niyalma gajime isinjiha: juwan emu-de: maha samadi han-i* (8) *weijeng lama se. — enduringge — han-de acara-de: ceni alban benjihe* (9) *ulin ulga-be faidafi: ini han-i wesimbume unggihe bithe-be. weijeng* (10) *lama jafafi. geren-be gaifi niyakōraha manggi monggoi bithe da* **5286** (1) *hife alime gaiji. — enduringge — han-i juleri niyakōrafi hōlaha:* (2) *tere bithe-de henduhe gisun:* (3) *maha samadi secen han: + eiten-be etehe* (4) *— sure — han-de bithe wesimbuhe: ijishōn doro-be uhe obufi: ebsi* (5) *casi elcin yabubuhangge: be doro bithei uju sembi: nikan-*(6)*de hōdašarai jalin-de. Morin uncara-be waka sehebi: be hōdašara-be nakaki* (7) *seme bisire-de: nadan gōsai kalka: duin oirut gemu hōda dosika* (8) *manggi be hōda dosimbuha bi: elcin weijeng lama ujulafi ninggun* (9) *uju bi: tuttu bithe hōlame wajiha manggi: weijeng lama se.* (10) *dorolome ilan jergi niyakōrafi uyun jergi hengkileme wajiha manggi amba sarin sarilaha*

Text G: MMAD, 18b: (1) The imperial rescript is illegible.

(2) *wesimburengge*

(3) ◯*tulergi golo-be dasara jurgan-i ashan-i amban sidari sei gingguleme*

(4) *— wesimburengge. dalai lamai aciha acime jihe ōlet-i bandi ukame jihe jalin.* (5) *ōlet-i gusi han-i jui cecen taiji-i bandi. da cahar-i niyalma. cahar han-i* (6) *buyan beneme serjil cōhur-i emgi genefi ōlet-de bihe bi: dalai lama jidere-de* (7) *cecen taiji. lamai aciha acikini seme tucibufi unggihebi: dalai lamai* (8) *generede. hōwangho bira-ci ebsi juwe morin yalufi ukame jihebi:* (9) *jurgan-i gisurehengge ōlet-i gusi han muse-de sain. cecen taiji* (10) *geli. šanggiyan mahala-i ubašaha fonde muse-de tusa araha seme cecen* (11) *taiji-be muse tusiyetu baturu daicing seme gebu fungnehe bi: ere* (12) *niyalma inu buci ukame jihengge waka. lamai aciha acire-de tucibufi* (13) *unggihengge: dalai lama-be muse kundulere-be dahame. meni jurgan-i emu hafan.* (14) *emu bošoko* [*bošokō*] *tucibufi akdulame. asarame. dolo giyamun yalubume. tule* **19a** (1) *ulan yalubume lama-de amcame genebuki sembi: erei jalin* (2) *hese-be baime gingguleme wesimbumbi:* (3) *ijishōn dasan juwanci aniya ninggun biyai orin sunja:* (4) *ashan-i amban sidari* (5) *mujilen bahabukō naige* (6) *aisilakō hafan gubiltu* (7) *turui* (8) *toolai* (9) *damdai* (10) *nikacan* (11) *buida* (12) *šahōn.* **19b** (1) *baki* (2) *usuntai* (3) *bayartu* (4) *haisandai* (5) *ejeku hafan ursan.* (6) *jiman.*

Text H: MMAD, 61a: (1) *gisurehe songkoi obu:*

(2) *wesimburengge*

(3) ○*tulergi golo-be dasara jurgan-i ashan-i amban šajidara sei gingguleme* (4) *wesimburengge:*
ōlet-i abalai noyan. miyoo arara faksisa-be baire jalin (5) *abalai noyan-i wesimbuhe*
bithe-de niyalmai erketu (6) — *enduringge han-i genggiyen-de bithe wesimbuhe:* (7) —
etehe erketu eaten-be sara genggiyen-de ucirafi: eaten ergenggese-de jirgacun-i (8) *sarin-*
be selgiyeme isibure. ere forgon-de: be uheri ambula urgunjeme. gōniha (9) *babe*
wesimbuhe: gosici miyoo arara faksisa-be unggireo: weileme wajiha (10) *manggi hōdun*
unggiki sehebe (11) — *dele wesimbuhe:* (12) — *enduringge hese. jurgan gisurefi*
wesimbu sehe: meni jurgan (13) — *hese-be gingguleme dahafi gisurehengge:* (14) —
*taidzung hōwangdi fonde. kalkai tusiyetu han. miyoo arara faksi baime wesimbure***61b**
(1) *jakade. wehe faksi emke. misuijan juwe unggihe bihe: te elbire ucuri* (2) *abalai*
noyan geli daci muse-de sain: jai abalai noyan-i jihe elcin buir (3) *batur-i alarangge:*
(4) — *dergici gosici hacingga faksi unggireo sehe sembi: uttu ofi mujan juwe: wanjan*
(5) *emke: misuijan emke unggiki: miyoo arame wajiha manggi. hōdun benju seme*
hendufi (6) *unggiki seme gisurehebi: ini jalin* (7) — *hese-be baime gingguleme*
wesimbumbi: (8) *ijishōn dasan-i juwan emuci aniya ilan biyai ice sunja*:
(9) *ashan-i amban šajidara.* (10) *mujilen bahabukō naige.* **62a** (1) *aisilakō hafan*
fuka. (2) *tumalai* (3) *niohe.* (4) *dandai* (5) *caki* (6) *eyetu* (7) *cinju* (8) *usutai.*
(9) *ejeku hafan jiman* (10) *mala*

Text I: MMAD, 67b: (1) *gisurehe songkoi obu:*

(2) *wesimburengge*

(3) ○*tulergi golo-be dasara jurgan-i ashan-i amban šajidara sei gingguleme* (4) —
wesimburengge: ōlet-ci ukame jihe arabtan bandi-i jalin: ōlet-i cōhur (5) *ubasi-i*
arabtan bandi-i emu jui. booi aha juwe haha ukame jihebi: (6) *arabtan bandi-de*
fonjici. alarangge. bi daci cahar-i niyalma: (7) *cahar-i han-be akō oho manggi mini*
ama badai ilduci. boigon ulga (8) *nisihai dalai lama-de buyan beneme genere-be. huhu*
noor-de kalkai cokto (9) *ucarafi membe oljilafi gamaha: terei amala. ōlet-i cōhur*
ubasi. (10) *kalkai emgi dailafi mini ama-be wafi. mimbe gamaha bihe. bi meihe aniya*
(11) *uyun biya-de baturu taiji-i erdendi corji-i emgi hōda jifi genere-de* (12) *jugōn-ci*
ebsi (13) — *ejen-baime ukame jihe: jidere-de morin turga ofi. huhu hoton-i* (14)
*ilagōksan hōtuktui šabi. darja lama-i jakade taka tefi. te jihe***68a** (1) *mini ecike*
sindasun. cahar-i gurun-i efu abunai cin wang-de bi: (2) — *dergi-ci gosici. mini ecike-*
ce acabureo sembi: jurgan-i gisuregengge (3) *arabtan bandi-be. ini eshen sindasun-de*
acabuki. ōlet-I niyalma leheme (4) *gisureci. tere fonde gisurefi wesimbuki sembi. erei*
jalin (5) — *hese-be baime gingguleme wesimbumbi:* (6) *ijishōn dasan-i juwan emuci*
aniya. ninggun biyai juwan emu:
(7) *ashan-i amban šajidara.* (8) *sidari* (9) *mujilen bahabukō naige.* (10) *aisilakō*
hafan gobiltu. (11) *ursan.* (12) *ejeku hafan jiman.*

Text K: MMAD, 174a: (1) *gisurehe songkoi obu:*

(2) *wesimburengge*

(3) ○*tulergi golo-be dasara jurgan-i hashō ergi ashan-i amban. amban sidari sei gingguleme* (4) — *wesimburengge: ōlet-i baturu hiya-i habšaha jalin:* (6) *ōlet-i baturu taiji-i baturu hiya-i habšarangge. mini-de darhan baturu se* (7) — *dele alban benjime jihe-be aliyame aibaga-i ebele. moo del gebungge bade bisire-de.* (8) *honin aniya omšon biyai ice sunja-i dobori mini ninju juwe morin. hōlhabuha.* (9) *jai inenggi. bi emu gucu gaifi songko-be dahalame genehei yamjifi andala* (10) *dedufi. ilaci inenggi songko-be dahalame genefi. gumu beile-i moo minggan-i* (11) *batma taiji-i adun-de duin morin baha. ineku tubade jai sunja morin* (12) *sula. juwe morin-i bethe-be hōwaitafi bihe. be baha. uheri juwan emu morin* (13) *bahafi. gumu beile-de alanaha manggi. gumu beile. batma taiji-i jui ayusi* (14) *taiji-be gamafi. mini emgi angga acabume fonjifi ayusi taiji-i baru si* **174b** (1) *ere susai emu morin-be urunakō baicafi bu sehe: mini morin-be gaji seci* (2) *buhekū: amala. bi geli gumu beile-de genefi. mini morin-be bujakō seme* (3) *alara jakade. gumu beile. adulai gebungge niyalma-be ayusi taiji-de* (4) *takōrafi. erei morin-be bu: morin-be burakō oci. si esei emgi jurgan-de* (5) *gene seme takōraci ojorakō sembi: uttu ofi jurgan-i gisurehengge.* (6) *meni jurgan-i emu aisilakō hafan-be gumu beile-i jakade unggifi. ōlet-be* (7) *gamafi angga acabume fonjibuki. hōlhaha yargiyan ai. ōlet-i hōlhabuha* (8) *susai emu morin-be gaifi ōlet-de bufi unggiki hōlhaha niyalma-be ubade* (9) *gajifi weile gisurefi wesimbuki: tašan oci: ōlet-be casi unggiki:* (10) *juwe bacin-i gisun-be yargiyalame bithe arafi gajiha manggi gisurefi* (11) *wesimbuki sembi: erei jalin gingguleme wesimbuhe* (12) — *hese-be baimbi:* (13) *ijishōn dasan-i juwan ilaci aniya ilan biyai orin ninggun.*

(14) *hashō ergi ashan-i amban. amban sidari* (15) *ici ergi ashan-i amban. amban šašter.* **175a** (1) *mujilen bahabukō amban naige.* (2) *aisilakō hafan amban jiman.* (3) *aisilakō hafan amban doki.*

The first contacts of the Manchus with the Oirats:
From early Qing to the Shunzhi period

Britta-Maria Gruber Bonn University

Liu Yanyan Ningbo University

Abstrat: The Western Mongolian Oirats are well-known in Chinese history due to G'aldan and his successors posing an enormous threat to the Manchu rulers leading to long-lasting military conflicts ending only in 1758 with the Qing army's victory. This article focusses on the Manchus' contacts with the Oirats long before hostilities broke out. During this early period, relations seem to have been based on a kind of vassalship

119

as shown in the memorials of the Shunzhi era and before in the few entries in the *Jiu Manzhou dang*. Apparently，the Manchu rulers were considered as the highest authority to be consulted in a variety of matters via the Lifan yuan.

Keywords：Lifan yuan；Manchu-Mongolian relationship；Oirats.

（本文作者分别为德国波恩大学汉学系、中国宁波大学德语系讲师,译者为德国波恩大学博士研究生）

18 世纪后期清朝与浩罕早期关系史研究[*]

马　茜　王启明

摘　要：文章利用新近影印出版的满汉文档案,对 18 世纪后期清朝与中亚浩罕国的早期关系史进行了探讨,指出清朝曾主动争取浩罕国的归附,而浩罕为了寻求政治与经济上的权益,与清朝建立了较为松散的藩属关系。政治上,浩罕意在借助清朝权威号令周边部落,扩大自身地盘,清朝起初对其与布鲁特的地盘纷争采取较为积极的干涉政策,后期逐渐转变为不干涉主义;经济上,浩罕以藩属的身份呈请清朝减免税收,获得使臣所携货物免税、民间贸易减税的许可,大大方便了浩罕国对清朝的东方贸易。

关键词：18 世纪;清朝;浩罕;关系史

18 世纪中叶的中国在经历了乾隆二十年(1755)到二十四年(1759)间平定准噶尔与大小和卓之乱后,进入到清朝的最鼎盛时期。在清军统一天山南北的过程中,清朝与沿边中亚哈萨克及布鲁特(吉尔吉斯)、浩罕等部落发生关系,其中哈萨克与布鲁特随即派遣使臣归附清朝,正式成为清朝西北边疆最为重要的两个藩属之国。正如 19 世纪初魏源在其《圣武记》中所揭示:"新疆南北二路,外夷环峙,然其毗邻错壤作我屏卫者,惟哈萨克、布鲁特两部落而已。"①但中隔布鲁特游牧之地,18 世纪后期位于中亚费尔干纳盆地,由乌兹别克人额尔德尼与纳尔巴图统治下的浩罕国同样与清朝建立了较为松散的藩属关系。20世纪 90 年代潘志平所著《中亚浩罕国与清代新疆》一书揭示了双边关系史的一些基本问题,②是研究这一领域的不可或缺的参考书。21 世纪初吴劳丽(L. J. Newby)出版了相同主题的专著,③近年斯格特(Scott C.Levi)亦出版了以浩罕为主题的专著,④但就双边关系史而言,后两书在整体上仍未超出潘志平的讨论框架。近年来,随着中国第一历史档案馆有关双边关系史的满文档案的公布,⑤使得相关问题得以深入讨论。本文主要利用现有满汉文档案,就浩罕与清朝藩属关系的确立及其内涵、清朝在藩属关系确立过程中的角

---

* 本文系中央高校基本科研业务经费专项资金特别项目"清代回疆换防八旗满文档案的翻译整理与研究"(编号 19SZTZ02)的阶段成果。

① 魏源《圣武记》,岳麓书社,2010 年,第 180 页。

② 潘志平《中亚浩罕国与清代新疆》,中国社会科学出版社,1991 年。谨案,该书 2006 年以《浩罕国与西域政治》之名在新疆人民出版社再版。

③ 吴劳丽《帝国与汗国:清与浩罕政治关系史 1760—1860》(L. J. Newby, *The Empire And The Khanate: A Political History Of Qing Relations with Khoqand c . 1760—1860*),博睿出版社,2005 年。

④ 斯格特《浩罕的兴衰:1709—1867》(Scott C.Levi., *The Rise And Fall Of Khoqand*,1709—*1867*),匹兹堡大学出版社,2017 年。

⑤ 主要散布在中国边疆史地研究中心与中国第一历史档案馆合编的《清代新疆满文档案汇编》(广西师范大学出版社,2012 年)影印套书中。

色、藩属关系确立后清朝早期对外政策之演变,以及浩罕对清朝的贸易关系等问题展开讨论。

一、浩罕与清朝藩属关系的确立及其内涵

在中亚各部政权归附清朝的过程中,魏源曾描述新疆以西属国中的哈萨克、布鲁特与安集延等部在当时"王师勘定准回,已拓版图周二万余里"的情况下,各部"不鞭笞而就我衔勒,不招致而附我藩墉",①似乎所有部落都是自愿主动归附于清朝,然魏源此说并不能完全涵盖所有中亚归附政权,如哈萨克阿布赉便曾容留背叛清朝的准噶尔阿睦尔撒纳,并派兵阻挡清军,结果兵败而逃,始悔罪请求归顺中国。② 而且魏源以上描述也掩盖了清朝在浩罕归附中国的外交活动中的积极主动性。

有关浩罕归附清朝的时间,椿园在乾隆后期所著私家方志《西域闻见录》"外藩"一节记载当时指代浩罕的安集延于乾隆二十三年(1758)归附清朝,③但乾隆朝所修其他官私方志认为浩罕正式归附清朝为乾隆二十四年(1759),如官修《钦定西域图志》记载:"乾隆二十四年,将军兆惠追捕霍集占,遣侍卫达克塔纳等抚定布鲁特诸部,遂至其地。额尔德尼伯克遣都官伯克迎至城内……使旋,乃遣头目托克托玛哈墨第等谒军门,赍奉额尔德尼等恭进皇上表文……于是四城咸内附。"④而苏尔德私撰《新疆回部志》记载蒿汉(浩罕)"自乾隆己卯岁,回目额尔德尼遣头目拜默特等入觐内附",⑤乾隆己卯岁为乾隆二十四年,可见浩罕正式归附中国的确切时间为乾隆二十四年。但椿园所记之乾隆二十三年(1758)却是清朝积极主动尝试联系浩罕伯克商讨堵截大小和卓及劝谕浩罕归附清朝的重要年份。

乾隆二十三年春,清朝派遣大军出征叛逆负恩之大小和卓,清朝五月上谕显示定边右副将军兆惠拟绕道布鲁特直抵回疆叶尔羌、喀什噶尔,⑥意图与靖逆将军雅尔哈善夹攻大小和卓,六月上谕显示兆惠已过特穆尔图淖尔(今伊塞克湖)招抚当地布鲁特诸部,⑦其所派侍卫乌勒登报告在布鲁特玛木特呼里处遇到安集延、纳木干两城回子商人愿意归附清朝,因此将其带到兆惠跟前,兆惠询问了有关安集延、纳木干二城的基本情况后,告诉回子商人右翼布鲁特玛木特呼里已归附清朝,令他们给安集延、纳木干二城伯克带去要求归顺清朝的文书,兆惠在札付中开宗明义地介绍了归附为外藩的含义,其满文内容转写、汉译如下:

---

① 魏源《圣武记》,第 175 页。
② 钟兴麒、王豪、韩慧校注《西域图志校注》,新疆人民出版社,2002 年,第 562 页。
③ 椿园《西域闻见录》卷三《外藩列传·安集延》,味经堂梓嘉庆十九年刻本,第 4—5 叶。"安集延,回子一部落也。其汗额得讷最为著名,既死,其弟讷拉帕塔立,统领四城,最大者曰豪罕,三万余户,为其汗之巢穴;次曰玛拉噶朗,二万余户;次曰奈曼,万余户;最小之城曰安集延,千户耳。四城之人皆其汗之阿拉巴图。乾隆二十三年归附中国。"
④ 钟兴麒、王豪、韩慧校注《西域图志校注》,第 577 页。
⑤ 永贵、苏尔德《新疆回部志》卷三《外夷》,《四库未收书辑刊》第 9 辑第 7 册,北京出版社,1997 年,第 805 页。
⑥ 《清高宗实录》卷五六三,乾隆二十三年五月丙午,中华书局,1985 年,第 139 页。
⑦ 《清高宗实录》卷五六四,乾隆二十三年六月丙寅,第 157 页。

enduringge ejen serengge. abkai fejergi be uherilehe amba ejen. duin mederi i dorgi monggo nikan biretei gemu jušen albatu.mederii tulergi hacingga aiman i urse gemu hartungga oho. goro bai ajige aiman dahame dosici. damu bilume gosime kesi fulehun isibumbi. alban šulehen gaijakū. etuku adu halaburakū. ceni niyalma be damtun obume biburakū. an i meni meni tacihiyan be dahame jirgabume banjibumbi. cihanggai jiderengge be iliburakū. jidere cikahakūngge be inu hacihiyara ba akū.①

圣主者,乃一统天下之大主,四海之内蒙古、汉人皆为奴仆,海外诸部之民皆已附属。远处小部若来归附,惟抚恤施以恩典,不派差使赋税、不易服饰,不将他们人员留作人质,仍循各自风俗安逸生活,情愿来者不加阻止,不愿来者亦不勉强。

据上不难看出,兆惠首先介绍了大清皇帝作为天下大主,蒙古、汉人皆已归附,如若安集延、纳木干二城伯克前来归附,不用承担内地编户齐民所要交纳的赋税与更改服饰等完全接受统治的义务,也无须履行古代作为归附标志之一的质子制度,仍可按照自身习俗生活,即作为广义的藩属而已。换言之,作为属国不仅无须承担任何义务,反而还会得到清朝的恩典。进而兆惠在咨文中介绍了准噶尔达瓦齐与阿睦尔撒纳覆灭之经过以及哈萨克阿布赉归附被封为汗的情况,此外还介绍了大小和卓如何背叛清朝及清军现在征讨情况,指示二城伯克,若两和卓逃往安集延等地,务必捉拿解送清军,若有隐藏,清军便直捣安集延亲自捉拿,两城伯克若情愿归附,可在来年春天到伊犁会见。② 但此咨文或许并未送达,加之将军兆惠当年下半年前往回疆接替雅尔哈善指挥清军,但因他轻敌进攻叶尔羌,反被围困于"黑水营",当年底在援军的帮助下始突围返回阿克苏,致使清军的平叛行动延迟到来年。

乾隆二十四年(1759)六月,清军经过充分准备后,开始兵分两路夹击大小和卓盘踞之喀什噶尔与叶尔羌两城,虽然闰六月"喀什噶尔、叶尔羌回众相继投降",③但两和卓已经潜逃,在此之前,兆惠已经获悉"霍集占兄弟与霍罕城之额尔德尼伯克交好,将来或往相投",④遂派二等侍卫达克塔纳带领六名索伦与厄鲁特兵、两名回子向导以及绸缎银两等赏赐物品,于闰六月十七日从喀什噶尔动身前往浩罕、玛尔噶朗、安集延、纳木干等城及布鲁特等部宣谕各头人协力堵截和卓。⑤ 八月初乾隆根据兆惠上奏"随逆贼之伯德尔格等俱系安集延、布哈尔之人,必前往安集延"的情报后,指示"贼若果入安集延,兆惠既领兵索

① 中国边疆史地研究中心、中国第一历史档案馆合编《清代新疆满文档案汇编》第 30 册,乾隆二十三年六月二十日"定边右副将军兆惠奏报侍卫乌勒登赴右翼布鲁特玛木特呼里比处致书安集延纳木干等处回子伯克折(附咨文 1 件)",广西师范大学出版社,2012 年,第 369—370 页。

② 此即《清高宗实录》卷五七五(乾隆二十三年十一月辛亥,第 327 页)之"前因招降安集延、纳木干二城回人,约来春到伊犁投见"之背景。

③ 和宁著,孙文杰整理《回疆通志》,中华书局,2018 年,第 169 页。

④ 《清高宗实录》卷五八八,乾隆二十四年六月乙卯,第 532 页。

⑤ 中国边疆史地研究中心、中国第一历史档案馆合编《清代新疆满文档案汇编》第 39 册,乾隆二十四年闰六月二十日"定边将军兆惠等奏从喀什噶尔派员晓谕浩罕等协力堵截和卓片",第 419—420 页。

取,而富德复行追袭,非为我兵所擒,即为安集延之人缚献矣"。① 与此同时,定边右副将军富德也晓谕前来回疆贸易的安集延商民,令其返回时转告各自伯克,若和卓兄弟逃至彼处一定解送,若有藏匿,清朝大军将进入边界亲自捉拿。② 正是在此背景下,八月上旬兆惠收到侍卫达克塔纳来信,告知布鲁特额德格讷之阿济毕情愿归附清朝,并派使臣来至喀什噶尔投书归诚,达克塔纳虽尚未前往浩罕额尔德尼处,但额尔德尼带话"若阿济毕归顺,他也归顺,请使臣前来我处"。③ 至十月初,兆惠奏报大小和卓之乱平定及侍卫达克塔纳禀报浩罕、玛尔噶朗、安集延、纳木干等城为首回子伯克额尔德尼等归顺欲为臣仆。④ 侍卫达克塔纳几天后带领浩罕使臣来到喀什噶尔,禀报自己从额德格讷布鲁特阿济比处依次招服安集延与玛尔噶朗后,被浩罕额尔德尼所派都官伯克迎至浩罕城设宴款待,并告知清朝来使"前此将军并未行文我等,亦未经差人前来",⑤如果额尔德尼此说属实,说明此前兆惠、富德等人通过安集延、纳木干等商人所带文书并未送达,抑或额尔德尼所言非实。但额尔德尼见到清朝使臣后,表示"我等实不胜欣喜,情愿将所属安集延、玛尔噶朗、那木噶、和罕等四城人众输诚效力,均为大皇帝臣仆"。⑥ 兆惠将来使托克托玛哈墨第、白玛哈墨第所带投诚书札翻译如下:

> 额尔德尼伯克伏愿大将军大人永享厚福,并请大皇帝钦差统兵至威至勇如达赖札木西特之将军等安。仰赖上天之德、大皇帝洪福,大众安善,我等地方安生乐业。又闻得将军来至叶尔奇木、哈什哈儿后,其布鲁特、哈萨克等众部落俱给文书,不知我等部落因何未及给发。正在盼望,今侍卫达克塔纳、莫罗玛尔杂费到将军书谕,令我等永修和好,不胜感悦,所有恭进大皇帝奏疏及呈报将军等书,特差我亲信莫罗托克托玛哈墨第、白玛哈墨第费去,并有令伊等口禀之语,如蒙将军许令,使人前往京师瞻仰大皇帝之处,并求指示,我等惟有倾心恭顺。⑦

据上,浩罕伯克额尔德尼通过一套符合清朝归附礼仪的客套说辞向清朝表达了自己的归

---

① 《清高宗实录》卷五九四,乾隆二十四年八月己卯,第613页。

② 中国边疆史地研究中心、中国第一历史档案馆合编《清代新疆满文档案汇编》第40册,乾隆二十四年八月初十日"定边右副将军富德等晓谕安集延商人不可容留霍集占等情折",第423页。

③ 中国边疆史地研究中心、中国第一历史档案馆合编《清代新疆满文档案汇编》第40册,乾隆二十四年八月十七日"定边将军兆惠奏遣使赴安集延晓谕阿济比擒献霍集占折（缺文尾）",第440页。erdeni beki gisun. aji bi dahaci. bi inu dahambi. jihe elcin be mini bade jikini sehe. 谨案,据所引该条满文档案记载,《清高宗实录》(卷五九六,乾隆二十四九月庚申)所记敕书"侍卫达克塔纳等至安集延、霍罕,见阿济毕、额尔德尼伯克俱诚心内附"文字似有不确。

④ 中国边疆史地研究中心、中国第一历史档案馆合编《清代新疆满文档案汇编》第42册,乾隆二十四年十月初七日"定边将军兆惠等奏贺平定大小和卓之乱及浩罕安集延遣使归诚折",第24页。

⑤ 中国边疆史地研究中心、中国第一历史档案馆合编《清代新疆满文档案汇编》第42册,乾隆二十四年十月十三日"定边将军兆惠等奏安集延浩罕等遣派使臣修书投诚折",第113—114页。

⑥ 中国边疆史地研究中心、中国第一历史档案馆合编《清代新疆满文档案汇编》第42册,乾隆二十四年十月十三日"定边将军兆惠等奏安集延浩罕等遣派使臣修书投诚折",第113页。

⑦ 中国边疆史地研究中心、中国第一历史档案馆合编《清代新疆满文档案汇编》第42册,乾隆二十四年十月十三日"定边将军兆惠等奏安集延浩罕等遣派使臣修书投诚折",第112—113页。谨案,《钦定西域图志》卷45《藩属二·霍罕》亦载有相应表文,但内容稍有不同,此处引用原始奏折档案。

顺之意。此后浩罕使臣获准进京朝觐乾隆皇帝,清朝亦发给浩罕敕书,并派遣侍卫护送浩罕使臣返回,经此一系列外交事件,标志着浩罕与清朝藩属政治关系的确立。① 但相较哈萨克阿布赉"称臣内属,受封爵"为汗,以及布鲁特"大小头目,向皆由参赞大臣奏放,给以翎顶,二品至七品有差"的封爵、授官之举,②浩罕从未受到来自清朝的授封官爵。此外,浩罕也不能与《皇清职贡图》对哈萨克、布鲁特的"遂隶版图"的文字描述相比拟。③ 即浩罕的藩属地位与哈萨克、布鲁特完全不能相提并论。关于其藩属地位,乾隆皇帝在乾隆三十六年土尔扈特归顺记中做了最为精辟的阐述:"西域既定,兴屯种于伊犁,薄赋税于回部。若哈萨克、若布鲁特,俾为外圉而羁縻之。若安集延、若巴达克山,益称远徼而概置之,知足不辱、知止不殆,朕意亦如是而已矣。岂其尽天所覆,至于海隅,必欲悉主悉臣,为我仆属哉。"④对于浩罕日后派人朝觐一事,乾隆皇帝也直接指明浩罕额尔德尼"不过一外藩之人,不可与喀什噶尔、叶尔羌等处伯克等相提并论。伊若派人则送来,若不来亦不必强迫"。⑤ 但既然浩罕在清朝的诸多藩属部落中地位不高,为何浩罕早期仍愿意与清朝保持这种松散的藩属关系,其用意何在? 结合各种资料来看,浩罕无非想通过归附清朝获取政治与经济两方面的红利,下文两节将主要从清朝对浩罕的外交政策与浩罕对清朝的贸易两个方面分别论述浩罕的政治与经济利益追求。

二、清朝对浩罕的外交政策

在争取政治权益方面,额尔德尼早在乾隆二十四年派遣其使臣来至喀什噶尔时即已表明,并集中表现在其使臣的口禀之语中,其汉译内容如下:

> 我额尔德尼毕说,我闻得东方中国有一大皇帝,西方洪喀尔地方有一汗,即我等书内亦如此记载。我早欲差人愿为中国大皇帝属下,因准噶尔从中间隔,未得差人前往。嗣又为霍集占等阻碍道路不能通达,今蒙大皇帝威福,将准噶尔全部剿灭,叶尔奇木、哈什哈尔俱各收服。大皇帝钦差将军使人前来,我甚欣喜。再布鲁特等性情不常,专事抢夺,且喜侵犯临近部落,闻得伊等皆已为大皇帝臣仆,我欲与伊剖断是非,又恐上烦天听,恳求大皇帝怜悯赏一钤印黄札,约束东布鲁特等,则布哈尔、萨马尔罕等部落统归大皇帝属下。⑥

据上,浩罕来使口中所言"中国大皇帝",满文作 dulimbai gurun emu amba han,⑦虽然我

① 潘志平《浩罕国与西域政治》,新疆人民出版社,2006 年,第 26 页
② 王树枏等纂,朱玉麒等整理《新疆图志》卷十六《藩部一》,上海古籍出版社,2015 年,第 388、386 页。
③ 傅恒等纂《皇清职贡图》,《钦定四库全书荟要》本,吉林出版集团有限责任公司,2005 年,第 513、515 页。
④ 《清高宗实录》卷八九二,乾隆三十六年九月乙巳,第 963 页。
⑤ 中国第一历史档案馆编《乾隆朝满文寄信档译编》第 7 册,乾隆三十一年十二月初七日"寄谕驻喀什噶尔办事参赞大臣绰克托浩罕派人朝觐一事听其自便",长沙:岳麓书社,2011 年,第 670 页。
⑥ 中国边疆史地研究中心、中国第一历史档案馆合编《清代新疆满文档案汇编》第 42 册,乾隆二十四年十月十三日"定边将军兆惠等奏安集延浩罕等遣派使臣修书投诚折",第 112 页。
⑦ 中国边疆史地研究中心、中国第一历史档案馆合编《清代新疆满文档案汇编》第 42 册,乾隆二十四年十月十三日"定边将军兆惠等奏安集延浩罕等遣派使臣修书投诚折",第 106 页。

们已无从知晓浩罕使臣当时所讲"中国大皇帝"的帕尔西语(波斯语)原话,①但这一满汉对译应该不是兆惠的随意之笔,在当时清朝平定天山南北的背景下,清朝在这一外交场合中用 dulimbai gurun 对译中国、用 amba han 对译大皇帝,清楚地表达了当时清朝即为中国、清朝大汗即中国皇帝这一信号。这一案例也再次证明了美国"新清史"代表人物之一欧立德(Mark Elliot)从内陆欧亚的视角出发,认为清朝并非中国,清朝为一"满洲"帝国,中国只是这一帝国中的一部分而已,甚至有些新清史学者也不称呼为清朝皇帝为中国皇帝的观点很值得商榷。② 再者,浩罕声言早欲为中国大皇帝属下,但此前兆惠等人通过安集延等商人送信额尔德尼完全未见回应,其归顺只不过为说辞而已,无须付出任何实质的政治义务,其意图非常明显,就是希望获得一封"钤印黄札"(满文:emu doron gidaha suwayan bithe),③借助清朝的声威提高自己在中亚的威望,进而扩充自身势力范围,约束东布鲁特,并趁机取得对布哈尔、萨玛尔罕等地的优势权力。最为突出的案例为乾隆二十七年参赞大臣永贵奏额尔德尼伯克回复书札"谓前遣使人奉有谕旨称伊为汗,且以喀什噶尔岭为界"之事,乾隆谕令永贵发书严饬云,"向来寄尔之书俱称伯克,何得妄自称汗。又何尝奉有喀什噶尔岭为界之旨。尔意以大皇帝谕旨,我等俱不得见,岂知凡有关系外藩事宜,俱传谕我等知之,何得妄行编造。嗣后往来书札,惟以恭顺信实为主,不可仍蹈故辙,致取罪戾"。④ 从中不难看出浩罕的领土扩张野心,但清朝的立场也非常明确,即禁止称汗。有关这方面的论述,日本学者佐口透早已提及,⑤近来小沼孝博等人亦有清晰的论述,⑥此处不再赘述。本文关注点是此后浩罕扩张其势力范围,在与周边部落发生争端,尤其与布鲁特发生争端时,清朝持何种立场? 这实际上关涉到清朝对浩罕的外交政策与态度问题,吴劳丽曾指出在涉及地区领土争端(regional territorial disputes)问题时,清朝对浩罕实行"不干涉政策"(a policy of non-interference),⑦但这一论断并不能合理解释浩罕归附清朝初期的实际情况。如乾隆二十四年,兆惠在听闻前文所引浩罕使臣转述额尔德尼的口头禀呈后,当即回复"尔额尔德尼伯克只应将伊属下和罕、玛尔噶朗、安集延、

---

① 永贵、苏尔德《新疆回部志》卷三《外夷》蒿汉"其奏表书呈,俱用帕尔西字",《四库未收书辑刊》第9辑第7册,第805页。

② 欧立德著,李仁渊译《满文档案与新清史》,《故宫学术季刊》第24卷第2期,第14页。对于"新清史"清朝并非中国观点的反驳,亦可参见甘德星《康熙遗诏中所见大清皇帝的中国观》(汪荣祖主编《清帝国性质的再商榷:回应新清史》,"中央大学"出版社,2014年)及钟焓《清朝史的基本特征再探讨》(中央民族大学出版社,2019年,第161—164页)等论著。

③ 中国边疆史地研究中心、中国第一历史档案馆合编《清代新疆满文档案汇编》第42册,乾隆二十四年十月十三日"定边将军兆惠等奏安集延浩罕等遣派使臣修书投诚折",第106页。

④ 《清高宗实录》卷六七六,乾隆二十七年十二月辛丑,第566页。

⑤ 佐口透(Saguchi Toru)著,凌颂纯译《18—19世纪新疆社会史研究》,新疆人民出版社,1983年,第415—416页。

⑥ 有关这一观点的详细讨论,参见小昭孝博、河原弥生、塩谷哲史《清朝与浩罕的相遇:18世纪中叶的中亚》(Onuma Takahiro, Kawahara Yayoi, Shioya Akifumi, *An Encounter between the Qing Dynasty and Khoqand in 1759—1760: Central Asia in the Mid-Eighteenth Century*),《中国历史学前沿》(*Frontiers of History in China*)2014年第3期,第384—408页。

⑦ 吴劳丽《帝国与汗国:清与浩罕政治关系史 1760—1860》(L.J.Newby, *The Empire And The khanate: A Political History Of Qing Relations with Khoqand c. 1760—1860*),第45页。

那木噶等城回众,并伊属下之布鲁特等加意管辖,令与别部落布鲁特彼此和睦,不生事端",①已清楚表明了清朝希望藩属彼此之间和睦相处的态度。但浩罕与布鲁特的争端由来已久,清朝不得不加以干涉,如乾隆二十六年永贵奏"从前额德格讷阿济毕等与霍罕额尔德尼伯克因抢掠贸易人等成衅,嗣霍罕抢割额德格讷田禾,额德格讷人等又乘霍罕与霍集雅特部落相攻,抢掠报复。续因畏势,遣额勒韬第请往谕霍罕,经臣等据理斥责,并檄霍罕,令各守疆界,不得滋事"。② 次年闰五月,布鲁特阿济比遣使控诉所属鄂斯(奥什)地方被浩罕额尔德尼侵占,请求清朝派使臣前往浩罕谕令归还,但喀什噶尔参赞大臣永贵起初认为阿济比无理,因此拒绝派遣使臣。③ 七月军机处寄信永贵令其晓谕浩罕归还所占阿济比所属地方。④ 其后,清朝方面认为"鄂斯等处本布鲁特故地,额尔德尼乃饰辞以为己有",因此进行严饬,并"遣拖穆齐图等往谕,若有抗拒情形,即请备兵征讨"。⑤ 与此同时,又发生巴达克山素勒坦沙抢掠博罗游牧之事,清朝不得不暂缓办理浩罕侵占鄂斯之事,上谕亦多次指出"外藩相攻,亦互有曲直,不得谓之无因",⑥因此指示永贵等"此时当行文晓示了结,不必张皇办理"。⑦ 乾隆二十八年(1763),乾隆接见浩罕第二个朝觐使团时,向额尔德尼颁发敕书道:"汝受朕恩深重,应谨守法度,约束属人,和睦邻封,一切事务俱遵驻扎喀什噶尔、叶尔羌大臣等节制。"⑧明确表明了清朝的外交态度,最终浩罕表示遵约将侵占鄂斯地方归还布鲁特阿济比。乾隆更是通过此次事件总结道:"驾驭外藩事宜,若一味姑息迁就,伊等必至骄肆。而如此果断办理威慑,伊等先自知惧,自足以弭患于事前。"并指示喀什噶尔参赞大臣以后"遇此等外藩事宜,惟果决作速办理,务期无事,不可有苟且塞责之念"。⑨ 从中我们不难看出清朝早期所采取的干涉主义政策,也体现了清朝此时在喀什噶尔邻近中亚部落中的政治权威。然而浩罕侵占周边布鲁特的企图从未停止,乾隆三十二年额尔德尼派使臣前来喀什噶尔禀称"霍罕、安集延、喀什噶尔回子等不时来往贸易,为遏止布鲁特等盗掠之事,喀什噶尔所属之布鲁特等,由大臣等严加管束,请将霍罕附近之布鲁特等归伊管辖",乾隆申饬参赞大臣绰克托等办理不够强硬,下谕绰克托应当严词回复"回子、布鲁特、安集延俱系大皇帝之臣属,非霍罕所属,不可令尔等管辖。即尔者,亦

① 中国边疆史地研究中心、中国第一历史档案馆合编《清代新疆满文档案汇编》第 42 册,乾隆二十四年十月十三日"定边将军兆惠等奏安集延浩罕等遣派使臣修书投诚折",第 111 页。
② 《清高宗实录》卷六四六,乾隆二十六年十月己巳,第 230 页。
③ 中国边疆史地研究中心、中国第一历史档案馆合编《清代新疆满文档案汇编》第 56 册,乾隆二十七年闰五月初四日"喀什噶尔参赞大臣永贵等奏布鲁特派使臣前来称其奥斯地方被浩罕额尔德尼伯克侵占折",第 356 页。
④ 中国边疆史地研究中心、中国第一历史档案馆合编《清代新疆满文档案汇编》第 57 册,乾隆二十七年七月十五日"军机处寄信喀什噶尔参赞大臣永贵为晓谕浩罕额尔德尼伯克将所占阿济比所属地方归还事",第 284—286 页。
⑤ 《清高宗实录》卷六七六,乾隆二十七年十二月戊戌,第 563 页。
⑥ 《清高宗实录》卷六七八,乾隆二十八年正月壬戌,第 584 页。
⑦ 中国第一历史档案馆编《乾隆朝满文寄信档译编》第 4 册,乾隆二十八年正月初四日"寄谕新柱永贵等著酌情办理巴达克山浩罕等抢掠邻部一事",第 470 页。
⑧ 《清高宗实录》卷六七八,乾隆二十八年正月己巳,第 589 页。
⑨ 中国第一历史档案馆编《乾隆朝满文寄信档译编》第 4 册,乾隆二十八年三月十七日"寄谕参赞大臣纳世通著果决办理外藩事务不可苟且塞责",第 491 页。

系大皇帝臣仆，岂有将同等部落归为所属之理"。① 可见清朝对浩罕的外交政策仍较强硬，但乾隆后期清朝逐渐采取不干涉主义，如乾隆五十五年，清朝认为"霍罕、霍占等外藩之人，相互抢掠，性同牲畜，乃常有之事"，指示参赞大臣等"毋庸插手，惟暗中留意，交付各卡伦加以防范"而已。②

以上清朝对浩罕与布鲁特等部落争端干涉政策的演变过程同样适用于清朝处理涉及自身新疆安全问题的态度，这一点尤其表现在清朝治理回疆社会出现的"乌什事变"中。乾隆三十年，清朝官方获悉乌什叛乱分子"潜遣安集延四人，持礼物银两求援于额尔德尼"，乾隆指示"我军到后，应遣人向额尔德尼索取，若额尔德尼未等我方索取，已将此数人缚献，则甚好；或遵檄付还，俱可勿论。倘索而不与，即额尔德尼有心与我方抗拒，应将额尔德尼一并平定，另授伯克"。③ 可见清朝的态度非常明确和强硬。但到乾隆后期，在涉及自身安全问题方面，清朝对浩罕的态度不再如此前强硬，这集中体现在布鲁特比伯尔克外逃浩罕案件中，乾隆四十八年，曾"在乌什军营效力，加恩赏戴翎顶之人"的布鲁特比伯尔克突然带领属人外逃浩罕，④参赞大臣绰克托随即派兵堵截与追拿，但乾隆认为"伊若已远遁，官兵再事往追，则亦过于当一事矣。为一如牲口之布鲁特逃人，即大动干戈，实不值得"。⑤ 此后，喀什噶尔办事大臣保成修书，并派人送至浩罕新任伯克纳尔巴图索要伯尔克，乾隆认为如此办理"殊属错误"，但因事已至此，即便停止遣人亦晚矣，所以下谕"护军参领永宁等抵达后，霍罕伯克纳尔巴图如若恭顺，将伯尔克交出带回则甚好；万一霍罕伯克拒不交出，伊勒图、绰克托即应会同另派干练大员、侍卫、官员、回子伯克、布鲁特比直入纳尔巴图游牧，威吓索取"。⑥ 但即便如此，浩罕仍未积极回应清朝解送伯尔克的要求，反而"代伯尔克乞请免罪"，这让清朝甚为不满，但乾隆明确表示"徒为一牲口般之布鲁特伯尔克脱逃不值得派兵办理"，准备扣押浩罕日后所派亲信使臣，逼迫纳尔巴图就范。⑦ 几个月后，纳尔巴图派出使臣鄂布勒克色木到达喀什，随即被清朝扣留，并正告浩罕伯克纳尔巴图："尔倘不执送伯尔克，则将尔先后所派使臣鄂布勒克色木、拜玛特及伯尔克之弟库尔班伯克，俱作人质，决不放回，况且尔再欲遣使向大圣主请安入觐，虽一再请求，我亦断不代尔具奏。利与害尔自行斟酌，诚知己罪，即执送伯尔克，我处即放回鄂布勒克色木等。"⑧但

---

① 中国第一历史档案馆编《乾隆朝满文寄信档译编》第 7 册，乾隆三十二年七月二十五日"寄谕参赞大臣绰克托等额尔德尼欲占据布鲁特着当以严辞驳斥"，第 729 页。

② 中国第一历史档案馆编《乾隆朝满文寄信档译编》第 22 册，乾隆五十五年十一月初一日"寄谕喀什噶尔参赞大臣明亮着浩罕霍占相互抢掠毋庸插手加意防范"，第 556 页。

③ 中国第一历史档案馆编《乾隆朝满文寄信档译编》第 5 册，乾隆三十年三月初九日"寄谕伊犁将军明瑞着速向额尔德尼遣人以绝其往援乌什之心"，第 645 页。

④ 《清高宗实录》卷一一八九，乾隆四十八年九月壬子，第 901 页。

⑤ 中国第一历史档案馆编《乾隆朝满文寄信档译编》第 16 册，乾隆四十八年九月二十四日"寄谕乌什参赞大臣绰克托着速办伯尔克外逃事宜"，第 641 页。

⑥ 中国第一历史档案馆编《乾隆朝满文寄信档译编》第 16 册，乾隆四十八年九月二十六日"寄谕伊犁将军伊勒图等着派员往纳尔巴图游牧索要伯尔克"，第 643 页。

⑦ 中国第一历史档案馆编《乾隆朝满文寄信档译编》第 16 册，乾隆四十九年二月二十日"寄谕伊犁将军伊勒图等着严谕那尔巴图献出脱逃布鲁特人伯尔克"，第 658 页。

⑧ 中国第一历史档案馆编《乾隆朝满文寄信档译编》第 17 册，乾隆四十九年五月十七日"寄谕伊犁将军伊勒图着与那尔巴图交涉索要伯克"，第 566 页。

浩罕并未就范,即使次年清朝已将浩罕使臣鄂布勒克色木扣留伊犁已越一年之久,纳尔巴图仍未缉拿解送,反而托词伯尔克移居他处,作为反制措施,乾隆指示回疆官员以后不准递送浩罕使臣进京朝觐。① 但乾隆五十年六月,在伊犁将军伊勒图的奏请下,乾隆下谕将浩罕人质遣回,并令伊勒图晓谕鄂布勒克色木道:"伯尔克乃一无足轻重之小人,若拿获归案则已,若未能拿获,亦不予尔等治罪。今大皇帝施恩遣汝返回,尔返回后,益加感戴大皇帝之厚恩,协助纳尔巴图,力图缉拿伯尔克。若确能施计擒获伯尔克,大皇帝益加施恩于尔等之处,尔等理应心明。惟告知纳尔巴图,量力而行。"② 此事在历经两年后终以清朝妥协而不了了之。或许对浩罕而言,庇护来逃的伯尔克有增强自身实力的考虑成分。但乾隆末年,浩罕纳尔巴图拿获大和卓之子萨木萨克后又予释放,并未解送清朝,乾隆只能暂时拒绝浩罕派遣使臣请安贡物,对浩罕的外交政策越发保守和僵化,③而和卓后裔在某种程度上则成为浩罕与清朝进行外交博弈的一种政治资产,对日后清朝回疆的社会稳定造成了无尽隐患。

三、浩罕对清朝的贸易

关于这一问题,20 世纪 60 年代日本学者佐口透(Saguchi Toru)从长时段的角度曾专门论述了"浩罕国的东方贸易"及其政策,④具有首创之功,但侧重于 19 世纪的情况。其后,潘志平与贾建飞及吴劳丽等学者也从宏观层面做了进一步的讨论。⑤ 本节将在前人研究的基础上,着重就浩罕对清朝的牲畜贸易及其税则协商的细节情况以及贸易关系中的呼岱达现象的出现展开讨论。

浩罕与回疆之间的贸易关系在清朝平定大小和卓之前便已存在,如前文所引乾隆二十四年清军攻打回疆时,定边右副将军富德曾晓谕前来回疆贸易的安集延商民,令其返回时转告各自伯克解送可能逃往浩罕的和卓兄弟。⑥ 椿园在其《西域闻见录》中对安集延描述道:"其人率居积、权子母、载货行贾,冒雪霜犯危险,经年累岁,不获利不归,内地皆呼之为安集延回子,亦犹各城回子至外国,总呼之为喀什噶尔回子也。"并评述"安集延、克食米儿,皆西域商贾之乡,俭啬褊急,习染成性,寄迹回疆,土人皆惟恐其去,去则其地之货财不

---

① 中国第一历史档案馆编《乾隆朝满文寄信档译编》第 18 册,乾隆五十年正月十六日"寄谕伊犁将军伊勒图等著将霍罕人京遣使遣回并严缉伯勒克等逃犯",第 487 页。

② 中国第一历史档案馆编《乾隆朝满文寄信档译编》第 18 册,乾隆五十年七月初八日"寄谕伊犁将军伊勒图著俟奎林抵达后即将浩罕人质遣回",第 516 页。

③ 中国第一历史档案馆编《乾隆朝满文寄信档译编》第 21 册,乾隆五十四年闰五月初三日"寄谕喀什噶尔参赞大臣明亮等著防范安集延人煽惑布鲁特人滋事",第 502 页。

④ 佐口透著,凌颂纯译《18—19 世纪新疆社会史研究》第六章,新疆人民出版社,1983 年。谨案,该书日文原版出版于 1963 年。

⑤ 如潘志平、王熹《清前期喀什噶尔及叶尔羌的对外贸易》,《历史档案》1992 年第 2 期;贾建飞《浅析乾嘉时期中亚与南疆的贸易》,《敦煌学辑刊》2005 年第 2 期;吴劳丽《帝国与汗国:清与浩罕政治关系史 1760—1860》(L.J.Newby, *The Empire And The khanate: A Political History Of Qing Relations with Khoqand c . 1760—1860*),莱顿·波士顿:博睿出版社,2005 年。

⑥ 中国边疆史地研究中心、中国第一历史档案馆合编《清代新疆满文档案汇编》第 40 册,乾隆二十四年八月初十日"定边右副将军富德等晓谕安集延商人不可容留霍集占等情折",第 423 页。

能流通,而回人大有不便矣"。① 足见安集延商人在回疆贸易生活中的重要角色,更因安集延地处浩罕东部,往往成为浩罕的代名词。在浩罕对清朝的东方贸易中,牲畜是一项重要的贸易内容。清朝平定回疆后,按清朝规定,当地驻扎满汉等各类官兵口粮中包括口食羊只一项,如乾隆二十六年,布鲁特在乌什卖给清军一千余头羊,上谕指出关外官兵"向系以羊二抵一月口粮",②稍后进一步明确"嗣后库车、阿克苏、叶尔羌、喀什噶尔等处口粮羊俱由喀尔喀采买,不必取给内地。再现在支放各处驻扎官兵口粮,彼处米石虽属充盈,然官兵不得肉食亦觉难堪,一年之间,八月支放米石,四月散给羊只,甚为妥协。固不可因羊多即行多给,亦不可减于此数"。③ 但从喀尔喀长途采买必然不能长久,稍后参赞大臣舒赫德也奏称"各回城购羊多寡难以豫定,如限于成数,遇采买不敷之时,碍难办理",最后上谕规定"嗣后每年惟视购买之多寡酌量办理,多则满洲蒙古兵支给四月,绿旗兵酌给一两月,否则满洲蒙古兵酌给三两月,绿旗兵止给米面"。④ 可见当地驻扎官兵对羊只的固定需求。此外,当地所设诸多军台与军队对于马匹的需求同样数量颇巨,就近采买势必成为最为方便的解决方案,而邻近布鲁特、浩罕与哈萨克等部便成为重要的贸易对象。如乾隆二十五年,浩罕使臣海孜和卓等在叶尔羌贸易结束后,又驱赶四百余只羊及烟叶等杂物前往阿克苏贸易。⑤ 至乾隆二十八年,哈萨克亦想前往回疆售卖马匹获利,但清朝考虑哈萨克前往回疆贸易必然导致北路伊犁与乌鲁木齐等地马匹贸易大减,因而谕令永贵等晓谕前来之哈萨克等,回地"无须多购马匹,其各项牲只,自有巴达克山、安集延、布鲁特等,俱不时带马前来贸易,尚不需要尔等马匹。嗣后,尔等仍可到伊犁、乌鲁木齐等处贸易,此处于尔无利焉"。⑥ 即严禁哈萨克前往回疆贸易,如此回疆便成为布鲁特、浩罕等部落的主要贸易市场之一。但清朝并非完全对浩罕等开放整个回疆贸易市场,同年早些时候,回疆参赞大臣永贵认为外藩浩罕与布鲁特等究与内地回子不同,恐其来往途次发生事端,应禁止浩罕与布鲁特等商人前往东疆哈密、吐鲁番及巴里坤等处贸易,⑦但上谕指出永贵无端阻止外藩前往东疆贸易,"伊等转生疑虑,与其公然阻止,不如寄信驻哈密、巴里坤办事大臣、官员等,以彼处各办事大臣、官员等之意,暗中授意该处商人,凡与伊等贸易时,我方货物俱行加价,伊等货物均行减价,令伊等无利可图,久而久之,伊等自行不来吐鲁番、哈密、巴里坤等处贸易"。⑧ 如此,浩罕等主要在回疆喀什噶尔、叶尔羌、乌什与阿克苏等地贸易。其贸易额也颇为巨大,如乾隆三十二年,安集延等部落赴乌什贸易牲口内,原马五百六十余匹,除沿途倒毙走失外,实剩马三百八十九匹;原牛七百余只内,除沿途倒毙走失食

---

① 椿园《西域闻见录》卷三《外藩列传·安集延》,第4—5叶。

② 《清高宗实录》卷六三三,乾隆二十六年三月戊午,第65页。

③ 《清高宗实录》卷六三四,乾隆二十六年四月甲申,第84页。

④ 《清高宗实录》卷六四〇,乾隆二十六年七月己酉,第151—152页。

⑤ 中国边疆史地研究中心、中国第一历史档案馆合编《清代新疆满文档案汇编》第49册,乾隆二十五年十二月初九日"阿克苏办事大臣舒赫德等奏浩罕额尔德尼伯克派人到阿克苏情形折",第256页。

⑥ 中国第一历史档案馆编《乾隆朝满文寄信档译编》第4册,乾隆二十八年八月初九日"寄谕礼部尚书永贵等著严禁哈萨克前往回地交易马匹",第552页。

⑦ 中国边疆史地研究中心、中国第一历史档案馆合编《清代新疆满文档案汇编》第61册,乾隆二十八年二月十二日"喀什噶尔参赞大臣永贵等奏请禁止布鲁特安集延商人到哈密等地贸易片",第47页。

⑧ 中国第一历史档案馆编《乾隆朝满文寄信档译编》第4册,乾隆二十八年三月十六日"寄谕礼部尚书永贵等著不宜公然阻止布鲁特等前来哈密等处贸易",第490页。

用外,实剩牛四百八十七只;原羊一万二千三百八十余只内,除沿途倒毙走失食用外,实剩羊八千三百三十只;赴喀什噶尔贸易牲口内,原马牛四百五十余匹只内,除沿途倒毙走失食用外,实剩马牛二百六匹只;原羊五千余只内,除沿途倒毙走失食用外,实剩羊三千五百九十二只。① 其羊只价格,一般每只二两三钱或二两二钱五分。② 此外,清朝为保证新疆军事重镇伊犁地区的牲畜贸易,指令"喀什噶尔所属各布鲁特比,嗣后毋许容留哈萨克、塔什干人贸易,布鲁特等亦不得阑入哈萨克、塔什干界内",但考虑"喀什噶尔回众习于商贩,不谙牧养,若将霍罕、安集延、布鲁特各处牲畜全行禁止,于伊等无益",因此"嗣后禁止回子、布鲁特前往哈萨克地方贸易外,其在安集延等处交易者,以如何不致滋事、诸方有益酌筹,议定章程具奏"。③ 即清朝对于外藩部落与回疆的牲畜贸易,不能损害伊犁的牲畜供应,因此只是禁止南八城回子商人前往北部哈萨克草原贩卖牲畜,但并不禁止当地回众与西部布鲁特、浩罕等部落的贸易。如此,回疆便成为清朝与浩罕最为重要的贸易市场,对于贸易税则的讨论便成为不可忽略的重要内容。

其实早在乾隆二十五年初,便有来自中亚布鲁特、浩罕、安集延与玛尔噶朗等地络绎不绝的贸易商人与回城伯克希望清朝能减少商税,因为"旧例收税稍重,彼时牲只价贱,尚不甚累。今逆酋扰害之后,叶尔羌、喀什噶尔羊一只价至十余两,肥马一匹价至五六十两,商贾未免观望不前,祈暂减收",舒赫德调查后认为"俱系实在情形,请将回人买来牲只暂改为二十分取一,外来商人牲只暂改为三十分取一,其余皮张缎布仍照旧例收纳"。④ 即清朝对包括浩罕在内的外来商人实行"三十取一"的税率。不久,喀什噶尔办事大臣进一步批准了浩罕额尔德尼请求宽免双方使臣所携货物的请求,但明确表示其他商人所携货物(即民间贸易)仍照旧征税,如此于双方皆有益处。⑤ 从此,清朝对浩罕的朝贡贸易便实行免税政策,在清朝"厚往薄来"政策的指导下,浩罕大获其利。⑥ 但有关清朝对外藩商人贸易税则的具体情况,兹据档案转译如下:

neneme suweni tulergi ci hūdašame jihe ursei gajiha ulha jaka i dorgici. orin de emke gaimbihe. amala kooli toktobufi. ne hasihar de jihe hūdai ursei ulha be. gūsin i dorgici emke tatame gaimbi. ulha i ton aika gūsin de isinarakū oci. emu

① 中国边疆史地研究中心、中国第一历史档案馆合编《清代新疆满文档案汇编》第84册,乾隆三十二年六月二十二日"乌什参赞大臣永贵等查安集延回子赴乌什等处贸易牲畜数目事折(附清单)",第230页。
② 中国边疆史地研究中心、中国第一历史档案馆合编《清代新疆满文档案汇编》第56册,乾隆二十七年闰五月初四日"乌什办事大臣永庆奏报乌什购买羊只用过银两数目折(附清单1件)",第353页。
③ 中国第一历史档案馆编《乾隆朝满文寄信档译编》第7册,乾隆三十二年三月初四日"寄谕参赞大臣阿桂等著禁止回人等前往哈萨克地方贸易",第691—692页。
④ 《清高宗实录》卷六〇五,乾隆二十五年正月辛未,第794页。
⑤ 中国边疆史地研究中心、中国第一历史档案馆合编《清代新疆满文档案汇编》第48册,乾隆二十五年十月初四日"喀什噶尔办事大臣海明奏派往浩罕之侍卫索诺木车凌等路径喀什噶尔返京折",第63页。cifun tatara baita be ereci julesi meni juwe ergi elcin takūrara de gaifi yabure hūda be. gemu cifun tatara be nakaki. an i hūdašame jihe hūda be an i fe kooli songgkoi cifun gaime yabuci. baicara temgetu bifi. juwe ergide gemu tusa.
⑥ 参见潘志平《浩罕国与西域政治》,第33页。

morin de susai pul gaimbi. emu amba ihan de orin pul gaimbi. emu ajige ihan de juwan juwe pul emu hontoho pul gaimbi. emu eihen de tofohon pul gaimbi. emu amba honin de juwan juwe pul gaimbi. emu ajige honin de ninggun pul gaimbi. buyarame jaka oci. inu gūsin ubu de emu ubu gaire babe tuwame tatame cifun gaimbi. ere gemu alban i gairengge.①

　　先前从你们外面贸易而来民众带来的货物内，二十取一，后来定例。现今来哈什哈尔的商人牲畜，三十取一。若牲畜之数不足三十，一马取五十普尔；一大牛取二十[五]普尔，一小牛取十二普尔半；一驴取十五普尔；一大羊十二普尔，一小羊六普尔。若为杂小货物，也三十取一扣税。此皆公家所征取者。

　　据上，清朝在三十税一的基础上，针对外藩商人所携牲畜不足三十之数的情况，制定了更为细致的征税办法，此即《回疆通志》所载"其不计分数者，按照部价折收钱文"之根源，②具体征收在南八城流通的普尔（pul）钱，乾隆二十四年兆惠曾奏明"以钱五十文合银一两"。③ 相比回疆当地商人由外藩部落贸易回喀什噶尔按二十分抽一税率征税，④外藩商人贸易回部税率非常优惠，但仍有浩罕商人偷逃漏税，如乾隆三十三年五月二十五日夜半，清朝驻喀什噶尔穆什卡伦侍卫等从卡伦附近的小路上抓获十人偷偷携带驮马商货进卡，其中四人为安集延商回，其余六人为喀什噶尔商回，清朝官员指出过去在准噶尔统治回疆时期，喀什噶尔回民从外藩贩回货物按照十分取一征税，外藩回民携带货物则按二十分取一征税，自归附后税率分别减至二十分取一与三十分取一，相比先前轻了许多，⑤但仍有经由小路偷逃扣税进入，官府遂将安集延商人等所携货物按三十分取一征税后五分罚取，喀什噶尔回子则按二十分取一征税后五分罚取，共罚货项折价银七百八十三两余，四名安集延商人则交驻喀什噶尔安集延呼岱达（满文：kasigar de tehe anjiyan i hūdai da sede afabufi）等从重惩罚。⑥ 以上罚没案例与《回疆通志》之"如有隐匿税课者，按三十分

---

　　① 中国边疆史地研究中心、中国第一历史档案馆合编《清代新疆满文档案汇编》第50册，乾隆二十六年正月十一日"喀什噶尔办事大臣海明奏闻安集延派使臣前来情形折"，第61—62页。谨案，根据《回疆通志》（第195页）"大牛一只抽收钱二十五文，小牛一头半之"，录副奏折中"一大牛取二十普尔"当为笔帖式抄漏 sunja（五）所致，兹在汉译文中补全。

　　② 和宁著，孙文杰整理《回疆通志》，第128页。

　　③ 和宁著，孙文杰整理《回疆通志》，第129页。

　　④ 和宁著，孙文杰整理《回疆通志》，第128页。

　　⑤ 中国边疆史地研究中心、中国第一历史档案馆合编《清代新疆满文档案汇编》第88册，乾隆三十三年五月十五日"喀什噶尔办事大臣伊勒图等奏严惩安集延喀什噶尔逃税回商并奖赏查拿有功之前锋回子等银两折"，第129—130页。ongglo hoise. ūlet i fonde. kasigar i hoise. tulergi aiman ci tuweleme gajiha jaka hacin be. juwan i dorgici emke tatame. tulergi aiman i hūdašame jihe ursei gajiha jaka hacin be. orin i dorgici emke tatame gaimbihe. muse de dahame dosika ci. ejen kesi isibume kasigar i hoise be orin i dorgici emke tatame. tulergi aiman i ursebe gūsin i dorgici emke tatame gajime toktobuha. ceni nenehe fon ci umesi weihuken oho.

　　⑥ 中国边疆史地研究中心、中国第一历史档案馆合编《清代新疆满文档案汇编》第88册，乾隆三十三年五月十五日"喀什噶尔办事大臣伊勒图等奏严惩安集延喀什噶尔逃税回商并奖赏查拿有功之前锋回子等银两折"，第130页。

罚五分"记载完全一致。① 而更值得关注的是此案中出现的安集延驻喀什噶尔呼岱达现象,下文将详细讨论。

有关呼岱达的研究,佐口透、潘志平等学者几乎均从嘉庆、道光年间谈起,②这与传统汉文文献有关回疆呼岱达的直接记载始于嘉庆二十五年(1820)颇为吻合,当时上谕指出"喀什噶尔呼岱达,向由阿奇木伯克选派,霍罕伯克从不干与",③此后该角色逐渐成为清朝与浩罕外交关系的重要议题之一。《新疆百科知识辞典》"呼岱达"词条介绍该官乾隆后期设置,为管理中亚浩罕等地商人来新疆贸易事务,由当地阿奇木伯克选派,④然未列出处。清朝统一新疆前,据清朝官员调查,负责管理征收牲畜税的为当地的巴济格尔伯克(满文:bajiger bek),⑤足见呼岱达为后来所设。若据前文所引安集延逃税案,可知呼岱达为满语 hūdai da 无疑,其中 hūda 为"买卖"、"经商"之意,i 为满语属格,da 为首领之意,综合直译为"经商之首领"或"买卖之首领",简称为"商首"。目前可知清朝收复天山南路的第三年,浩罕便派出了包括呼岱达在内的使臣团队来到喀什噶尔请安并商讨贸易之事,⑥此后档案显示呼岱达经常出现在浩罕所派使团中,由此可知呼岱的出现几乎与浩罕臣属清朝相同步。关于其设置情况,吴劳丽曾根据嘉庆十三年军机处录副奏折指出乾隆二十七年(1762)喀什噶尔阿奇木伯克噶岱默特任命 Rizā Qulī 为阿克萨卡尔(aqsaqal),十年后随着浩罕贸易的增加,又任命塔什干人 Ni'mat Jān 为第二个阿克萨卡尔。⑦ 但吴劳丽所言阿克萨卡尔应即呼岱达,这从嘉庆二十五年(1820)喀什噶尔参赞大臣斌静驳斥浩罕在喀什噶尔设立商首的札付中得到印证,其满文内容转译如下:

baicaci. abkai wehiyehe i orin jakūci aniya. amba hūwangdi i horon hūturi de hoise jecen be toktobuha ci. kašigar i bade uthai geren aiman de hūda maiman hafumbume yabuha bihe. tere nerginde umai hūdai da aksaha sere niyalma ilibuhakū. abkai wehiyehe i dehi ilaci aniya de tulergi geren aiman i anjiyan se meni harangga geren bade hūdašame genere de. jugūn yabure temgetu bithe bahabure jalin. onggolo akim bek bihe g'adaimet teni anjiyan i ursei dorgici. rudzeihuli be hūdai da obufi. ini teile temgetu bithe tucibufi. jugūn yabure temgetu bithe be baime alibumbi. dehi sonjaci aniya. ubai akim bek bihe osman . anjiyan i ursei nonggihangge labdu oho seme. geli tašikiyan i hoise namjambai be nonggime

<hr />

① 和宁著,孙文杰整理《回疆通志》,第 128 页。

② 佐口透著,凌颂纯译《18—19 世纪新疆社会史研究》,第 448—450 页;潘志平、王熹《清前期喀什噶尔及叶尔羌的对外贸易》,《历史档案》1992 年第 2 期,第 88 页;尼扎吉·喀迪尔《清代浩罕驻喀什噶尔"呼岱达"考述》,《西北民族大学学报》2016 年第 1 期,第 115 页。

③ 《清仁宗实录》卷三六六,嘉庆二十五年正月己酉,第 847 页。

④ 蒲开夫、朱一凡、李行力主编《新疆百科知识辞典》,陕西人民出版社,2008 年,第 531 页。

⑤ 国边疆史地研究中心、中国第一历史档案馆合编《清代新疆满文档案汇编》第 50 册,乾隆二十六年正月十一日"喀什噶尔办事大臣海明奏闻安集延派使臣前来情形折(附译文札付 3 件)",第 62 页。

⑥ 中国边疆史地研究中心、中国第一历史档案馆合编《清代新疆满文档案汇编》第 50 册,乾隆二十六年五月二十七日,"喀什噶尔参赞大臣舒赫德奏浩罕额尔德尼遣使请安并派商人入贸易折",第 303 页。

⑦ 吴劳丽《帝国与汗国:清与浩罕政治关系史 1760—1860》(L.J.Newby, *The Empire And The Khanate: A Political History Of Qing Relations with Khoqand c. 1760—1860*),第 66 页。

hūdai da obuha. amala rudzeihuli. namjambai se nimeme akū ofi. ceni jui aitkucak. salaijan be ceni amai oronde orolobuha. aitkucak nimeme wajifi. ini jui seifibai be hūdai da obuha.[①]

查，自乾隆二十八年大皇帝之威福平定回疆，即曾晓谕在喀什噶尔贸易之各部落，当时并无呈递呼岱达、阿克萨萨卡尔之人。乾隆四十三年，外藩各部之安集延等前来我们所属各地贸易时，为请行路凭票(路票)，前阿奇木伯克噶岱默特才从安集延民众内，将肉孜呼力(rudzeihuli)作为呼岱达，他仅发放路票、呈递路票。四十五年此处阿奇木伯克鄂斯瑞(osman)言及安集延民众增多，又将塔什干回子纳木占拜(namjambai)增添为呼岱达，后因肉孜呼力、纳木占拜去世，他们的职缺由他们的儿子 aitkucak、salajan 顶补。aitkucak 患病死后，他的儿子 seifibai 成为呼岱达。

据上，斌静给浩罕伯克爱玛尔的满文札付中所提肉孜呼力(rudzeihuli)与纳木占拜(namjambai)无疑就是吴劳丽所提之 Rizā Qulī、Ni'mat Jān，只是人名拼写稍有差异而已，但很显然他们担任呼岱达一职，而非后来的阿克萨卡尔。不同之处在于斌静追述第一位呼岱达由阿奇木伯克噶岱默特设于乾隆四十三年，而吴劳丽所引军机处录副奏折认为设于乾隆二十七年。根据文献记载，噶岱默特乾隆四十年(1775)去世，[②]不可能在其去世后亲自设立呼岱达之职，因此斌静的记述并不准确；至于乾隆四十五年阿奇木伯克鄂斯瑞增补塔什干回民纳木占拜(namjambai)为呼岱达之事在时间逻辑上尚讲得通，因为鄂斯瑞乃库车贝勒品级鄂对之子，乾隆四十三年始调喀什噶尔任阿奇木伯克，乾隆五十三年卒于京师。[③]但首任呼岱达与第二位呼岱达到底设于何年，由于吴劳丽当年所引军机处录副奏折档案目前已封存，不再对外开放查询，我们一时难以仔细对比、遽下定论。但可以肯定的是乾隆年间已形成了喀什噶尔的双呼岱达制度，此即《回疆通志》所载"喀什噶尔居住外番行贩安集延头目二名"的最早来历。[④]此外，我们还可以根据前述满文档案提出一些新的认识，即呼岱达最初作为浩罕使团中的一员，至晚以浩罕商人代表的身份出现于乾隆二十六年，稍后喀什噶尔阿奇木伯克噶岱默特极有可能为便于管理浩罕贸易起见，将其进一步官方认定，后期随着浩罕商贸的增加又增补了第二名呼岱达，逐渐形成喀什噶尔两位呼岱达的职位，但正如斌静所言，从设置该职缺伊始，皆由喀什噶尔阿奇木伯克选派委任，[⑤]正因如此，获取对呼岱达的任命权逐渐成为日后浩罕扩大其经济权益的一个重要目标。

---

① 中国边疆史地研究中心、中国第一历史档案馆合编《清代新疆满文档案汇编》第 240 册，"喀什噶阿尔参赞大臣斌静为驳斥浩罕于喀什噶尔设贸易头人管理安集延商人要求事致伯克爱玛尔札付"，第 34—35 页。
② 和宁著，孙文杰整理《回疆通志》，第 84 页。
③ 和宁著，孙文杰整理《回疆通志》，第 76 页。
④ 和宁著，孙文杰整理《回疆通志》，第 158 页。案，《回疆通志》整理本句读有误，当如引文所示。
⑤ 中国边疆史地研究中心、中国第一历史档案馆合编《清代新疆满文档案汇编》第 240 册，"喀什噶阿尔参赞大臣斌静为驳斥浩罕于喀什噶尔设贸易头人管理安集延商人要求事致伯克爱玛尔札付"，第 35 页。hūdai da sere gebu daci gemu meni kašigar i akim bek se ilibuhangge.

四、结　　语

18 世纪中叶,随着清军对准噶尔蒙古的征服,中亚各部政权又遇到了新的、几乎是突然出现的迥异于准噶尔的强大政治势力——清朝。在最初的政治与军事接触后,毗邻清朝西北边疆的哈萨克、布鲁特两部接受了清朝的封爵或授官,迅速成为后者的亲密藩属,但中隔布鲁特、地居费尔干纳盆地,正处于发展期的浩罕政权在面临清朝所派使臣招抚时,从自身利益出发,虽然选择了归附清朝,但其藩属地位并不能与哈萨克、布鲁特等同。其后,浩罕正是利用这层松散的宗藩关系,政治上臣服清朝,实则虚与委蛇,不时利用清朝的权威意图扩大自身势力和地盘;经济上,先是获取减免税收,并派出"胡岱达"——浩罕的商首代表,意图获取中亚各部对清朝东方贸易的主导权。而清朝对于浩罕的归附,更多呈现的是一种古代"贡赐"外交礼仪的遵循和心理满足,即便归附早期对浩罕的外交态度较为强硬,尤其在涉及浩罕与邻近布鲁特争夺游牧中尚能加以干涉并主持公道,但随后在涉及相关问题、甚至自身边疆安全问题时,清朝对浩罕的外交态度日趋保守和僵化,这种早期双边关系史在 19 世纪更向浩罕利益倾斜,却为清朝西北边疆的安全带来无尽的隐患。

Study on the early Relationship between Qing and Khoqand in the late 18th century

Ma Qian，Wang Qiming Shaanxi Normal University

Abstract：The paper used the newly published Manchu and Chinese archives, discussed the early relationship between Qing and Khoqand in the late 18th century, argued that Qing took the initiative to fight for the attachment of Khoqand. For the political and economic rights, Khoqand submitted to the authority of the Qing. Politically, Khoqand intends to use the authority of Qing to order the surrounding tribes and expand their own territory. In front of the dispute between Khoqand and Burut, Qing adopted a more aggressive intervention policy against Khoand in the begining, but gradually changed to non-interventionism in the finally. Economically, as the Qing's tributary, Khoqand acquired the tax exemption for the goods brought by Khoand envoys, and the tax reduction of private trade, this greatly facilitated the Khoand's trade with Qing.

Keywords：the 18th century；Qing Dynasty；Khoqand；History of relationship

(本文作者分别为陕西师范大学"一带一路"与中亚研究协同创新中心博士研究生,中国西部边疆研究院副研究员)

明朝廷的回回馆

格雷姆·福特(Graeme Ford) 撰　洪堃绿 译

摘　要： 为服务朝贡礼仪,方便皇帝与朝贡国统治者沟通,明朝于 1407 年设立四夷馆培养译员,下辖回回馆。通过考察《四夷馆则》《四夷馆考》《明史》《大明会典》《太宗实录》《大学衍义补》等资料,本文梳理了四夷馆的设立、结构、人事、学生和考核等内容,指出波斯语虽是朝贡中使用最多的语言,但没有证据显示其在四夷馆中的地位高于其他语言。

关键词： 四夷馆;回回馆;波斯语;明朝;朝贡

　　明廷礼仪体现了皇帝作为天下秩序中心的重要地位。而朝贡礼仪和使者在朝廷上的出现,则体现了皇帝超越国境的权势。[①] 皇帝的话语具有神圣的意义,通过这些话语,他为世界带来了和谐与秩序。为了将他的话翻译成别的语言,确保这些话能传达到远方的臣民那里,翻译成为朝贡过程中不可缺少的一部分。由于这项工作与皇帝紧密相关,由翰林院学士负责为朝贡国所使用的众多不同语言招募教育得当、训练有素的翻译人员,以保证译文质量。当永乐帝在他所知的世界中扩大自身影响时,翰林院内设立了四夷馆,培养译员以服务朝贡礼仪及皇帝与外国的交流。

　　波斯语是朝贡过程中使用的语言之一。虽然在朝贡中使用波斯语的国家数量比其他任何语言的国家都多,但没有迹象表明波斯语因此具有特殊地位。各馆官员地位平等,波斯语译员与其他语言的译员共同工作。帖木儿帝国(the Timurid Empire)、蒙兀儿斯坦(Moghulistan)和哈密(Hami)的来文由维吾尔语和波斯语双语写成,批复的回文也以双语寄出,译员和书写者在同幅丝绸卷轴上工作。在与前往霍尔木兹的航海路线沿线国家的往来诏书中,波斯语作为泰语、泰米尔语等语言的辅助手段,扮演了重要角色。在其他文书中,波斯语也与藏语、蒙语和傣语一起使用。在现存的所有文书中,波斯语从不曾单独出现,或前或后,总是伴随着其他语言一起使用。波斯语翻译的工作量可能大于其他语种,特别是在中亚国家和沿海国家的朝贡使团数量倍增的永乐年间。四夷馆为皇帝在朝贡仪式中的需求服务,而正因有此作用,即使明朝最后的一百五十年中来朝使团和对外诏书寥寥无几,四夷馆各馆仍都保留到了明朝末年。

　　四夷馆设立于 1407 年。[②] 当时永乐皇帝开始大规模派遣使团通过海路前往古里(Calicut)及通过陆路前往萨马尔罕(Samarkand)和赫拉特(Herat),此举引发大批使者来朝。这使明廷有必要培养大量译员并为他们设置实质性的岗位。四夷馆分别包括蒙古

---

　　① David Robinson, The Ming Court, in Robinson, in: David M. (ed.), *Culture, Courtiers and Competition: the Ming Court (1368—1644)*, Cambridge, Mass.: Harvard University Press, 2008, p. 27.

　　② 《明史》卷七四,中华书局,1974 年,第 1797 页。

馆、女直(女真)馆、西番(西藏)馆、西天(印度)馆、回回(波斯)馆、百夷(傣)馆、①高昌(维吾尔)馆和缅甸馆。之后还增加了两馆,分别为八百(清迈)馆和暹罗馆。

《四夷馆则》汇集了1543至1688年间陆续产生的官方文件,包括诏书、规章、前例、教师及学生名录、课程、考试以及借调译员到其他部门的规定。② 在《四夷馆则》的描述中,四夷馆并不是一个接收、翻译和检查文书的翻译机构,而是由多个配有教师的翻译训练馆组成的集合体,负责培养译员、对译员进行测试、授予等级,并根据需求将他们派往起草文书的内阁进行翻译、书写和编辑工作。

据《大明会典》记载,内阁中负责起草文书的是制敕房和诰敕房。翻译文书的工作则由后者负责。《大明会典》中列出了翰林院学士和其他官员的工作内容,其中包括:

> 凡内阁所掌。制敕,诏旨,诰命,册表,宝文,玉蝶,讲章,碑额,及题奏揭帖等项,一应机密文书,各王府敕符底簿,制敕房书办。
>
> 文官诰敕,及番译敕书,并四夷来文揭帖,兵部纪功,勘合底簿等项,诰敕房书办。③

《四夷来文揭贴》是外国来文的翻译件,用来与来文原件一起在朝廷上呈报。这表明将外语翻成汉语以及将汉语翻译成外语是诰敕房的工作。译员和书写者将皇帝诏令翻译成别的语言,用整齐的书法誊写到厚纸或者丝质卷轴上,也将外来文书翻译成中文,制成朝堂呈报用的揭帖。

1403年,朱棣登基,年号永乐。永乐二年开始有朝贡使团到来,1405年,郑和第一次下西洋,到达了南印度的古里。1407年,帖木儿(Timur)去世后不久,他在撒马尔罕的继承人哈利勒(Khalil)派出的使团到达中国,明廷开始了一系列与西方国家的大规模朝贡交流。④ 到1407年郑和第一次下西洋返回时,明廷已决定设立四夷馆。

没有记录能表明最初是谁向皇帝奏请培养译员。也许是翰林院大学士们理解了皇帝扩大国际活动的意图,因而意识到了这个需求。处理郑和所带回的众多文书这项工作可能促使他们提出了申请。而在翰林院内设四夷馆,则为招录那些天资聪颖的译员以及为他们授予正式职位提供了系统的流程。

《明史》中记录了四夷馆首批八馆建于何年,但没有具体月份。之后又增设两馆:

> 四夷馆掌译书之事。自永乐五年,外国朝贡,特设蒙古,女直,西番,西天,回回,白夷,高昌,缅甸八馆。正德中增设八百馆。万历中,又增设暹罗馆。⑤

---

① 百夷被认为是指傣族人的勐卯国,在今天云南的西南部。见第三部分。

② [明]吕维祺辑《四译馆则》,文海出版社,1985年。参见 Franke Wolfgang, *An Introduction to the Sources of Ming History*, Kuala Lumpur University of Malaya Press, 1968, p. 205。

③ 《大明会典》卷二二一,台北中文书局,第 2939—2940 页。

④ 《明太宗实录》卷六八,台北"中研院"史语所,1962年,第 963 页

⑤ 《明史》卷七四,第 1797 页。参见 Pelliot, Paul, "Le Ḫōja et le Syyid Husain de l'histoire des Ming," in: T'oung Pao XXXVIII (1948), pp. 226-227。

这表明设立四夷馆的目的是在朝廷与朝贡使团往来时提供翻译服务。《明实录》中记录了设立四夷馆的日期：

> 永乐五年三月癸酉。命礼部选国子生，将礼等三十八人，隶翰林院习译书。人月给米一石。遇开科，令就试，仍译所作文字。合格准出身。置馆于长安佑门之外处之。①

这表明四夷馆隶属翰林院，是培养译员的机构，为译员提供进入公职的机会（"出身"）。该记录表明选拔考试为用中文进行的常规写作，之后要将所作文章翻译成外语（"仍译所作文字"）。明朝学者邱濬经世致用的儒家著作《大学衍义补》进一步描述了该选拔流程。该文于1487年上奏朝廷，其中有一章名为《驭外藩》，该章描述了四夷馆的相关人事任用信息。

> 初以举人为之，其就礼部试，则以蓄书译其所作经义。稍通者得联名于进士榜，授以文学之职，而译书如故。其后又择俊民俾专其业。艺成，会六部大臣试之，通者冠带，又三年授以官。②

这清晰表明了译员要从通过乡试的举人中进行选拔。在考试中，他们不仅要就规定的理学经典撰写一系列文章，也要将他们所作的一篇或多篇文章翻译成外语，这要求考生掌握高超的语言水平。同时，这也表明译员若想通过常规考试，不仅要掌握外语，还要具备理学、历史、行政方面的知识以及中文写作和书法能力。

四夷馆设立之初，三十八位学生被分配到八馆，每馆人数不多。但由于波斯语用于与多个国家进行沟通，译员需求比缅甸语和傣语大，因此每馆的学生人数可能略有不同。

《四夷馆则》中没有关于1407年建馆到1490年这83年间的详细记录，但包含有1490年到1630年的官员名单。《四夷馆则》中的一则记录说明了最初是如何开始收集这些信息的：

> 内阁大臣建置太常寺卿少卿各一员为提督，重其职也。今为杨君子山、张君季升。二君相与谋曰：馆之迁设，官之建置，岁月已漫无可考，吾辈更失今弗图，后嗣何视。爰树石于堂之左序，而列任官之名氏，凡若干人。虚其左，俾后来者续书焉。③

杨子山和张季升分别为太常寺卿和少卿，1516至1519年间在四夷馆共事。1490年过后不久，四夷馆设立了提督之位，他们当时能收集到的便是此后二十多年的记录。

---

① 《明太宗实录》卷六五，第920页。
② [清]邱濬《大学衍义补》卷一四五，世界书局，第14—15页。
③ [明]吕维祺辑《四译馆则》卷十八，文海出版社，1985年，第3页正面及反面。

四夷馆的高级官员为提督,官职名有太常寺卿和太常寺少卿,分列正三品及正四品,设立于 1494 年。① 1546 年不再以太常寺卿任提督,此后,以太常寺少卿领四夷馆提督。

《四夷馆则》中列出了所有提督的名字,并附有他们的简短信息,包括籍贯、中选进士年份、进入四夷馆年份以及后续的晋升情况。② 通过这个名录,我们可以清楚地看到提督这一职位是晋升其他更高职位的跳板。第一位提督任命于 1494 年,由于 1507 年前没有任命新的提督,他显然在这个位置上工作了十三年之久。但在此之后直到明朝末年,该职位呈现正常的更迭,每一至三年就有新的任命,有时有些许延期。每位新就任的提督晋升到这个职位后,后来都成为某部尚书、翰林院大学士或者任职其他高位。副提督名录也展现出类似的情况,每几年就有新人到任,有时每一两年就会新到任一位,1494 年到 1630 年间的 136 年中,共有 146 位官员担任副提督,他们当中几乎所有人之后都晋升到了高级职位。显然,担任这些职位的不是语言专家,而是职业官员。

四夷馆中的职位

《四夷馆则》中关于薪酬的部分提到,四夷馆的官员在柴薪补贴等方面被分为两个等级,分别为提督堂官和十馆教师。③ 这表明四夷馆实际上没有译员这个职位,会计将回回馆和其他馆的官员归为教师而非译员。

《四夷馆则》中包含有一份 1490 至 1627 年间被任命到各馆的官员名录。④ 与提督卿和提督少卿的快速更迭不同,这些职位要间隔很长时间才会进行一次集体聘任,这些官员几乎在四夷馆度过了整个职业生涯。

从《四夷馆则》的名录中可以看出各馆官员人数很少,1490 年以后在回回馆就职的官员只有六人左右。

此外,官员名录暴露了 1490 年后这些职位的世袭本质。山东历城县的李姓,在 1490 年、1509 年各有一人被派往回回馆就职,1566 年两人,1605 年三人。河南祥符县的龚姓,在 1509 年、1578 年和 1605 年各有一人就任。浙江仁和县的劭姓,1566 年、1605 年和 1627 年各有一人就任。山西大同县的马姓,1509 年和 1566 年各有一人就任。从名录上看,该时期记录在册的二十四位任命官员中,有十五位来自仅五个家族。

学　　生

译字生从国子监选入,有时也从官宦子弟中选入,但后一途径在 1459 和 1542 年中断。世业子弟体系成为惯例,许多学生和教师通过这一途径进入四夷馆。⑤ 统计表显示,每馆各有一或两名译字官和十五名译字生。⑥《四夷馆则》中记录的 1490 年的一则奏章

---

① ［明］吕维祺辑《四译馆则》卷二,第 45 页。参见 Wild Norman, Materials for the Study of the Ssu I Kuan, *Bulletin of the School of Oriental and African Studies*, 1945, p. 625。

② ［明］吕维祺辑《四译馆则》卷六,第 81 页 82 下页。

③ ［明］吕维祺辑《四译馆则》卷八,第 153 页。

④ ［明］吕维祺辑《四译馆则》卷七,第 1 页正面及下页。

⑤ 马建春《阿拉伯、波斯语文在元明两朝官方的教习与运用》,《暨南史学》2009 年,第 258 页。

⑥ ［明］吕维祺辑《四译馆则》卷二十,第 2 页正面及下页。

描述了为期九年的培养过程：

> 弘治三年。……钦依。四夷馆子弟务要专工习学本等艺业，精通夷语，谙晓番文，以备应用……三年后本院行移礼部会官考试。中者作食粮子弟，月给米一石。习学又过三年后，仍照前例会考，中优等者，与冠带作译字官，仍给米一石。又过三年后，会考中优等者，授以序班职事。①

这体现了从译字生到译字官再到序班的晋升过程。该奏章还表明，被派到诰敕房工作的是序班这一级的译员：

> 至九年考中优等者授以从八品职事习译备用。②

考 核

《四夷馆则》序言中记录了1653年的一份题奏，其中描述了四夷馆的常规考核体系。考核结果决定了一名学生能否被选入内阁工作。

> 旧例，译学官生除逐日教习外，有月课，有季考，有岁参，分别等第，开送内院，凡遇史馆、诰敕、誊录需人，亦于十馆职官选用。③

《四夷馆则》中的一则简短记录给出了季度考试——季课的细节。

> 季课进呈。一、九馆初授译字官□□课。每月提督官出题三道，季九道，发□各官译出番汉字，登簿，季终呈堂。类呈内阁收执，授职之后不用。④

由于考试内容为外语和中文文本，因此该考试显然是笔试。《华夷译语》中的波斯文和中文来文显然源于考试题目汇编《课》。⑤

《四 夷 馆 考》

月考和季考的内容可能包括关于各个朝贡国的知识。就像《课》得名于课这种考核形式，《四夷馆考》得名于月考和季考并可用于备考。《四译馆则》描述了这些考试的流程：

> 月考仪节。一。每月十六日月考。本馆诸生执试卷序坐，听师出题。试毕定名

---

① ［明］吕维祺辑《四译馆则》卷一，第45页。同样的信息也见《四译馆则》卷二，第59页。
② ［明］吕维祺辑《四译馆则》卷一，第45页。
③ ［明］吕维祺辑《四译馆则》题词，第16页。
④ ［明］吕维祺辑《四译馆则》卷二，第59页。
⑤ 在第五部分中对此进行讨论。

第呈堂。①

　　季考仪节。一、季考先数日本馆出示,先三日十馆诸生各备一色试卷,面写某馆译字生某人投递,委厅弥封钤印,用天地玄黄宇宙洪荒日月十字编号。每馆一字,上用浮签书名。至日唱名散卷,拆去浮签,仍用号簿一扇开写某号某人,先一日交桌凳编号,隔十馆序坐,封门毕,出题交卷毕,齐散。发案之日,一等数名送阁候用,除者以次发落。②

张文德指出,《四夷馆考》以抄本的形式流传,因此不在清朝乾隆年间的禁书之列。③在四夷馆成员陪同官员出访外国时,这些国情知识十分重要。

　　重臣奏讨。一、国家敕命重臣有事外国,奏讨通译人员。准院手本,于各馆职官内选其谙晓番文熟知彝情者,送院拣选。④

译员的其他工作

四夷馆精通书法者可能被临时借调他处弥补人员短缺,包括到文华殿(皇帝的私人秘书处)、国史馆和直接在内阁的诰敕房工作。

四夷馆的官员们也参与了《明实录》的汇编工作。《明实录》中有几位皇帝的实录前附有参与该部分汇编工作的官员名单。⑤《武宗实录》于 1522 年到 1525 年间编成,共列出九十七位编者,其中包括来自四夷馆中九馆的十九位官员,他们完成了实录中关于朝贡使团、使团成员和外交关系的完整细致的记录。在各次访问相关双语文书的分类、核对、总结方面,他们的技能起到了十分重要的作用,此外,他们还要定夺并记录外国国名、统治者名、主要使者名的中文形式,有时也要纪录通事名。这些名字的中文形式被小心地转记到《明实录》中,译名可能参考了外交信件的中文翻译,也可能使用了四夷馆译员所用的音译形式。

四夷馆官员也进行誊录工作。《四夷馆则》中有一则记录描写了如何从四夷馆各馆挑选官员暂时借调到史馆,并同时保留他们在四夷馆中的职位。

　　史馆拣用。一、史馆纂修本院奉内阁题请手本取官誊录,于十馆职官内选其精通楷书者手本送院,转送拣用。系教师者不妨原务,录毕,复馆办事。⑥

①　[明]吕维祺辑《四译馆则》卷十,第 181 页。
②　[明]吕维祺辑《四译馆则》卷十,第 181 页。
③　张文德《王宗载及其〈四夷馆考〉》,《中国边疆史地研究》2000 年第 3 期,第 18—26 页。
④　[明]吕维祺辑《四译馆则》卷三,第 62 页。
⑤　Wolfgang Franke, The Veritable Records of the Ming Dynasty (1368—1644), in W. G. Beasley and E. G. Pulleyblank (eds.), *Histories of China and Japan*, London: Oxford University Press, 1961, pp. 742—743.
⑥　[明]吕维祺辑《四译馆则》卷三,第 63 页。

结　论

四夷馆由永乐皇帝于 1407 年设立,采取创新模式,主要目的是从各个方面促进其与朝贡国统治者之间的沟通。翻译皇帝话语这一重要任务需要最高水平的技能,在四夷馆教师的指导下,学生们被置于严格的培训体系中,培训内容包括语言训练、语言考试、国情知识和书法,这些技能使他们在皇帝身边的各个行政机构中提供高水准服务。四夷馆隶属于翰林院的设置使得四夷馆拥有了较高地位,也保证了只有受过最顶尖教育的人才有机会进入四夷馆。在组织方面,各馆地位平等,不以语言进行区分。波斯语译员通常与其他语言的译员共同完成多语言文书的翻译工作。虽然朝贡行为在明朝中期大幅减少,末期几乎完全停止,但四夷馆服务于皇帝的作用使其能在整个明朝时期中持续不断地训练和考核译员。

The Persian Translating College at the Ming Court
Graeme Ford The University of Sydney

Abstract：The Persian Translating College (Huihui) is a subordinate college of the foreign languages college (Siyiguan), which was established by the Ming Court in 1407 to train translators to serve the tributary ritual and the Emperor's communications with rulers of tributary countries. By examining *Siyiguan ze*, *Siyiguan kao*, *Ming shi*, *Da Ming huidian*, *Taizong shilu*, *Daxue yanyi bu* and other sources, this article gives an overview of different aspects of the Siyiguan, including its establishment, structure, positions, students and testing. It also points out the fact that although Persian was used in communications with more countries than any of the other languages in the tributary process, there is nothing to indicate Persian had any special status among other languages in the Siyiguan.

Keywords：Siyiguan；Huihui；Persian；Ming Court；tribute

（本文作者为澳大利亚悉尼大学特约讲师,译者为德国波恩大学汉学系博士研究生）

明代西域伊斯兰教士在中国内地的活动问题再探*

杨晓春

摘　要： 外来伊斯兰教士在华的活动情况，是理解中国伊斯兰教历史发展的必要方面。本文根据中国回族文献和一般历史文献的记载，勾稽出一些明代入华活动的伊斯兰教士在中国内地活动的情况，综合认为：他们来自西域各地，通过陆、海丝绸之路来到中国，以陆路为主，在华的活动可以分为宣教、传经、修行、授徒四个方面，有的伊斯兰教教士在华活动时间还颇久；现在能够比较明确地了解的明代来华的伊斯兰教士，多数为苏菲一类的游方僧，对于明末清初伊斯兰教典籍中的苏菲思想成分有着直接的作用，一定程度上也构成了中国西北伊斯兰教门宦形成的一个更为宏阔的背景；而明末清初成书的《回回原来》完整的伊斯兰教陆路来华模式的确立，也有着明代西域伊斯兰教主要由陆路来华的基本历史背景的影响。

关键词： 伊斯兰教；教士；入华；明朝；《回回原来》

中国文献记载中，伊斯兰教入华是与一些伊斯兰教士在中国的传教活动联系在一起的。知名的如撒哈八·撒阿的·斡葛思（Saḥābat Saʻad Waqqās）隋开皇年间传教入华的传说，在回族内部广为流传；又如《闽书》所载："（穆罕默德）有门徒大贤四人，唐武德中来朝，遂传教中国。一贤传教广州，二贤传教扬州，三贤、四贤传教泉州。"①当然，从回族历史的整体来看，伊斯兰教主要还是伴随着作为外来侨民的穆斯林进入中国而在中国有所传播的，长时期主要是在回回人群内部传播，因此与通过教士入华而在中国有所传播的佛教、基督教等外来宗教，有着明显的区别。不过，在历史上也仍有一定数量的域外伊斯兰宗教人士在中国活动，也有中国的伊斯兰宗教人士到域外取经求法，这类现象可以看作是保持中国穆斯林群体宗教文化传承的重要保障。

关于西域伊斯兰教士在中国活动的历史，总体来说史料非常有限，学界讨论得也并不充分。史料缺乏的原因，一来是回族本身史料留存有限，二来是主流社会对于回族相关情况的记载有限。而涉及宗教内部状况的时候，则相关史料尤其有限，并且往往史实与传说并存，很难从历史研究的角度予以深入的分析。

隋唐时期入华的伊斯兰教士最为知名的是前述斡葛思的入华。有关宋代，最为大家注意的是传教扬州的补好丁（Burhān al-Dīn），见载于多种明清扬州地方志，如嘉靖《惟扬

---

* 本文系 2018 年度国家社科基金冷门"绝学"和国别史等研究专项"《元朝回回人名录》编纂与元朝回回人物研究"阶段性成果。

① ［明］何乔远《闽书》卷七《方域志·泉州府·晋江县》"灵山"条，《四库全书存目丛书》史部第204 册影明崇祯刻本，第 131 页。

志》称"宋德祐元年,西域补好丁游方至此创建(礼拜寺)。墓在东水关河东",①万历《江都县志》称"宋德祐元年,西域僧补好丁游方至此"。② 今天还有墓葬留存,称普哈丁墓。德祐元年,当元至元十二年(1275)。不过隋唐宋时期的实情究竟如何,其实难以判断。相关的记载,颇有传说的成分。有关元代的讨论相对多一点。《中国回族史》将教士与军士、工匠、商人并列,看作是元代入华回回人的一个主要的类型,主要根据的是"伊斯兰教中的各种神职人员的称号,元代大体上已经出现,可见伊斯兰教在中国的传播是合法的、规范的、全方位的","元代伊斯兰传播如此广泛,宗教活动如此规范,关键在于来自阿拉伯、波斯地区的传教士源源不断地到达中国"。具体到入华伊斯兰教教士的个案,则列举了《伊本·白图泰游记》中记载的原籍的一些人物。③ 有关元代中国伊斯兰教内部的状况,《伊本·白图泰游记》的记载最为学者所关注。书中记杭州"一处称作奥斯曼尼亚('Othmānīya)的道堂(hospice),建设精美并得到良好的捐助。那里住着一群苏菲(Sufis)"。④ 这些苏菲,可以估计基本上自域外而来。此外,杭州出土的元代穆斯林墓碑可见墓主的职业,也值得注意。其中第 7 号墓碑的墓主马合木·宾·马合麻·宾·阿合麻·西模娘(Mahmūd Simnānī)被称作"筛海"、"苏菲";第 11 号墓碑的墓主塔尤丁·牙牙(Tāj al-Dīn Yahyā)被称作"信士的导师,(穆民的)传教者","卓越的伊玛目,真理的爬梳者,传教者的封印,布道者的权柄",可见是清真寺中的伊玛目,同时也是宗教学者。⑤ 我们了解得比较深入的是清代前期西北的一些伊斯兰教门宦的形成中的入华域外伊斯兰教士的关键作用,如麦地那人华哲·阿布都·董拉希入华传教与嘎的林耶门宦的确立。⑥

笔者曾在明代末年兴起的汉文伊斯兰教典籍的历史背景分析中收集过明代西域伊斯兰教士在中国活动的个案,就西域伊斯兰教士在中国的活动对汉文伊斯兰教典籍产生的影响作过简单的分析。⑦ 不过当时并没有注意到区分中国伊斯兰教教内的记载和教外的记载的必要性,也没有注意西域伊斯兰教士入华的通道问题。本文则是希望从各类历史文献以及碑刻资料中勾稽出更多信息,综合展现明代西域伊斯兰教士在中国内地的活动状况,并以此为基础对相关的问题做进一步的探讨。特别是明代末年成书的《回回原来》一书,影响深远,其中展现的中国回族的形成乃是与西域伊斯兰教士从陆上丝绸之路入华有关,很大程度上改变了中国回族内部广为流传的伊斯兰教士经由海上丝绸之路入华的解释模式,其中的原因,也值得分析。

---

① [明]嘉靖《惟扬志》卷三十八"礼拜寺"条,《天一阁藏明代方志选刊》影明嘉靖二十一年(1542)刻本,第 14 叶。

② [明]万历《江都县志》卷二十三、卷十三,《扬州文库》第 1 辑影明万历二十七年(1599)刻本。

③ 邱树森主编《中国回族史》,宁夏人民出版社,1996 年,第 137—138 页。

④ H. A. R. Gibb and C. F. Beckingham trans., *The Travels of Ibn Baṭṭūṭa*, A. D. 1325—1354, Vol. IV, London: The Hakluyt Society, 1994, p. 902.

⑤ (英)莫尔顿(A. H. Morton)释读、英译,周思成校注、中译,(伊朗)乌苏吉(Vosougi)释读、校,王一丹波斯文校,张帆、吴志坚、党宝海通校《杭州凤凰寺藏阿拉伯文、波斯文碑铭释读译注》,中华书局,2015 年,第 98—106、161—168 页。

⑥ 马通《中国伊斯兰教派门宦溯源》,宁夏人民出版社,1995 年,第 82—111 页。

⑦ 杨晓春《早期汉文伊斯兰教典籍研究》,上海古籍出版社,2011 年,第 139—154 页。

一、回族文献有关明代西域伊斯兰教士入华的记载

有关明代西域伊斯兰教士入华的回族方面的记载,主要见于清代康熙年间成书的《经学系传谱》。此书是反映嘉靖、万历年间胡登洲以来回族经学(经堂)教育的教史著作,记载了相当多的教内的情况,是十分重要的史料。其中记载的西域伊斯兰教士在中国的活动状况也非常丰富,多集中在明代末年,大抵史实与传说并存。清代咸丰年间成书的《天方正学》中收录的两方墓志,似出于传说的成分比较大,也并非墓志。此外,则有一些后期的碑刻资料也有所记载。

以下大致按照记载中的西域伊斯兰教士入华的时代先后,罗列相关的状况。

(一) 大同舍西得二十四先贤

山西大同清真寺《重修舍西得二十四先贤序》载:

> 云郡之西南有先贤茔者,历代相传,皆有增修。至大明弘治年冬月,大将军都督杨公讳玉,大兴土木,因旧创建,遂成大观。由弘治迄今二百余年,其间虽颇有补修兴工,得不偿所失,则其荒芜殆有不可言者。大清乾隆辛未夏,本郡乡老麻焕文因重修正教,以重书牌之人,念先贤芳名,恐其失传,欲勒石表记,遂谋于众。而阖郡乡老无不欣喜嘉□,各有所捐。因而茔坟台阶墙界,焕然改新。功既成矣,命干(予)作序。呜呼!先贤之清高,自有实迹,而末学之固陋,敢云创作?因思舞文墨,不如据实闻,遂取旧原文,补叙缺略而修载焉。文曰:
>
> 云郡西南有先贤茔,其坟二十有四。虽史籍失载岁月,而父老相传,复有旧碑之说,昭昭可考。盖二十四人者,来自西域天方国,于大明间奉经传道,由西至东。其生平节为,主圣勒命,不以名利动其心,不以死生移其志,为吾教中真实无妄之人也。来至山西大同地界,在城西南六十余里,其地名煤峪口。时值晴礼,正潜修焉,适有群寇蜂拥而至。诸贤拜礼既成班,一若罔闻,因而被执。诸贤恶其叛逆不道,骂不绝口,皆与害,而诸先贤已庞眉皓首矣。少顷,乡人路遇二十四人,各挟其首领,自山谷来至城西南角瓦窑。头面如生,南北两行,循至而列,无或先后之乱者。有道之士,自有所归异人者。而郡之官长士民,莫不奇,争为拜仰。认为此处逼近城邑,扰杂不便,欲别求佳城。乃卜地于他所而殡焉。厥明往视之,其二十四位裂其坟,复归故处,如前生列。众皆骇然,遂不敢再移。于是依其位次为茔坟,旷浴而定之。厥后郡之人,无间高贵,岁时必祭,水旱疾疫,有求必应。百年之间,人云其福。以故崇奉之心,久而不改。至天顺壬午秋,镇守边戌大总兵彰武伯杨公讳信,屡感灵应,于是命官重修,请耆儒为之碑记。至弘治辛酉冬月,有北虏寇西陲,都督杨公至身任大将军,承命退贼。屡次不利,正在相持之间,忽有数十人突入贼阵,其众大溃,遂大捷而还。夜梦其人,即云中郡西南二十四位坟之贤人也。盖教云:人真诚不二,故背之顺忠,生死如一。亦以公平昔奉祀,云诚格有于素而至今也。壬戌班师,由云中回京,据诸贤效命之事表奏,于是年夏四月,勒命重修。凡郡之名公巨卿,英才善念,于在教中,靡不捐资。有财不足者,为之力役。效命报其德,以保其永佑也。不两月而告厥成功。高坊大厦,履其茔中也;崇垣周匝,闭其冢也;祭享之所,则祠与馈食也;烹宰之所,则厨舍有修也。巍巍

乎正殿也，廓然者两庑也；树碑揭者，左右之两亭也。焕然一新，非复旧贯。嗟呼！如群贤者，教中之特出也，既遵独一，必知顺命，忠心助国之举也；生无缺歉，死于殉道，故得清高之品也。此先贤身后之实事也，得于旧碑，闻父老者耳。如为之记，勒诸贞珉，庶前贤之美，传于百世而不朽也。

此系大明弘治十五年壬戌仲夏月立旧碑原文，其可遵可信之实事也。有此实迹，而复忘为文饰，不几拂先贤之志也哉！是为记。此垣先掌教滋、副教海深、赞教振瑞、满喇虎信。大清乾隆儒学生员白针补叙撰文手书。十六年辛未，本郡掌教把永瑞、副教麻魁、赞教张朝威、满喇孙秀、教习王信一。

嘉庆五年间，师掌把秉章、副教王广文、赞教把元、原先教习刘文德、后学王魁、把守仁、麻庆、王臣。道光九年间，师掌把元、副教麻庆、赞教王臣、把杰、教习阿衡把守仁、后学马思恩、把积、把福寿、把谦、王延、瑞祥、马登芳。

大清道光二十二年夏月重修，寺院内外，改观一新，随补修先贤茔尊之间，本郡乡老丁贵、把守荣见原碑石破字落，不免日久不全，诚恐失其根基。予等喟然叹曰："先贤之贵，助国真诚，倘有损坏，低昂难辨，即欲强记，不能也。"固将原文誊录木牌，悬挂清真寺中，以便众位乡老永远知晓。

中华民国二年，执事社首库高陞见木牌风吹撒坏，不免年久皮起字落，诚恐失其先贤之实迹也，因重修木牌，兴油格式。经理社事书记马腾写补叙撰文沐手书。本郡掌教阿訇王陞、二年社首白恩、库高陞、三年社首马主林、费存陞、白印。经理人白得清、刘杰、张陞、马鸿亮、马腾云、虎喜、马英、虎有祯。

中华民国三年岁次甲寅冬月下浣谷旦。[1]

学者称之为碑刻，但是据其中行文却是书于木牌的，未见实物，暂且仍称之碑刻。这虽然是一方民国时期的碑刻，但是系重刻的明弘治十五年的旧碑。只是旧碑碑文的传承略有一些复杂之处，似乎是明弘治碑在清乾隆间重书重立，简单增添了一些弘治以来的史事；清道光二十二年将碑文誊录于木牌；至民国三年又重书，或许刻碑。

这件碑刻展现的是明初至大同的天方国伊斯兰教士二十四人，系"奉经传道"者，后因遇害而葬于大同。不管是二十四人之数，还是具体的事迹，都有很强烈的传奇色彩。舍西得，阿拉伯文 Shahīd 音译，意为殉难者。[2]

按此碑所载明弘治碑的记述中云"虽史籍失载岁月，而父老相传，复有旧碑之说，昭昭可考"，这可以通过大同清真寺天启二年（1622）马之骐撰《重修礼拜寺碑记》得到一定的证实。此碑载："大元□□贤而且异者，满□二十四人，灵迹遍于天下，以宣其教义。"[3]应该记载的同一件事，只是认为是元朝人而已。

所记明初事迹，似乎不能简单斥之为后代伪托。一来出于明代弘治碑刻，传承有绪，

---

① 岩村忍《中国回教社会の構造》（上），（东京）日本评论社，1949 年，第 71—72 页。房建昌、陈跟禄、王维镛《山西穆斯林与清真寺考》，《宁夏社会科学》1991 年第 5 期。按前者只有录文没有标点，后者则加了标点，并且前者错字较多，本文主要依据后者。最末的年代，后者缺，据前者补。又题名也有不同，前者称碑序，后者称碑序。

② 金宜久主编《伊斯兰教辞典》"殉教者"条，上海辞书出版社，1997 年，第 549 页。

③ 水镜君、玛利亚·雅绍克《中国清真女寺史》附录三，三联书店，2000 年，第 405 页。

而且弘治碑中还讲到有旧碑；二来弘治碑中所叙天顺中彰武伯杨信的史实也可以和其他史书相映证。①

（二）昌平伯哈智

北京昌平何营清真寺伯哈智墓园，据介绍有明碑4种、清碑3种，②有关一位明初洪武年间入华的伊斯兰教士。其中明万历碑刻两方、清康熙碑刻一方、清光绪碑刻二方，《北京清真寺碑文辑录述要》有录文，但均无标点，且录文讹误较多。③ 其中的清康熙碑刻，《中国回族金石录》也予收录，④而早在清光绪《昌平外志》中就已经收录了碑文，称《乡先贤伯哈智墓碑》，并附有一段跋文。王东平先生曾利用这些碑刻资料及方志资料讨论了北京回族中的纱灯巴巴传说。⑤ 其中提供了国家图书馆藏相关拓片的信息，现查国图网站，获得信息如下：1）北京8837（北京8838），碑阳碑阴均刻文字，一面额题"先贤墓记"，首题"先贤墓碑记"，碑身二十行，万历四十六年张大缙等立；一面额题"天课"，碑身十八行，比较模糊。2）北京8831（北京8832），额题"先贤忠义碑记"，二十五行，万历四十七年杨应瑞等立，又载《北京图书馆藏中国历代石刻拓本汇编》第59册第110页。详情有待进一步调查。

现据《北京清真寺碑文辑录述要》转录两方明万历碑文，其一碑文如下：

重修先贤碑记

□乎予曰弗知也李君进□。予自公暇，一时邂逅近于季君□□有□予而诣曰君知我来之意而言曰：兹者昌平郡东门外有□□□烧约四千余亩，曾与先贤祖师名伯哈智作坟。始自太祖高皇帝，念其献兵策有功，所赠也。□建寺一座，殿房辉煌，□够□□□诵天经，向西礼拜。一则以祝延圣寿于无疆。曾因年久，滩（坍）塌损坏，文字昏暗，难以□远今年。后蒙先任镇安（守）冥（宣）大守（等）处地方总□□乎予□喜谈乐道，□都督马公南溪，发心重立□记。须张一言以诸□不□旨为记否之善具文不没人之贤易曰作善降之百祥秋善家有余事，其斯之谓欤！自兹以往，立文于碑，不惟以彰在□□好善之一端，亦且不□□□创立于百世矣。予因李□请之甚□，□□为□语以铸之，于□以记其月云耳。

万历六年岁次戊寅正月吉旦，赐进士出身、参□大夫、□部浙江□□□司邱（郎）□□芜山周文远拜撰。

前军都督佥府事左都督□芳。

---

① 彰武伯杨信也出现在大同清真寺天启二年（1622）马之骐撰《重修礼拜寺碑记》中，不过其名所在一字恰好缺损，杨大业先生曾据《明史》、《明实录》补出"信"字。参见杨大业《大同清真寺明天启二年碑文考释》，载杨怀中主编《第二届回族学国际学术讨论会论文集》，宁夏人民出版社，2009年，第84—89页。

② 李兴华《中国名城名镇伊斯兰教研究》（上），宁夏人民出版社，2011年，第25—26页。

③ 回宗正编著《北京清真寺碑文辑录述要》，作者自印本，2008年，第438—448页。

④ 余振贵、雷晓静主编《中国回族金石录》，宁夏人民出版社，2001年，第448—449页。

⑤ 王东平《纱灯巴巴传说：北京回族对于明时与朝廷关系的曲折记忆》，《回族研究》2009年第4期；收入王东平《明清西域史与回族史论稿》，商务印书馆，2014年，第157—171页。

其二额题作"先贤忠义碑记"，碑文如下：

盖闻贤哲之处世，其生也有自来，其逝也有所为。当其生也，敬夫（天）地、卫国王，表世振俗，匡扶圣教于不朽，钦崇戒律，提厮惊觉于无穷。及其没也英灵赫奕，虽死犹生。有所触发随感，而似声达桴，如影随形，狎欤休□。□无如北邵先贤之灵应者，先贤姓伯名哈智，发迹西域，慕义来朝。我太祖嘉其呈献兵策，赐之官，不受，敕建寺宇居之。积德累行，洞古达今，远者悦近来，大阐□□，□途尽解，庶圣教已倾而复兴，清真已绝而复续。升遐之日，四民之类□□□考如（妣），莫不奔丧挽送，遂卜善地于营平之左窀羊马（焉）。大异者，童赤自睹仪容犹然。往来其地所骆驼随赤，无□□而毙，遂殉葬墓侧。喜（嘉）靖庚戌，虏入古北塞，直簿（薄）都城，游骑已抵营平近郊矣。一时交（文）武将吏，惶惧无惜（措）。□□众大集，忽见先贤乘驼持戈逐虏，虏钦以为神，遂宵遁，本境得免□□之□。诸大吏感佩先贤退虏全城，靡不举手加额。诚如张睢阳作厉□□杀贼，吴明辅化蜂虿以誓敌，古今同一辄（辙？）也。究其故，若非忠肝义胆，神威圣武，孰能若是哉！于是先贤馨名愈盛，四方人士日来月往，游行不绝。□（应）瑞世授鹰杨（扬），俛幸科第，自龀年而稔开父矣。今者滥竽昌镇，奋锸之时，瞻礼焉。因而有感先贤之遗烈芳规，恐愈而愈失其详，暨愤□□如酋犯顺、辽东满虏□□蓟北，所以表迹具于既往，新□助于将来，□勒石直述其事，用垂不朽□。

时大明万历岁次己未菊月吉旦，钦差统领昌镇标下右军营游击将军、都指挥杨应瑞，率男铣依伍军二营选锋把总武举杨如松、神机二营选锋把总武举杨如栢、童生杨如□。

两碑录文有不少文字讹误，不能完全通读，上录有部分文字根据文意用括号括出改正之处，以便阅读。国图藏拓有待核对。

清光绪《昌平外志》所载清康熙碑：

公西域人，以明洪武初献策来朝，赐之官，弗受。请游宣乡教，许之。公持身端严，步趋不苟，乘一白驼，所到之处，并不琐琐于教戒谨饬。而败检逾闲之徒，睹其清操，自相率艾，琢磨更新。由是，吾乡之风俗改观，吾乡之教遂大行。明太祖嘉其德化，甚礼重之。后归昌平，以寿终。吾乡人为之葬于北邵之阳，并其所乘白驼，亦附瘗墓侧。正统、嘉靖、万历年间，屡著灵异，载在前人碑记（有万历中碑三，鄙俗未录）可考也。至我朝，而吾乡人之景仰休风，奉为模范者，无间于昔。今上御极之三十五年，余北征凯旋，过北邵，曾捐金修公墓。时有为余述公盛德者，欲记一言，未果也。兹又越十七年，恭逢今上六十万寿。余次子龙，向蒙特简，为余中军参将，带同嵩祝归来，再过北邵，更为之修整墙垣，疆理界址，墓门、神道，焕然从新。呜呼！公往矣。公之贤，虽喷喷在吾乡人口，然无表而出之者。余既心仪先贤，而又美其以躬行为化导，故次其行事并系以铭，用垂将来。铭曰：献策而来，宣教而死。被其风者，为之葬于此。亿万斯年，高山仰止。

康熙五十三年　　月　　日，提督直隶古北口等处地方总兵官、都督同知马进良撰。

案：州境回民每岁于三月二十四日会祭公墓。初以非所当祭之鬼，疑之。

近阅旧志云：默德□人，有道术，没葬于州东何家营（即北邵村之阳），数显异。

值闯逆之变,村野蹂躏,独其墓草无恙,民潜其间者,昼晦全活晏如也。时盖见有衣白回回坐墓门上,而兵革不及。案《礼·祭法》,能御大灾,能捍大患,则祀之。伯公当逆闯之变,灵异护民,《祭法》当祀。岁祭其墓,宜哉!①

此碑据《北京清真寺碑文辑录述要》可知首题作"乡先贤伯哈智墓碑"。

撰文之马进良是清代前期知名的回族军官,马进良康熙二十九年任山丹营游击,康熙三十二年任甘肃提标中营参将,康熙三十四年任提督直隶总兵(驻扎古北口),撰碑时仍为总兵官。回族内部广有传播的《回回原来》一书,有的传本有一篇引言,记此书由康熙皇帝赐予回回马总兵,并由马总兵送予阎总兵,于是广泛传播。这位马总兵就是马进良。《清实录》中确实记到古北口总兵官马进良率所属官军迎驾康熙皇帝的史事。②

所录碑文注中称"万历中碑三,鄙俗未录",其中的两方即是现存者。可见相关的事迹至少在明万历年间就已经刻碑,有其来源,直到清光绪年间尚存。

案语中的旧志,指康熙《昌平州志》。康熙志卷二六《述闻》"回回显异"条载:"默德那人,有道术,殁葬于州东何家营,数显异。值闯寇之变,村野蹂躏,独其墓草无恙,民潜其间者,尽得全活晏如也。时盖见有衣白回回坐墓门前,然兵革不及。亦不解其何故。岂谟罕蓦德生而神灵者,兹犹其裔也与?"③可知光绪《昌平外志》引用中有几处错误。

综合以上三碑,可知伯哈智为西域默德那人,明洪武初来朝,名为"献兵策",实质是来华传教,很快建立了清真寺,并且还是敕建。后葬于昌平,颇有灵验,尤其是嘉靖庚戌二十九年(1550年)蒙古兵入古北口后伯哈智退兵的神迹,在当地很有声名。

(三)固原回教先仙

宣统《新修固原直隶州志》载:

> 回教先仙碑 按碑刊于乾隆十九年,回教公建,在南乡二十里铺。其略云:先仙不传其名。康熙中,乡人每见有在山讽经者,近而视之,杳而无踪迹。后有西域老叟至此,曰:"此山有先仙遗冢,吾教宜礼奉焉。"启土视之,得墓志一方,泐于成化二年,亦未列姓氏。④

这一乾隆十九年(1754)碑之碑文,在《新修固原直隶州志》中未引全。不过可知记的是一位明成化见殁于中国的西域伊斯兰教士。此碑称这位教士为"回教先仙",有可能也是一位苏菲。

墓葬所在地,已经成为一处拱北,称二十里铺拱北。⑤

---

① [清]光绪《昌平外志》卷四《金石记》,《中国地方志集成·北京府县志辑》第4册影清光绪十八年(1892)刻本,第639—640页。
② 参考杨晓春《〈回回原来〉的成书年代及相关问题略探》,《北方民族大学学报》2014年第2期。
③ 康熙《昌平州志》卷二十六《述闻》,《中国地方志集成·北京府县志辑》第4册影清康熙十二年(1673)刻本。
④ 宣统《新修固原直隶州志》卷十《艺文志四·碑碣》,《中国地方志集成·宁夏府县志辑》第9册影清宣统元年(1909)官报书局铅印本,第482页。
⑤ 薛正昌《〈回教先仙碑〉与固原二十里铺拱北》,《宁夏社会科学》1993年第4期。

（四）西 来 真 人

见于《天方正学》所录《西来真人墓志》，①称之为明际西来之真人，道号克勒门腊布，安葬在北京西便门外石道之西。但是根据所附夹注中引用的碑文"大清咸丰　年所复修者，墓迄于此，五百余年矣"，咸丰当 1851—1861 年，则又可以推测他活动在中国的大致年代是元末，所述当有误处。这应是一个传说中的人物，不能看成是史实。

（五）洒 英 祖 师

见于《天方正学》所录《洒英祖师墓志》，②称之道号洒英，为明际西来之真人，详细记述他在中国活动的神奇事迹：正统时天子为北房掳去，洒英真人以神奇之力将他救回，天子甚至要以宝位揖让，没有接受；不久，预测到帝位转于天顺，被封为祖师，并敕令建祖师吉地于阜成门外三里大道之南。这大致也是一个传说中的人物。

（六）绿衣缠头叟某

《经学系传谱·先太师胡先生传谱》主要记胡登洲得经的神奇经历，正式纪事之前，在"纪事三条"题下记录了他最初在高太师馆中学习时遇到绿衣缠头叟的传说：

> 外犹闻先生幼时，附渭滨之南岸高太师馆中习读，往返由于津渡。一日，乘残月独往，遇一绿衣缠头叟，先生趋前说塞料误，叟答之，指示数语，旋失其迹。后人拟为赫资勒圣人，常巡游行于水畔是也。未得其悉，不敢纪入。③

只是因为赵灿所知不够详细，所以没有作为正式的人物历史记录下来，只在引子中提到。从他的用词看，故事也是有相当影响的，以至于把故事中的绿衣缠头叟拟为赫资勒尊者。赫资勒尊者，是《古兰经》中传说人物，经文中没有提及姓名。赫资勒，意为"绿衣人"，一般认为系经文中"安拉的一个仆人"（18：65）。④ 看来《经学系传谱》所记胡登洲遇到绿衣缠头叟，未必有其人，多半是从赫资勒尊者的故事衍化出来的传说。

"缠头"是西域穆斯林的主要头饰，因此用来称呼其人。

（七）天房进贡缠头叟

《经学系传谱·先太师胡先生传谱》主要的纪事是胡登洲从天房进贡缠头叟获得《母噶麻忒》一书的故事。

---

① ［清］蓝煦《天方正学》卷七，《中国伊斯兰教典籍选》第 1 册影民国十四年（1925）北京清真书报社刊本，第 405—406 页。

② ［清］蓝煦《天方正学》卷七，第 406—407 页。

③ ［清］赵灿《经学系传谱》，杨永昌、马继祖标注，青海人民出版社，1989 年，第 26 页。我在《早期汉文伊斯兰教典籍》一书引用这一整理本时，据《清真大典》所收旧抄本作过校勘，改正颇多，本文引用，不再一一说明。

④ 金宜久主编《伊斯兰教辞典》"希兹尔"条，第 510 页。

胡登洲快五十岁的时候在往都城去的半道上遇到从天房来往北京进贡的缠头叟，从他的行囊中看到《母噶麻忒》，但没有获得此经。此后，胡登洲先到达北京，居然从一位老妪手中买到了《母噶麻忒》，但并不能完全读懂，于是便在京中寻访天房进贡缠头叟，终于等到，两人以《母噶麻忒》第二章篇末的诗歌互相唱和。天房进贡缠头叟回程时，胡登洲一路相伴，直到嘉峪关外。①

不过有些细节和康熙三十六年(1697)舍蕴善《〈经学系传谱〉序》的叙述不同：

> 后客都门，年及半百，崇延名师，谙习诗书，由是也而过目成诵焉，不期年而能吟咏。适遘西来异人，相觅与语，遂出经指授之。②

"西来异人"就是赵灿所谓的"天房进贡缠头叟"。这里记的情况要更少一些神奇色彩。

关于胡登洲的生活年代，有几种资料都有说明：第一，康熙三十六年(1697)舍蕴善《〈经学系传谱〉序》称："(造物者——引者)复幸兹土，于嘉隆之际，赐降完人，教民皈正者，逮吾太师胡老先生杰出渭滨之征也。"③第二，康熙五十七年(1718)《修建胡太师祖佳城记》称"明嘉靖元年(1522)我胡太师祖出焉"，"我太师卒于万历丁酉之年(二十五年，1597)八月二十八之日"。④第三，1940年代抄本《胡太师传》，生卒年同第二种。⑤那么天房进贡缠头叟是在隆庆五年(1571)前到中国的了。

(八) 失 利 夫

赵灿《经学系传谱》的第三至六篇序实为赵灿的专论之文，其中的一篇《习经宜察可否习读者》主要是关于失利夫(Sharīfah)的。⑥此外，《舍蕴善先生传谱》也简略涉及失利夫，⑦但内容没有超出。

《习经宜察可否习读者》曰：

> 孰料主有前定，于明末之际，不幸殃及齿泥。兹土之谟民，适有虎喇撒国之缠头失利夫^{人名}，虽习经学，艺义欠通，于本国赴科考试，经场屡因文艺狂妄偏僻，国君震怒，欲置于死，谏臣解救，方斥辱幽禁之。彼侯怠隙，遂逃遁至我中华，历游各省，不敢回国。后居甘州，乃逞才自炫，按兹土之清真风俗，著经四十七本，分散河湟各方。于中虽有明令圣谕，以为穿凿，而其解释旨意，或负微长。然其文风舛错，义理乖张，轻重

---

① ［清］赵灿《经学系传谱》，第26—28页。
② ［清］赵灿《经学系传谱》，第1页。
③ ［清］赵灿《经学系传谱》，第1页。
④ 冯增烈《"修建胡太师祖佳城记"碑叙》，《中国穆斯林》1981年第2期。
⑤ 白寿彝主编《回族人物志》(上)"胡登洲"，宁夏人民出版社，2000年，第592页。
⑥ ［清］赵灿《经学系传谱》，第13—14页。
⑦ ［清］赵灿《经学系传谱》，第89页。

失权,赏罚勿当。且无分历代圣贤之因革,四大掌教之道路,条律半出新增,礼节失于古制。①

失利夫,虎喇撒国(今伊朗呼罗珊)人,明末来到中国,游历各地,后居甘州(今甘肃张掖),著经四十七本,分散河湟各方。对于失利夫的作品,康熙时赵灿是严厉批评的。并考得其中的二十七本,说:"嗟乎! 一教似分两途,总由此经而起。今已稽考流传于兹土者二十七本,计籍其名。凡初学之辈,若遇此经,可弃置勿读。有动为主之心者,售而投诸水火,以绝其根。再因甘、凉、河州,尚有不知名之经二十来本,后之学者,细心稽究,以辨虚实,勿因其误,而更误后世,余有望焉。"②还列出了失利夫所著之经的名单。

随后赵灿还有一段描述,似乎可以说明失利夫著经是汉文的:

其经如北地书中之《名贤集》、《女儿经》等书,俱是书字,塾学中竟有读者。其中绝无意味,乃人所易晓者,宜于浅学,故可哄人。③

"书字"一词,在《经学系传谱》多次出现,如称冯养吾"素未习读书字"而能以"王"字出头为"主"应答,称马明龙"复搦如椽之笔,遂著书字之译焉,名此经曰《推原正达》",称马君实"因吾教之人,信异涉邪,以书字注《卫真要略》一卷",称王岱舆"书字译经,长于训劝,奇迹颇多",④都是指汉语书面语,那么,称失利夫所著之经"俱是书字",也应当是汉文的伊斯兰教典籍了。只是完全不能考得其详情。

失利夫译经的具体内容,已经难以详考,《经学系传谱》只简单提到书中有割肉喂鹰之说,认为是佛教中的说法,并予以了批评。⑤ 割肉喂鹰是佛本生故事中相当著名的一个,见载《菩萨本生鬘论》卷一、《大庄严论经》卷十二、《众经撰杂譬喻经》等。⑥

(九)缠头叟某

《经学系传谱·海文轩先生传谱》记海文轩听说河湟的撒喇韩姓土司有《米夫塔哈·欧鲁姆》经,于是率众来求抄录,但未能得到。这时的一个晚上,一位缠头叟来访海文轩,送他《米夫塔哈·欧鲁姆》。⑦

(十)逸蛮阿訇

赵灿于《经学系传谱·常蕴华、李延龄二先生传谱》附论及外来伊斯兰教徒游食者多,有益中国伊斯兰教界者少时,举了几个有益者的例子,其中有逸蛮阿訇:

---

① [清] 赵灿《经学系传谱》,第13页。
② [清] 赵灿《经学系传谱》,第13—14页。
③ [清] 赵灿《经学系传谱》,第14页。
④ [清] 赵灿《经学系传谱》,第40、45、53、52页。
⑤ [清] 赵灿《经学系传谱》,第49—50页。
⑥ 常任侠选注《佛经文学故事选》,上海古籍出版社,1982年,第22页。
⑦ [清] 赵灿《经学系传谱》,第32—33页。

逸蛮[川名也]阿衮[大人之称也]之[之]负学游传《费格》诸条，厘正教款。兹土学者从之者众，沾益甚溥。及预知都中奸究缠头妖言之变，①而幡然归国，其神也哉！

逸蛮阿訇讲《费格》，是赵灿认识中他在中国活动的重要而有益的内容。更详细的记载，见于《经学系传谱·冯通宇先生传谱》：

> 益蛮[地名]阿衮[大人之称]至长安花区巷之敕建清真寺中挂衲，从学者数十辈，讲究各《费格》[通晓教律之经]。阿訇能于专授。初，兹土虽有《弗喇意特》，乃西域分受家财之经，亦未传讲。先生（指冯通宇——引者）潜心细阅，研究多日，竟洞悉其意，遂使人达知阿衮，言欲携经领教，阿衮慕其多学之名，而忻诺之。先生总不赴约，及阿衮订于某日起程之先一日，适整行装，而先生方至。阿衮曰："候驾日久，无缘晤教，奈何翌日马首东矣。"曰："不妨请拨冗一论其详。"曰："仓猝恐难尽言。"曰："不若阿衮将此经之分财法任凭示题一二，吾写以呈览，若果合轼，则不待赐教矣。"阿衮领之。其从游兼秦川本处学者，俱在座，甚为惊异。阿衮少思，挥笔书而示之，先生接视不暇思索，挥笔立就，以呈阿衮展阅，遂点首不止，笑视先生。复挥笔书数行，举双手以授，先生接阅，含笑写答之，阿衮视毕，伸手展大指，乃顾众曰："虽呢[中国译也]之学者中之第一流也。若此明析分财之法，此经足可授人，无怪其来迟，盖有深意耳，汝等当尊重之。"傍有嫉者，犹云："此经可授人乎？"曰："虽教授于西域亦可也。"闻者吐舌咬指而讶。阿衮次日行，凡秉公学者，咸诣先生领益焉。盖《弗喇意特》自先生创思而传之也。蕴善先生自馆辽阳，亦曾细阅此经而测其义，后返秦中，二先生会晤谈及此经，通宇先生亦试以题，蕴华先生作而视之，其理如一，偶合无缝焉。②

此处主要详细地记录了冯通宇和益蛮（即逸蛮）阿訇围绕着《弗喇意特》的一段交往的事迹。

《经学系传谱·马恒馥先生传谱》所载舍蕴善对马恒馥所说的一番话中，也提到过逸蛮阿訇，称"曩者逸蛮阿訇过秦，所携有《终谷勒弗托华》之经。景善舍乞经拆录，以致篇章紊乱"。③可见逸蛮阿訇在传播经典方面的活动，而且舍蕴善弟舍景善从逸蛮阿訇抄经很可能也就在西安。

《经学系传谱·马进益先生传谱》载逸蛮阿訇至南都（南京）时的事迹：

> 逸蛮阿衮至南都，先生（指马进益——引者）接待过敬，未常少衰。及阿衮他适，所遗吾教厘政之诸条，后值有纷争之者，踵先生之门求据，苟以人谋计之，先生片言可释众惑，讵料先生以照旧二字答之，以至南都吾教之众，即效参商，自相摧折，岂意前

---

① ［清］赵灿《经学系传谱》，第61页。
② ［清］赵灿《经学系传谱》，第75—76页。
③ ［清］赵灿《经学系传谱》，第103页。

定如斯，而起衅之端由此作矣。①

马进益，南京人，为清初的译著家伍遵契的老师，其活动时间大约是明末清初。"所遗吾教厘政之诸条"云云，可见逸蛮阿訇对南京伊斯兰教界的影响。可惜《经学系传谱》此处记载太为简略。

《经学系传谱·袁懋昭先生传谱》所记为同一事，但要详细得多：

> 先生（指袁懋昭——引者）细考诸经，而乏扎指等条，欲厘政之。值逸蛮阿衾至南都，亦不扎指，出据立证诸非。及去，先生遂与刘、伍、陈三师，共议禁断，本方之众咸遵革之。第阻挠之辈，起诡谋而讦讼焉，由是风波万状，日现于先生之前，朝不保暮，先生则宴如也。②

扎指的争论，仍属于教律方面。"扎指"又称出指，是念归正言（"我们来自真主，还要归于真主"）时将右手食指抬起的动作。康熙年间，北京牛街学者马永和从济宁游学回来后，指摘教内错讹的教规十件，其中就有"早晚拜后，念归正言，不可出指"一项。③ 或许马永和是在济宁学习的，此时常蕴华、李延龄二先生在济宁开学，马永和所学或许从他们而来。只是不知和南京伊斯兰教界禁断扎指是否有所联系。

综上可见，逸蛮阿訇长时间在中国活动，西安和南京这两个中国伊斯兰教学术中心地，则是他活动的主要地点。他对中国伊斯兰教界的影响，主要在教律方面，即"讲究各《费格》"，传播了一些与中国原有不同的教法习俗，得到中国学者的认可，但也引起了一些争论。

逸蛮阿訇在中国的活动，大约当明末清初。后来回国。蛮逸（益蛮）所指，有学者认为就是也门。④ 还有学者认为这一位逸蛮阿訇就是康熙五十九年纳古镇清真寺为纪念蔡巴巴而立的阿拉伯文碑中提到的也门教法学者尤素福·本·格哈塔尼。⑤ 还有学者认为逸蛮阿訇极有可能是舍蕴善十八条主张的思想来源。⑥

（十一）极 料 理

极料理（Jilani?）其人在《经学系传谱》中有比较翔实的记载。《经学系传谱·马明龙先生传谱》载：

> 第《米尔萨德》乃理学炼性入道之经也，而昔授教欠工，心常歉然。适有缠头名极料理者，云游至楚，侨宿于寺，而形状非凡，举动辄异，先生奇之，邀请于家，而敬礼焉。先生每

---

① ［清］赵灿《经学系传谱》，第98页。
② ［清］赵灿《经学系传谱》，第100页。
③ 北京市政协文史资料研究委员会、北京市民族古籍整理出版规划小组编，刘东声、刘盛林注释《北京牛街志书——〈冈志〉》，北京出版社，1990年，第20页。
④ 哈宝玉《〈经学系传谱〉与苏菲主义》，《世界宗教研究》2010年第5期。
⑤ 马景《〈经学系传谱〉中"逸蛮阿訇"考辨》，《中国穆斯林》2011年第2期。
⑥ 马超《试论极料理与逸蛮阿訇对中国伊斯兰教的影响》，《北方民族大学学报》2017年第6期。

读《米尔萨德》，彼指之曰："此中何说？"曰："非尔所知也。"曰："吾固不知，然尔所知，亦乃白纸行中走徒认字耳。"或言先生居内房（有两间之内）阅经，彼居外房，适一蜂欲出户而触窗纸，彼哂之曰："盍从门径而出，徒触于纸何也？" 先生惊异，扃户求益，彼亦渐露其机，固乃深通理学入道之秘者，先生遂乃师之。盖经学之字义，变化万端，一字数呼，或知其字，而不识为兹土之何物，故举诸物以询之，即渐注释，盘桓及月，深获入道之就里矣。然而极料理囊有一经名《富而斯》者，犹惜不与之，未几往游粤西焉。盖伯庵先生仅识《米尔萨德》字之浮义，先生今得就里；而蕴华先生既获《富而斯》，于专研后，既得义之就里，又达字之正义矣。盖《富而斯》中多蕴《米尔萨德》之注释。及传蕴善先家师，又得《克世富艾哈查蒲》，译曰《开幢幔即障临义之经》乃开幢幔即障临义、溃壅塞、启蒙蔽、解系绊之经，方臻理极义尽之境。则今所传，真可为檀闻宝鼎，缕缕皆香，珠滚冰盘，颗颗斗包，故深施觉世婆心，顿开千古群蒙矣。复搦如椽之笔，遂著书字之译焉，名此经曰《推原正达》，无乃有本者如斯耳！后明龙先生闻蕴华先生无庸传授，而能探测此经之奥妙，乃愤之曰："此系何物，而能自解悟之哉？"盖二先生，一得人之指示，一得经之解究，苟论各逞力量之所使，则有强弱之分耳！如路未辟，则无径；既获行，成道矣；终，则可行车焉。而吾先生复得《开幛之经》，可为际遇之获有不齐，学问之分有多寡耳！凡洪福完人，方能全得其济，逮亦主欲启迪理世之学，特出一代伟人，阐发先天之秘，唤醒醉梦愚迷，而能寻永活之泉源也。①

称极料理云游至楚，马明龙邀请他到自家。后看到极料理囊中有《富而斯》，此经对《米尔萨德》的解读有帮助，但极料理不肯给他。不久极料理就去广西了。

又《经学系传谱·常蕴华、李延龄二先生传谱》载：

> 昔先生（指常蕴华——引者）授徒于东寺隔院，缠头极料理自楚由粤西东而逾吴越梁鲁，及抵济水，挂衲本坊寺中，孩童众聚观之，因法而西语人多不谙，先生往观，心辄重之，遂挥去闲人，对坐交谈法而西语。理曰："吾于大江左右、长河南北云游至此，人言君之多学，故特相探耳。"先生曰："吾固匪材，何幸高贤远降，不识何益以教？"理曰："君可语《米而萨德》其中云何？"曰："兹土指授欠详，未挨就里，请试说之。"曰："君当师我，必尽其意。"先生命请经至，展卷逐行扣其《呐哈吴》并《满推格》并《白僚赫》之理，理张目不答，久之曰："吾有一经能破其理。"遂出紫绡囊，以《富而斯》示。先生展阅，乃破此经守义之典，喜口："经价几何？吾愿请购。"口"吾不售也，汝君师我，当赠之。"先生曰："岂以一经而屈人之为徒也耶，愿购以重价。"理曰"汝偿价几何？"先生自廿金至卅二，理犹未诺。
>
> 临岐遗写经字"圆光"一于殿壁，而精粹神工，曲尽其巧，后人无其匹者，至今为寺中之古迹焉。②

后云游至河间府，于大雪中跣足行市，其地有赞廷白师，市贸缎匹，其为人也富而好施，嘉行难悉，适见而怜，且异之，请寓于家。连饭数日，询彼曰："欲衣乎？"曰："缺

---

① ［清］赵灿《经学系传谱》，第44—45页。
② 按：此段不知从何羼入。

一绸裤。"师以绵绸一端示之,理取叠数折,剪而破之,师傅缝衣者继而成裤,师逾异之。斯夕也,向恳其道,理授以炼性清心诀,乃曰:"汝既师我,特授一经,此乃破解《米尔萨德》之一钥,可为异日进道之一助耳。"言毕,出囊授之,即《富而斯》也。其日遂飘然去。未几,有人自楚客归,告师曰:"晤极料理于武昌,附说塞料谟于吾师。"师曰:"何日彼诣武昌?"曰:"某日也。"师计之,正理之程期次日也,师深悔之。自因浅学乏力于《米尔萨德》,遂命子耀宇师诣济,自备资斧往,希二先生指授之。耀宇师初不务学,普散囊金于学中之贫难者。久而归籍,其父复厚资以遣之,如是数四。其父知先生之欲购《富而斯》也,于是托人持经数十本,诣济以售,乞先生阅,中有《富而斯》焉。乃笑顾曰:"此经索价几何?"曰:"余经俱有价值,惟此经乃赞见礼,无庸价也。"先生喜谢。及事竣告归,先生照以十金,其人曰:"此乃赞廷白师之雅意也,吾无预焉。"先生始悟,乃寄谢之。先生遥忆极料理之去,已越十五春秋矣。后耀宇师亦悔悔于费日,奋志务学,大成而归。先生以《富而斯》之录本授之,而返籍焉。

先生既以其《米尔萨德》、《富而斯》相对解明,严究其理,则以经语注释,得七八,较之前辈不啻天渊矣。但有疑难数处,尚未释然耳。即后蕴善先生得《克世富艾哈查蒲》,始清释也。[1]

这是极料理传授解读《米尔萨德》的《富而斯》一经的故事。"富而斯"即波斯语中对"波斯语"一词的称法,《富而斯》应是波斯语的教材一类的书籍,《米尔萨德》是波斯文著作,因而对《米尔萨德》的解读有帮助。《富而斯》一书,马明龙向极料理求而不得,常蕴华向极料理求亦不得,最终授予白赞廷,又由白赞廷予常蕴华。

根据以上的记载,首先,可以勾勒出极料理在中国的行程。其次,可以看到极料理和中国学者交往的情况。极料理在中国的活动范围极广,从湖北到广西,到江浙,到河南,到山东,又到河北,到湖北,在到山东之前,自己就称"大江左右、长河南北"已经走过。活动的时间,大约也是明末清初。有学者根据极料理在中国的行踪,认为他极有可能是清初来华传播嘎德忍耶苏非学说的著名学者华哲·阿布都·董拉希。[2]

(十二) 绿衣缠头叟某

《经学系传谱·常蕴华、李延龄二先生传谱》略记:

先生(指常蕴华——引者)有二子,长曰遵一,有事入禀密室先生静坐阅经之所,见先生同一绿衣缠头叟授经,及出捧茶复入,则惟先生独坐。[3]

绿衣缠头叟不知何人,亦未必有其人,但是仍可以说明常蕴华同域外伊斯兰教学者有密切的联系。绿衣之解释,参前述胡登洲条。

① [清]赵灿《经学系传谱》,第59—61页。
② 马超《试论极料理与逸蛮阿訇对中国伊斯兰教的影响》,《北方民族大学学报》2017年第6期。
③ [清]赵灿《经学系传谱》,第61页。

(十三) 阿 世 格

有关阿世格（'Āshiq）的历史资料都来自他在中国时的弟子江南伊斯兰教经师张中，其中主要是张中《归真总义》书前的《欣度师〈以麻呢解〉缘起疏》：

> 师讳阿世格，系欣度国人，因以欣度师称之。从欣度至大明之留都，计程十万余里，是以遨游一十三载而至止焉。居数岁，复浩然而归矣。师乎，以十三载之勤勉，经十万余里之程途，其间餐霜吸露，不知几寒暑也；栉风沐雨，不知几劳顿也；梯山航海，不知几险阻也。其道路所经，崇岩峻岭，幽谷丛林，狂风怒浪，怪兽奇禽，啼猿啸虎，又不知几阅历也。经遐荒，履绝域，师乎，胡为而来此乎？
>
> 余于崇祯戊寅春，游学南都，幸逢慈驾。观其仪表，隆准环眼，高额长髯，雄奇魁伟。人佥曰："此胡僧也，云游其长技耳，乌足异？"独临潼少山张老师识之，曰："此有道之士，胡可以寻常测之耶。"余因徐叩其衷，聪明天纵，知颖迈伦。每于松风月露之下，晤言性道，考证古今，或言天人之奥，或穷性命之微，或究理道之旨，或谈修证之功。抑有时乎剖身世之真幻，评圣贤之往事，以至经史百家，大叩则大鸣，小叩则小鸣，豁然若发蒙，又邈然莫可窥也。余遂执弟子礼以师事之，谨奉教者三年。因言吾教最要莫先乎认主，而认主之窍妙处曰以麻呢，故凡师所口授，无非以麻呢之义，余因以笔记之，集成一帙，曰《以麻呢解》。非解以麻呢已也，意以千经万典，其理如是，盖将直指本原，与斯人同归大道耳。乃知十三载之勤勉，十数万里之跋涉，直为彰明斯道而来者乎！
>
> 迨至明末，国祚将移，师以几先之哲，复浩然而归矣！嗟乎！哲人既往，手泽犹存。不意兵燹之后，煨烬之余，仅存什一。而此解首句，原稿缺五叶，二句、三句缺十一叶，末句缺十四叶，遗失颇多，次序亦乱。意者以麻呢原不可解耶？今余卧病半载，自分不起，乃命露儿巫将所存大略，栉比检录之。奈何屡疏刊行不果。至是惧失师传，每一读而不觉破涕。适表兄马明翁见而悦之，默会心赏，怃然叹曰："是解也，乃发造化之玄机，明生人之理道，诚迷途之慧炬，道岸之慈航也。讵可湮没不闻，以负不世出之奇遇也？"遂欣然捐资付剞劂，以公同志。呜呼！师以一十三载之勤勉，十万余里之跋涉，今一旦昭明于此，其撒娃卜与吾师西来之意，同垂不朽矣。①

此外，张中《归真总义》、《四篇要道》二书的正文中也有关于阿世格的一些零星信息。

据上引《欣度师〈以麻呢解〉缘起疏》可知，阿世格，印度人。明末游历十三年，来到南京。张中在他的老师张少山的推荐下，投拜阿世格门下，从学三年。由阿世格口授，张中笔录，形成《归真总义》这一部早期的代表性的汉文伊斯兰教典籍。明朝灭亡前，阿世格离开南京而归国。张中是崇祯十一年（1638）春天到南京的，到时多数人把阿世格看成是云游的胡僧，看来阿世格已在南京活动了一段时间，那么阿世格到达南京的时间大约是在崇祯十年（1637）或稍早。显然，阿世格对于明代末年江南的伊斯兰教还是产生了不小的

---

① ［明］张中《归真总义》卷首，《清真大典》第 16 册影清光绪四年（1878）叙城苏世泰重刊本，第238—239 页。

影响。

《归真要道译义·凡例》载:"二十格,乃至喜也。默哈白忒,乃真喜主也。阿十格,乃用情喜者。默而书格,乃受情喜者。"①"阿世格"一名,或即源于"阿十格"一词。已有学者持如此的看法,谓其"以道号行(意为'尽情喜主者')"。②

二、一般文献有关明代西域伊斯兰教士入华的记载

毕竟西域伊斯兰教士入华活动的状况是有着比较强烈的宗教色彩的,回族之外的一般文献中能够找到例子要比回族文献少。不过,一般文献的记载在史料的确凿性方面又往往要高于回族文献,因此其历史研究的价值也不可小视。

(一)南京雨花台南回回寺西域番僧

研究中国伊斯兰教的学者颇有叙述到活动在明代南京城南雨花台回回寺的一位西域来的"番僧"(实为一位苏菲),所引为明末南京人顾起元所著《客座赘语》。李兴华先生认为:"此寺在明时一直是西域回回,包括奉行苦行禁欲功修方式的'苏非'云游者的寄居地。"③顾起元《客座赘语》一书有关南京掌故,流传颇广,相关记载见《客座赘语》卷六"番僧"条:

> 《青溪暇笔》言:近日一番僧自西域来,貌若四十余,通中国语,自言六十岁矣。不御饮食,日啖枣果数枚而已。所坐一龛,仅容其身,如欲入定,则命人锁其龛门,加纸密糊封之。或经月余,謦咳之声亦绝,人以为化去矣。潜听之,但闻掐念珠历历。有叩其术者,则劝人少思、少睡、少食耳。一切布施皆不受,曰:"吾无用也。"在雨花台南回回寺中。④

《客座赘语》前有顾起元自序,署万历四十五年(1617),有万历四十六年(1618)初刊本。但此条是从《青溪暇笔》一书抄来的,所以其中的"近日"不能看成是万历后期。

《青溪暇笔》,明代南京人姚福著,原书有二十卷,《明史·艺文志》等著录。多年来流行的是二卷或一卷的节本,青岛图书馆藏二十卷足本,为清初黄虞稷藏抄本,最近有学者做了专门的介绍,但原书尚未公布。⑤ 此处据比较通行的《纪录汇编》本转录:

> 近日一番僧自西域来,貌若四十余,通中国语,自言六十岁矣。不御饮食,日啖枣果数枚而已。所坐一龛,仅容其身,如欲入定,则命人锁其龛门,加纸密糊封之。或经

---

① [清]伍遵契《归真要道译义》卷首,《清真大典》第 16 册影清光绪十一年南京蒋氏念一斋铅印本,第 343 页。

② 金宜久主编《伊斯兰教辞典》"阿世格"条,第 475—576 页。

③ 李兴华《南京伊斯兰教研究》,《回族研究》2005 年第 2 期。

④ [明]顾起元《客座赘语》卷六,陈稼和点校,中华书局,1997(1987)年,第 193 页。

⑤ 朱妍蕾《孤本二十卷明抄本〈青溪暇笔〉考略》,《古典文献研究》第九辑,凤凰出版社,2006 年。据传世各节本姚福自序,《青溪暇笔》为其编次《定轩集》二十卷所余者,共二卷,朱妍蕾指出,"二卷"系后人所改。

月余,謦咳之声亦绝,人以为化去。潜听之,但闻掐念珠历历。济川杨景方尝馆于其家,有叩其术者,则劝人少思、少睡、少食耳。一切布施皆不受,曰:"吾无用也。"予亲见之雨花台南回回寺中。此与希夷一睡数月何异? 可见异人无世无之。①

《青溪暇笔》书前有成化癸巳(九年,1473)自序,则"近日"当即此时。②

同样的内容还见载《金陵梵刹志》雨花台高座寺后附文献资料:

西域僧传略　旧志

西域僧不知名,常止雨花台南回回寺中,貌若四十许人,解中国语,自言六十岁矣。不御饮食,日啗枣果数枚。所坐一龛,仅容其身,每入定,则令人扃其龛,以纸封之。或经月余,謦咳之声都绝,人以为化矣。潜听之,则闻其掐数珠声历历也。杨景芳者,尝馆于家,叩其术,则劝人少思、少睡、少食耳。一切施予皆不受,曰:"吾无用也。"后莫知所终。③

则是把雨花台南回回寺误作雨花台高座寺了。《旧志》,当为某一南京方志。

今南京太平南路清真寺大门门楣"清真寺"三字石匾,原为南京市雨花台回回营清真寺遗物。1953 年修建雨花台烈士陵园时,在回回营清真寺遗址出土。回回营清真寺为明洪武二十一年敕建,颇具规模,毁于太平天国时期。1959 年移至太平路清真寺。④

这位西域来的伊斯兰教教徒和中国人有交往,如杨景方。既然活动在回回寺中,似乎和南京的伊斯兰教界是有关联的,但是不能确定他是否传播了西域的伊斯兰教经籍。

这是明代历史上时代较早的一位活动在中国的西域伊斯兰教宗教人士。

(二) 苏州西番长耳僧法奴

明代苏州官僚、文士都穆(1459—1525)曾谈及一位一度活动在苏州的西域伊斯兰教徒:

西番长耳僧法奴,居中国三十年,善汉人语。丁酉岁(成化十三年,1477),游吴,止礼拜寺,为予言其生弥西里国,在天方国西,五年可达中国。去其国一年程有藏骨把国者,地广千里,人长五丈,其声闻一二里,日饭尽米一石,然胆怯,闻金鼓或炮声,

---

① [明]姚福《青溪暇笔》,《景印元明善本丛书》影《纪录汇编》本。又《续修四库全书》第 1167 册影北京图书馆藏明邢氏来禽馆抄本,第 643 页上—下。来禽馆抄本此条与上一条连作一条,两字不误。"近日一番僧自西域来"之"域"、"謦咳之声亦绝"之"謦",《纪录汇编》本误作"城"、"馨",据后一本改正。

② 也有一些条目记事要晚到成化十三年,朱妍蕾《孤本二十卷明抄本〈青溪暇笔〉考略》介绍抄本中还有晚至成化十四年的序,可见此书逐渐形成的状况。但是把回回寺番僧的记事看成是成化年间是没有问题的。

③ [明]葛寅亮《金陵梵刹志》卷三十四,《续修四库全书》第 718 册影民国二十五年(1936)金山江天寺影印明万历三十五年(1607)南京僧录司刻天启七年(1627)印本,第 719 页。

④ 参考《江苏省回族古籍提要》编辑委员会《江苏省回族古籍提要》,江苏省民族事务委员会,2009 年,第 166 页。

必疾走。其小儿亦丈余也。长耳僧宗回回教，游行海上，凡数十国。其在中国，足迹遍天下。约其年，几百岁。每日惟食饭一盂，鸡鹅羊肉亦皆食之。或数日不食，亦不饥也。后渡钱塘江观窑器，溺死。①

弥西里国即埃及，藏骨把国即桑给巴尔。"每日惟食饭一盂，鸡鹅羊肉亦皆食之。或数日不食，亦不饥也"，与雨花台南回回寺"西域番僧"相仿。两人活动时间相仿，地点亦相去不远，又均擅长汉语，或为一人也未可知。

所谓"长耳僧"，当借用自佛教的说法。明末董其昌撰《定光佛像赞》谓："定光是何人，幻形亦常住。水浸浸不烂，火烧烧不着。父母所生骨，坚固如金刚。或名长耳僧，或名宗慧师。游戏大神通，而依寂光土。"②《宋高僧传》记载五代十国晚期时泉州僧人行修双耳长垂，后入杭州，杭人号之"长耳和尚"。③ 大约不久，行修就被神化，看作是定光佛的化身了。④ 都穆称法奴为长耳僧，也是有惊异于他非同常人的意味在内。

（三）天方国回回纳的

《明实录》载：

> （成化二十三年三月）丁卯，天方国回回阿力以其兄纳的游方在中国四十余年，欲至云南访求之，因自备宝物累万，于满剌加国附行人左辅至京进贡。而为内官韦眷所侵克，奏乞查验，礼部请估其贡物酬以直，而许其访兄于云南。上曰："阿力实以奸细，窃携货物，假进贡索厚利；且在馆，悖言肆恶。念其远夷，姑宥不问。锦衣卫其速差人，押送广东镇巡官收管，遇便遣回。"⑤

天方国回回阿力（'Alī）以访求其兄的名义入华，本已得到许可，但是因为连带着的一个财物侵克案件，被明朝皇帝认为是伪托这一名义而以营利为目的，最终遭到遣返。阿力是不是真的有一个兄长纳的（Nadir?）"游方在中国四十余年"，当然不可考知了。从前述的两个例子以及第一部分叙述的阿世格等例子看，活动在明朝的伊斯兰游方僧应有一定

---

① ［明］都穆撰、［明］陆采辑《都公谭纂》卷下，《四库全书存目丛书》子部第246册影北京图书馆藏明钞本，第387页。又《续修四库全书》第1266册影南京图书馆藏清钞本，第675—676页。此本改"窑"为"潮"。

② ［明］董其昌《容台集·文集》卷七，《四库全书存目丛书》集部第171册影明崇祯三年（1630）董庭刊本，第484页。

③ ［宋］赞宁《宋高僧传》卷三十《汉杭州耳相院行修传》，范祥雍点校，中华书局，1996年，第755页。

④ 这种说法，宋代以来多种文献都有记载，例如：［宋］元敬、元复《武林西湖高僧事略》卷一《五代长耳相和尚》，魏得良标点，徐吉军审订，杭州出版社，2006年，第14—15页。［宋］大壑辑《永明道迹》卷一，《卍新纂续藏经》第86册第1599种。［明］朱时恩《佛祖纲目》卷三十四《长耳行修禅师示寂》，《明版嘉兴大藏经》第21册106种，（台北）新文丰出版公司，1987年，第258页。

⑤ ［明］《明实录》第27册《宪宗实录》卷二百八十八，（台北）"中研院"史语所影印本，1962年，第4877页。田坂兴道曾引用这段文献，用来说明云南地区回回人与亚洲西南地区的联系状况。（田坂興道《中國における回教の傳來とその弘通》（下），東洋文庫，1964年，第1130—1131页。）按其引文中误"估"为"佑"。

的数量,纳的例子也有可能是实情。不过,这一事件的真实性并不重要,重要的是这个例子说明了明朝方面对于伊斯兰游方僧入华是有相当的认知的,并不以为是很特别的事情。显然,这一定是因为事实上有不少伊斯兰游方僧在中国活动的缘故。

(四) 敌米石地面出家人火只罕东

《回回馆来文》载:

> 敌米石地面火只罕东大明皇帝前奏:奴婢是出家人,经今四十余年,不用烟火食,只用果子,今望圣恩怜悯,与奴婢一纸文书,各处游方行走,祝延圣寿万万岁。[1]

这件来文的年代,不易确定。敌米石,同书所载波斯文中写作دمشق,就是今天的大马士革。

火只(Khwaja)罕东(Hamd?)自称是出家人,又称"不用烟火食,只用果子",看来是一位云游的苏菲,与前述三人十分相仿。不同于多数入华伊斯兰教士的情况,火只罕东是希望通过官方认可的途径入华。

三、《回回原来》伊斯兰教士陆路来华叙述模式的成立

长期以来广泛流传在回族内部的《回回原来》一书,共分十二段,讲述了回回人如何来到中国的故事,根据清光绪二十年(1894)鲍闲廷抄本可概述如下:

唐贞观二年唐王梦见妖怪闯入宫中,在圆梦官奏称之下,派石唐往西域求取回回真经镇压妖怪;回王派该思(Qais?)、吴歪思(Wuwais?)、噶心(Qāsim)三位爸爸随石唐前往中国,只有缠头噶心一人到达;唐王在与缠头的多次交谈中,深为所讲伊斯兰教教理折服;唐王封缠头为钦天监掌印镇国钦差识宝回回,缠头不肯,唐王许他在中国传真经、立正教,缠头称在中国独居无偶、道传无人,于是唐王选三千唐兵至西域更换三千回兵来至中国,与缠头作伴,生育无穷。

《回回原来》的叙事核心,仍不脱从某个教士的传教的角度来解释一种外来宗教传入中国的习见解释模式。相关的细节,清光绪二十年(1894)鲍闲廷抄本载:

> 圆梦官奏曰:"缠头西域回回,在加裕关之西哈密国,至中国一千二百趶路程,每趶七十里,共有八万四千里之遥。有一回王,道高德厚,国富兵强。其地多出奇珍异宝,风俗淳厚。天下国土,惟则西域得风气之正。降大圣人之时,日出五色,夜打八更,白云罩顶,天降真经,白云冲天。如此感应,所以有祥光瑞气之兆也。吾主夜梦缠头,必有扶助大唐之意,所以宫中有降妖之你能。因此才有宫中妖气,必得回回真经以镇压之,庶乎可以消灭。"言罢归班。
>
> 天子闻言,失色曰:"合朝文武,众家群臣,依卿奏言,又当如何?"
>
> 有军师徐勣出班奏曰:"臣闻西域回回,至诚不欺,结之以恩,则中心喜悦而诚服,永无他意。为今之计,开关口,通往来,多方安抚。望吾主降御旨,差使臣,以至西域,

---

[1] 胡振华、胡军编《回回馆译语》,中央民族大学东干学研究所,2005 年,第 101 页。

进见回王，求取真经，以镇压之，然后中国安于无事矣。"天子闻言，大喜曰："依卿所奏。"遂降旨，命差官赴西域聘请真人。

诗曰：

唐王夜梦一踪迹，缠头金殿立仪奇。

原梦官奏吾主知，回王本籍是西域。

梦至金銮作异景，有赴大唐知忠义。

以恩结之妖患除，奉旨差官上西域。

唐王次日早朝，文武拜舞起居已毕，问群臣曰："谁为朕领旨赴西域宣取回回？"右班中闪出一人，应曰："臣愿往。"但见其人身材魁伟，状貌不凡，行动时威风凛凛，谈吐时声音鸿亮，应旨奉召，此人允称文武全才。唐王视之，乃大将军石唐也。唐王曰："卿家前去，朕复何忧？但事关社稷之安危，愿卿早去早来，勿恋异国风景，以误国家大事。"答曰："臣自小心在意，不劳我主忧虑。"唐王付旨一道，石唐出朝整顿人马，辞了家中老幼，竟出西华门，飘然而往。有诗为证：

臣子劳苦分宜然，山川跋涉心也甘。

宣取回回进京后，留得芳名万古传。

却说石唐一日风尘，数日之间，已出玉门关，渐入西域境界。一路并无饭店，幸而仆从带得糇粮，暂且充饥。正行之间，天色晚时，红日西坠，明月东升，更无客店可寓。差官焦躁，乃与仆从到见一回回，借宿一夜，回回欣然应允。领至家中，打扫房屋，领石唐住下。备出一桌晚饭，又与草料喂马匹。但见屋舍、家具、饮食等物，无不洁净，至于老幼男女，具有此序，和气蔼然，光景一新。石唐问曰："自入回回境界以来，并无招商客店，是何缘故？"回回答曰："我国风俗与中国不同，好洁净，尚义气，凡遇行人，虽素不相识，亦称亲戚，寒则与衣，饥则与食，若要安歇，即与房屋居住。此吾国大公无私、各处一理之风俗也。再行数日，人物顿异，言语不同，遂教你几句。"嘱曰："若饥时即照此说，无不供饭留宿者。"言毕就寝。次日，石唐酬以金银，回回坚辞不受，遂起行路。所到之处，但以回回所教言语，无不争来敬待，一路不费分毫盘费。

竟进撒麻甘城池，石唐欣欣称赞，始知台官有先见之明，其言信不诬也。于是令通使领进朝门，见回王，取圣旨在殿上选读曰："咨尔回王，远守异方。清真堪嘉，悃诚可奖。不尚浮华，依然太古之淳朴；无庸诈伪，犹是上代之遗风。无谋生前，以系累其心志；性办后世，久图进乎天堂。朕切慕心赏。至今而后，无生异心。以世守其忠良，岁入朝贡，祈来扶唐。"读毕，回王令石唐暂退，容与群臣商议。

次日早朝，文武上殿，回王问曰："今唐朝天子来选回回镇国，孤欲选才德出众之人前赴中国，令唐朝君臣识撒麻甘城人物，尔文武谁可去得？"一言未毕，从班中闪三位人来，应声愿往。这三位爸爸上知天文、察阴阳、胸藏磊，下知地理、夜观天象、善落可，可以为西域生辉，威风凛凛，足以为教门争先。回王一见，大喜曰："尔三人奉使天朝，必能不辱君命矣。"三人谢恩，领旨出朝，即日起身。

一路晓行夜往，来至半途，该思、吴歪思二人不服水土而死。只存噶心一人，山川跋涉，受尽劳苦，乃至中国。①

---

① 《清真大典》第 24 册影清光绪二十年（1894）鲍闲廷抄本，第 61—63 页。

现存最早的版本清同治十一年(1872)江西省清真寺重刊本所载与此基本相仿,只是记述要简略一些,另外加裕关作嘉峪关,三位使臣的名字作该思、歪斯、噶心。这三位回回使臣的身份是"爸爸","爸爸"又写作"巴巴"、"八八"。是波斯语 Bābā 的音译,本意是父亲、祖父或长者,中国伊斯兰教用以称呼学者大家。① 值得注意的是,回回使臣是通过陆路到达中国的。

回回人内部肯定是长久以来一直都流传着斡葛思入华传教的传说,只是缺少回回人内部的记录。现在能够知道的比较早的伊斯兰教入华的记录,都出自汉人之手。现存较早的记录是泉州清净寺元至正十年吴鉴《清净寺记》碑,曰:

> 初,嘿德那国王别谙拔尔谟罕蓦德生而神灵,有大德,臣服西域诸国,咸称圣人。别谙拔尔,犹华言天使,盖尊而号之也。其教以万物本乎天,天一理,无可像,故事天至虔,而无像设。每岁斋戒一月,更衣沐浴,居必易常处。日西向拜天净心诵经。经本天人所授,三十藏,计一百一十四部,分六千六百六十六卷,旨义渊微,以至公无私、正心修德为本,以祝圣化民、周急解厄为事。虑悔过自新,持已接人,内外慎敕,不容毫末悖理。迄今八百余岁,国俗严奉尊信,虽适殊域、传子孙,累世犹不敢易焉。至隋开皇七年,有撒哈八·撒阿的·斡葛思者,自大寔航海至广方,建礼拜寺于广州,赐号怀圣。②

还有一方同为至正十年(1350)的广州怀圣寺郭嘉撰《重建怀圣寺记》碑,也载有同样的传说,只是未明确记载入华的时代:

> 寺之毁于至正癸未也,殿宇一空。今参知浙省僧家讷元卿公实元帅,是乃力为辇砾树宇,金碧载鲜。征文于予,而未之遑也。适元帅马合谟德卿公至,曰:"此吾西天大圣掰奄八而马合麻也,其石室尚存,修事岁严。至者,乃弟子撒哈八,以师命来东。教兴,岁计殆八百。制塔三,此其一尔。因兴程租,久经废弛。"③

上引二碑是现存最早的汉文伊斯兰教碑刻,出自宋元时代最为重要港口城市泉州和广州。虽然为汉人所撰,但是碑刻立清真寺中,也说明回回人对此的接受;况且,《重建怀圣寺记》还是通过回回人马合谟之口转述的。凡此,似乎都反映出元代南方回回人内部普遍流传着斡葛思入华传教的故事。

明代中期以后,回回人自身的记载也保存颇多。如福州清真寺嘉靖二十八年(1549)米荣撰《重建清真寺记》碑载:"开皇七年,其徒撒哈八名撒阿的·斡葛思者传其业,遂航海抵闽,教道始行,布护流衍,洋溢中国,各处建寺以祀。"北京通州区城内清真寺万历

---

① 金宜久主编《伊斯兰教辞典》"巴巴"条,第546页。

② 杨晓春《元明时期汉文伊斯兰教文献研究》附录一"元明时期清真寺汉文碑刻文字四十种校点稿",中华书局,2012年,第257—258页。

③ 杨晓春《元明时期汉文伊斯兰教文献研究》附录一"元明时期清真寺汉文碑刻文字四十种校点稿",第260页。

二十一年(1593)陈希文撰《重修朝真寺记》碑载："隋开皇十五年，其臣撒哈八·撒阿的·斡葛思始传其教入中国而益盛。"北京三里河清真寺天启三年(1623)石三畏撰《重修清真寺碑记》载："隋开皇时，国人撒哈八·撒阿的·斡葛思始传其教入中华。"①以上几种碑刻文献都出自回回人之手，可以用来说明明代中后期回回人内部对于隋开皇时斡葛思传教入华的普遍接受。明代中后期回回人的记述，有一处细节，更为明确了——斡葛思是默德那国王穆罕默德的使臣。

入清之后，斡葛思传教入华的故事仍然流行，并且故事的细节也出现了一些新的变化。清代前期丁鹏撰《天方圣教序》云："开皇七年，圣命其臣塞尔帝·斡歌士等赍奉天经三十册传入中国，由南海达广，首建怀圣寺，遂遍于天下。此《一统志》、《隋书殊域志》、《周咨录》等书为可据也。"②此一记载，刘智将它作为史料，编入《天方至圣实录》，并采入《天方典礼择要解》中。③丁鹏（按即清初杭州回回进士丁澎）此文特别强调了所依据的历史文献。《一统志》即《大明一统志》；《隋书殊域志》、《周咨录》二书出于讹误，当源自明代文献《殊域周咨录》一名，其有相关的记载；《隋书》并无相关记载，可能因为故事时代为隋代，便臆想《隋书》中会有相关记载。对此，陈垣先生已有所分析。④

《天方至圣实录》在记载穆罕默德历史的过程中也涉及斡葛思传教入华的故事，当然是作为史实来对待的。《天方至圣实录》共有两处相关的记载，一处非常简略："六十四岁迁都十一年 赤尼帝使至，复遣赛尔弟·斡歌士以经教东。"⑤一处比较翔实，并且附有作者的考证："是岁（为圣二年，丁未），赤尼帝使至圣，遣尔赛尔弟·斡歌士等四人送使入赤尼，歌士还。"注云：

> 赤尼，东极帝王之国也，一名绥尼（一名赤县神州，即中国也）。先是，为圣元年（当为隋开皇六年丙午），天见异星，赤尼帝（隋文帝）命太史占之，曰："西域当有异出。"帝命使西来验其实。越岁始至，欲圣东，圣却之，使阴摹圣像归。圣使赛尔弟·斡歌士（圣舅）等四人偕使入赤尼（隋开皇七年丁未，陈祯明元年，回回人始入中国）。帝悬像拜之，拜起，幅在而像亡，大骇，诘之斡歌士，对曰："吾圣人立教，禁止拜像，人不与人叩头也。此吾圣人之感应也。"帝愕然曰："莫非白帝真君乎！"因建怀圣寺于番州（即今广东广州府）居来使，斡歌士西还。⑥

汉文文献中有关斡葛思记载的集大成者，则为同治、光绪年间的《西来宗谱》附《敬录

---

① 杨晓春《元明时期汉文伊斯兰教文献研究》附录一"元明时期清真寺汉文碑刻文字四十种校点稿"，第295、304、321页。

② ［清］刘智《天方至圣实录》卷二十，《续修四库全书》第1296册影乾隆四十三年(1778)金陵启承堂刻五十年(1786)袁国祚印本，第469页。

③ ［清］刘智《天方典礼择要解》卷一，《四库全书存目丛书》子部第95册影清康熙四十九年(1710)杨斐菉刊本，第534页。

④ 陈垣《回回教入中国史略》，《东方杂志》第25卷第1号，1928年1月。

⑤ ［清］刘智《天方至圣实录》卷三，第203页。

⑥ ［清］刘智《天方至圣实录》卷七，第239—240页。中国伊斯兰教协会铅印本文字有所不同。（［清］刘智《天方至圣实录》卷二十，冯增烈标点，中国伊斯兰教协会，1984年，第120页。）

先贤苏哈爸遗迹》。此文详述挽个士三次来华的事迹,大致综合了此前的各种故事。同样,也在海道往来的基础上,加上了到达长安的内容。

总之,斡葛思传教入华的故事是元明时代以来有关伊斯兰教入华流传最广、影响最大的故事。随着时间的推移,故事情节也日渐丰富。而《回回原来》关于噶心等人入华的故事,基本的叙事模式脱胎于回回人内部长期以来流传的斡葛思入华传教的传说,也许还参考了四贤入华传教的传说。不过,《回回原来》对斡葛思入华传教的传说又作出了重大的改造。其中之一便是易海路到达为陆路到达。

四、综 合 讨 论

以下根据上文提供的基本史料,就相关的四个问题略作归纳和讨论:

第一,明代西域伊斯兰教士入华的总体状况。

明代有一定的数量的西域伊斯兰教士入华,特别是明代中期以来,入华伊斯兰教教士更为集中。虽然前文所列有的可以估计为传说,有的比较难以判断,但是撇开其中的未必"真实"的传说外衣,还是可以发现其中"真实"的历史内涵。总体上存在一定数量伊斯兰教士入华的历史现象应该可以确立。通常认为,在郑和下西洋之后中国穆斯林社会长时间是在一种封闭的环境中发展。[1] 从明代西域伊斯兰教士在中国活动的状况看,郑和下西洋之后中国和域外伊斯兰教界之间的联系问题,还有待进一步思考。

入华的伊斯兰教士来自西域各地,如西亚、中亚、埃及、印度等各地。按照中国传统对于域外地方的称呼,均可称为"西域",是中国西北通过陆路交通可以到达的。不过,其中相当多的地方,如阿拉伯半岛、波斯湾地区、包括埃及在内的红海地区、印度东西海岸,因为从中国东部、南部沿海地区出航可以到达,还可以称为"南海"。西域和南海,有着相当多的交叉。因此本文综合称为西域伊斯兰教教士。

伊斯兰教士入华的通道,根据相关记载作出判断有一定的困难。但是粗略地根据来源地以及一些附带的迹象,我们还是能够得知陆路、海路两途都有。总的看来,是以陆路来华为主的。西番长耳僧法奴为埃及人,阿世格为印度人,都有可能从海路来华的;阿力从海路来华,其兄纳的很可能也是从海路来华的。

第二,明代西域伊斯兰教士在中国的宗教活动。

明代入华的西域伊斯兰教士在中国的宗教活动可以归纳为四个方面:宣教、传经、修行、授徒。宣教的如大同舍西得二十四先贤、昌平伯哈智;传经的如失利夫、极料理,以及《经学系传谱》记载的几位缠头叟;修行的如雨花台南回回寺番僧、苏州西番长耳僧法奴;授徒的如阿世格。几种宗教活动也并非截然分开,往往多有交叉。阿世格就是典型,授徒之时,他还讲经传经。

伊斯兰教士在中国活动的时间,有明确记载的大都颇久,如雨花台南回回寺番僧、苏州西番长耳僧法奴居中国三十年,纳的在中国四十年,失利夫、极料理、阿世格在中国也都有些年份的样子。特别是其中的多数死葬中国,如大同舍西得二十四先贤、昌平伯哈智、

① 例如华涛老师就是持这样的看法的,参见华涛《明末清初中国"回回"坊间教争研究——兼论早期中国伊斯兰知识发展的观察视角与立论方式》,收入程彤主编《丝绸之路上的照世杯——"中国与伊朗:丝绸之路上的文化交流"国际研讨会论文集》,中西书局,2016年,第41—53页。

固原回教先仙、苏州西番长耳僧法奴。据此，似乎可以推测入华伊斯兰教士把中国当作了重要的传教地点。据此，也可以估计西域伊斯兰教士有可能对中国伊斯兰教产生较大的影响。

第三，明代入华西域伊斯兰教士对中国伊斯兰教的影响。

明代中国内地与西域的伊斯兰教宗教联系，仍可以看作是一个持续的过程，也对中国内地伊斯兰教产生一定的影响。清代康熙年间的西域伊斯兰教士入华并产生较大影响以及中国伊斯兰教士的西行，并非突然出现，而是经过了明代较长时间的铺垫与准备，至少明代末年这一趋势已经比较明显了。

清代康熙年间通过中外伊斯兰宗教人士在中外之间的活动带来的是西北以苏菲主义为学理基础的伊斯兰教门宦的建立。而我们现在能够比较明确地了解的明代来华的伊斯兰教士，恰恰多数为苏菲一类的游方僧，如昌平伯哈智、雨花台南回回寺番僧、苏州西番长耳僧法奴、纳的、火只罕东、失利夫、逸蛮阿訇、极料理。像阿世格飘然而来、飘然而去，也像是游方僧的样子，当时人就称："此胡僧也，云游其长技耳，乌足异？"可见时人对于游方僧在中国的活动是习以为然的。当明代时，西域的佛教早已衰微，而伊斯兰教则正蓬勃发展，云游的胡僧想必是以伊斯兰教士为主的。入华的伊斯兰教士多为苏菲游方僧，也应该不是偶然的巧合，正是西域苏菲思想快速发展的映射。

明代长时期中西域苏菲教士入华，一定程度上传播着苏菲思想，这似乎可以看作是中国西北伊斯兰教门宦形成的一个更为宏阔的背景。其实，颇多学者关注到明末清初多部汉文伊斯兰教典籍中的苏菲思想成分，[1]也应该考虑到明代长时期持续不断的苏菲教士入华的直接作用。

第四，《回回原来》改海上丝绸之路入华的传说为路上丝绸之路的传说的原因。

这当然应该与元明两代大量西域穆斯林通过陆上丝绸之路来华有关。不过，元明时期穆斯林陆路入华的事实仍不足以改变伊斯兰教士主要通过海路入华的传统叙述模式，元末至明代的多种记载仍是海路入华即是明证。因此，有必要充分估计明代以来多数域外伊斯兰教士从陆路来华的基本事实。特别是明代西域伊斯兰教士经由陆上丝绸之路来华、并予中国穆斯林伊斯兰教一定的影响，势必加重了陆路来华在中国回回人心目中的重要性，才会在明代末年被《回回原来》所采纳。

据我的考察，《回回原来》最初产生的时代可能早到明代中后期，写定的时间大致在康熙元年（1662），[2]《回回原来》伊斯兰教士陆路来华的叙述，正符合明代后期的一般状况。

附记：本文在《早期汉文伊斯兰教典籍研究》第二章第二节《汉文伊斯兰教典籍产生的背景》第二小部分（上海古籍出版社，2011 年，第 139—154 页）的基础上增补、改写而成。论文提交 2018 年 4 月 20—22 日南京大学民族与边疆研究中心、波恩大学汉学系主

---

① 例如金宜久《苏菲派与汉文伊斯兰教著述》，载青海省宗教局编《中国伊斯兰教研究——西北五省（区）伊斯兰教学术讨论会》，青海人民出版社，1987 年，第 120—137 页。杨怀中《波斯照明学派对 17 世纪中国伊斯兰汉文著述的影响》，《回族研究》1999 年第 4 期。周燮藩《苏菲主义与明清之际的中国伊斯兰教》，《北方民族大学学报》2002 年第 1 期。

② 杨晓春《〈回回原来〉的成书年代及相关问题略探》，《北方民族大学学报》2014 年第 2 期。

办的"明代天山地区与丝绸之路学术研讨会"(江苏南京),会上承蒙刘迎胜老师指出《回回馆来文》所载地名敌米石理解的错误,应为大马士革,谨此表示感谢!现已更正,并补充了同书这一地名波斯文的拼写。

Re-studies on the Foreign Islamic Priests Lived
in Inland China in the Ming Dynasty

Yang Xiaochun Nanjing University

Abstract: The history of foreign Islamic priests' activities in China is a necessary aspect to understand the developing of Chinese Islam. This article got some examples of foreign Islamic priests in inland China based on sources by Chinese Hui people and others. Then this article made some conclusions as follows: 1) The Islamic priests from different area of the West went into China though the land and maritime Silk Roads, mainly though the land route. Their main activities were spreading the religion, teaching the canons, practicing, and teaching students. Some priests lived in China for a long time. 2) The majority of the priests lived in China were, as studies suggest, Sufis. They may had direct influence on Islamic books in Chinese during the late Ming and early Qing period. Also their activities became a vast background to the formation of Men-huan in Northwestern China. 3) *The Origin of the Hui-hui* of the late Ming and early Qing period made a complete model of Islam entering China though the land route, which was created under the historical background that theforeign Islamic priests came into China mainly though the land route.

Key Words: Islam; Priest; Entering China; The Ming Dynasty; *The Origin of the Hui-hui*

(本文作者系南京大学元史研究室/民族与边疆研究中心教授)

读陈诚《西域番国志》札记二则[①]

巴哈提·依加汉

摘　要：本文试图在讨论《西域番国志》"哈烈"条及"别失八里"条中有关文本的基础上，对明人关于中亚历史地理及人文状况的几处模糊记述略作澄清，指出：1. 有关西域各地面内容构成中的失衡现象乃是因为陈诚将涉及其他西域地面的记述揉入"哈烈"条中，因此，"哈烈"条应被视作是对 15 世纪第二个十年期间中亚地区的概述。2. 有关"别失八里故疆"的文字反映出了东察合台汗国西面及东南面疆域变动的历史情况。该条中的"今止界于养夷"之句反映了 1408—1416 年间东察合台汗国从帖木儿后裔手中夺回其原有西境楚-塔拉斯盆地的历史事实；而该条中被称作是别失八里地面南界之一的"阿端"，所指为阿端卫之地，亦即罗布诺尔东南。

关键词：西域；陈诚行记；东察合台汗国；文本；疆舆

一、"哈烈"条所及非只哈烈

　　明人陈诚所著《西域番国志》[②]有一极不平衡的内容构成：全书 6 800 字中有 3 280 字是记在"哈烈"条下的（也就是说，全书近一半内容似在讲述哈烈一地），而用来记述另外十七个西域地面文字的总和比"哈烈"一条仅多出些许。曾有学者认为，这种情况的出现乃是因陈诚三赴哈烈的缘故。[③] 但这种解释缺乏说服力，因为：首先，包括陈诚在内的明朝使臣们并不是从北京直抵哈烈的（时至今日，北京和哈烈之间也没有直达航线），无论去多少次，使臣们都需经过陈诚所记地面中的大多数；其二，与《西域番国志》中的情形不同，陈诚在涉及西域的其他著作中并未给予哈烈以太多的笔墨。众所周知，与其西使经历相关，陈诚还著有《西域行程记》、《狮子赋》及大约 70 首西域诗，[④]这些著作中涉及哈烈的内容并不多。这一切说明《西域番国志》内容构成上的不平衡乃是一种需要理清的人为现象。

---

　　① 本文基本内容曾以注解形式发表于 2005 年作者出版的如下哈萨克文著作中：巴哈提·依加汉（主编）《有关哈萨克斯坦历史的中国史料第一卷：游记和历史地理著作》第 157—159 页注解 2，第 180—183 页注解 89，阿拉木图："Дайк-пресс"出版社，2005 年（Еженханұлы Б．，Қазақстан тарихы туралы қытай деректемелері．І том．Саяхатнамалар жэне тарихи-географиялық жазбалар．157—159-бб．，2-түсіндірме；180—183-бб．，89-түсіндірме．Алматы：«Дайк-пресс»，2005 ж.）。此次译为汉文时内容上略有修改。

　　② 本文主要依据《西域番国志》如下版本：陈诚著，周连宽校注《西域番国志》（"中外交通史籍丛刊"第十一辑），北京，2000 年（以下简称"校注本"）。此外，文中还涉及《西域番国志》如下版本：1."北平图书馆善本丛书"第一集；2.《陈竹山文集》本；也参照了《明史》和《明实录》中的相关史文。

　　③ 校注本第 77 页注 1。周连宽先生原话为："陈诚出使哈烈凡三次，故其所记哈烈之风俗习尚，特别详细。"

　　④ 这些诗被收入校注本第 121—138 页。

那么,是什么导致了这一失衡现象呢?与此相关,这样一个事实首先引起了我们的注意:在"哈烈"条中,很突兀地出现了描述另一西域地面的内容:

> 渴石地面产白盐,坚明与水晶同。若琢磨为盐盘,以水湿之,可和肉食。①

这一与哈烈地面没有关系的记述是如何进入"哈烈"条中的呢?《西域番国志》校注者周连宽先生注意到这一条史料并注曰:"我怀疑这段记述是渴石条错简而误移于此者。"促使周先生做出这一推测的原因乃是因为《魏书·西域传》伽色尼条中提到伽色尼"土出赤盐",②而据后人研究,伽色尼应即渴石。不过,由于陈诚记述中提到的是白盐而非赤盐,故周先生对其推测也不甚有把握。③ 的确,即便不去考虑赤盐白盐之别,这一推测亦值得怀疑,因为接受这一推测则意味着承认陈诚在明永乐十二至十三年间(1414—1415)④就已搞清伽色尼和渴石等地名之间的历史传承关系,这有悖于西域学术史的基本发展脉络。⑤ 其实,我们大可不必从《魏书》中去寻找答案,因为,在讲到应属于别失八里之盐泽城时,陈诚也留下了类似的文字:

> 盐泽城,在崖儿城之西南,去吐鲁番城三十余里,城居平川中,广不二里,居民百家。城中有高冢二处,环以林木,周以墙垣,盖故国王黑的儿火者夫妇之坟,坟近有小冢,云其平日亲昵爱之臣从葬也。城北有矮山,产食盐,坚白如玉,可琢磨为器,以盛肉菜,不必和盐,此盐泽之名是也。⑥

显然,除了地名外,《西域番国志》"盐泽城"条下的这一记载与上面"哈烈"条中突兀出现的描述在文字上都基本上是一致的。也就是说,"哈烈"条中的那段描述是照搬"盐泽城"内容的,只是把"盐泽"之名换成了"渴石"。何以出现这种更换地名的情况,我们已不得而知。但比较上两段引文内容后我们有理由断定二者的同源性质。可以肯定,描述远在哈烈以东、属于别失八里的盐泽之地的文字混入了"哈烈"条中。

细读"哈烈"条,可发现更多此类奇怪甚至与别处记述矛盾的文字。对照《西域番国志》这些相异之处本身,或者把它们与陈诚其他著作(如其西域诗)以及与陈诚同时代作者著作中的相关内容作比较后,我们相信,《西域番国志》"哈烈"条中掺杂有更多属于西域其他地面而非哈烈的内容。试述如下:

---

① 校注本第 72 页。

② 《魏书·西域传》伽色尼条中的这一记载称:"伽色尼国都伽色尼城,在悉万斤南,去代一万二千九百里,土出赤盐,多五果。"

③ 校注本第 80 页注 26。

④ 据《竹山文集》内篇卷一《奉使西域复命疏》,陈诚是在明永乐十三年十月第二次出使西域返回后把《西域记》、《行程记》和《狮子赋》等三种著作呈送明廷的,见王继光《关于陈诚西使及其〈西域行程记〉、〈西域番国志〉——代前言》,载校注本第 1—31 页。关于三种著作呈送时间的说明,见校注本第 11 页。

⑤ 正如周连宽先生提到的,提出"史国即 Keš,亦即 Kasana,故《魏书》作伽色尼"之说的乃是白鸟库吉(同上注)。

⑥ 校注本第 109 页。文字下的着重线为本文作者所加。

（一）除了上述有关"盐泽城"的内容外,还有一项与别失八里地面有涉:在"哈烈"条中有两处对于妇女的矛盾记述。一处称:"妇女亦蒙以素帛,略露双眸。"另一处则谓:"男女少能负荷,乘载全仗马骡驴驼……妇女外出皆乘马骡,谈笑戏谑,略无愧色。且恣出淫乱之辞以通问。"①显然,这里描述的是生活于两个不同社会环境中的人群:第一条史料所及应属对于妇女更为严格的传统伊斯兰社会,而第二条史料所反映的应是不同于哈烈定居社会的、充满游牧文化色彩的生活图景。有趣的是,陈诚在其题为《崖儿城(古车师之地,后为交河县)》的诗中有"羌儿走马应辞苦,胡女逢人不解羞"的句子。②陈诚在诗里自然是在用"羌儿"一词来指代游牧民,因此究其内容,这一诗句完全是上述第二条史料的翻版。根据陈诚自己所说,别失八里"东连哈密……今止界于养夷,西北至脱忽麻",③是知陈诚西使时崖儿城在别失八里之境。也就是说,上述第二条史料所描述的是别失八里的游牧社会生活。

（二）既然连远在东边的别失八里都被涉及,那么,这样一个事实就不是什么值得惊讶的事情了:在"哈烈"条中混入了有关帖木儿后裔治下各地的记述,其中不乏有关本是帖木儿首都、后在沙哈鲁及兀鲁伯时期仍是中亚文化及商业中心的撒马儿罕及其邻近地区的内容。例如:在"哈烈"条中有如下几则有关民俗民情的生动记述引起了我们的注意:a."凡相见之际,略无礼仪,惟稍屈躬,道撒力马力一语而已。若久不相见,或初相识,或行大礼,则屈一足,致有三跪……凡聚会之间,君臣上下、男女、长幼,皆环列而作"。b."饮食不设匙箸,肉饭以手取食"。④ c."国俗尚侈,衣服喜鲜洁,虽所乘马骡鞍鞯,多以金银彩色饰之。遍身前后,覆以毡屬,悬以响铃。家家子弟,俱系翡翠装绣衣袍,珍宝缀成腰刀,刀剑鞘饰以金玉,或头簪珠宝,以示奢华"。⑤ 如果没有更具体的说明,这些记载似乎适于当时帖木儿后裔治下的任何一个"地面"。然而,在其题为《至撒马儿罕国主兀鲁伯果园》的诗中,我们读到:

巍巍金璧甃高台,窗户玲珑八面开。阵阵皇风吹绣幕,飘飘爽气自天来。
加趺坐地受朝参,贵贱相逢道撒蓝。不解低头施揖让,惟知屈膝拜三三。
饭炊云子色相兼,不用匙翻手自拈。汉使岂徒营口腹,肯教点染玉纤纤。
金鞍骏马玉雕裘,宝带珠璎锦臂鞲。身外不知天壤阔,妄将富贵等王侯。⑥

诗中的描述再一次与"哈烈"条中的内容高度重合。两相比较后可以确定,陈诚是在撒马儿罕观察到这些民俗并把它们写下来的。

（三）在"哈烈"条中有关于狮子的记述。⑦ 或可认为,引起陈诚兴趣的这一可作贡物的猛兽生活于哈烈之地。但《西域番国志》中却有相应的明确记载称:

---

① 校注本第 68 页,第 70 页。
② 校注本第 126 页。
③ 校注本第 102 页。
④ 校注本第 66 页。
⑤ 校注本第 70 页。
⑥ 校注本第 130 页。
⑦ 校注本第 74 页。

迭里迷城在撒马儿罕之西南,去哈烈二千余里,城临阿姆河之东岸……河西芦林之内,云有狮子产焉。①

(四)"哈烈"条中见有如下一段描述:

市井街坊,两旁筑屋,上设覆蓬,或以砖石拱甓,仍穴天窗取明。晴不为日,雨不张盖,遇干燥生尘,则以水浇洒。店铺各分行头,若弓矢鞍鞯衣服之类,各为一行。少见纷争,如卖马驼孳畜,亦各聚一所……城市人家,少见炊爨,饮食买于店铺,故市肆夜不闭门,终夕烧灯燃烛交易……通用银钱。②

有意思的是,比陈诚早十年赴帖木儿朝廷的西班牙公使克拉维约在其纪行中也留下了这样一段记载:

历年以来,从钦察、印度以及鞑靼境各处,运来撒马儿罕之商货,无虞千万;而城中既无存放之处,又无成列售卖之大市场。帖木儿于是命人建一座横贯全城之商业市场,于其内招商设肆……商肆建在街道两旁,对峙而立……通路上面,搭有棚盖……市场上之各商肆,自清早即开市,至傍晚方收市。肉店则至深夜,尚在营业。③

克拉维约和陈诚的上述描述是有契合之处的。而在"撒马儿罕"条下,陈诚亦谈到了该地番客云集、货物众多、使用银钱的情形。④ 从克拉维约逗留到陈诚路过的十年期间,撒马儿罕作为中亚最大贸易集散地的地位不曾改变。能从商业的角度吸引陈诚目光的应该依旧是撒马儿罕。因此,我们怀疑上述记载也是从"撒马儿罕"条下移入"哈烈"条中的。

基于上述诸项事实,我们认为《西域番国志》"哈烈"条并非只限于记述沙哈鲁的首都哈烈,它应被视作是对 15 世纪第二个十年期间中亚地区的概述,其内容既涵盖了帖木儿后裔治下以撒马儿罕、哈烈为主广阔区域,也包括了察哈台后王所控制的别失八里"地面"。

那么,如此众多的内容何以被括入"哈烈"名下? 究其原因,我们认为至少应包含这样两个因素:第一,陈诚所在的明朝使团是被派往沙哈鲁的首都哈烈的,明永乐皇帝最为关心的西域地方亦是哈烈。在这种情况下,陈诚为了更多地描绘皇上所关心的地方,极有可能把关于其他中亚地区的内容一股脑地择进了"哈烈"条中。第二,明朝时期,在述及中亚各政权或称各"地面"时,多是以其首都或首府的名字指称该政权或"地面"的。从明人陈诚的角度来讲,把帖木儿后裔治下的所有地区的描述纳入此时彼等之首都哈烈名下也是情有可原的。

---

① 校注本第 90 页。陈诚的这一记述亦在《明史·西域传》"迭里迷"条中得到反映。[清]张廷玉等《明史》卷三三二《西域传四》,中华书局,1974 年。

② 校注本第 66—67 页。

③ 杨兆均(根据奥玛·李查土耳其文版)汉译《克拉维约东使记》,第 152 页,商务印书馆,1985 年。

④ "撒马儿罕……城内人烟众多,街巷纵横,店肆稠密,西南番客多聚于此。货物虽众,皆非其本地所产,多自诸番至者。交易亦用银钱,皆本国自造,而哈烈来使亦使。"校注本第 81 页。

二、别失八里疆域的变动

《西域番国志》校注本"别失八里"条下有如下记载:

> 究其故疆,东连哈密,西至撒马儿罕,后为帖木儿驸马所夺,今止界于养夷,西北至脱忽麻,北与瓦剌相接,南至于阗阿端云。[①]

与此段史文相关的内容在《西域番国志》的各种版本中原是有所差异的。对这些差异,仍有继续讨论的必要,因为这里面反映出了别失八里"地面"西面及东南面疆域变动的历史情况,理清这一内容,实际上可以更充分地认识到陈诚纪行的史料学价值。

首先需讨论的是有关别失八里西至的各种记述。这里引起歧义的是与《西域番国志》校注本中根据《陈竹山文集》本而补入的"后为帖木儿驸马所夺今止界于养夷"十五字(在"北平图书馆善本丛书"本中阙这十五字)。其实,在《明实录》永乐十三年十月癸巳条下亦有形成于陈诚经行基础上的如下文字:

> 询其国人,云:故疆东连哈密,西至撒马儿罕,后为帖木儿驸马侵夺。今西至脱忽麻,北与瓦剌相接,东南抵于阗、阿端。[②]

也就是说,在上引《西域番国志》校注本及其补入十五字所依据的《陈竹山文集》本中称别失八里的西界为养夷,西北界为脱忽麻,但在《明实录》的相关史文中却未提养夷,且径称脱忽麻为别失八里的西界。《明实录》此处显然有夺文,而把脱忽麻作为别失八里西至亦有问题:根据阿布达·拉扎克·撒马尔坎迪(Абд ар-Раззак Самарканди)等穆斯林史家的说法,"脱忽麻"在历史上指的乃是钦察草原的东部。[③] 因此,把脱忽麻视为别失八里的"西北界"从地望上来讲更为合理。也就是说,相比于《明实录》所载,《西域番国志》关于脱忽麻的记述更为准确。不过,在接受《陈竹山文集》本中上述十五字的同时,我们似乎有必要对陈诚所说的别失八里西至发生变动的历史略加说明并对《明实录》的另一句"询其国人"的语句加以重视。

紧接"南至于阗阿端云"之句,《西域番国志》"别失八里"条记述了附属别失八里的于阗、鲁尘、火州、吐鲁番、哈什哈及阿里马力等处,提到后五处"略有城邑民居,田园巷陌",

---

① 校注本第 102 页。

② 《明太宗实录》卷一六九。见陈高华《明代哈密吐鲁番资料汇编》第 49 页,新疆人民出版社,1984 年。

③ 参见 К.А.皮舒林娜《十四世纪中叶至 16 世纪的哈萨克斯坦东南部》第 101 页,阿拉木图,1977 年(Пищулина К. А. *Юго-Восточный Казахстан в середине XIV-XVI веков*, c. 101. Алма-Ата, 1977);哈萨克斯坦瓦里汗诺夫历史研究所及玛尔古兰考古研究所主编《哈萨克斯坦史》(哈文版全五卷)第二卷第 140 页,阿拉木图:«Атамұра» 出版社,1998 年(Ш. Ш. Уәлиханов атындағы Тарих және этнология институты, Ә.Х. Марғұлан атындағы Археология институты, *Қазақстан тарихы*(*көне заманнан бүгінге дейінгі бестомдық*, 2-том, 140 бет. Алматы: «Атамұра» баспасы, 1998)).

并说别失八里：

> 其他处所,虽有荒城故址,败壁颓垣,悉皆荒秽。人多居山谷间,盖为其国主微弱,恐为邻境相侵故也。①

随后,陈诚又一转话锋,提到了别失八里地域还算辽阔、人民亦以"万计"的情形,并在文末加上了"犹能知尊长其所长,而无变态者,故岂不由其我前人积德乎"之句。尽管文意曲折,这段记述却基本能反映 15 世纪初叶别失八里西面疆土的伸缩变化。1363 年,在秃忽鲁帖木儿汗去世后,帖木儿及其后裔对别失八里政权展开连续的征战,占领了原属别失八里的不少土地,挤压了别失八里民众的生存空间。②不过,在 1408—1416 年马哈麻统治期间,上述状况有所改变。据阿布达·拉扎克·撒马尔坎迪和穆因纳丁.纳坦兹(Му'ин ад-Дин Натанзи)等人的记述,在马哈麻汗时期,蒙兀斯坦即"别失八里地面"军队又经由养夷·塔拉斯和塞蓝征抵达失干,把帖木儿后裔占领的原蒙兀斯坦西境楚—塔拉斯盆地又夺了回来。③《西域番国志》"别失八里"条中"今止界于养夷"的记述反映的无疑就是穆斯林史家所谈到的上述情形。

而根据陈诚的记述,别失八里地面的统治者并不满足于夺回养夷和塞蓝等地,他们对曾经属于先祖的撒马儿罕仍耿耿于怀。在这里,有必要对"别失八里"条末尾的那句"犹能知尊长其所长,而无变态者,故岂不由其我前人积德乎"作一辨析。或许是受到始于明人郑晓在《皇明四夷考》中之误读的影响,④《西域番国志》校注本视此句出自陈诚之意,认为这是陈诚对于阗的描述。⑤ 日本学者松村润曾就《西域番国志》中与于阗相关的记述作过一番仔细辨析后指出:《西域番国志》养夷项⑥中'于阗有河'以下内容实际上是陈诚从永乐十一年到十三年第一次奉使西域时,有关别失八里的见闻,而不是他访问于阗的见闻。"⑦其实,这与"别失八里"条编撰时出现的一处遗漏或称讹文有直接的关系。问题的关键在于上引《西域番国志》校注本及其所据《陈竹山文集》本中的"究其故疆"之句上。在《明实录》永乐十三年十月癸巳条下的记载中,与此相应的句子作"询其国人"。我们认为,

----

① 校注本第 102 页。

② 参见上引 K.A.皮舒林娜书第 62—94 页。

③ 同上书,第 94 页。

④ 日本学者松村润指出:从郑晓到向达的研究者都"认为《西域番国志》养夷项下从'于阗有河'以下的记载是陈诚访问于阗的见解。而且郑晓的见解被《明史·西域传》于阗项所直接采录,以后,截至现在,都把《明史·于阗传》这些记载当成元末明初的和田地方状况的史料来看",但它却是一个错误的见解((日)松村润著,《明史西域传于阗考》,载《东洋学报》第 37 卷第 4 号)。这里需提及:与别失八里有关的史文在《西域番国志》"北平图书馆善本丛书"本中并未单独立项,而是见于"养夷"条下的。

⑤ 校注本第 105 页第 6 注(书中讹写为第 5 注)。由于错认为"别失八里"条末一句出陈诚之意且与于阗有关,故《西域番国志》校注本此处注解汇集了《明史》中有关于阗的一些记载。这一释读让人有隔靴搔痒之感。

⑥ 正如我们在前一注中提到的,与本文所主要依据的校注本等版本中的情形不同,在松村润所依据的《西域番国志》"北平图书馆善本丛书"本中,"别失八里"是记在"养夷"条下的,所以,以"于阗有河"开头的一段史文亦见于"养夷"条下。

⑦ 见上揭松村润文。

从上引《陈竹山文集》本文末的"云"字来看,陈诚此处确实在引述从别人那里听到的消息;而《明实录》中存留的文字足以让我们相信"别失八里"条中有关疆域变化及所属地面的一大段情况介绍是采自别失八里"国人"的。由此出发,我们也完全有理由判定:"别失八里"条末尾的那句话实际上乃是别失八里"国人"所说。称"犹能知尊长其所长,而无变态者"是在说别失八里人仍保持着察哈台国族的统治正统。① 也正是由于有此法统观念,别失八里的统治者们才会向陈诚念叨祖上所积阴德和撒马儿罕曾经属于其国族的历史。

再让我们来看《西域番国志》关于别失八里南面疆域的记述。如上所示,该书校注本和其所据《陈竹山文集》本中称"别失八里……南至于阗阿端"。周连宽先生在其注文中认为这里的阿端和于阗乃是一地异名,但又说:"陈诚言于阗,何以又言阿端,而且是连用,是一疑问。意者元代史书,多称于阗为阿端,后撰史者恐读者不明,乃加于阗二字于其前以识之。"②周先生此处未顾及另外一个重要事实:与此名关系更大的乃是明朝设立于撒里畏吾儿亦即黄头回鹘之地的阿端卫。《明实录》中有如下记载:

> 1.洪武七年六月壬戌,西域撒里畏吾儿安定王卜烟帖木儿遣其府尉麻答儿、千户剌尔嘉来朝……撒里畏吾儿者,鞑靼别部也。其地广袤千里,去甘肃一千五百里。东抵罕东,西距天可里,北迤瓜沙州,南界土蕃。居无城郭,以毡帐为庐舍……命诏其酋长立为四部,给铜印,曰阿端,曰阿真,曰苦先,曰贴里。③
>
> 2.洪武八年春正月癸亥,撒里畏吾儿安定王卜烟贴木儿遣王傅不颜不花等来朝,献故元所授金银字牌。诏赐不颜不花等文绮衣服有差。丙午,置安定、阿端二卫指挥使司,从卜烟帖木儿之请也。④

据研究,阿端卫指挥使司处于撒里畏吾儿境内,位于罗布诺尔东南现今新疆维吾尔自治区若羌县(Charklik)和策末县(Cherchin)部分地域;其中心在塔里木河下游的Tikenlik之地。⑤

上述诸卫后来有所反复。洪武八年后,撒里畏吾儿之地有番将叛乱,夺取明朝颁予四部之铜印,并致使部落"微弱"。洪武二十九年三月,明朝再次立安定卫指挥使司于撒里畏吾儿。有意思的是,代表朝廷去落实这一任务的不是别人,正是稍后出使沙哈鲁并写成

---

① 其实,在没有注意到《明实录》相应段落中的"询其国人"等语词的情况下,松村润在上引著作中即已写道:"关于'犹能知尊长其所长而无变态者,故岂不由其我前人积德乎'的一段,更易理解为与别失八里即察哈台汗国有关。因为显然的事实是:东察哈台汗是由成吉思汗的次子的血统所一脉相承,并且作为成吉思汗的直系而持有权威和受到尊敬。在以后的蒙古游牧民中,也维持着这种传统。"

② 校注本第104页第2注。

③ 《明太祖实录》卷之九十,洪武七年六月壬戌。见(日)羽田明编《明代西域史料——明实录抄》第7页,京都大学文学部内陆亚洲研究所,1974年。

④ 《明太祖实录》卷之九八,洪武八年春正月月癸亥见;(日)羽田明编《明代西域史料——明实录抄》第7—8页;并见《明史》卷三三〇《西域传二·安定卫》。

⑤ 钱伯泉《明朝撒里畏兀儿诸卫的设置及其迁徙》,《西域研究》2002年第一期。

《西域番国志》等纪行文字的陈诚。① 也就是说,陈诚所理解的阿端更应该是与其政治生涯紧密相关的、明朝在撒里畏吾儿地方设立的阿端卫,而不是所谓的"元代于阗别名"。

考虑到阿端卫所处位置(见上),我们认为见于《明实录》中的"别失八里东南抵于阗、阿端"的记载不误。也就是说,除了上述"询其国人"之句外,《明实录》关于别失八里"东南界"的记述亦当属陈诚的原始记录。

与陈诚有关别失八里东南界的下一条内容亦有讨论的必要。《西域番国志》校注本中的"南至于阗阿端云"之句在《陈竹山文集》本中是写作"南至于阗河志云"的。王继光先生在其《陈程及其〈西域行程记〉与〈西域番国志〉研究》一文中采纳了后一种记载,并把这里的"河志"释为书名。② 是否存在过述及于阗的《河志》一书,这本身即是一项极可怀疑的事情。王先生之所以如此释读,想必只是因为"河志"二字之后出现"云"字的缘故。但正如我们在上文中说到的,此处的"云"应与"询其国人"(见于《明实录》相关史文)有前后相应关系。其实,《陈竹山文集》本中出现的"河志"与别本中出现的"阿端"地名有关。在裕固族(亦即历撒里畏吾尔人)人关于其东迁的口传历史中,有"我们是从西边的西至哈至迁来的"的说法。③ 有关"西至哈至"的来历,前人有不少讨论,有寻其地望于吐鲁番、哈密或沙州、甘州的,也有释其名为西州、火州或西州、哈卓的,④但这些说法多属揣测。也曾有研究者把"西至哈至"与罗布诺尔地区相联系,⑤但他们亦未能提供太多使人信服的史实。我们说,《西域番国志》版本中出现的差异恰是"西至哈至"与罗布诺尔地区有关的佐证:该书《陈竹山文集》本中的"河志"乃是裕固族口传历史中所说的"哈至"的不同写法;也就是说,在陈诚的概念中,"阿端"即是"河志",因此,才出现了同一地之异名在《西域番国志》不同版本中被互换使用的情形。

Two Notes on the Sections of Halie and Bieshibali in Chen Cheng's Travelogue

Bakhyt Ezhenkhan-uli Renmin University of China /
L.N. Gumilyov Eurasian National University

Based on the textual analyses of the descriptions about Herat and Beshbaliq in the

---

① 《明太祖实录》卷之二四五,洪武二十九年三月壬午条。见(日)羽田明编《明代西域史料——明实录抄》第 23 24 页。明翰林学士兼左春坊大学士、推荐陈诚充任赴西域使臣的胡广在所著《送陈员外使西域序》中亦写道:"子鲁(陈诚)在洪武间以名进士为行人,辙迹遍四方,尝使于沙里畏吾儿,立安定、曲先、阿端五卫……"(胡文收入《西域番国志》校注本第 163—165 页。关于胡广文中的'五卫'之误,王继光先生曾予以讨论。见王继光《关于陈诚西使及其〈西域行程记〉、〈西域番国志〉——代前言》)。

② 王继光《陈程及其〈西域行程记〉与〈西域番国志〉研究》,《中亚学刊》1990 年第 3 辑,1990 年。

③ 马学良《中国少数民族文学作品选》,上海,1981 年。

④ (苏)埃·捷尼舍夫著、陈鹏译《突厥语言研究导论》,中国社会科学院出版社,1981 年;汤开建《关于〈龟兹回鹘国与裕固族族源问题研究〉一文的几点看法》,《甘肃民族研究》1985 年 3—4 期;钱伯泉《黄头回纥研究》,《新疆历史研究》1985 年第 3 期;马学良前揭书。

⑤ 董文义《裕固族操两种语言问题的初探》,《甘肃民族研究》1984 年第 3 期;高自厚《试释"西至、哈志"——比较裕固族民间历史传说中的"西至、哈志"与〈明史·西域传〉中的"曲线"、"安定"的异同》,《西北民族研究》1990 年第 2 期。

different versions of Chen Cheng's travelogue Xiyu Fan Guo Zhi, this paper tries to shed new light on the studies of Chinese knowledge about Xiyu in Ming period. It is pointed out that the strongly-imbalanced arrangement of the content in the travelogue is out of such a fact that Chen Cheng merged the information about other Xiyu dimians into the Herat section; The section does not only deal with Herat the capital of Shahrukh, it should be treated as a general description of Central Asia in 1510's. While, by tracing the causes of the ambiguities and controversies of the texts about Beshibali in different versions of the travelogue, this paper argues that the Beshibali section of the travelogue contains some valuable information about the territorial changes of Moghulistan in its western and south-eastern frontiers in the mentioned time period.

Keywords: Central Asia; Chen Cheng's Travelogue; Moghulistan; Textual Change; Territory

（本文作者为中国人民大学国学院/哈萨克斯坦国立 L.N. 古米廖夫欧亚大学教授）

中古碑志、写本中的汉胡语文札记(四)*

王　丁

摘　要：胡名，是非汉语名字的汉文表示形式，既可以是非汉语名字的汉文记音转写（即音译），也包括义译名以及胡人所起的纯汉语名。前一种情况涉及源语言，由审音勘同达到汉字转写形式背后原型的复原，是人名学（anthroponymics）与历史语言学通力研究中一项任务。后一种情况可能牵涉到更多的方面，既有所谓外族因"汉化"进程接受汉人命名习俗的问题，也有因兼顾胡汉文化两方面的因素通过译义将胡名罩上一层汉文化外衣的情形，甄别、论定的难度有时实过于对单纯音写名字的勘同。本文讨论的四组胡名阿腾／来儿、勿沙／鼠、妙(尼)／虎、阿谷／狗，清楚地显示了胡名的音译、义译两类型，而胡名中鼠、虎、鸡、狗等动物的出现，促使研究者去进一步探究背后是否暗示胡人对中华文化生肖信仰的接受，思考人名作为民族文化交往的史料价值。

关键词：人名学；外语人名的汉字形式（音译与义译）；粟特人与粟特语；含有动物名字的人名（及生肖人名）；因避讳而造成的人名易字

　　本文作为一个系列研究，①取材于北朝后期及隋唐时代的胡人墓志（如《虞弘墓志》、《康阿达墓志》、《康浮面墓表》等汉文墓志和《史君墓志》、《遊㜒㜒盘陀夫妇墓志》等汉文粟特文双语墓志）及吐鲁番、敦煌文书，联系相近时代史籍、文集，对该时段的非汉语语源人名用词进行探源，同时根据出土汉胡文字材料讨论、纠正传世史籍有关名字的传写讹误，目的是秉承"以汉还汉，以唐还唐"的故训，进一步提倡"以胡还胡"，探讨历史人名学、历史语言学与民族学、民族史结合部的疑难问题，认识汉与非汉族群在文化交往互动中在语言称谓上的表现。

　　胡名是非汉语人名的汉字书写形式，在中国历代史籍和出土文献中多有出现。狭义的胡名研究，聚焦于中古时期（南北朝至五代），特定人群则是进入中原文化视野中的伊朗语族特别是其东支中的粟特、吐火罗、于阗以及粟特化的突厥人。以汉字书写胡人的名字，有（1）音译（如安禄山、粟未义、石盘陀）、（2）义译（如安神奴、翟大秦）、（3）音义合璧（如曹伏奴、辛头潘）三种基本方式，另外也有（4）胡人起纯粹汉语名（如史思明、安庆绪与安庆和昆仲）的做法。②本文就丝绸之路沿线人物的中古胡名，继续提出四组加以勘定、讨论。

---

　　*　本文为国家社科基金重大项目"北朝至隋唐民族碑志整理与研究(18ZDA177)"的成果。

　　①　本文系列的前三部分已发表《中古碑志、写本中的汉胡语文札记》（一），《丝绸之路上的考古、宗教与历史》，文物出版社，2011年，第235—243页；《中古碑志、写本中的汉胡语文札记》（二），《西域历史语言研究集刊》第五辑，科学出版社，2012年，第75—86页；《中古碑志、写本中的汉胡语文札记》（三），《语言背后的历史——西域古典语言学高峰论坛论文集》，上海古籍出版社，2012年，第183—187页。

　　②　王丁《胡名释例》，《敦煌写本研究年报》第十三号（高田时雄先生古稀记念），京都大学人文科学研究所，2019年3月，第99—134页。

14. 昭武王的名字失阿喝与"来儿"

粟特史国国王姓昭武,名失阿喝(《新唐书》卷 221 下/6248 页,《西域传下》史国条)。昭武一词的语源,近百年迭经国际东方学者探索,现已由吉田丰教授考出,为粟特语 Chamuk(cm'wk)。① 失阿喝(中古音 * ɕit ʔa xat)的粟特语原型 šyr''γt,见于印度河上游崖壁行客题名,也是由吉田先生考定的。②这个粟特人名由两个词复合而成,''γt-是动词 'ys-的过去时形式,义为"来到了",其两节复合名 šyr''γt 就是"好好地来了",命名的本意也可以是"好(孩子)来了"的意思。这位国王在《唐会要》卷 99 史国条也见著录,名字用字稍有区别,为失阿曷(* ɕit ʔa γat)。

同时代曹国王的名字设阿忽(* ɕiat ʔa xwət),其实也是同一个 šyr''γt 的音译,译音选字不同,或系唐代官方译语人有以此避免重名混淆的意图。《新唐书》卷 221 下/6425(《西域传下》康国条):"(天宝)十一载(752),东曹王设阿忽与安王请击黑衣大食,玄宗尉之,不听。"《唐会要》卷 98 曹国条:"天宝十一载,其王设阿忽与国副王野解及九国王并上表,请同心击黑衣大食。玄宗宴赐慰谕遣之。"《册府元龟》卷 971/11245(校订本):"天宝十四载(755)三月康国副王、火寻国王稍(施)芬、曹国王设阿忽并遣使朝贡。"

粟特人给新生儿起名有使用"语句名"的做法。所谓语句名(Satzname),是专名学中惯常使用的一个德文术语,指的是名字包含一句话的基本成分,其特征是具备动词成分。Nicholas Sims-Williams 教授为粟特人使用的语句名所举的例子是印度河上游崖壁所见的 ''γtz'k"a child has come/a child that has come"(UI2, p. 34)。对中国命名风俗而言,如果一个新生儿因为在春天出生而得到"春来"这个名字,秋天出生者名之为"秋生",春来、秋生实际上相当于语句名。落住中土的昭武九姓人中,有一个名叫康来儿的人,见于后周显德三年(956)敦煌文书 P.3379、BD.9345 辛酉年(961)社司转帖。来儿当是 ''γt 的译义名,既保存了来源语的本义,也深合汉语语感和汉文化习惯。

写本方面的同组名字,吐鲁番出土的大谷文书 2366 中有石阿腾,阿腾(* ʔa kat)是 ''γt 的另一种音写。

8 世纪史国王阿忽钵[《册府元龟》卷 966/11193 页(校订本)]* ʔa xwət pat,其名字,据吉田丰先生通信垂告,为粟特语 ''xwrpt,义为"lord of the stable = marshal"(厩牧长),甚是。阿忽钵在音写汉文用字与上文提及的同时代语词设阿忽在音写上有两个音节完全重叠,但语源 ''xwr、''γt 不同。此点提示我们,在外来语勘定上须避免仅视译音词字面部分相同便作无条件推广、勘同,否则易生张冠李戴的问题。

---

① Yutaka Yoshida, "Chamuk: A name element of some Sogdian rulers." In: D. Durkin-Meisterernst, S. Raschmann, J. Wilkens, M. Yaldiz, and P. Zieme(eds.), Turfan Revisited. The First Century of Research into the Arts and Cultures of the Silk Road. Berlin: Dietrich Reimer Verlag 2004(Monographien zur Indischen Archäologie, Kunst und Philologie, 17), pp. 408 - 410; "On the origin of the Sogdian surname Zhaowu 昭武." Journal Asiatique 291 (2003), 1/2, pp. 35 - 67.

② Yutaka Yoshida, "Review of N. Sims-Williams, Sogdian and other Iranian inscriptions of the Upper Indus II." Bulletin of the School of Oriental and African Studies, LVII/2 (1994), p. 392.

15．鼠：鼠子、勿沙

粟特人名中表示"鼠"的音写形式，见于敦煌半世纪中叶的罗勿沙* mut ṣaɨ/ṣɛ（P.3559 敦煌从化乡差科簿），对应于粟特语人名 mwš' kk，mwš' "mouse"（鼠）。①

吐鲁番文书西州时期，原本母语为粟特语、以汉语名留下活动记录的昭武九姓人群中，颇有名字含有"鼠"字的例子：

曹鼠，大谷文书 1228 西州高昌县给田文书。这个名字既有可能是粟特名 mwš' 的汉译，也有可能就是一个纯汉语名。在后一种情况下，因为缺乏传记材料，我们无法知道曹家给曹鼠起这个名字的意图，但是基于一般文化史常识，这有可能是一个根据产儿出生年而起的生肖类名字。

康鼠子：（1）TCWIV/115 唐令狐建行等率皮名籍；（2）大谷文书 2368 西州高昌县佃人文书；（3）大谷文书 3026 兵役关系文书，凡三见，但未必是同一人；安鼠子，大谷文书 3028 兵役关系文书。如果鼠是 mwš' 的义译，那么鼠子的略异之处，即在于它对应于 mwš'kk，其昵称后缀 -kk 在汉译中以"子"或"儿"（如后文第 17 条下的名字"酉儿"）来标示。

康冬鼠，TCWIII/363 唐总章元年（668）帐后西州柳中县籍，康相怀孙女、康海达女。这个名字或可就其字面理解为一个冬季出生、家中长辈认为与鼠有某种关联的孩子。其祖、父两代的名字已具完全的汉风。

史尾鼠，TCWII/271 唐西州高昌县□婆祝等名籍。尾鼠（* muj ɕiə'）何所取义不详。②

康盲鼠，TCW III/250 唐阚洛□等点身丁中名籍。案：唐西州汉姓人中有赵盲鼠，见TCW III/149 唐龙朔二年（662）逋纳名籍。盲鼠（* maiŋ/mɛ；ȵɕiə'）也是一个费解的名字。

16．虎：曹虎归、史妙尼
——妙、虎、武、寅、蟲（兼论唐代讳例）

粟特古信的第一札和第三札的写信人是一位中年女性，名叫 Mēwnāy（mywn'yH）。这个名字已经由吉田豊教授与北朝时期的音译名妙尼（* mjiawʰnri）勘同。③ 史妙尼是（史）射勿盘陀（δrsmtβntk / žēmat-vandak "Žēmat 神之奴仆"）的曾祖父，见于宁夏固原出

---

① 吉田豊《Sino-Iranica》，《西南アジア研究》，第 48 期，1998 年，第 37 页；参 Lurje no. 711，标问号以示存疑。

② 可参移鼠，唐代汉语景教文献中对 yyšw 的音译，详见吉田豊《漢訳マニ教文獻における漢字音寫された中世イラン語について（上）》，《内陸アジア言語の研究》II，1986 年，no. 97；Wang Ding，"Remnants of Christianity from Chinese Central Asia in medieval ages." In: Roman Malek (ed., in connection with Peter Hofrichter)，*Jingjiao-The Church of the East in China and Central Asia*. Sankt Augustin: Institut Monumenta Serica，2006，pp. 151–154.

③ Yoshida Yutaka，"The Sogdian version of the new Xi'an inscription." In: Étienne de la Vaissière & Éric Trombert (eds.)，*Les Sogdiens en Chine*. Paris: École française d'Extrême-Orient，2005，p. 65.

土的北周史氏家族隋史射勿墓志。①

（康）蜜乃 * mjit nəj'，也是 Mēwnāy 的一个音译名，见于吐鲁番交河墓地出土的高昌延昌三十三年（593）康蜜乃墓表，②去世时八十二岁。Mēwnāy 的语义，V. A. Livshitz 释为"虎雏"。在这个两节的粟特语名字中，*myw* 的意思"老虎"明确无疑义，而后一节还存在异读的可能性：或读为-n'y，义为"看、注意"（to behold），或读为-z'y＜ * jah-，义为"离开、留下"（to leave）。③

这个名字令人想起曹虎归，见于上海博物馆藏敦煌写本《佛说首楞严三昧经》题记：④

佛说首楞严三昧经上卷
白衣弟子曹司马虎归所供养经、一校竟。
用纸十九张半　　又校竟

从语义上看，虎归似乎支持 *myw-z'y* 的读法。但是，一个名字正常情况下只能有一个读法，孰是孰非，且留待伊朗学家判断。

myw 的音译名还有另一个用字方式：妙。如：康妙 * mjiawʰ。其人为前凉时期将军，约于太和五年（370）奉张天锡之遣，为结盟出使东晋（晋书 86/2251）。两节复合名妙达 * mjiawʰdat 也属于围绕 *myw* 的虎名一组。卢湃沙（Pavel Lurje）博士提示笔者，妙达可能转写的是粟特语 * mywδ't，义为"虎所赐予"（given by tiger）。⑤名为妙达的中古胡姓人还有：（1）曹妙达，北齐后主至隋文帝时代人、琵琶高手（《北史》卷 92/3055 页，曹僧奴子。《北史》卷 78/2983 页：安马驹、曹妙达、王长通、郭令乐等能造曲，为一时之妙，又习郑声。《隋书》14/331：曹妙达、安未弱、⑥安马驹之徒，封王开府。《旧唐书》卷 62/2375 页、《新唐书》卷 99/3908，北齐后主时艺人，与安叱奴、安马驹等受耽爱胡戎乐的高纬宠幸，至于封王开府）；（2）康妙达（TCW III/280 唐永隆元年/680 年军团牒为记注所属卫士征镇样人及勋官谠符诸色事）。

myw 这个粟特人名在汉文记载中还有译义的形式：寅、虎、（大）蟲。

康寅生，见于唐西州时期吐鲁番文书 TCW III/312 唐永徽三年（652）士贞辩。这个名字也属于前文已经介绍过的"语句名"，命义完全是透明的，即此人生于寅年。基于他的胡姓，自然应考虑起名时该家庭可能的双语背景，即在汉文化环境里他叫寅生，在其昭武

① 罗丰《固原南郊隋唐墓地》，文物出版社，1996 年，第 17 页。

② 荣新江、李肖、孟宪实主编《新获吐鲁番出土文献》，中华书局，2008 年，第 376 页。

③ LNo. 741.参 B. Gharib, *Sogdian dictionary*, Tehran：Farhangan Publications, nos.1995, 5839, 11218。

④ 池田温《中國古代寫本識語集錄》，大藏出版，1990 年，第 404 号。

⑤ Wang Ding, "The Sogdian envoy Maniach and his namesakes in China." (*Acta Orientalia Hungaricae* 73/2 (2020), p. 189n. 9.)

⑥ 《隋书》及两《唐书》所记载的安未弱以及《北史》卷 92 的何朱弱，未弱、朱弱两个名字形式当均系末弱之讹，其语源即拜占庭史料所述为突厥出使君士坦丁堡的粟特使者 Maniach。说见王丁《中古碑志、写本中的汉胡语文札记（二）》之八"'末弱'的语源与拜占庭史料记载的粟特使者 Maniach"，《西域历史语言研究集刊》第五辑，2012 年，科学出版社，第 75—77 页。

九姓原籍固有环境中使用粟特语交流时不妨以 *myw* 称呼。

传近年发现于安阳地区的安师墓志（唐麟德元年，664 年），墓主安师的曾祖名吉遮（* kit cia），祖父名述属（* ẓwit cuawk），均为音译名，父亲则名老虎，儿子名积善，显示了这个落籍邺城的安姓家族从北朝晚期到唐初在取名上与汉文化的融合。老虎这个名字颇为俚俗，其父安述属在隋朝任都护将军，想来汉文化浸染未深。安老虎本人到了唐初，"任摩呵大萨宝，指麾立法，咸会典仪"，其子师、孙积善，名字已经全然是中华风貌。

带有虎这个字眼的人名，在古代避讳制度中曾经历一个改变。唐高祖李渊的祖父名虎，故唐世讳虎字，带虎字的人名，需要改易，代以他字。"武"、"蟲"是唐代避讳改字，屡见于吐鲁番、敦煌写本。

武。大约写于 7 世纪中期的吐鲁番文书 TCW III/247 及 TCW III/249 唐郭阿安等白丁名籍同时著录了两个人名：安拽武、赵拽鼠。拽 + 属相字似乎是当时的一种起名方式。如此拽鼠能够支持拽武为虎字讳改的情况。安拽武起名的本意是拽虎。拽武这个名字也见于康姓：康拽武（大谷文书 2933 西州高昌县退田文书；大谷文书 3021 兵役关系文书）。

蟲。至于虎讳改为蟲，可以举吐鲁番出土唐开元十六年（728）西州籍（大谷文书 8088）中的白善蛋（部曲，其年五十六岁）为例。此人生于 671—672 年，其时高昌已进入唐朝行政管辖之下，行用中原制度，故该人名字的本义很可能是"善虎"，因避唐讳而用"善蛋"这个名字形式。事实上，善虎这个名字的确见用于西域，如：吐鲁番高昌延寿十四年（637）兵部文书中有王善虎（TCW II/73—75；另见于 TCW I/397 高昌武城堛作额名籍）。637 年之时，距离唐朝征服高昌国、推行中原制度尚有三年，高昌国仍存在，尚不需遵从唐家制度，所以王善虎的名字得以保留不改。

（图1）

750 年敦煌从化乡差科簿著录一人，名罗虫子。如果可以设想虫字是蟲的简写（参：前文引及的吐鲁番文书中的白善蛋），那么在唐代制度中该名亦是虎字之讳，该人原名罗虎子。虎子是粟特名字 Mēwak（*myw'k*，Muγ，Б-1；Lurje no. 739）的义译形式。与虎子意思相近的名字是虎儿，南朝陈便有一个"胡人康虎儿"，被指派保护太子（《资治通鉴》卷 168/5197 页陈纪二，天嘉元年/560 年）。在一件大约 9 世纪的敦煌文书中有一人，名叫曹虫虫（图 1），[1]虫虫的意思也与虫＝虎相同，叠字可以视为名字的昵称形式，[2]与 *myw'k*（*myw* 系词干，'k 为 hypocoristic ending）的形态正相当。

唐代史籍中也有虎字讳改为蟲字的例证，蟲娘是另一个有关的人名。蟲娘是唐玄宗的女儿，为曹野那姬所生。段成式《酉阳杂俎·忠志》：

---

① 该名见于 P.2738v 写本社司转帖，"虫虫"二字写法不甚明确，学者颇有异读，如：（1）"曹胡胡"，见唐耕耦、陆宏基《敦煌社会经济文献真迹释录》第一辑，书目文献出版社，1986 年，第 309 页。Tatsuro Yamamoto（山本达郎），Yoshikazu Dohi（土肥义和），Ikeda On（池田温）：*Tun-huang and Turfan Documents concerning social and economic history*，IV，*She* Associations and related documents（A），Tokyo：The Toyo Bunko，1988 年，第 30(161)页；（2）"曹击击"，见冯培红《敦煌曹氏族属与曹氏归义军政权》，《历史研究》2001 年第 1 期，第 79 页。这个字实际写作"虵"，系"蟲"的简体别写，在中古写本中常见。

② 参季羡林主编《敦煌学大辞典》"重字为名"条（李正字撰写），上海辞书出版社，1998 年，第 451 页。

玄宗，禁中尝称阿瞒，亦称鸦。寿安公主，曹野那姬所生也，以其九月而诞，遂不出降。常令衣道服，主香火。小字蟲娘，上呼为师娘。为太上皇时，代宗起居，上曰："汝在东宫，甚有令名。"因指寿安："蟲娘是鸦女，汝后与一名号。"及代宗在灵武，遂令苏澄尚之，封寿安焉。

《新唐书·寿安公主传》（卷 83/3660）：

寿安公主，曹野那姬所生。孕九月而育，帝恶之，诏衣羽人服。代宗以广平王入谒，帝字呼主曰："蟲娘，汝后可与名王在灵州请封。"下嫁苏发。

蟲娘的生母是唐玄宗的妃子，名叫曹野那。野那，是粟特语人名 Yānakk（*y'n'kk*，系 *y'n* 的昵称形式），义为"受宠爱的（孩子）"。[1]根据已知语言材料，野那是一个男女均可使用的名字，男性有安野那，见于唐景龙三年（709）桂林岩壁题名；[2]白野那，见敦煌写本张君义告身；石野那，是粟特出身的回纥首领（《旧唐书》卷 120/3463 页）。吉田豊教授多次讨论过野那这个名字，并指出，也那（P.3559 天宝十载敦煌从化乡差科簿）、延那（TCWIII/350 唐垂拱元年康尾义罗施等请过所案卷）、演那（TCW III/466 唐史到何等户名籍）均是同一名字的不同汉写形式。[3]罗香林先生猜测（安）野那系基督教人名 Anna 的音译，并以此为基础进一步推论景教人物有于唐代已到达桂林之事。[4]惜这一名字解说的语言学前提未满足，历史学推论便无法成立。

蟲娘，[5]疑是"虎娘"的避讳，其母曹野那系出西域昭武姓血统，为女儿起名 *mywH*（即粟特语 *myw*"虎"的阴性形式），相当于汉文化命名传统中的小名"虎女"。吐鲁番出土文书有虎女这个名字（TCW II/31 唐西州高昌县弘宝寺僧及奴婢名籍二），未避唐讳，或因该文书书写的年代是 640 年顷唐克复高昌之前。[6]

唐代忌讳直言虎字，改称蟲或大蟲，见于史文，《唐会要》卷 32《舆服》下：

开元十一年六月敕诸卫大将军、中军郎将袍文：千牛卫瑞牛文，左右卫瑞马文，骁卫虎文，武卫鹰文，威卫豹文，领军卫白泽文，金吾卫辟邪文，监门卫狮子文。

《通典》卷 61《君臣服章制度》：

① 吉田豊释读，作为附录载 Valerie Hansen，"The Impact of the Silk Road trade on a local community：The Turfan Oasis, 500 - 800." In：Étienne de la Vaissière & Éric Trombert（eds.），*Les Sogdiens en Chine*，Paris：École française d'Extrême-Orient, Paris, 2005, p. 306.

② 罗香林《唐元二代之景教》，香港中国学社，1966 年，第 87 页。

③ 比较详细的解释见吉田豊《Sino-Iranica》，《西南アジア研究》，第 48 期，1998 年，第 41 页。

④ 罗香林《唐元二代之景教》，第 89 页。

⑤ 对"虫娘"这个名字的命义，蔡鸿生先生有不同的解说，见《蔡鸿生史学文编》，广东人民出版社，2014 年，第 108—109 页《唐玄宗后宫的胡姬"虫娘"解》。

⑥ 该文书出土于吐鲁番阿斯塔那一五号墓，同出的 17 件文书最早者为高昌延寿十三年（636），最晚者为唐贞观十五年（641），见 TCW II/20 整理者说明。

开元十一年六月，敕诸卫大将军、中军中郎、郎将袍文：千牛卫瑞牛文，左右卫瑞马文，骁卫大蟲文，武卫鹰文，威卫豹文，领军卫白泽文，金吾卫辟邪文，监门卫师子文。

《唐会要》中骁卫所著的虎文，因北宋王溥纂辑时已不需避唐讳而回改。今本《通典》仍是唐世避讳旧观，故作"骁卫大蟲文"。

此外尚有敦煌文书为证：S.2009 官衙交割什物点检历著录"豹皮一张，熊皮两张，大蟲皮一张"，大蟲皮显然就是虎皮。大蟲皮还是吐蕃职官制度中的授予有军功者的一种荣衔，见于莫高窟中唐时期第 144 窟有供养人题名："夫人蕃任瓜州都□（督）□仓□曹参军金银间告身大蟲皮康公之女修行顿悟优婆姨如祥□（弟）一心供养。"①供养人康如祥的父亲康公是任职瓜州的武官。有关藏文记载中大蟲的对应词是 stag，也就是"老虎"，②所以可知选择大虫一词来翻译藏语，说明吐蕃在松赞干布时期创立该项制度、给立有战功者奖授虎皮制品并授予"大蟲皮"等称号之际，正处在唐朝对"虎"字实行避讳时期。

陈垣先生曾将唐代讳例作了如此表述："虎，改为兽、武、豹、彪。"③现在根据唐写本的实例与唐代文献的讳改情况，可以酌加一例：虫（蟲）及大虫（蟲）。

17. 鸡：酉、酉儿

粟特人名中有"鸡"这一词素，cwz'kk（"chicken"）见于印度河上游崖壁行客题名（UI2，p. 48）。无独有偶，吐鲁番出土的 639 年粟特语买婢契第 19 行证人中也出现有这个名字。④ Lurje no. 397 对此名有细致的讨论。在汉文记载方面，音译名尚未发现，义译名中古胡人名有佐证：罗鸡，是一个在开元九年（721）以后若干年某时于高昌领取马料的使役家人（TCWIV/83 唐馆驿文书事目）。还有一个康姓的人康鸡，因财政事务见于高昌国时期的官方记载，可惜文书因制作陪葬冥物遭到剪裁，名字"康鸡"两字之后已是纸边，不知道是否完整（TCW II/221 高昌康鸡□等入银钱帐）。

除了直接用鸡字，胡人似乎也喜欢在名字里使用鸡的地支对应字"酉"。例如，落住高昌的昭武九姓人何酉，是 7 世纪末叶高昌的部曲（TCW III/526 武周先漏新附部曲客女奴婢名籍）。康酉儿，见于 535 年的年度供祀义务分配计划："七月十四日，取康酉儿牛一头，供谷里祀。"（TCW I/132 高昌章和五年取牛羊供祀帐）。酉儿，正相当于粟特语昵称化的 cwz + -'kk "鸡雏"。⑤ 白鸡仁（大谷文书 3025 兵役关系文书）、康酉海（大谷文书 3028 兵

---

① 敦煌研究院编《莫高窟供养人题记》，文物出版社，1986 年，第 65 页。

② 参陆离《大虫皮考——兼论吐蕃、南诏虎崇拜及其影响》，《敦煌研究》2004 年第 1 期。

③ 陈垣《史讳举例》，科学出版社，1958 年，第 147 页。王彦坤《历代避讳字汇典》，中华书局，2009 年，第 103—117 页第 271 条"虎"引证宏富，但不及虎讳改蟲之例。

④ 吉田豊、森安孝夫、新疆ウイグル自治区博物館编《麹氏高昌國時代ソグド文女奴隷売買文書》，《内陸アジア言语の研究》，IV（1988），第 6、26 页，最初读 cwn'kk，在注解中吉田豊曾犹豫是否应读 cwz'kk，在 2003 年最终改读 cwz'kk，见 Yoshida Yutaka, "Translation of the contract for the purchase of a slave girl found at Turfan anddated 639." Appendix to Valerie Hansen, "New work on the Sogdians." T'oung Pao, 84/1-3 (2003), p. 160。

⑤ 另一个名含"酉"字的人是北魏时期的支酉，渭北月支胡，以在长安城北西山率数千之众起义留名史传，见《魏书》卷 42/943 页；唐长孺《魏晋杂胡考》，第 419—421 页，认为支胡与羯胡有关。

役关系文书)、康酉忠(TCW I/319 高昌延昌三十四年/594 年调薪文书二)等名字也属于以鸡的概念构成的人名。酉海、酉忠,也见于吐鲁番的汉姓人群,如:李酉海(TCW III/131 唐西州高昌县授田簿);马酉忠(TCW I/261 高昌某年洿林道人保训等入酒帐)。

18. 狗:苟儿、苟子、苟奴、戌子

"狗"(中古时期多写作"苟")的概念在胡名中有相当丰富的使用。最基础的形式为单字名,如:白苟,TCW IV/113 唐雷端胜等户主田亩簿;曹苟,大谷文书 1304 B 经济关系文书断片;石苟,大谷文书 2916 西州高昌县给田文书。叠音复合名有:安苟苟,S.542v 戌年沙州诸寺丁壮车牛役簿。818 年。曹苟苟,P.tib.1102v 社司转帖。9 世纪前期;穆苟苟,TCW III/130 唐西州高昌县授田簿;史苟苟,P.3559 敦煌从化乡差科簿。天宝九载(750);石猗猗,S.4642v 某寺入破历计会。大约 923 年后。另外有"苟/狗儿"、"苟子"、"小狗":安苟儿,S.8812v 便黄麻凭。约 10 世纪;龙苟儿,P.5038 纳磨草人名目。丙午年(886 或 946 年);翟苟儿,S.542v 戌年沙州诸寺丁壮车牛役簿。818 年。安苟子,TCW III/326 唐王君子等配役名籍;肯(骨)苟子,[1]TCW III/490 唐西州高昌县诸乡百姓配役官司名籍;康苟子,P.2049v 净土寺诸色入破历计会牒。同光三年(925);康苟子,莫高窟第 387 窟。清泰元年(934)前后。安小苟,P.tib11118v 砲家纳砲稞等麦历。9 世纪前期。康小苟,宁乐美术馆藏一二(1)/陈国灿宁乐吐鲁番文书五十唐蒲昌府番上等名簿。女性的同类名字也有用例:石苟女,TCW III/324 武周佐王某牒为前庭等府申送上番卫士姓名事(7 世纪末)。白苟辈,大谷文书 2360 西州高昌县户主别田籍文书。

"苟奴/狗奴"也是一个常见名:安苟奴,莫高窟第 129 窟供养人题记。10 世纪前期;曹苟奴,S.4121 阴家荣亲客目。甲午年(994);康苟奴,Дх.01277 纳赠历。丁丑年(977);康苟奴,ДХ.01335 都虞候司奉判令追勘押衙康文达牒。9 世纪末—10 世纪初;石苟奴,TCW IV/115 唐令狐建行等率皮名籍;石猗奴,S.8443A 李阇梨出便黄麻历。约甲辰年(944)。

康赵苟,TCW II/93 高昌某年郡上马帐;TCW II/97 高昌买驮、入练、远行马、郡上马等人名籍。这里有必要略为逸出本文范围,讨论一种构成形式特异的汉语人名,其形式为"姓氏 A + 姓氏 B + X",其中的 X 项经常为一个数词,如:康康三,Дх.1413 社条。10 世纪;索康三,P.3989 景福三年(894)五月十日敦煌某社偏条;唐康三,BD.16113B 地亩文书。10 世纪。张李五、张李六,P.2738v 社司转帖。9 世纪后期。王安仵、王安六,P.3418v3 龙勒乡缺枝夫户名目。9 世纪末—10 世纪初。史籍中也偶有记载:天福七年

---

① 骨作为非汉姓,可能的来源似不止一个,或为唐时代回鹘骨利干部落的"以国为姓"的汉文姓氏,或为西域骨咄(别译珂咄罗,即 Khuttal。《新唐书》卷 221 下/6256 页,开元十七年/729 年,王俟斤遣子骨都施来朝)。吐鲁番文书中多见骨姓,大多数是汉式名字,如:骨万岁(TCW IV/20 唐开元三年/715 年西州营牒为通当营请马料姓名事一,第一队火长)、骨元顺(TCW IV/187 唐赵竺都等名籍)、骨贞表(TCW II/271 唐西州高昌县□婆祝等名籍)、骨桃仁(TCW III/26 唐白夜默等杂器物帐)、骨海琼(大谷文书 2863 西州高昌县退田文书)、骨义方(大谷文书 2902 西州高昌县欠田文书)等。音译的名字有骨逻拂斯(TCW IV/315 唐开元二十二年/734 年西州都督府致游弈首领骨逻拂斯关文为计会定人行水浇溉事)、骨利干(TCW III/531 武周某馆驿给乘长行马驴及粟草帐,其人直接使用国名为名号,为行经西州的"使人",使用高昌县长行马往"胡城"等。骨利干直接作为人名的出现,有利于推断当时该地的骨氏更可能是回鹘系的骨利干,而不是西方的骨咄。

（942）八月"蕃通事康王六自契丹回"。（《册府元龟》卷980/11353页修订本）"郭允明者，小名窦十。"（《旧五代史》卷107/1414页）案：到目前为止，两个姓氏之间的关联究竟如何，在记载中并没有找到线索，因联姻而连姓而称这种可能性似乎并不存在。有关作为名字的数量词，当应该作为序数词理解，如张李五、张李六、王安仵、王安六分别出现于同一文书，两人为昆弟的可能性极高。但是大多数这样的名字在家族成员排行中并不连续出现，如：中唐时李方乂有四个女儿，分别名：郭九、党八、党十、多宜（《全唐文补遗》卷6/135—136页《李府君墓志铭》，元和九年/814年）。后晋何君政，其孙男名字见于墓志：从荣、重进、小哥、韩十九、憨哥、小厮儿、小猪、小憨、王七（《全唐文补遗》卷7/439—440页《大晋故鸡田府部落长史何公墓志铭并序》，天福四年/939年）。这种起名方式大约起于唐，尚广泛见于辽代。这个名字类型引起过学者探究的兴趣，但迄未获得一个满意的答案。康赵苟是"姓氏A＋姓氏B＋X"形式的一个子类，即X项是一个动物概念。"狗"作为一个生肖词，自然也可以具有排序的功能，为地支数的第11位。这个名字可以加入上述"双姓复合名"中一并研究。

"狗"之外，胡人名字中也偶见使用"犬"字的例子：石犬儿，P.3305 pièce 3咸通九年（868）录事帖。犬儿与前述狗儿不过略有雅俗文白之别，意义相同。

以上举出的几种胡姓的"犬/狗名"，势必引出学界经常涉及的"汉化"问题。在命名风俗上表现出来的胡族向汉族靠拢，在汉语文的语境中是一个不争的事实，就是说，胡姓人但凡使用汉语汉文的名字，这本身就是接受汉化。以名字为例，也可以清楚地看到，以上的胡姓名字，绝大多数都有平行的汉姓例子，如：

苟/狗：蔡苟，西魏大统十四年（548）蔡氏造老君像记，《全北魏东魏西魏文补遗》671页；窦苟，北齐天保十年（559）道润等造像记，《全北齐北周文补遗》202页；韩苟，北魏正光五年（524）刘根四十人等造像记，《全北魏东魏西魏文补遗》504页；寇苟，东魏武定五年（547）王惠略等五十人造像记，《全北魏东魏西魏文补遗》615页；李苟，东魏兴和四年（542）李显族造像碑记，《全北魏东魏西魏文补遗》587页；梁苟，北魏时期（386—534）田迈造像记，《全北魏东魏西魏文补遗》554页；周苟，《全唐文补遗》卷6/443页《大唐故兵部尚书选上柱国周府君（敬本）墓志铭》，曾祖，彭州司户。天宝十一载（752）。

苟苟：杜苟苟，P.2880春坐局席转帖抄等诸抄。980年；尊苟苟，TCW III/489唐永淳元年（682）西州高昌县下某乡符为差人运油纳仓事；郭苟苟，P.3418v6洪闰乡缺枝夫户名目。9世纪末—10世纪初；武苟苟，P.2049v净土寺诸色入破历计会牒。长兴二年正月（930—931）；杨苟苟，TCW III/252唐田绪欢等课役名籍；张苟苟，《全唐文补遗》卷4/295页《唐故永嘉府羽林张君（岳）墓志铭》，岳子。贞观八年（634）；张苟苟，P.3070v社司转帖。896年；张苟苟，P.3418v8平康乡缺枝夫数名目。9世纪末—10世纪初。

苟儿：郭苟儿，P.3418v3某乡缺枝夫户名目。9世纪末—10世纪初；郭苟儿，P.2049v净土寺诸色入破历计会牒。同光三年（925）；韩苟儿，女。韩君质子：文真、文经，女：甘娘、廿一娘、大师、小师、苟儿。《房山》八·五七六/187页，大般若经卷五百三十三；贺苟儿，S.5747v社人名目，10世纪前期；李狗儿，贞元八年（792）正月丁亥，许州人李狗儿持仗上含元殿击栏槛，伏诛。《旧唐书》卷13/373页，卷37/1375页，《新唐书》卷36/955页；李苟儿，S.62041队转历。10世纪；吕苟儿，《魏书》卷8/201页。《册府元龟》卷121/1323页（校订本）及《册府元龟》卷353/3990页（校订本），北魏秦州民变首领。北魏正始三年

(506)；孟苟儿，孟少真孙男，《房山》九·二八〇/258 页，隔城门外两店奉为司徒造大石经一条并送斋料米面等，阿难七梦经。会昌元年(841)；齐苟儿，《册府元龟》卷 442/4982 页（校订本），南朝齐将军。502—549 年。又写作狗儿，《册府元龟》卷 142/1593 页（校订本）；齐苟儿，P.3167v 安国寺道场司关于五尼寺沙弥戒诉状。乾宁二年(895)；田苟儿，BD.4256v 断知更人名帐。9 世纪后期；阴苟儿，P.3418v4 龙勒乡缺枝夫户名目。9 世纪末—10 世纪初；张苟儿，《南齐书》卷 25/475 页，本名苟儿，宋明帝以其名鄙，改名敬儿。父丑，为郡将军，官至节府参军；张苟儿，TCW I/258 高昌某年田地、高宁等地酤酒名籍；张苟儿，P.2556v 团头文书。869 年顷；张苟儿，Дx.10282 便黄麻麦历。9 世纪中期以降；张苟儿，P.3418v8 平康乡缺枝夫数名目。9 世纪末—10 世纪初；张苟儿，P.2842 pièce4 渠人转帖。9 世纪中期。

苟子：董狗子，S.6614v1 社司转帖。10 世纪；氾苟子，Дx.10270v 便麦粟历。946 年；高苟子，魏太武帝时古弼部下将领，《魏书》卷 28/690 页；高苟子，北齐将，《周书》卷 19/304 页；高苟子，S.6614v1 社司转帖。10 世纪；韩苟子，大谷文书 2887 西州高昌县欠田文书；胡苟子，TCW IV/114 唐刘定师等率皮名籍；令狐苟子，大谷文书 3021 兵役关系文书；刘苟子，P.2049v 净土寺诸色入破历计会牒。长兴二年正月(930—931)；马苟子，S.6237 诸人见在粟黄麻历。10 世纪中期后；王苟子，作人，TCW II/183 页高昌作人名籍；卫子，P.3249v 将龙光彦等队下人名目。9 世纪中期；辛苟子，吐鲁番出土砖志集注 63。延昌十八年(578)；徐苟子，大谷文书 3028 兵役关系文书；杨苟子，TCW II/272 页唐仪凤二年(677)后西州残差科簿；阴苟子，TCW I/409 页高昌高宁马帐；阴苟子，P.3249v 将龙光彦等队下人名目。9 世纪中期；阴苟子，P.3424 王都判下硙罗麦粟干麦历。约 869 年；张苟子，TCW III/170 唐赵恶奴等户内丁口课役文书；张苟子，P.2040v 净土寺豆入历。939 年；赵苟子，TCW III/512 武周载初元年(689)西州高昌县宁和才等户手实；赵苟子，P.3964 赵僧子典儿(苟子)契。乙未年(935 或 995)；郑苟子，Дx.01408 劝谷乡百姓康满奴等地亩历。9 世纪末；周苟子，P.5038 纳磨草人名目。丙午年(886 或 946)；祝苟子，TCW IV/55 页唐武周大足元年(701)西州柳中县籍。

苟奴：苟奴，P.32402 付纸历。壬寅年(1002)；蔡苟奴，西魏时期(534—557)苏方成造像记，全北魏东魏西魏文补遗 686 页；邓苟奴，P.3418v5 某乡缺枝夫户名目。9 世纪末—10 世纪初；邓苟奴，S.5804 门僧智弁请阿郎被支给春衣布状并判。10 世纪；邓苟奴，S.11358 部落转帖。10 世纪后期；高苟奴，S.3824v1－2 杂写。开宝二年(969)；荆苟奴，P.3889 社司转帖。10 世纪后期；李苟奴，Дx.10289 部落都头杨帖。丁卯年(967)；李苟奴，北大 D.193 羯羊历。丙申—丁酉年(936—937)；梁狗奴，S.4472v 纳赠历。辛酉年(961)；刘狗奴，P.3555Bpièce 11 纳赠历。10 世纪中期；宋苟奴，P.2880 春坐局席转帖抄等诸抄。庚辰年(980)；宋苟奴，S.2894v 社司转帖。10 世纪后期；宋狗奴，S.8443E 李阇梨出便黄麻历。944—947 年；宋苟奴，S.4121 阴家荣亲客目。甲午年(994)；宋苟奴，S.4643 阴家荣亲客目。甲午年(994)；吴苟奴，BD.00210 天地八阳神咒经。癸未年(863 或 923)；吴苟奴，BD.09370v 人名历。9—10 世纪；吴狗奴，P.2488v 杂写。辛卯年(991)；张苟奴，P.2040v 净土寺豆入历。940 年前后；张苟奴，Дx.01278v 张苟奴等菜一步历。951 年顷。

犬：张犬儿，S.1453v 社司转帖。参：宋犬子，P.3418 某乡缺枝夫户名目；范犬子，

S.4504v 行人转帖；董犬犬，BD.09318B 莫高乡户口人户付物历。946 年；贺犬犬，P.2738v 社司转帖。9 世纪后期；宋犬犬，P.2738v 社司转帖。9 世纪后期；马犬奴，S.5788 社司转帖。9 世纪前期。

小苟：张小苟，P.3418v3 某乡缺枝夫户名目。9 世纪末—10 世纪初；赵小狗，TCW I/20 赵广等名籍。

小猧：杨小猧，《全唐文补遗》卷 1/418 页卢氏夫人志铭，夫姓杨，子：小都、小猧、拾得、丑儿、三笕、小乖，女：小建、董六。大中十三年（859）。猧子：孙猧子，《全唐文补遗》卷 1/391《页孙备夫人于氏墓志铭》，三子：长子道全，十岁。次子天奴，五岁。幼子猧子，四岁。咸通六年（865）。案：猧，就是小狗。《酉阳杂俎》卷 1 记载的畜养在唐玄宗时内廷的“康国猧子”，曾为杨贵妃驱使大闹棋局，帮助玄宗挽回弈输的难堪局面。[1] 猧用于人名，从上述例子看，是在小名、昵称的意义上使用的，犹如今天尚不绝于乡里民间、用来称呼小男孩的“狗子”。

狗对应的地支词是戌，这在胡名中也有体现：康戌子，是一员武将，武周时期神功元年（697）任原州崇冈镇副（张燕公集卷十七；文苑英华 647/3330 页；全唐文 225/2267 页唐武则天神功元年张说为河内郡王武懿宗平冀州贼契丹等露布）。

以上列举了中古时期有关狗、犬人名的使用实例，表明这些名字在 5 世纪至 10 世纪的中古社会有着广泛的使用，范围之广，并不以胡汉之别为藩篱。其可能的背景是胡人定居在由汉文化主导的地区，在起名上采取了向汉文化看齐的态度，其程度体现则在于俚俗小名与以十二生肖取名的风俗，不仅在汉姓民众中传播广泛，而且对胡姓人群产生了深刻的影响。其中只有“苟奴”的情形也许略微复杂。通常有一种意见，认为伊朗系的人口往往是火袄教的信徒，而狗在火袄教中占据一个重要的地位。按此推论，“狗奴”这样的名字有可能是宗教信仰的反映。此种假说目前没有胡语实际名例的支持。另一方面，基于“奴名”具有宗教性（标志为某种信仰、神祇的仆从）和世俗性（作为小名、昵称）这两种实际的功能，[2]“苟奴”名完全可以视为指称具体的动物或生肖、同时表示为男性后嗣的名字。

以上的汉语汉字“苟/狗名”，似乎可由以推论为其为胡人起的汉名。但是，吐鲁番出土的汉文文书中有一个音译名，与此有关：阿谷*ʔa kəwk，来自粟特语ʼkwt-，义为“狗”。何阿谷盆，大谷文书 2368 高昌县佃人文书。何阿谷盆，TCW IV/110 唐西州高昌县梁仲德等户主田亩簿。阿谷奋（奋，字书认为是畚的异体），TCW II/46 唐贞观十四年（640）西州高昌县李石住等户手实。案：阿谷盆/奋*ʔa kuk bən，当系粟特语 *ʼkwt-βntk 的音写。[3] 对应的义

（图 2）

① 蔡鸿生《哈巴狗源流》，《唐代九姓胡与突厥文化》，中华书局，第 211—212 页。

② 王丁《盘陀胡名考》，向群、万毅主编《姜伯勤教授八十华诞庆寿论文集》，广东人民出版社，2019 年，第 202—203 页。

③ 胡名中的盆为粟特语常见人名 βntk 的（讹省）音译，例证比较多，如：曹浮呬盆（TCWIII/401 武周天册万岁二年/696 年第一第二团牒为借马驴食料事） = 粟特语 pwtyβntk。参吉田豊《ソグド語の人名を再構する》，《三省堂ぶっくれっと》第 78 号，1989 年，第 71 页；吉田豊《ソグド語資料から見たソグド人の活動》，《岩波講座 世界歴史 11 中央ユーラシアの統合 9—16 世紀》。东京：岩波书店，1997 年，第 246 页；吉田豊《Sino-Iranica》，《西南アジア研究》XLVIII，1998 年，第 40 页；康婆解盆（TCW III/536 唐神龙三年（707）高昌县崇化乡点籍样） = 粟特语 βγyβntk；曹莫盆（TCWIII/142 唐西州高昌县授田簿；TCW III/538 唐神龙三年/707 年高昌县崇化乡点籍样） = 粟特语 mʼxβntk。

译则为"苟/狗奴"，上文已引及吐鲁番文书记载的石苟奴（TCW IV/115 唐令狐建行等率皮名籍），可为佐证。

出现在粟特人名实例中是ʾkwt-这个词的昵称形式ʾkwtʾʾk，形态和语义相当于汉语名的"小狗"、"狗儿"，两见于印度河上游崖壁行客题记（UI1，No. 381 及 UI2，No. 639，参LNo 66），从他们各自不同的父名，可知他们是两个人，不过同名而已。另外，穆格山文书中有一个人名βwrkwtʾk（Muγ，A‑5，19），义为"褐色的狗"（LNo 328）。

小　　结

关于康国粟特人的生子习俗，中古汉文史籍曾有记录（《唐会要》卷 99 康国条）：

> 生子必以蜜食口中，以胶置手内，欲其成长，口尝甘言，持钱如胶之黏物。习善商贾，争分铢之利。男子二十，即送之他国，来过中夏。利之所在，无所不至。

这里描述的新生儿诞生后的仪式，强调的是长辈对子嗣未来交际、经商能力的期望，应是基于对游走于中原大江南北的兴生胡的观察特写。落住高昌、敦煌乃至长安、洛阳各地的粟特人既带来了胡人文化习俗，又会接受一些中原汉文化的影响。本文拈出的生子名、动物名字，便显示了胡人生子文化的比较具有人类共性的方面：赋予新生儿ʾγt 阿腾、šyrʾʾγt 失阿喝、ʾʾγtzʾk "到来的孩子"这样的名字，表达的是产前对子嗣的期待、对母子平安的祈愿祝福和对顺产结局的释然。康来儿这样的纯汉语名字的使用，表明昭武九姓胡人在一个汉语环境中生活已久，对语言、文化逐步了解接受，能够将ʾγt 阿腾这个胡名恰当地对译为汉语。事实上就是在敦煌汉姓人中，"来儿"也是一个常用的名字，如张来儿（S.2092v）。那个义为"好好地来了"或"好（孩子）来了"的粟特语名字šyrʾʾγt，在语义上有"（张）宜来"（S.542v 敦煌诸寺丁壮车牛役簿，818 年）的印证。

本文讨论的鼠、虎、鸡、狗四组人名，都属于十二生肖动物。这是否透露粟特人当时已经接受汉人十二生肖的影响，尚有待做全面研究。值得注意的是，从汉字音译粟特语胡名中实际存在"鼠""鸡""狗"这些概念的事实，我们可以做出的合理推论，应该是充分考虑以这些动物名词取名，也是粟特人自有的一种文化习俗。特别是考虑到出现ʾkwtʾʾk一名的印度河上游崖壁行客题名的年代一般被推定在公元 4—6 世纪间，这一时代因素是我们推测汉文化十二生肖制度对粟特人是否已经深入而广泛地产生影响时所应加以慎重权衡的。

粟特人以动物名为人名的例子还有一些，如业已考订出汉文对应形式的"熊"：忽娑（*xwət sa），系粟特语 γurs 的音写，相近的近世波斯语词 xirs 以及 xrys 可为旁证。[①] 名字的实例有：康忽娑（TCW III/297 唐杜欢举钱残契）、安忽娑（P.3559 敦煌从化乡差科

---

① 吉田豊《ソグド語の人名を再構する》，《三省堂ぶっくれっと》78，1990 年，第 70 页；《Sino-Iranica》，《西南アジア研究》XLVIII，1998 年，第 38 页；Yoshida Yutaka/Kageyama Etsuko, "Sogdian names in Chinese characters, pinyin, reconstructed Sogdian pronunciation, and English meanings." Apud Valerie Hansen, "The impact of the Silk Road ...." E. de la Vaissière & E. Trombert（eds.），*Les Sogdiens en Chine*，Paris 2005，no.37 Khers.

簿)；安忽娑(开元廿九年/741 年真容寺买兴胡安忽娑牛契)。"熊"这个名字也有译义形式：竹熊子(707 年时三十一岁，品子)，生活于唐西州时期的居民以昭武九姓人为主体的高昌县崇化乡(TCW III/537 唐神龙三年/707 年高昌县崇化乡点籍样)。竹姓虽然为印度(天竺)姓氏，但既然生活在天山绿洲的多民族混居地区，命名文化处于不同文化传统的交互影响之下，也是情理中事。粟特和突厥的命名方式之间存在交互影响，混用两种语言起名。对此类型的人名，茨默教授有专文论及，名之为"混合语人名"。[1] 涉及更多民族之间交流在人名文化上的表现，同样有待于作为中亚丝路文化史的一个课题加以追踪、研究。

本文引用史料文献及缩略语：

《北齐书》，中华书局，1972 年。

《北史》，中华书局，1974 年。

《册府元龟》校订本，凤凰出版社，2006 年。

房山 =《房山石经题记汇编》，北京图书馆金石组、中国佛教图书文物馆石经组编，书目文献出版社，1987 年。

《晋书》，中华书局，1974 年。

《旧唐书》，中华书局，1975 年。

《旧五代史》，中华书局，1976 年。

LNo = Pavel Lurje, *Personal names in Sogdian texts*. Vienna：Verlag der Österreichischen Akademie der Wissenschaften，2010，No 后数字，标示该书词条序号。

《南齐书》，中华书局，1972 年。

《南史》，中华书局，1975 年。

《全北齐北周文补遗》，韩理洲辑校，三秦出版社，2008 年。

《全北魏东魏西魏文补遗》，韩理洲辑校，三秦出版社，2010 年。

《全唐文补遗》，吴钢主编，三秦出版社，1994—2007 年。

《日本宁乐美术馆藏吐鲁番文书》，陈国灿，文物出版社，1997 年。

《隋书》，中华书局，1973 年。

《唐会要》，中华书局，1955 年。

《通典》，中华书局，1988 年

TCW =《吐鲁番出土文书》，文物出版社，1992—1996 年。

《吐鲁番出土砖志集注》，侯灿、吴美琳，巴蜀书社，2003 年。

UI1/UI2 = Nicholas Sims-Williams，*Sogdian and other Iranian inscriptions of the Upper Indus* I/II，London：Schoolof Oriental and African Studies，1989；1992.

《魏书》，中华书局，1974 年。

《新获吐鲁番出土文献》，荣新江、李肖、孟宪实主编，中华书局，2008 年。

---

[1] Peter Zieme, "Hybrid names as a special device of Central Asian naming." In：Lars Johanson & Christiane Bulut（eds.），*Turkic-Iranian contact areas. Historical and linguistic aspects*. Wiesbaden：Harrassowitz Verlag，2006，pp. 114－127.

《新唐书》,中华书局,1975 年。

《新五代史》,中华书局,1974 年。

《周书》,中华书局,1971 年。

《资治通鉴》,中华书局,1956 年。

(引用敦煌、西域文书,据已经出版的图版本,并参以 International Dunhuang Project 电子资料库,不一一详注。)

Sino-Euroasiatica IV

Wang Ding Shanghai International Studies University

Abstract："Barbarian names" in Chinese sources are those names which are non-Chinese in origin，but written in Chinese characters. They can either be phonetically transcribed，or they can be genuine Chinese names borne by non-Chinese persons. The former case refers to the foreign etymon of a barbarian name. Its identification is a difficult task for scholars of anthroponymics and historical linguistics. The latter case，on the other hand，can be much more complex，involving such questions as the customs of Chinese name adoption by specific alien peoples in the course of their "sinicisation"，and the specific circumstances under which a non-Chinese name was given a Chinese disguise with the intention to combine as much as possible both original alien and Chinese features. Thus the identification and interpretation of these mixed names is sometimes more difficult than that of purely transcriptional names. The appearance of names such as A-ge/Lai'er（"child that has come"），Wu-sha/Shu（"mouse"），and A-gu/Gou（"dog"）compels scholars to investigate whether Sogdians had adopted the Chinese custom of the 12 animal signs and to consider the significance of personal names as evidence of trans-ethnic cultural exchange.

Keywords：anthroponymics；Chinese written form of foreign name（transcriptional name and translational name）；the Sogdianpeople and language；personal names containing animals；the 12 animal signs as personal names（Chinese naming practice）；wording change in personal names by reason of name taboo

（本文作者为上海外国语大学全球文明史研究所教授）

《回回馆译语》《回回馆杂字》校释二则*

周永军　张玉来

摘　要：明清时期《回回馆译语》作为官方培训波斯语的教材仅有"汉译词义—汉字对音"，而没有波斯语原文。学术界对"琥珀、良薑"两词在波斯文拟定、汉字对音和语源方面的考证有待商榷。本文认为"琥珀"波斯文应写作ﻰﺑﺎﻳﺮﻬﻛ（kahrū bāy），来源于塔吉克语波斯语；"良薑"学术界虽暂拟定为ﻥﺎﺠﻧﺭﻮﺳ（sūrinjān），但其与《回回馆译语》《回回馆杂字》中的汉字注音"好林张"的对音不合，并对此存有疑惑。本文认为造成对音不合是因为波斯字母ﺱ(s)、ﺡ(h)分别与其后字母ﻮ(ū)连写的形体：ﻮﺳ(sū)与ﻮﺣ(hū)十分相近，误读造成的，丙种本《回回馆译语》《回回馆杂字》的译者将ﻮﺳ(sū)误读为ﻮﺣ(hū)，故用晓母字"好"对音ﻮﺳ(sū)。

关键词：《回回馆译语》；《回回馆杂字》；回回文；校释

　　明清时期《回回馆译语》《回回馆杂字》（以下简称"译语/杂字"）是官方翻译培训机构研习"回回文"的教材。① 自汉代以来，与我国邻近、又地处丝绸之路沿线的中亚（塔吉克斯坦、阿富汗、伊朗）、南亚（巴基斯坦）各国与我国有频繁的贸易往来和政治联系。至宋元时期，中亚的阿巴斯王朝取代倭马亚王朝后，大食帝国的中心东移，内陆亚洲地区的书面语用阿拉伯-波斯字母来书写、记录自己的语言，从而形成广义上的波斯语（波斯语采用阿拉伯字母书写体系）——伊朗语、塔吉克语、阿富汗达里语、乌尔都语和巴基斯坦信德语。② 这一时期自西向东的伊斯兰化浪潮，使波斯文成为宋元及明代中原汉人与内陆亚

---

　　* 本文为国家社会科学基金重大项目"明清民国珍稀时音韵书韵图整理集成与研究（19ZDA308）"阶段性成果。

　　① "回回文"在我国不同历史阶段，其内涵也不同，唐宋及以前为阿拉伯文。元代时期为波斯文。明清以后，随着回族的逐步形成和本土化，"回回文"最终以"小儿锦（消经、小经）"的形式确定了其形态。"小儿锦"是在波斯和阿拉伯字母基础上又创制了个别新字母来注释、学习经文的一种音素文字体系，是我国西北地区穆斯林使用波斯字母和阿拉伯字母学习汉语所形成的一种汉语拼音文字，其被学者称为我国最早的"汉语拼音方案"。本文沿用"回回文"这一历史称谓。

　　② 波斯语属于印欧语系印度—伊朗语族伊朗语支，阿拉伯语属于闪含语系—闪米特语族。651年，波斯"萨珊王朝"被强大的阿拉伯帝国征服后，成为阿拉伯帝国版图的一部分，并开始强力推行阿拉伯语。中古波斯语（又称巴列维语）在接受了阿拉伯语字母和语言体系后，又融合安息语产生了新波斯语。由于新波斯语是"萨曼王朝"宫廷中通行的语言，故又称为达里语（"达里"Dari 意为"宫廷"）。此时的波斯语已采用阿拉伯字母拼写，又在阿拉伯字母ﺏ[b]、ﺝ[ʤ]、ﺯ[z]、ﻙ[k]的基础上创造了ﭖ[p]、ﭺ[tʃ]、ﮊ[ʒ]、ﮒ[g]的文学语言，是今天伊朗的官方语言，作为其分支（方言）的达利语、巴基斯坦信德波斯语、塔吉克语分别是阿富汗、巴基斯坦信德省和塔吉克斯坦的官方语言。波斯语、塔吉克波斯语、阿富汗达里语、巴基斯坦信德波斯语是在阿拉伯-波斯字母基础上又创制个别新字母用来书写、记录自己语言，因此元明清时期这些波斯语及方言中的字母与阿拉伯字母在书写形式上有着密切的联系。

洲居民交往的主要书面语言。作为"华夷译语"重要组成部分的《回回馆译语》《回回馆杂字》（以下简称"译语/杂字"）中的"回回文"，是上述中亚、南亚地区广义上的波斯文，极少部分为阿拉伯文。"华夷译语"国内学者分为"洪武本、永乐本、会同馆本、会同四译馆本"，日本学界石田干之助等则称洪武本为甲种本、永乐本为乙种本、会同馆本为丙种本，会同四译馆本为丁种本。作为"华夷译语"重要组成部分的"译语/杂字"的版本分类也遵从国内外学者的版本分类。"丙种本"则将明末和清代只用汉字注音民族文字或外语音读，无本民族或外语文字的分类词汇集，也没有民族文字或外语的"来文"，丙种本"译语/杂字"包括袁氏本（北京图书馆善本部所藏清初袁氏贞节堂抄本）和阿波文库本（日本大阪外国语大学东洋文库藏）。

据我们考察，丙种本"译语/杂字"共收录不重复词 671 条，其中有 376 条丙种本对音与乙种本重复，有 295 条作为乙种本的增补而需要拟定其波斯文原文，日本学者田阪兴道、石田干之助、本田实信和中国学者刘迎胜先生已在这方面进行了初步尝试，但对于"琥珀、良薑"词条的考释有待商榷，其存在主要的问题是：学界已拟定的波斯词语，或与注音汉字对音不合，或与汉译词义的意义不符，或其波斯语语源不清，同时也未能对波斯文与注音汉字的对音不合的现象进行有力的解释，使得读者不得其解。本文对"琥珀、良薑"的波斯文原文、汉字音注的对音不合、语源等令人费解的现象进行再考释，以求教于方家。

一、琥　珀

（一）琥珀（丙种本·珍宝门·1333[①]），阿波文库本对音"颗諕勒把"，袁氏本对音"颗諕则巴"。

本田实信认为丙种本两版本"琥珀"波斯语是乙种本/丁种本·珍宝门的序号第591 的 كهرباى（kahrū bāy），[②]乙种本北图回译本波斯文作 حمرباى、北图回杂本作 همرباى、巴黎本作 همرباى、东洋文库本作 سهرباى，拉丁转写 kahrūbāy。北图回杂本、巴黎本"译语/杂字"对音"克黑儿巴衣"，东洋文库本、北图回译本对音"克黑勒巴衣"，丙种本的阿波文库本对音"颗諕勒把"，袁氏本对音"颗諕则巴"。本田实信、刘迎胜均认为 كهرباى（kahrū bāy）为伊朗波斯语，但在 The Combined New Persian-English and English-Persian Dictionary、New Persian-English Dictionary Complete and Modern、A Comprehensive Persian-English Dictionary 等词典中均未寻得此词。我们认为 كهرباى（kahrū bāy）并不来自伊朗波斯语，可能来自阿拉伯语、塔吉克波斯语、阿富汗达里语或乌尔都语，具体是哪种语言，见下文详述。

本田实信、刘迎胜从较为宏观的角度认为 كهرباى（kahrū bāy）是波斯语，这样的观点是没错的，但从波斯语诸语言分支来看，缺少更为细致的观察。"琥珀"在伊朗波斯语写作"كهربا（kahr bā）"，其与"译语/杂字"波斯文书写形式 كهرباى（kahrū bāy）有差异。كهرباى（kahr bāy）是合成词，由 كهر（kahr）和 با（bā），以及耶扎菲"ى"组成。[③] كهر（kahr）在 New

---

①　括号中内容依次为：版本·所属门类·词类序号，其中"词类序号"是本田实信在其《「回回館譯語」に就いて》一文中整理的词汇序号，下同。

②　［日］本田实信《「回回館譯語」に就いて》，《北海道大學文學部紀要 = Theannual reports on cultural science》，1963 第 11 期，第 171 页。

③　刘迎胜《〈回回馆杂字〉与〈回回馆译语〉研究》，中国人民大学出版社，2008 年，第 251 页。

Persian-English Dictionary 词典中义为"浅棕色马";①با（ba）在 *New Persian-English Dictionary* 词典中义为"具有、赋有、充满"（با其类似英语后缀 -ful 和介词 of 相同的词汇功能），②合成词کهربای（kahrū bāy）义为"具有浅棕色马的颜色"，与"琥珀"之义不符；耶扎菲"ی"（波斯语：اضافه，ezāfé）是波斯语的语法术语，表示用来连接两个词或词组，一般在"表所有格、形容词-名词、名词短语"中使用，被修饰词则根据其词尾音的不同，需要添加"-e"或"ye"，耶扎菲"ی"通常加在被修饰语之后，以示同修饰语连接构成词组。由于使用的语言不同，在世界范围用阿拉伯字母—波斯字母来记录、书写本民族语言时，"琥珀"一词在伊朗波斯语、塔吉克波斯语和乌尔都斯语中，耶扎菲"ی"仅在塔吉克波斯语中写出，③而其他诸波斯语中一般并不写出（见表 1）。④

表 1　字母"ہ（h）"在诸波斯语词中不同位置的书写形式

	字母位置及书写形式				拉丁转写	例　词		
	独立	词头	词间	词尾		变体形式	转　写	汉　译
伊朗波斯语	ہ	ھ	ﻬ	ﻪ	h	کهربا	kahroba	琥珀
乌尔都波斯语⑤	ہ	ﮨ	ﮩ	ﮧ	h	کهربا	kahrba	琥珀
塔吉克波斯语	ہ	ﻫ	ﻬ	ﻪ	h	کهربای	kahroba	浅黄色琥珀

　　表 1 显示："琥珀"在伊朗波斯语和乌尔都波斯语中均写作کهربا（kahroba），⑥但此词کهربا（kahr bā，琥珀）与乙种本/丁种本"译语/杂字·花木门"中" 琥珀"的کهربای（kahr bāy）书写形式有差异。一方面从词的书写形式来看，书写为"ﻬ（h）"是字母"ہ（h）"乌尔都波斯语和伊朗波斯语处于"词间"位置的书写形式；⑦书写为"ﻬ（h）"是字母"ہ（h）"在塔吉克波斯语处于"词间"位置的写法；⑧另一方面耶扎菲"ی"也仅有塔吉克波斯语予以写出。由此可知，"译语/杂字"中"浅黄色琥珀"کهربای（kahr bāy）不是伊朗波斯语和乌尔都语，而是塔吉克波斯语。在塔吉克波斯语中"琥珀"应写作کهربا（kahr bā），"浅黄色琥珀"

---

　　① Sulayman Hayyim，*New Persian-English Dictionary*，*vol*. 2，Teheran，Librairie-imprimerie Béroukhim，1934—1936，p. 538.

　　② Sulayman Hayyim，*New Persian-English Dictionary*，*vol*. 1，Teheran，Librairie-imprimerie Béroukhim，1934—1936，p. 188.

　　③ 塔吉克语在 1928 年前使用阿拉伯—波斯字母体系书写自己语言，属于印欧语系印度—伊朗语族伊朗语支，它是波斯语在中亚的一个方言。塔古克人在苏联的统治下于 1928 年被迫抛弃阿拉伯-波斯字母而改用一套改进的拉丁字母，后来又改用一套改进的西里尔字母，现居住于阿富汗的塔吉克人则坚持使用阿拉伯-波斯字母，并认为塔吉克语不属于波斯方言。

　　④ Simin Abrahams，*Modern Persian*，Routledge，2005，p. 25.

　　⑤ 乌尔都语属于印欧语系印度-伊朗语族的印度-雅利安语支，与印地语接近，这两种语言最重要的区别在于，乌尔都语使用阿拉伯-波斯字母书写，而印地语用梵文字母书写。

　　⑥ Sulayman Hayyim，*New Persian-English Dictionary*，*vol*. 2，Teheran，Librairie-imprimerie Béroukhim，1934—1936，p. 682.

　　⑦ 在阿拉伯语以及采用阿拉伯字母、波斯字母书写自己语言的伊朗波斯语、塔吉克波斯语、阿富汗达里语、乌尔都语和巴基斯坦信德波斯语中，这些语言的字母形体在一个词中的不同位置（词首、词间、词尾）和与前后字母连写时，其形体会发生不同变化。

　　⑧ Simin Abrahams，*Modern Persian*，Routledge，2005，pp. 68 - 70.

写作کهرباى（kahr bāy）。《塔吉克语词典》：КАХРАБО（琥珀），کهربا，самғи ба санг мубаддалшудаи шаффоф ва нимшаффофи асосан зардранг, ки ба чарм суда ба кох наздик оранд，онро ба тарафи худ мекашад（义为'透明或半透明浅黄色香料'），①又《塔吉克语词典》："КАХРАБОЙ（浅黄色琥珀），کهرباى，ранги зардча，зард-ранг（义为'琥珀色为浅黄色'）。"②从以上的材料和分析可知，丙种本"译语/杂字"中"浅黄色琥珀"کهرباى（kahr bāy）是来源于塔吉克波斯语，而不是伊朗波斯语。

从丙种本"译语/杂字"对音来看，丙种本阿波文库本（顆謕勒把）、东洋文库本和北图回译本（克黑勒巴衣）用来母字"勒"对音塔吉克波斯语辅音 r（ر），北图回杂本和巴黎本（克黑儿巴衣）用日母字"儿"，汉语中没有颤音，故"译语/杂字"中使用来母"勒"、日母"儿"对音波斯语 r（ر）。但袁氏本（顆謕则巴）对音کهرباى（kahrobay）中，用精母字"则"对音塔吉克波斯语辅音 r（ر），对音不合。刘迎胜认为袁氏本对音字"则"是"勒"字之笔误，③但两字字形差异大，字形讹误的概率几乎不存在。造成对音不合是因为塔吉克波斯字母ز（z）与ر（r）形体十分相近，两字母形体唯一区别在于字母ز上有一点，而字母ر没有点，袁氏本抄录者可能将字母（ر在塔吉克波斯语中是齿龈颤音 r）误认为是ز（ز是齿龈擦音 z），又 r（ر）与 z（ز）都为齿龈音，故用精母"则"对音波斯字母ز（z）。

"琥珀"在我国古文献中有"虎魄、虎珀"等异形词。"琥珀"秦汉时期已有记载，古人已经知道其由松柏脂埋入地下而形成，其色为赤。古代认为老虎死时，精魄随即进入地下，化为石头，故称之为"虎魄"，又称"琥珀"。《汉书》："出封牛、水牛、象、大狗、沐猴、孔爵、珠玑、珊瑚、虎魄、璧流离。"④"虎魄"亦作"虎珀"、"琥珀"。晋张华《博物志》卷四："松柏脂入地，千年化为茯苓，茯苓化为琥珀。""琥珀"为树脂入地多年，经过石化而成，其主要用作珍贵装饰品、药物、香料和器物，其色暗紫色。《太上灵宝五符序》云："琥珀千年，变为丹光，丹光色紫而照人。"唐慧琳《一切经音义》："虎魄，是赤色宝也。"⑤

"琥珀"在印欧语系拉丁语族的英文写作"ambar（琥珀）"，这一词来源于闪含语系闪米特语族阿拉伯语امبير（ambar）。阿拉伯语"امبير（ānbar）"是英文"Amber"的词源，中世纪拉丁语称为"Ambar"，中古法语称为"Ambre"，*Online Etymology Dictionary* 解释：英文词"Ambre（琥珀）"在 14 世纪的中古英语中指现在所谓的"龙涎香"，或称为"灰琥珀"，是源自抹香鲸的一种坚实的蜡状物质，即"阿末香"，段成式《酉阳杂俎》："拨拔力国（今索马里）在西南海中……其妇人洁白端正，国人自掠卖与外国商人，其价数倍土地，唯有象牙及阿末香。"⑥"阿末"即阿拉伯语"امبر（āmbar，琥珀色）"音译词，在拉丁语族（又称

① Сайфиддин Назарзода（раис），Ахмадчон Сангинов，Саид Каримов，Мирзо Хасани Султон，Пажухишгохи забон ва адабиёти Рудаки，Душанбе.，2008，p. 603.［Saifiddin Nazarzoda（主席），Ahmadjon Sanginov，Said Karimov，Mirzo Hassan Sulton（《塔吉克语词典》，鲁达基语言文学研究所，杜桑贝）］。

② Сайфиддин Назарзода（раис），Ахмадчон Сангинов，Саид Каримов，Мирзо Хасани Султон，Пажухишгохи забон ва адабиёти Рудаки，Душанбе.，2008，p. 603.［Saifiddin Nazarzoda（主席），Ahmadjon Sanginov，Said Karimov，Mirzo Hassan Sulton（《塔吉克语词典》，鲁达基语言文学研究所，杜桑贝）］。

③ 刘迎胜《〈回回馆杂字〉与〈回回馆译语〉研究》，中国人民大学出版社，2008 年，第 494 页。

④ 《汉书》卷九六上《西域传》，中华书局，1980 年，第 14 页。

⑤ 《大正新修大藏经·事汇部·T54.2128·唐·慧琳撰·一切经音义》卷第二十三。

⑥ ［唐］段成式《酉阳杂俎》，曹中孚校点，上海古籍出版社，2012 年，第 287 页。

罗曼语族,印欧语系)这个词的意义已经逐渐被扩展到13世纪晚期之波罗的海"海琥珀",它最初被称为"黄色琥珀",这个名称的英语早在15世纪早期已经使用。[1] 因此,"琥珀"与"龙涎香"在印欧语系中,"Amber/Ambre/Ambar"即指"琥珀",又指"龙涎香",且其义项有"灰琥珀、海琥珀、黄色琥珀",而印欧语系的"Amber"又源自阿拉伯语"امبير(anbar)",伊朗波斯语、塔吉克波斯语又是采用阿拉伯字母记录自己的语言。这种在语言上的语源复杂性在非母语的"译语/杂字"的译者中就更加难以辨识,于是就使用了限定词语以示区别,如丙种本"译语/杂字"中的"花木门"则记录了"龙涎香"及其波斯语的汉字对音。

(二) 龙涎香(丙种本·花木门·1205),阿波文库本、袁氏本均对音"奄白儿阿失誠白"。

"奄白儿"即"阿末",是阿拉伯语امبير(ambar)的汉字音注,修饰语"阿失誠白"是اشهب(āšab,义为"灰色"),从丙种本的汉字音注来看,上述"琥珀"与"龙涎香"的闪含语系闪米特语族阿拉伯语、印欧语系的拉丁语族和伊朗语族之间的词源关系在"译语"中也是有所体现的。

当然,"琥珀"产自波罗的海,通过欧洲"琥珀之路"到达地中海罗马,再通过古"丝绸之路",经"条支""安息"传入我国,同时也将"琥珀"古叙利亚语ܩܗܪܘ̈ܒܐܓ(qahruʔ-bāj)也一并传入,汉语"虎魄"古音(qʰʕ raʔ-pʰraːg)来源于此。关于"琥珀"及其来源的历史语言学接触问题,我们另文讨论。

二、良 薑

(三) 良薑[2](丙种本·花木门·1188),阿波文库本、袁氏本均对音"好林张"。

"良薑"中药名,为观叶类植物。日本学者田阪兴道、石田干之助、本田实信未识得此对音的波斯文,[3]刘迎胜认为:"此汉字音注有误,《回回药方》中的'掃兀鄰張'、'屬闌章'和'屬令章'都应是波斯语سورنجان(sawrinjan)的音译,即良薑,为什么这里译称'好林张',它的原字是什么,均不清楚。"[4]我们认为丙种本"译语/杂字"的"良薑"波斯文是《回回药方》卷12中的"掃兀鄰張,即良薑",宋岘拟定波斯文作سورنجان(sūrinjān)。[5]《回回药方》中关于"秋水仙(良薑)"阿拉伯语汉字音有二十余条,如:

(1) 掃兀鄰張(45/15;46/12;46/13;75/9;130/12;268/3,سورنجان,Suranjan,页46—47),[6]义为秋水仙。掃兀鄰張,是阿拉伯语词"秋水仙"的音译,学名 Colchicum autumnale。

(2) 屬蘭章(47/1;47/2,سورنجان,Suranjan,页47),"屬闌章"是阿拉伯语词"秋水仙"(Suran-Jan)的音译。

---

① Harper,Douglas. amber.*Online Etymology Dictionary*,https://www.etymonline.com.

② 从汉字的字音来讲,繁体"薑"与简体"姜"在一定的历史阶段会有不同的音义,因此为了较为准确反映当时的汉字音,本文所引《回回馆译语》《回回馆杂字》中的汉字不区分繁体与简体,均与保持原文一致,下同。

③ 本田实信《「回回館譯語」に就いて》,《北海道大學文學部紀要》(Theannual reports on cultural science),第11期,第183页。

④ 刘迎胜《〈回回馆杂字〉与〈回回馆译语〉研究》,中国人民大学出版社,2008年,第436—437页。

⑤ 宋岘《回回药方考释》,湖北科学技术出版社,2016年,第449页。

⑥ 斜线前的45,指宋岘《〈回回药方〉考释》一书中影印中国国家图书馆(京师图书馆善本室)《回回药方》三十六卷的起始页码;斜线后的15指药方子在45页上的第6行,页码后是宋岘拟定的此汉字音注的阿拉伯文(波斯文)及拉丁音注,页46是宋岘《〈回回药方〉考释》一书考释此汉字音注的页码,下同。

(3) 屬伶章(55/2;72/4;170/4;353/9;353/12,سورنجان,Suranjan,页 52),即秋水仙丸剂,سورنجان,为阿拉伯语词"秋水仙"(Suranjan)的音译。

(4) 屬令張(47/5;47/10;71/14;255/4;255/9;347/8;348/8;347/6,سورنجان,Suranjan,页 430),为阿拉伯语词"秋水仙"(Suranjan)的音译。

(5) 屬令章(372/1;372/6,سورنجان,Suranjan,页 430)。

上述《回回药方》中"秋水仙(良薑)"的对音汉字为"蘭、鄰、伶、令、掃、屬、兀、章、張",在元代《中原音韵》时期,其与阿拉伯语对音合:"掃_{心母萧豪韵}兀_{影母鱼模韵}、屬_{審母鱼模韵}"对音"秋水仙(良薑)"的阿拉伯词语"سورنجان(Suranjan)"中第一、第二个"سو(Su)";"蘭_{来母寒山韵}、伶_{来母庚青韵}、令_{来母庚青韵}"对音第三个、第四个"رن(ran)";"章_{照母江阳韵}、張_{照母江阳韵}"对音最后三个字母"جان(jan)"。*A Comprehensive Persian-English Dictionary*:"سورنجان(sūrinjān),野生草甸藏红花。"① سورنجان(sūrinjān)英文原名为 Meadow saffron,学名是秋水仙属植物(Colchicum Steveni),别名草甸(Colchicum Steveni),良薑、高良薑。因此,丙种本"译语/杂字"中的"良薑"即宋岘《回回药方》拟定波斯文سورنجان(sūrinjān)。

但丙种本阿波文库本、袁氏本均对音"好林张"汉字音注"好林张"与سورنجان(sūrinjān)的对音不合,从"好林张"对音سورنجان(sūrinjān)来看,رن(rin)对音"林"、جان(jan)对音"张",对音合,但"好_{晓母萧豪韵}"对音سو(sū),对音不合。造成对音不合的原因与波斯字母س(s)与ح(h)分别与其后的字母و(ū)连写后的形体相近有关:سو(sū)与حو(hū),"译语/杂字"的译者误读造成的,即将سو(sū)误认为حو(hū),故用晓母"好"对音波斯语"سو(sū)"。

表 2　形近的波斯语字母书写形式及拉丁转写与国际音标

序号	位置及书写方式				国际音标	本田实信拉丁注音	国际组织拉丁转写方案	序号	位置及书写方式				国际音标	本田实信拉丁注音	国际组织拉丁转写方案
	词尾	词间	词头	独立	IPA		DIN 31635②		词尾	词间	词头	独立	IPA		DIN 31635
1	ـت	ـتـ	تـ	ت	[t]	t	t	2	ـج	ـجـ	جـ	ج	[dʒ]	j	j
	ـث	ـثـ	ثـ	ث	[s]	s̱	s̱		ـچ	ـچـ	چـ	چ	[tʃ]	č	č
3	ـط	ـطـ	طـ	ط	[t]	ṭ	ṭ	4	ـح	ـحـ	حـ	ح	[h]	ḥ	ḥ
	ـظ	ـظـ	ظـ	ظ	[z]	ẕ	ẕ		ـخ	ـخـ	خـ	خ	[x]	χ	x
5	ـد		د	د	[d]	d	d	6	ـر		ر	ر	[ɾ]	r	r
	ـذ		ذ	ذ	[z]	z	ẕ		ـز		ز	ز	[z]	z	z
7	ـس	ـسـ	سـ	س	[s]	s	s	8	ـع	ـعـ	عـ	ع	[ø]	'	'
	ـص	ـصـ	صـ	ص	[s]	ṣ	ṣ		ـغ	ـغـ	غـ	غ	[ɣ]	γ	ġ

---

① Francis Joseph Steingass, *A Comprehensive Persian-English Dictionary*, 1975, p. 708.

② DIN,全称为"Deutsches Institut für Normung(德国标准化协会)",该协会是最重要的国家标准机构。它成立于 1917 年 12 月 22 日,名为"德国工业标准委员会"。1926 年首次更名为"德国标准委员会",以表明工作区域不再限于该行业。现在的名称是"DIN 德国标准化研究所"。DIN 31635 的信息和文件:阿拉伯语、奥斯曼土耳其语、波斯语、库尔德语、乌尔都语和普什图语的阿拉伯字母的转录。

　　"译语/杂字"中有大量的波斯语(阿拉伯语)与汉语对音不合的语音现象,主要原因是波斯字母的形体相近和波斯的"一音多形"的拼写与语音特点造成的,笔者在系统整理了七个版本的"译语/杂字"波斯文与汉字对音后,在波斯语的 32 个字母当中,字母之间拼写的形体与其在词中的位置有关系,处于不同位置有不同的书写形式,而对于 17 个形体相近的波斯字母来说(见表 2),其在词中不同位置的形体给非母语的学习者造成一定的认读和拼写困难。同时,波斯语中还有 7 个不能与后面的字母连写的字母:و、ژ、ز、ر、ذ、د、آ。而在 32 个波斯字母中,有 8 组 17 个形体相近的波斯字母,每组在"译语/杂字"中都有因形体相近造成对音不合、意义不符的现象,而这种对音不合、意义不符的现象在 1 千余条波斯语与音注汉字的对音中有一定数量,且不同版本间的波斯文、对音汉字的差异情况较为复杂,限于篇幅,本文不再赘述。

Explanation of Hu Po(琥珀)and Liang Jiang(良薑) in the *Huihuiguan Yi Yu*(回回馆译语)and *Huihuiguan Za Zi*(回回馆杂字)

Zhou Yongjun，Zhang Yulai Nanjing University

Abstract：In Ming and Qing dynasties，the C version of *Huihuiguan Yi Yu* and *Huihuiguan Za Zi had only* the meaning of Chinese translated words，that is，phonological transcription of Chinese characters，but no the original Persian. The academic research on the two words of Hu Po(琥珀)and Liang Jiang(良薑)" in Persian language formulation，Chinese character pronunciation and etymology remains to be discussed. "Hu Po(琥珀)" Persian should be written as كهرباى(kahrū bāy)，which comes from Tajik Persian. "Liang Jiang(良薑)" failed to draw up its' Persian language in the academic circle，so we made it سورنجان(sūrinjān)，however，it is not in accordance with the pronunciation of "Haolinzhang(好林张) in Chinese character in *Huihuiguan Yi Yu* and *Huihuiguan Za Zi*，and the reason for the disjunct is the combination of the Persian letters س(s)、ح(h)with their later letters و(ū)：سو(sū) and حو(hū) are very similar，which makes the translator misread，that is，the translators of the *Huihuiguan Yi Yu* and *Huihuiguan Za Zi*，misread سو(sū) as حو(hū)，so they used the Xiaomu(晓母) character "好" to sound سو(sū).

Key words：*Huihuiguan Yi Yu*；*Huihuiguan Za Zi*；Huihui Wen(回回文)；Explanation

　　(本文作者分别为南京大学文学院博士研究生、宁夏大学学术期刊中心副教授,南京大学文学院教授)

关于吉尔赞喀勒墓地用火遗物的一点看法

张良仁

摘　要： 2013—2014 年，我国考古工作者在新疆塔什库尔干县的吉尔赞喀勒墓地先后发掘了 39 座墓葬，发现了一些特别的遗迹和遗物，如黑色和白色鹅卵石条纹、木质和陶质火盆。由此发掘者先后在新闻报道和学术论文中发表了看法，提出它们属于早期琐罗亚斯德教文化元素。笔者仔细审核了发掘资料，发现发掘者提出的证据不足以支撑这种看法。其关键证据"木火坛"与欧亚大陆早期铁器时代的游牧人群的吸食大麻习俗更为密切，该墓地所反映的文化更可能是草原游牧文化。

关键词： 新疆；早期铁器时代；琐罗亚斯德教；游牧人群；大麻

吉尔赞喀勒墓地位于新疆塔什库尔干县提孜那甫乡曲曼村东北的塔什库尔干河西岸的吉尔赞喀勒台地上，海拔约 3 070 米。这个区域为喀喇昆仑山脉、兴都库什山脉和阿赖山脉的连接处，与塔吉克斯坦、阿富汗和巴基斯坦接壤，是古代新疆通往印度河流域和中亚的交通要道。本地属于高寒干旱—半干旱气候，冬季漫长，干旱少雨。台地西侧是干燥荒凉的山脊，但是塔什库尔干河谷水源丰富，地势平坦，适合农业和畜牧。经过地面调查，墓地可以分为 A、B、C、D 四区：A 区 7 座，B 区 34 座，C 区 8 座，D 区 5—6 座墓葬（图一）。2013 年，中国社会科学院考古研究所新疆工作队、喀什地区文物局、塔什库尔干县文物管理所在 A 和 B 区发掘了 10 座墓葬，2014 年在 A、B、C、D 四区发掘了 29 座墓葬。[①]其中 2013 年发掘的 10 座墓葬和 2014 年发掘的 9 座墓葬的资料已经发表。[②]发掘者从 2013 年发掘的墓葬中得到的人骨、木材、炭屑和织物提取了 15 个样品做了碳十四测年，得到了 2400—2600BP 的年代范围。[③]

从现有的发表资料来看，吉尔赞喀勒墓地存在一些独特之处。一是在 A 区和 B 区的地表覆盖了黑色和白色鹅卵石铺成的条纹，两种条纹相间错落，黑白分明，蔚为壮观。这些条纹位于墓葬的东北或西南方向，呈放射状分布，长 5—23 米，宽 0.8—2 米。部分条纹压在墓葬上，与墓葬的封堆相连。它们在 A 区不多，而在 B 区的数量很大，成片分布。发

---

　　① Xueye Wang, Zihua Tang, Jing Wu, Xinhua Wu, Yiqun Wu, and Xinying Zhou, Strontium isotope evidence for a highly mobile population on the Pamir Plateau 2500 years ago, *Scientific Reports* 6(2016)：35162；doi：10.1038/srep35162（2016）.

　　② 中国社会科学院考古研究所新疆工作队《新疆塔什库尔干吉尔赞喀勒墓地发掘报告》，《考古学报》2015 年第 2 期，第 229—230 页；中国社科院考古研究所新疆工作队、新疆喀什地区文物局、塔什库尔干县文管所《塔什库尔干县吉尔赞喀勒墓地考古发掘简报》，《新疆文物》2014 年第 1 期，第 4—31 页；《新疆塔什库尔干吉尔赞喀勒墓地 2014 年发掘报告》，《考古学报》2017 年第 4 期，第 545—573 页。

　　③ 中国社会科学院考古研究所新疆工作队《新疆塔什库尔干吉尔赞喀勒墓地发掘报告》，第 247—257 页。

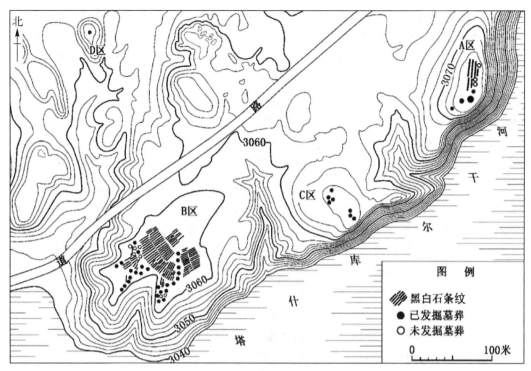

图一　吉尔赞喀勒墓地平面图(来源:《考古学报》2017 年第 1 期,图一)

掘者将它们分为若干组,每组与一座墓葬对应。① 但是他们发表的 B 区墓葬分布图显示,墓葬和条纹各自成组分布,并没有对应关系。二是 9 座墓葬出土了 12 件木质和 1 件陶质火盆,里面装满了黑色和白色鹅卵石,火盆内壁和鹅卵石都经过火烧。②

上述黑白色条纹和木质和陶质火盆都是首次发现,在世界范围内没有先例,但是发掘者很快就联想到了琐罗亚斯德教(又称拜火教和祆教),并且在我国国家媒体新华社下属的新华网上发布了新闻,宣称吉尔赞喀勒墓地是最早的琐罗亚斯德教遗存,而且强调拜火教可能起源于帕米尔高原。③ 琐罗亚斯德教教曾经是古代波斯的重要宗教,也是国际学术界关心的问题,所以发掘者提出的是一个重要论点。④按照学术规则,我们既需要"大胆假设",也需要"小心求证",所以我们需要仔细地审视发掘者的论据。

发掘者的论点包含两个要点:一、吉尔赞喀勒墓地是琐罗亚斯德教遗址;二、它是最早的琐罗亚斯德教遗址。我们先来看第二个要点。要证明吉尔赞喀勒墓地是最早的琐罗

① 中国社会科学院考古研究所新疆工作队《新疆塔什库尔干吉尔赞喀勒墓地发掘报告》,第231 页。

② 发掘者直接称之为火坛,有些不妥。如本文所述,这种器物并非拜火教所用的"火坛",而可能是烧烤大麻籽的火盆。按照考古学命名原则,称之为火盆更为妥当。

③ 张鸿墀《探秘离太阳最近的拜火教墓地遗址》,《新华每日电讯》2013 年 6 月 16 日第 3 版。王瑟《帕米尔高原惊现拜火教遗址》,《光明日报》2014 年 8 月 14 日。Anonymous:Zoroastrian cemetery found in Xinjiang, Tashkurgan Tajik Autonomous County, Jirzankal, 2013, http://www.kaogu.cn/en/ News/New_discoveries/2013/1026/43277.html,2018 年 9 月 21 日登录。

④ 2016 年 11 月 26 日,本人在访问伊朗考古中心和伊朗文化遗产和旅游研究所时,伊朗官员说伊朗电视台发布了一则新闻,内容是我国新疆的一座墓地发现了最早的琐罗亚斯德教遗迹。说明他们重视这条新闻。

亚斯德教遗址,不是一件容易的事情。琐罗亚斯德教是世界各国尤其是伊朗学者长期关注的问题,他们已经取得了不少成果,研究者需要首先吸收消化这些成果。在这个方面,发掘者做了一些功课,但是他主要依赖的是我国学者的成果和译作,国外有关琐罗亚斯德教历史和考古学研究的权威著作和论文收集的不多,对国际研究现状不甚了解。据《阿维斯陀》经,琐罗亚斯德教是在公元前二千纪的中亚形成的。其兴起在伊朗语支与印度-雅利安语支分离之后,在 1000BC 左右一些伊朗部落迁入伊朗高原之前。此后中亚的伊朗部落继续向西、北和东扩散,把琐罗亚斯德教带到了中亚和伊朗各地,因此粟特人、塞克人和和田人在阿契美尼德时期和后世为该教教徒。先知琐罗亚斯德抛弃了印度-伊朗语系的信仰,转而传播经过改革的宗教。19 世纪以来学者们皓首穷经,希望搞清楚这次改革的内容和教义的变化。但是历史遗留下来的文献资料非常有限,其经典《阿维斯陀》原为说唱诗歌,可能形成于公元前二千纪和一千纪,然后口头流传下来,大概在 9 世纪以后形成文字,但是现存最早的版本是 13 和 14 世纪的。所以《阿维斯陀》既不能弃之不用,因为它包含了一些早期史料;但是也不能全盘接受,因为它经过了各个时期的修改增补。因此要使用《阿维斯陀》,就要用考古资料和出土文献来分析各个篇章的创作年代,就像我国的《尚书》,而不能拿来就用。同时期的文献资料只有波斯波利斯、苏萨和其他地方发现的波斯国王(居鲁士、大流士、薛西斯和阿塔薛西斯)铭文、希腊历史文献和埃兰文书,但是这些资料提供的有关阿契美尼德时期拜火教的教义和祭礼并不丰富。[1]

早期琐罗亚斯德教遗址一直是个国际学术界关注的问题。伊朗人(以及印度-伊朗人)出身于游牧人群,其祭祀遗址主要为露天的,位于地势高处或高台之上,但是与拜火有关的遗迹在阿契美尼德时期以前已经有所发现。[2]最早的一处可能是北大夏(Northern Bactria)的加尔库坦神庙(Jarkutan),年代为 1400—1000BC。神庙坐落在一座山峰上,里面有一处长方形建筑,规模为 60×44.5 米。在一个房间里人们发现了一个灰烬和烧骨的堆积。根据这些发现,发掘者认为这处建筑是"拜火庙"(图二)。[3]更为有名的是土库曼斯坦玛吉亚纳绿洲的托格洛克(Togolok)-I"神庙",托格洛克(Togolok)-XXI"神庙"和贡鲁尔(Gonur)"火庙",年代为公元前 1000 年左右。发掘者在这些建筑里发现了拜火遗迹和圣汁遗物(即《阿维斯陀的》中的胡摩),因而认为是"印度-伊朗语系雅利安部落的原始琐罗亚斯德神庙"。[4]但是这种看法遭到了其他学者的反对,他们认为拜火和圣汁是印度-伊朗语系的普遍习俗,不限于琐罗亚斯德教。"原始琐罗亚斯德"一词尤其受人诟病,因为我们不知道琐罗亚斯德生活于何时何地。[5]

---

[1]　Prods Oktor Skjærøv, Avesta and Zoroastrianism under the Achaemenids and early Sasanians. In D. T. Potts ed., *The Oxford Handbook of Ancient Iran*, Oxford University Press, 2013, pp. 549 - 550.

[2]　Michael Shenkar, Temple Architecture in the Iranian World before the Macedonian Conquest, *Iran & the Caucasus*, Vol. 11, No. 2 (2007), pp. 169 - 194.

[3]　A. Askarov, T. Shirinov, The Palace, Temple and Necropolis of Jarkutan, *Bulletin of Asia Institute* 8(1994): p. 23.

[4]　V. Sarianidi, *Margiana and Protozoroastrism*, Athens, 1998, p. 102.

[5]　Michael Shenkar, Temple Architecture in the Iranian World before the Macedonian Conquest, p. 171; Kalpana K. Tadikonda, Significance of the Fire Altars Depicted on Gandharan Buddhist Sculptures, *East and West*, Vol. 57, No. 1/4 (December 2007): p. 30.

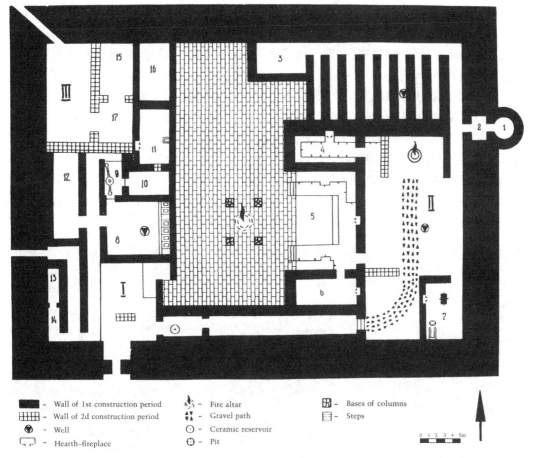

图二　加尔库坦"火庙"（来源：Bulletin of Asia Institute 8(1994)，Fig.4）

　　琐罗亚斯德教是否为阿契美尼德帝国的国教，现在学术界还没有统一的看法。有些学者认为阿契美尼德人不信琐罗亚斯德教，有些学者认为它是国教。尽管皇家铭文和《阿维斯陀》有些对应之处，大流士一世以后的波斯诸王也的确尊阿胡拉马兹达为最高神（但不是唯一神），但是上述问题尚未解决。[①] 不过现在已经发现了两座阿契美尼德时期的神庙。一座是位于锡斯坦（Sistan）的达罕依古拉曼（Dahān-i-Ghulāmān），公元前 6 世纪末和 5 世纪初修建于一座聚落（可能是地方都城）内。神庙呈方形，内有庭院，四墙中间有门廊面朝庭院，布局类似波斯波利斯的宫廷建筑。在庭院中央修建了三座阶梯形土坯坛，周围分布了大量的灰烬，里面掺杂了动物油脂和骨骼。焚烧动物牺牲是当时的琐罗亚斯德教净礼绝对不能容忍的，所以有人认为它是本地宗教的遗迹。当然我们现在无法确认阿契美尼德帝国的人都遵守净礼。[②]另一座位于花拉子模的塔什齐尔曼（Tash-K'irman）土

　　① Michael Shenkar，Temple Architecture in the Iranian World before the Macedonian Conquest，p. 174；Michael Stausberg，On the State and Prospects of the Study of Zoroastrianism，*Numen*，Vol. 55，No. 5（2008）：p. 577.

　　② Michael Shenkar，Temple Architecture in the Iranian World before the Macedonian Conquest，p. 175.

丘,年代为公元前4世纪初,发掘者以为肯定是琐罗亚斯德教早期的火庙。这座庙里面有一个高台,一个小庭院和密集复杂的房屋。一些房屋里面发现了厚厚的灰烬;一些房屋里面发现了火坛。这种布局仅此一见。显然这是一处古代祭祀遗迹,但是说它是琐罗亚斯德教拜火庙并不可取。①

除了神庙,在中亚的阿契美尼德时期的一些房屋里发现了疑似火坛的遗迹。在花剌子模的江巴斯-卡尔(Djanbas-Kale)发现的一座大型建筑中,有一间房屋(7.25×4米),中央放置了一个椭圆形座,绕墙一周长凳。地面覆盖着一层灰烬,上面叠压着一层锡。这个座可能就是一个火坛。在伊朗西部,在帕萨加德(Pasargadae)东北部的祭祀区(Sacred Precinct)存在两根2米多高的石柱。南面的一根底部有阶梯形的基座,形状类似于大流士一世墓葬浮雕上面的火坛形象(图三)。事实上,在阿契美尼德时期墓葬的浮雕上可见国王站在阶梯形台基上,面对火坛,其中的柱子就跟这些石柱相似。②

图三　纳赫什·儒斯坦大流士一世墓葬浮雕(作者摄)

由此来看,在中亚和伊朗,人们已经发现了一些与拜火有关的遗迹,其中有早至公元前1000年前的,也有阿契美尼德时期的。但是这些遗迹是否为拜火教遗迹,学术界并不确定。要论证吉尔赞喀勒墓地是最早的琐罗亚斯德教遗址,发掘者就要推翻上述的遗址为琐罗亚斯德教遗址的看法。但是吉尔赞喀勒墓地并不存在年代优势,也没有建筑遗迹,所以说它是最早的琐罗亚斯德教遗址并没有什么过硬的证据。

吉尔赞喀勒墓地是否为琐罗亚斯德教遗址也是值得重新考虑的问题。在这方面,发

① Michael Shenkar, Temple Architecture in the Iranian World before the Macedonian Conquest, p. 176.

② Michael Shenkar, Temple Architecture in the Iranian World before the Macedonian Conquest, pp. 176 - 177.

掘者非常努力,从 2013 年开始发掘以来,一直在寻找新的证据,来支持自己的看法。在最近发表的一篇论文中,他汇总了吉尔赞喀勒墓地的"琐罗亚斯德教文化元素"。① 为了方便讨论,这里简要复述如下:

1. C 区为一片荒漠高地,地表没有黑白色鹅卵石条纹,而且墓葬只有形式而没有内容,发掘者推测是琐罗亚斯德教《阿维斯陀》经文中的"达克玛(Dakhma)"。

2. 上述的 A 区和 B 区的黑色和白色鹅卵石条纹,在发掘者看来,是早期琐罗亚斯德教徒崇拜阿尼朗(Aneyran,意为"漫无边际的光源")留下的遗迹。

3. 墓葬的圆形石圈、火盆内的圆形鹅卵石、天珠上的白色圆圈纹象征琐罗亚斯德教主神阿胡拉·马兹达和诸善神。在《贝希斯敦铭文》上可以看到,阿胡拉·马兹达递给大流士一世一个圆环,这个圆环就象征着君权神授。

4. A 区和 B 区的黑白色条纹基本都指向夏至日方向,而与之相对墓葬位于冬至日方向。两者对应于琐罗亚斯德教历法的大夏季(1—7 月)和大冬季(8—12 月)崇拜习俗。

5. A 区和 B 区的黑白色条纹寓意琐罗亚斯德教的"善恶二元对立"宇宙观。

6. 上述木质和陶质火盆是为了方便琐罗亚斯德教徒携带的"火坛"。根据希腊历史学家希罗多德的记载,阿契美尼德时期的教徒习惯到最高的山峰上,在那里向宙斯奉献牺牲。吉尔赞喀勒墓地出土的火盆小巧灵便,是教徒手持的礼器。火盆内检测到了大麻酚,发掘者认为它是胡摩(Haoma)汁的残留物。在祭祀仪式中,祭司和教徒把胡摩汁洒在圣火上,用来净化圣火。

7. 9 件木质火盆装了 1、8、10、14、15、23、27 枚鹅卵石。发掘者认为这些数字指的是每月的某一天,象征着每天的保护神阿胡拉·马兹达和其他神。

8. 11 座墓葬出土了大量的小木棍。这些小木棍手指粗细,长短不等,树皮均已削去。发掘者认为它们就是琐罗亚斯德教徒行祭礼时手持的巴尔萨姆枝。

9. 4 座墓葬出土了带孔的小木棍,它们往往和上述的小木棍一起出土。这些小木棍上钻了 1—16 个小孔。发掘者认为它们不是实用的钻木取火工具,而是祭祀用品,上面的小孔的数目同样是诸神的象征。

10. 几座墓葬出土了黑底白纹的 7 颗蚀花玛瑙珠,发掘者认为它们是琐罗亚斯德教徒崇拜的灵石。其黑白两色体现了"光明与黑暗二元对立"的宇宙观。

11. 在 13 座墓葬中发现了二次葬。琐罗亚斯德教徒不允许人的尸体直接埋在土里,不能火葬,不能丢在水里,只能天葬:尸体只有在经过动物吃掉皮肉之后才能下葬。发掘者认为这种二次葬是天葬的遗物。

12. 两座墓葬出土了鹰头骨和鹰爪骨。发掘者认为它们反映了琐罗亚斯德教徒的巴赫拉姆(鹰)崇拜。

13. 12 座墓葬出土了铁刀,它们放在木盘内或套管内。发掘者认为它们不是实用器,而是祭祀用器。

14. 两座墓葬出土了木质箜篌。发掘者认为它们是琐罗亚斯德教的重要乐器。

上面列出来的证据看上去不少,可惜都经不起推敲。看一种遗迹、现象和遗物是否为

---

① 巫新华《新疆吉尔赞喀勒墓群蕴含的琐罗亚斯德教文化元素探析》,《西域研究》2018 年第 2 期,第 95—107 页。

琐罗亚斯德教的文化元素，我们要看它是否为该宗教的特定行为。为此我们要遵循两个原则，一是唯一性，就是这种遗迹、现象和遗物只见于琐罗亚斯德教的遗址；二是普遍性，就是遗迹、现象和遗物不能只见于一个遗址，应该见于琐罗亚斯德教的其他遗址。以唐卡为例，我们一见到它就会想到藏传佛教，就是因为它们不见于佛教其他宗派的寺院，另一方面又普遍见于藏传佛教的各个寺院。由此来检验看上述论据，我们发现上述论据存在各种弱点。

第 1 条证据着眼于 C 区的地貌特征。但是 C 区不是空旷的荒漠，该区发现了 8 座墓葬；这些墓葬虽然人骨和遗物少，但是发表的 M44、M45、M48 三座墓葬都出土了木器或者毛织物，不能否认它们是墓葬。

第 2、4、5 条都指向 A 区和 B 区的黑色和白色鹅卵石条纹。但是这种遗迹目前不见于其他遗址，也就是无法满足第二个原则。如果说它是拜火教的特征，那么它应该在同时期的其他遗址中反复出现。考古学家在中亚和伊朗发现了不少同时期和更晚的墓地，其中应该有琐罗亚斯德教教徒的墓地，但是迄今没有发现这类遗迹。

第 6 条的火盆和第 7 条的鹅卵石数目和第 12 条的鹰头骨和鹰爪骨同样违背了第二条原则。要证明它们是琐罗亚斯德教文化元素，就要在其他琐罗亚斯德教遗址中找到同类的遗物和现象。可惜这三条目前只见于吉尔赞喀勒墓地一处。

其他七条违背了第一条原则。第 3 条着眼于圆形，但是圆形石围和圆形图案是一种在西伯利亚和新疆非常普遍的现象，并不限于吉尔赞喀勒墓地，圆形石围就见于和静县的察吾呼墓地。[1]第 11 条的二次葬、第 12 条的铁刀和第 13 条的箜篌也是如此。二次葬墓葬普遍见于新疆早期铁器时代的墓地，如吐鲁番的洋海，[2]和静的察吾呼。[3] 只不过吉尔赞喀勒墓地的人骨颅腔内发现了蝇蛆，但是这也只是暴尸后细菌滋生的结果，而不是琐罗亚斯德教的规制。铁刀（以及铜刀）是游牧人群吃饭时切肉用的，在新疆和西伯利亚的早期铁器时代墓葬里，铁刀既可以挂在死者的腰带上，也可以放在木盘内或者插在动物骨骼上。前者见于吐鲁番的苏贝希一号墓地 M10、三号墓地 M27，后者见于吐鲁番的洋海墓地 IM5。[4] 箜篌发源于两河流域，然后传播到南亚、中亚、新疆和阿尔泰山脉。迄今为止已经发现于阿尔泰山脉的巴泽雷克和巴沙达尔墓地（2 件，巴泽雷克文化，公元前 5—3 世纪），新疆且末县的扎滚鲁克墓地（3 件）、吐鲁番的洋海墓地、哈密市艾斯克霞尔南墓地（11 件，焉布拉克文化，公元前 7—6 世纪）。[5]

第 8 条的小木棍和第 9 条的带孔小木棍实际上是成套的钻木取火工具；从已经发表

① 新疆吐鲁番学研究院、新疆文物考古研究所《新疆鄯善洋海墓地发掘报告》《考古学报》2011 年第 1 期，第 4—8、22—45、155—166、225—233、255—263 页。

② 新疆吐鲁番学研究院、新疆文物考古研究所《新疆鄯善洋海墓地发掘报告》，第 142 页。

③ 新疆文物考古研究所《新疆察吾呼大型氏族墓地发掘报告》，东方出版社，1999 年，第 46 页。

④ 新疆文物考古研究所、吐鲁番地区博物馆《新疆鄯善县苏贝希遗址及墓地》，《考古》2002 年第 6 期，图一七、图八，发掘者将木盘称之为"木俎"；新疆吐鲁番学研究院、新疆文物考古研究所《新疆鄯善洋海墓地发掘报告》，图一一。

⑤ 杨洪冰、贾嫚《从西亚到新疆—箜篌自西向东的流播路径》，《西域研究》2015 年第 3 期，第 119—124 页；贺志凌、王永强《哈密五堡艾斯克霞尔南箜篌的音乐考古学研究》，《中国音乐》2018 年第 4 期，第 117—122 页；新疆吐鲁番学研究院、新疆文物考古研究所《新疆鄯善洋海墓地发掘报告》，第 115 页。

的材料来看，后者的小孔直径为 1 厘米，而前者的直径也是 1 厘米，正好匹配。在 2013 年发掘的 M14 和 2014 年发掘的 M28、M29 中，二者一起出土，并且都有灼烧的痕迹，显然是使用过的（图四）。开始发掘者承认它们是钻木取火工具，[①]但是后来予以否认，并专门写了一篇文章来证明它们是琐罗亚斯德教的巴尔萨姆枝。[②]这无疑是削足适履的做法。类似的成套工具已经发现于其他墓地，如吐鲁番洋海墓地、托克逊县阿拉沟和鱼儿沟墓地、鄯善县苏贝希墓地、和静县察吾呼墓地和伊吾县拜其尔墓地，年代为青铜时代或早期

图四　吉尔赞喀勒墓地出土钻木取火器（来源：《考古学报》2017 年第 1 期，图版拾，5）

铁器时代，被人称为取火板和钻杆。[③]不同之处在于，吉尔赞喀勒墓地部分墓葬出土的取火棒数量较大，2014 年发掘的 M25 出土了 20 根，M32 出土了 10 根，M44 出土了 44 根。这只能说明生者有意给死者随葬了这种材料，以满足其某种需要。

　　第 10 条讲的是蚀花玛瑙珠（发掘者进一步称之为"天珠"）。发掘者专门写了一篇文章，论述它们的制作工艺；为此他征引了同时期的哈萨克斯坦维加罗克墓葬、新疆塔什库尔干县香宝宝墓地，河南省淅川县下寺墓地出土的同类器物。[④] 这些案例说明，蚀花玛瑙珠不是琐罗亚斯德教特有的礼器。琐罗亚斯德教是否规定死者随葬蚀花玛瑙珠，教徒是

图五　吉尔赞喀勒墓地山上火盆（来源：《考古学报》2015 年第 2 期，图版拾伍，5）

否遵循这样的规定，还需要考古材料的检验。

　　在上述 14 条证据中，发掘者尤为倚重于第 6 条和第 7 条的火盆和里面的鹅卵石。木火盆是在圆木中间挖出一个窝，有的两侧各有一个銴，便于手持。陶火盆目前只发现了一件，也有两个銴。它们的大小不同，最大者为 2014 年发掘的一件（M9：2），长 35，宽 20，高 14.2 厘米，窝长 16，宽 12 厘米（图五）。这些火盆的内壁往往有厚达 1 cm 的炭化层；部分（M11、M15）

　　① 中国社会科学院考古研究所新疆工作队《新疆塔什库尔干吉尔赞喀勒墓地发掘报告》，第 244 页。

　　② 中国社科院考古研究所新疆工作队、新疆喀什地区文物局、塔什库尔干县文管所《新疆塔什库尔干吉尔赞喀勒墓地 2014 年发掘报告》，第 572 页；巫新华《试论巴尔萨姆枝的拜火教文化意涵——从新疆吉尔赞喀勒墓群的出土文物谈起》，《世界宗教文化》2017 年第 4 期，第 119—127 页。

　　③ 于志勇《新疆考古发现的钻木取火器初步研究》，《西部考古》2008 年第三辑，第 197—215 页；蒋洪恩《吐鲁番洋海墓地出土的钻木取火器研究》，《中国文物报》2018 年 5 月 4 日，第 6 版。

　　④ 巫新华《浅析新疆吉尔赞喀勒墓群出土蚀花红玉髓珠、天珠的制作工艺与次生变化》，《四川文物》2016 年第 3 期，第 33—55 页。

火坛里面放置了烧过的鹅卵石。作者起初比较谨慎,认为这是明火埋葬的火坛,[①]可能与琐罗亚斯德教有关。后来,在 11 座墓葬中发现了 12 个这样的木火盆。发掘者就迈出了新的一步,认为吉尔赞喀勒墓地出土的是"世界上迄今发现最早、最原始的拜火教火坛"。[②]在他看来,火盆与太原北齐徐显秀墓(571)和娄睿墓(570)出土的瓷灯相似。但是这种联系非常牵强。后者经施安昌考证,与太原北周虞弘墓(592)出土的火坛相同,并见于西安安伽墓墓门、安阳北齐贵族墓内双阙、片治肯特 VI.1 区 10 号北墙、瓦拉赫萨(Varakhsha)东厅的拜火图;娄睿墓出土的瓷灯上还有琐罗亚斯德教的新月托日符号。徐、娄二墓除了这些瓷灯,还有古代伊朗神灵森莫夫(Senmurv)图像。[③]除了这些拜火图,火坛形象还见于米底国王 Cyaxares(公元前 625—585 在位)的陵墓大门、阿契美尼德国王陵墓大门、波斯波利斯出土的三枚印章、塔吉克斯坦片治肯特的壁画和纳骨瓮上。[④] 可以看到,它随着时间和地域而有所变化,但是火盆之下有个很高的底座。吉尔赞喀勒墓地出土的火盆既无底座,又缺乏佐证,恐怕不能比定为火坛。

不过,关于这些"火盆",我们可以提出另外一种解释:它们可能是用来熏烤大麻的。大麻纤维可以纺织衣服,在旧大陆人类从新石器时代就开始利用;其籽具有麻醉和致幻作用,熏烤大麻籽是游牧人群的普遍习俗。事实上,发掘者已经认识到,吉尔赞喀勒墓地的墓主是从事畜牧业的,也就是游牧人群。封土堆和石圈都是游牧人群的埋葬习俗,见于和静县的察吾呼墓地;[⑤]出土的毛毡、铜节约、铜泡、铜镜、石眉笔都是游牧人群的常见用品,见于吐鲁番的洋海墓地;[⑥]棚木、尸床见于吐鲁番的洋海墓地。[⑦] 事实上,研究者分析了吉尔赞喀勒墓地出土木火坛内壁的烧灼残留物,发现了大麻酚(Cannabinol,CBN),即四氢大麻酚(Tetrahydrocannabinol,THC)的降解产物,可见木火坛内曾经燃烧过大麻。[⑧]发掘者提出这些烧灼残留物为琐罗亚斯德教徒往火坛内浇胡摩(haoma,认为是豪麻)汁的产物,纯属想当然:大麻酚是大麻的成分。胡摩汁是《阿维斯陀》《吠陀》经称苏摩soma)的圣汁,那么胡摩到底是什么植物呢? 这是一个困扰了国际学术界几个世纪迄今未能解决的问题。19 世纪曾经有学者指认为肉珊瑚(Sarcostemma acidum),后来的学者倾向麻黄(Ephedra)。[⑨]麻黄的成分是麻黄碱,是一种兴奋剂,而不是致幻剂。

① 中国社会科学院考古研究所新疆工作队《新疆塔什库尔干吉尔赞喀勒墓地发掘报告》,第 249 页。
② 王瑟《拜火教只存在于当地人群中》,《光明日报》2016 年 12 月 21 日第 5 版。
③ 施安昌《北齐徐显秀、娄叡墓中的火坛和礼器》,《故宫博物院院刊》2004 年第 6 期,第 41—48 页。
④ 陈文彬《祆教美术中的火坛》,《丝绸之路研究集刊》2018 年第二辑,第 189—204 页。
⑤ 新疆吐鲁番学研究院、新疆文物考古研究所《新疆鄯善洋海墓地发掘报告》,第 4—8、22—45、155—166、225—233、255—263 页。
⑥ 新疆吐鲁番学研究院、新疆文物考古研究所《新疆鄯善洋海墓地发掘报告》,第 143—144 页。
⑦ 新疆吐鲁番学研究院、新疆文物考古研究所《新疆鄯善洋海墓地发掘报告》,第 142—143 页。
⑧ 任萌、杨益民、巫新华、王永强、蒋洪恩《新疆出土 2500 年火坛内壁烧灼物分析》,载新疆维吾尔自治区文物考古研究所编,《2015—2016 文物考古年报》,第 127 页。Meng Ren, Zihua Tang, Wu Xinhua, Robert Spengler, Hongen Jiang, Yimin Yang, Nicole Bolvin, The origins of cannabis smoking: Chemical residue evidence from the first millennium BCE in the Pamirs, *Science Advance* 5(2019): eaaw1391.
⑨ Jan E. M. Houben, The Soma-Hauma problem: Introductory overview and observations on the discussion. *Electronic Journal of Vedic Studies* 9.1 http://www.ejvs.laurasianacademy.com/ejvs0901a.txt.

希罗多德详细记载了黑海北岸大草原斯基泰人的丧葬习俗。他们种植大麻,在埋完死人后,他们在一个三根木棍搭成的架子上,小心地蒙上羊毛毡,让其严丝合缝;在这个小帐篷内他们放入一个钵,上面放着一些烧红的石头。然后他们抓一些大麻籽,爬进小帐篷,把大麻籽扔到烧红的石头上。大麻籽马上起烟,烟雾腾腾,比起希腊的蒸汽浴犹过之而不及。斯基泰人坐在里面,呼吸大麻烟,会愉快地大喊。①这条文献记载得到了俄罗斯阿尔泰共和国的巴泽雷克墓地的验证。1947 年,俄罗斯考古学家在此墓地发掘了 4 座"国王"级别的大冢,在 2 号冢里面发现了一个 1.2 米高的木支架帐篷;帐篷里面发现了一只铜镬(图六)。在此墓中发现了另一个木支架和一只铜镬。两只铜镬里面盛放着一些石头和少量大麻籽,部分大麻籽已经炭化。它们可能是燃烧着埋入墓葬的。此外还发现了一个装了大麻籽的皮囊和分散的大麻籽和香菜。②这些墓葬的年代为公元前 5—3 世纪。据报道,在乌克兰也发现了早期铁器时代斯基泰人使用大麻的物证。③不过,在欧亚草原,吸食大麻烟在青铜时代即已见于罗马尼亚和北高加索。④

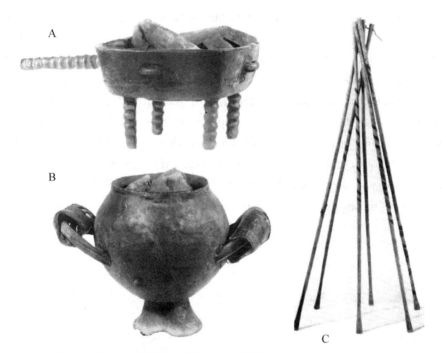

图六　巴泽雷克 2 号冢出土铜镬和支架(来源: Frozen Tombs of Siberia:
The Pazyryk Burials of Iron Age Horsemen, Plate 62)

①　Herodotus, *Herodotus*, with an English translation by A. D. Godley, Books III and IV, London: William Heinemann, and New York: G. P. Putnam's Sons, 1920, pp. 273 - 274.

②　Sergei Rudenko, *Frozen Tombs of Siberia: The Pazyryk Burials of Iron Age Horsemen*, translated by M. W. Thompson, Berkeley and Los Angeles: University of California Press, 1970, pp. 284 - 285.

③　G. Pashkevich, New Evidence for Plant Exploitation by the Scythian Tribes during the Early Iron Age in the Ukraine. *Acta Palaeobot*. Suppl. 2 [Proc 5th EPPC], Krakow, 1999, pp. 597 - 601.

④　I. Ecsedy, *The People of the Pit-grave Kurgans in Eastern Hungary*. Akadémiai Kiadó, Budapest, 1979.

　　综上所述,在中亚和伊朗,迄今为止已经发现了若干公元前 1000 前后的火庙和火坛。虽然它们在时间、空间和特征上都契合琐罗亚斯德教,但是由于阿契美尼德时期的宗教多样性以及文献的缺少,学术界仍然无法确定它们的性质。吉尔赞喀勒墓地没有发现上述遗迹,起源地之说难以成立。发掘者提供的 14 条证据比较薄弱,不能证明吉尔赞喀勒墓地是一处琐罗亚斯德教遗址。相反,现有发掘资料和研究成果表明,该墓地的居民为游牧人群,[①]其关键物证火盆可能是游牧人群熏烤大麻籽和其他致幻植物的器物。

A New Thought on the Fire Artifacts of the Jirzankal Cemetery

Zhang Liangren, Nanjing University

Abstract: In 2013—2014, 39 tombs were excavated at the Jirzankal cemetery in Tashkurgan county, Xinjiang, and some unusual features and artifacts, such as white and black stripes of pebble, wooden and pottery fire bowls were uncovered. Hence the excavator delivered, in various news reports and research articles, the interpretation that these features and artifacts are attributable to the early Zoroastrianism. The author finds that the excavation materials fail to warrant this interpretation. The wooden fire bowls, the core evidence, appears to be related to the custom of hemp consumption of early Iron Age nomads over the Eurasian steppe; in fact, the burial customs and the ensemble of funeral goods identify the population buried at the Jirzankal cemetery as such nomads immigrating to the Pamir Plateau.

Keywords: Xinjiang; early Iron Age; Zoroastrianism; Nomads; hemp consumption

(本文作者为南京大学历史学院考古文物系教授)

---

　　① 一项锶同位素研究表明,该墓地的古代人群一部分为本地出生的,一部分为外来的。一项人骨测量研究表明,该墓地的人群由欧罗巴和蒙古两个人种构成。这些结论既不支持,也不反对本文结论。见 Xueye Wang, Zihua Tang, Jing Wu, Xinhua Wu, Yiqun Wu, Xinying Zhou, Strontium isotope evidence for ahighly mobile population on thePamir Plateau 2500 years ago, *Scientific Reports* ｜ 6 (2016): 35162 ｜, DOI: 10.1038/srep35162. 王明辉、张旭、巫新华,新疆塔什库尔干吉尔赞喀勒墓地人骨初步研究,《北方文物》2019 年第 4 期,第 42—52 页。

"月氏人来自四川"假说商榷

努尔艾合麦提·艾亥提　张良仁

摘　要：在《贵霜史研究》一书中,余太山先生提出了这样一种假说:古代西亚的古提(Guti)人和吐克里(Tukri)人向东迁徙,后者形成了先秦文献中的吐火罗前身"大夏",而前者可能有一支到达四川若水,形成了禺知前身颛顼部落;舜死后其中一部分人北上形成了月氏人,也有可能其中一支到达伊犁河、楚河流域成为塞种之一。这个假说,除了上述语言学证据外,还有三星堆出土的青铜人物雕像、金杖和金面罩等。这些器物在形式、风格、功能等方面完全不同于古蜀地区的本土文化,在同时期的中原地区也找不到类似者,却与属于地中海文明的青铜器有着十分明显的联系。他本人强调这是一种假说,不能将三星堆看作东迁至四川的古提人留下的遗迹,但他认为是古提人从西亚长途跋涉到过四川的旁证。但是从现有的语言学、体质人类学、考古学证据来看,该假说值得商榷。

关键词：古提人;吐克里人;月氏;吐火罗;三星堆

一、"月氏人来自四川"假说

在塞种史研究中,余太山先生为吐火罗的渊源问题所吸引,于是写成了《古族新考》一书;在书中他勾勒出了少昊氏、陶唐氏、有虞氏的迁徙过程,构建了一个"塞种"诸部渊源的假说,即 Asii、Gasiani、Tochari、Sacarauli 分别与先秦文献记载的允姓之戎、禺知(禺氏)、大夏、莎车同源,而允姓之戎、大夏、禺知(禺氏)可能分别溯源于少昊氏、陶唐氏和有虞氏。

在讨论贵霜的起源①时,余先生利用《史记·大宛列传》、《汉书·西域传》、《后汉书·西域传》、《魏略·西戎传》、《三国志·魏明帝纪》、斯特拉波《地理志》、托勒密《地理志》等文献的记载,提出了一种假说,即古提(Guti)人和吐克里(Tukri)人分别为先秦文献中的月氏或大月氏前身"禺知"和吐火罗前身"大夏";古提人和吐克里人于公元前三千纪末离开伊朗西部;其中古提人的一支到达四川若水,形成了禺知的前身颛顼部落;舜死后其中一部分人北上发展成了月氏人,其中一支到达伊犁河、楚河流域成为塞种之一。这个假说的依据,除了上述的先秦文献证据,还有三星堆出土的青铜人物雕像、金杖和金面罩等。这些器物在形式、风格、功能等方面完全不同于古蜀地区本土文化,在同时代的中原地区也找不到类似者,却与地中海文明的青铜器有着十分明显的联系。余先生指出,虽然不能将三星堆看作东迁至四川的古提人留下的遗迹,但可能是古提人从西亚长途跋涉到过四川的旁证。至于 Asii、Gasiani、Tochari 等塞种诸部西迁至伊犁河、楚河流域的原因,余先生认为是公元前 632 年秦穆公称霸西戎引起的。

虽然余先生充分考察了国内外语言学、历史学和考古学证据,但是现在看来,其假说

---

① 参见余太山《贵霜史研究》,商务印书馆,2015 年,第 5—13 页。

存在商榷的余地。一是古提人和吐克里人东迁进入四川的可能性极小;二是古提人和吐克里人的语言仍未定论;三是体质人类学的证据不支持该假说;四是颛顼部落的真实性可疑;五是不能单凭器物相似性来讨论古代族群的迁徙活动,而忽略了文化间的联系。

二、古提人和吐克里人东迁进入四川的可能性

余太山先生提出,大约公元前三千纪之末古提人和吐克里人离开伊朗西部到达中国。先秦文献称古提为禺知,称吐克里为大夏;禺知人来到四川若水形成颛顼部落,即汉代文献中的月氏,而吐克里人在汉代则称为吐火罗。① 但是余先生没有讨论其他学者的学术观点,也没有探讨吐火罗人的起源、迁徙问题。

吐火罗人的起源问题是学术界争论的焦点,目前有三种主流学说。

第一种为1978年英国语言学家亨宁(W. B. Henning)提出的近东起源说。亨宁将塔里木盆地的吐火罗人看作公元前2300年出现在波斯西部扎格罗斯山脉的游牧部落的后裔。这群游牧部落在阿卡德王朝时期被称为"Gutium",亚述人称为"Guti"。他们于公元前2180年灭掉阿卡德王朝,此后又灭掉古巴比伦王朝,建立了自己的政权,最终于公元前2082年被苏美尔人推翻。此后,他们便从近东的历史上销声匿迹。

亨宁在分析了《苏美尔王表》中的古提人王名后,指出这些王名具有吐火罗语的特征。据此,亨宁认为古提人向东迁徙来到了塔里木盆地。② 支持这一学说的学者有俄罗斯的语言学家加姆克列利茨(T. V. Gamkrelidze)和伊凡诺夫(V. V. Ivanov)。③

第二种为1990年美国学者纳兰扬(A. K. Narain)提出的西域本土起源说。纳兰扬指出,印欧语系各语族是在西域形成的,大月氏从远古时代起就定居在黄河以西和中亚。④ 此学说未能得到广泛的认可。

第三种为1989年爱尔兰学者马劳瑞(J. P. Mallory)提出的南西伯利亚起源说。由于目前年代最早,位置最靠东的印欧语系人群的考古学文化为阿凡纳羡沃,因而认为该文化人群为吐火罗人的祖先。⑤

上述三种学说建立在语言学研究的基础上,分歧很大。余先生可能接受了近东起源说,将和吐火罗人一起东迁的月氏人足迹扩展到四川若水,至于迁徙的路线他没有探讨。但是,月氏人进入四川的可能性值得怀疑。

《史记·大宛传》记载:"始月氏居敦煌、祁连间,及为匈奴所败,乃远去,过宛,西击大夏而臣之,遂都妫水,为王庭。"⑥据此,曾有很多学者认为月氏人活动在甘肃敦煌和祁连

---

① 余太山《贵霜史研究》,商务印书馆,2015年,第12—16页。

② W. B. Henning, Edited by G. L. Ulmen, *The First Indo-Europeans in History*, Society and History, *essays in Honor of Karl August Witfogel*, The Hogue.Mouton Publishers, 1978, pp. 215‐230.

③ T. V. Gamkrelidze、V. V. Ivanov, *Translated by Johanna Nicholas*, *Indo-European and the Indo-Europeans*, Berlin: Mouton De Gnoyter, 1995.

④ A. K. Narain, Edited by D. Sinor, *Indo-Europeans in Inner Asia*, *Cambridge History of Early Inner Asia*, Cambridge University Press, 1990, pp. 152‐176.

⑤ J. P. Mallory, *In Search of the Indo-Europeans: Language*, *Archaeology and Myth*, London: Thames and Hudson, 1989.

⑥ [汉]司马迁《史记》卷一二三《大宛列传》,西安出版社,2002年,第2569页。

山一带。王建新为代表的西北大学中亚考古队纠正了这种错误,指出汉文文献所说的祁连山为今天的东天山。① 姚大力也指出汉代有两祁连,一为今祁连山,另一个为今天山东段;他细分了月氏的影响范围、势力范围和统治范围三个概念,蒙古高原西北部、河西走廊可能是月氏的影响范围,塔里木盆地可能是月氏的势力范围,而天山东段为其统治中心(见下图1)。② 美国学者安东尼(David W. Anthony)指出,虽然吐火罗语与西部印欧语具有某些共同特征,但是与地理上更近的印度–伊朗语族诸语言不一样(见下图2)。③

图1 大月氏的影响范围、势力范围、统治范围及贵霜的领土(笔者自制)

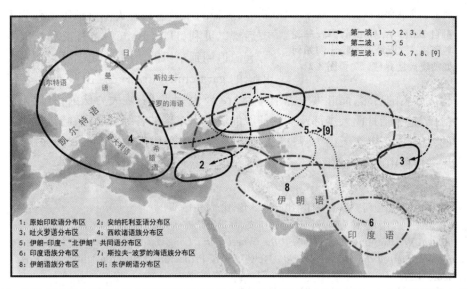

图2 印欧语系诸人群在欧亚各地的扩散(引自姚大力《大月氏与吐火罗的关系:一个新假设》第69页)

---

① 王建新《从东天山到西天山——古代月氏文化的考古学探索》,《中国社会科学报》2017年3月30版。

② 姚大力《大月氏与吐火罗的关系:一个新假设》,《复旦学报(社会科学版)》2019年第2期,第67—68页。

③ David W. Anthony, *The Horse, the Wheel, and Language How Bronze-Age Riders from the Eurasian Steppes Shaped the Modern World*, New Jersey, Princeton: Princeton University Press, 2007, p. 14.

由上可知,东迁的印欧语系人群向东最远到达东天山,没有语言学和考古学的证据证明印欧语系人群越过东天山进入中原及四川地区。

三、古提人和吐克里人的语言

在《贵霜史研究》一书中,余太山先生提出贵霜和月氏是同源异流关系,认为"贵霜和月氏最初应有相同语言"。① 余先生细分了官方语言和原始语言两个问题,指出贵霜的官方语言为巴克特里亚语,还有婆罗米文、佉卢文、梵文和一种未知语言,②而贵霜的原始语言与月氏相同,可能是语言学家所说的吐火罗语(Toχri),更具体的来说是吐火罗语的一种方言龟兹语。可是,他说的贵霜与月氏的原始语言均为吐火罗语的看法,缺乏语言学证据。

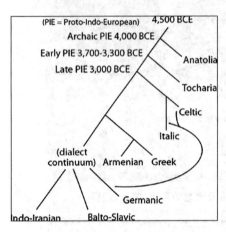

图3 引自 David W. Anthony《马、车轮与语言:欧亚草原的骑士们如何型塑现代世界》第 57 页图 3.2

据安东尼(David W. Anthony)的研究,吐火罗语与分布在最西面印欧语系诸语言差不多同时从原始印欧语里分离出来,因此从中带走了很多相近的语言成分或特点(见图3)。③ 林梅村根据新疆出土的吐火罗写卷认为,阿尔泰山和天山之间的月氏人、塔里木盆地北部的龟兹人、焉耆人、塔里木盆地东部的楼兰人都是吐火罗语族;他指出,虽然吐火罗人居住在东方,但是吐火罗语与印欧语系的赫梯语关系密切。④ 据语言学家佩德森(H. Pedersen)、⑤梅耶特(A. Meillet)⑥和亚当斯(D. Q. Adams)⑦的研究,赫梯的印欧语和吐火罗语都用-r-作为中间语态后缀。贝利(H.W.Bailey)将月氏和吐火罗的名号起源追溯到东伊朗语的 gara,月氏之名称源于伊朗语的 gara-chīk,gara 译为"山",-chīk 是伊朗语中常见构成族名的后缀;而吐火罗源于 Tu-gara 译为"大"。⑧ 姚大力认为,月氏人讲东伊朗语,"月氏"是包括月氏人本部及被它征服的塔里木东部的各绿洲属国;吐火罗则指月氏所统治的各国,二者以东天山为界;吐火罗之名来源于东伊朗语 Tu-gara 为大山之一,被月氏人用来指称山南殖民地区。⑨

---

① 余太山《贵霜史研究》,商务印书馆,2015 年,第 14—15 页。

② 据余先生介绍,这种文字和语言与佉卢文、和田塞语有密切的关系。

③ David W. Anthony, *The Horse, the Wheel, and Language How Bronze-Age Riders from the Eurasian Steppes Shaped the Modern World*, New Jersey, Princeton: Princeton University Press, 2007, p. 57, Figure 3.2.

④ 林梅村《丝绸之路考古十五讲》,北京大学出版社,2006 年,第 12—13 页。

⑤ H. Pedersen, *Hittite and Tocharian*, Language 9, 1933, pp. 13‑34.

⑥ A. Meillet, *Le Tokharien*, Indo-germanisches Jahrbuch Ⅰ, 1914, pp. 1‑19.

⑦ D. Q. Adams, *The Position of Tocharian among the other Indo-European Languages*, JAOS 104, 1984, pp. 395‑402.

⑧ 贝利《和田塞语文书》卷七《第 25 节》,剑桥大学出版社,1985 年,第 110—141 页。

⑨ 姚大力《大月氏与吐火罗的关系:一个新假设》,《复旦学报(社会科学版)》2019 年第 2 期,第 65—75 页。

根据上述研究成果,我们只能确定月氏人属于印欧语系人群,其语言可能来源于吐火罗语。至于贵霜的原始语言是否为吐火罗语,目前还缺乏语言学研究的支撑。

四、体质人类学的证据不能支持该假说

余先生的假说认为东迁的古提人进入了四川若水,而古提人为印欧语系人群,属于欧罗巴人种。若该假说成立,则需在四川地区发现公元前三千纪的欧罗巴人种骨骼和语言学材料,三星堆应该出土这些材料。

但是在四川盆地尚未发现公元前三千纪的印欧语系人群的文化遗迹和语言学资料。到目前为止,三星堆遗址尚未发现墓葬,体质人类学和古 DNA 研究成果无从谈起。学者只能结合历史文献和出土器物探讨其族属问题。发掘者推测,三星堆遗址的人群为先秦时期的巴族和蜀族,巴族在盆地东北部的丘陵地带活动,蜀族在川西平原活动。[①] 李绍明结合出土器物、古文献及民族学资料指出,三星堆文化的人像具有蒙古人种特征,是古氐羌系的民族与古濮越系的民族混血而成的人群。[②]

在甘青地区的青铜时代的马家窑文化、齐家文化、诺木洪文化、沙井文化和寺洼文化也未见青铜时代的印欧人群的人类学资料。[③] 一些学者分析了甘肃合水县九站先周文化遗址、[④]青海柳湾马厂类型和齐家文化墓地、[⑤]青海民和阳山四坝、[⑥]甘肃玉门火烧沟、[⑦]青海民乐县东灰山四坝文化墓地出土的人骨,[⑧]发现这些人骨均属于蒙古人种;而且甘肃酒泉干骨崖组四坝文化人骨与蒙古人种的接近程度大于它与大洋洲人种和欧罗巴人种的接近程度,属于蒙古人种,[⑨]这说明公元前三千纪末印欧语系人群未规模性进入甘青地区。

相反,在新疆的小河墓地、[⑩]铁板河、[⑪]古墓沟、[⑫]天山北路[⑬]和焉不拉克[⑭]等都发现了欧罗巴人种的成分。研究结果表明,哈密组代表与甘青地区组较近的蒙古人种类型,昭

① 四川省文物考古研究所《三星堆祭祀坑》,文物出版社,1999 年,第 438 页。

② 李绍明《三星堆文化与种族民族》,《贵州民族研究(季刊)》2000 年第 2 期,第 64—68 页。

③ 谢端琚《甘青地区史前考古》,文物出版社,2002 年,第 226—238 页。

④ 宋景民等《合水九站青铜时代的人骨》,《人类学报》1988 年第 3 期,第 283—285 页。

⑤ 潘其风《柳湾墓地人骨研究》,《青海柳湾》,文物出版社,1984 年,第 261—303 页。

⑥ 韩康信《青海民和阳山墓地人骨》,《民和阳山》,文物出版社,1990 年,第 160—173 页。

⑦ 韩康信、潘其风《古代中国人种成分研究》,《考古学报》1984 年第 2 期,第 245—263 页。

⑧ 朱泓《东灰山墓地人骨的研究》,《民乐东灰山考古——四坝文化墓地的揭示与研究》,科学出版社,1998 年,第 172—183 页。

⑨ 郑晓瑛《甘肃酒泉青铜时代人类头骨种系类型的研究》,《人类学学报》1993 年第 4 期,第 327—336 页。

⑩ 聂颖、朱泓、李文瑛、伊弟利斯·阿不都热苏勒《小河墓地古代人群颅骨的人类学特征》,《西域研究》2020 年第 3 期,第 115—125 页。

⑪ 王博《新疆楼兰铁板河女尸种族人类学研究》,《新疆大学学报(哲学社会科学版)》1994 年第 4 期,第 68—71 页。

⑫ 韩康信《新疆孔雀河古墓沟墓地人骨研究》,《考古学报》1986 年第 3 期,第 361—384 页。

⑬ 魏东、赵永生、常喜恩、朱泓《哈密天山北路墓地出土颅骨测量性状》,《人类学报》2012 年第 4 期,第 395—406 页。

⑭ 韩康信《新疆哈密焉不拉克古墓人骨种系成分研究》,《考古学报》1990 年第 3 期,第 371—390 页。

苏组代表欧罗巴人种的短颅类型,古墓沟组代表欧罗巴人种的古老类型,而甘青地区各组大致较宽松地聚在一起,菜园组与甘青地区大致聚在一类,甘青地区包括宁夏部分地区各组较接近蒙古人种东亚类型。① 根据这些新疆境内的青铜时代和早期铁器时代的出土人骨和印欧语系的出土文书,我们发现欧罗巴人种和蒙古人种的分界线在新疆哈密一带,欧罗巴人种未进入甘青地区。可见,余先生的假说缺乏体质人类学证据的支撑。

五、颛顼部落的真实性

《山海经·卷八·海外北经》中记载,颛顼是由东夷抚养长大,颛顼死后葬于务隅山南麓,据专家考证为今渤海沿岸。《山海经·卷十四·大荒东经》中记载,颛顼是由少昊抚养成人。《山海经·卷十五·大荒南经》中记载,季禺国人和伯服国是颛顼的后代。《山海经·卷十六·大荒西经》中记载,西北海外不周山附近的淑士国人是颛顼的后代,颛顼生了老童,老童生了祝融,祝融生了太子长琴,大荒野中也有颛顼之子。《山海经·卷十七·大荒北经》中记载,到东北海外的叔歜国人也是颛顼的后代,西北方的海外有个中輈国也是颛顼的后代。《山海经·卷十八·海内经》中记载,黄帝的妻子嫘祖生了昌意,昌意自天上降到若水居住,生下韩流,韩流娶了淖子族的阿女为妻,生下颛顼帝。②《列子·汤问》中记载,共工氏与颛顼争帝,一怒之下撞到不周山,折断了支撑天空的大柱,折断了维系大地的绳子,结果天穹向西北方倾斜,日月星辰在那里就位,大地向东南方下沉,百川积水向那里汇集。③《吕氏春秋·季夏纪·音初》中记载,战争的由来相当久远,黄帝、炎帝已经用水火战争了,共工氏已经恣意发难了,五帝之间已经相互争斗了。④

《淮南子·时则》中记载,北方是颛顼、玄冥的管辖地,二人颁布各种禁令,增加储备,严惩罪犯,实行宵禁,实行死刑。⑤《史记·五帝本纪第一》中记载:"黄帝二十五子,其得姓者十四人。黄帝居轩辕之丘,而娶于西陵之女,是为嫘祖。嫘祖为黄帝正妃,生二子,其后皆有天下:其一曰玄嚣,是为青阳,青阳降居江水;其二曰昌意,降居若水。昌意娶蜀山氏女,曰昌仆,生高阳。高阳有圣德焉。黄帝崩,葬桥山。其孙昌意之子高阳立,是为颛顼也。帝颛顼高阳者,黄帝之孙而昌意之子也。"⑥袁珂在《中国古代神话》一书中指出,黄帝之妻嫘祖生了昌意,昌意在天庭犯错被贬下若水,昌意生了韩流,韩流娶了淖子氏的女儿阿女,阿女生下了颛顼,颛顼成年后成为北方的天帝。⑦

叶林生指出,颛顼从周代的天帝到《山海经》中的亦人亦神,再到《左传》、《国语》中的人帝,最后演变为战国、汉代的中华先祖,神话历史化痕迹明显,颛顼为月神;颛顼生于若水的传说,是尊奉月神颛顼的东夷族部落西迁的侧面反映。⑧

① 郑晓瑛《西北地区古代居民体质特征的地理变异》,《文博》1996年第6期,第11—15页。
② 方韬译注《山海经》卷八《海外北经》、十四《大荒东经》、十五《大荒南经》、十六《大荒西经》、十七《大荒北经》、十八《海内经》,中华书局,2015年,第238—354页。
③ 景中译注《列子·汤问》,中华书局,2007年,第133—141页。
④ 张双棣、张万彬、殷国光、陈涛译注《吕氏春秋》,中华书局,2007年,第61—71页。
⑤ 顾迁译注《淮南子》,中华书局,2012年,第83—84页。
⑥ [汉]司马迁《史记》卷一《五帝纪第一》,西安出版社,2002年,第3页。
⑦ 袁珂《中国古代神话》,华东大学出版社,2017年,第86页。
⑧ 叶林生《帝颛顼考》,《学海》1994年第6期,第84—90页。

由上可知,颛顼是个神话人物,其存在很可疑。即便真实存在,颛顼部落的发源地在东部,而不是在四川若水。余先生用神话人物来支持自己的假说,实则降低了该假说的可信度。

六、出土器物风格不能成为确定族群的依据

余太山先生假说的一个根据是,三星堆出土的青铜人物雕像、金杖和金面罩等,在形式、风格、功能等方面完全不同于古蜀地区本土文化,在同时代的中原地区也找不到类似者,却与地中海文明的青铜器有着十分明显的联系。① 余先生考虑了三星堆文化铜器与中原文化铜器的差异,但是忽视了二者其他器物表现出来的共性,也忽视了三星堆文化与境外其他文化的联系。

于孟洲和王玉霞二人分析了成都平原区、重庆市万州以西地区、巫山—巴东、秭归—宜都和荆州的三星堆文化因素,认为三星堆文化形成后不久即以较强态势沿峡江地区向东扩张,在三星堆文化二期时,其陶器经鄂西三峡间接传播达于荆州;除核心分布区—成都平原外,其他四个区域的三星堆文化因素体现出明显的西多东少的趋势;虽然各区域所见的三星堆文化因素并不全同,但小平底罐、灯形器和圈足状捉手器盖,在各区域都有所见,有的还有鸟头把勺、陶瓶等器类;三星堆器物坑出土的铜尊、罍、巫山大昌出土的铜尊等与长江中下游同类器表现出较强的一致性。学界虽在铜尊、罍的具体产地问题上存在多种争议,但铜器的交流区域明显大于陶器;具体的文化交流需继续深入探讨。② 可见,三星堆文化和长江中下游的关系密切,虽在青铜器风格上保留了自己的特色,但二者之间确实存在文化交流。

发掘者指出,三星堆遗址与年代稍晚的新繁水观音、③成都方池街、④十二桥、⑤指挥街⑥等遗址表现出较强的文化一致性,一号祭祀坑出土的陶尖底盏,一、二号祭祀坑出土的十字形铜戈、遗址内出土的尖底罐、高领罐、翁、缸等器形,一直到春秋战国时代还在使用;⑦二号祭祀坑出土较多的菱形眼形器,其眼形符号或纹饰见于三星堆遗址的陶器,⑧也见于彭州窖藏出土的战国铜矛。⑨ 这说明三星堆文化与中原文化有着较强的文化共性,属于一个文化体系,三星堆文化在与中原文化交流的同时,延续着自己的区域文化特色。

---

① 余太山《贵霜史研究》,商务印书馆,2015 年,第 13 页。

② 于孟洲、王玉霞《三星堆文化东向交流的区域性特点研究》,《三代考古》2018 年第 00 期,第 124—139 页。

③ 四川省博物馆《四川新凡县水观音遗址试掘简报》,《考古》1959 年第 8 期,第 404—410 页。

④ 徐鹏章《成都方池街古遗址发掘报告》,《考古学报》2003 年第 2 期,第 297—316 页。

⑤ 李昭和、翁善良、张肖马、江章华、刘钊、周科华《成都十二桥商代建筑遗址第一期发掘简报》,《文物》1987 年第 12 期,第 1—23、37 页。

⑥ 四川大学博物馆、成都市博物馆《成都指挥街周代遗址发掘报告》,《南方民族考古》1987 年第 1 期,第 171—210 页。

⑦ 四川省文物考古研究所《三星堆祭祀坑》,文物出版社,1994 年,第 439 页。

⑧ 四川省文物管理委员会、四川省博物馆、广汉县文化馆《广汉三星堆遗址》,《考古学报》1987 年第 2 期,第 227—254、281—286 页。

⑨ 成都文物考古研究所、彭州市博物馆《四川彭州市龙泉村遗址战国遗存》,《考古》2007 年第 4 期,第 26—32 页。

田一平认为,三星堆文化和哈拉帕文明在太阳崇拜上具有相似性,巴蜀地区的青铜剑与哈拉帕青铜剑有来源关系。①

余先生始终未讨论三星堆出土青铜器的矿料来源、产地、化学成分和制作工艺,其假说缺乏科学和实质性证据。

金正耀、②郝荣定、③崔剑锋④等学者的矿料来源分析结果表明,三星堆一、二号器物坑出土青铜器的铸造年代相距不远,采用了同一矿产地的有高放射性成因铅的铅料。这种铅料集中在滇东黔西地区,其来源为玉垒山支脉和光光山支脉部分地区。具有三星堆文化特色的大部分青铜器原料可能由工匠携带到三星堆,然后加工生产。由此可知,三星堆的矿料来自长江中游地区。

曾中懋采用电子探针成分分析法和电子显微镜能谱分析法,分别于 1987 年、⑤1989 年⑥分析了三星堆青铜器的成分,结果表明,三星堆青铜器合金类型可分为纯铜、锡铜、铅铜和锡铅铜等四种类型,前三种对应的主元素含量变化范围分别为 62.91%～99.05%、0.03%～15.71%、0.03%～32.71%,大部分青铜器存在气孔和铸造缺陷。马江波等学者采用电感耦合等离子体质谱法(ICP - MS)和电感耦合等离子体发射光谱法(ICP - OES)分析了三星堆铜器的主量和微量元素、类型和部分典型器物的金相;结果表明,三星堆青铜器不同器类的合金配比存在差异;与金沙、汉中和新干铜器群比对发现,三星堆铜器的铅含量高于其他铜器群。⑦ 赵春燕对比三星堆和安阳殷墟铜器的化学成分数据发现,殷墟青铜器中锡的含量高于三星堆,同时二者微元素含量区别大,说明二者可能有不同的矿料来源。⑧ 发掘者陈德安认为,三星堆的青铜器由蜀人自己铸造的。⑨

俞健等人研究三星堆出土铜方罍铸造工以后指出,其盖上脊棱的鸟饰与钮同属铸铆式后铸,而方罍肩部的鸟饰是浑铸成形,二者采用了不同的铸造技术;方罍圈足的局部加厚做法和三星堆圆罍、城固苏村和巫山李家滩大口尊相同,为典型的南方风格。⑩ 俞杨阳分析了三星堆几件典型青铜器的焊接技术,发现三千年前的古蜀工匠已经熟练掌握了青铜铸造技术,灵活运用铸接、铸铆、铜液铆焊以及分段铆接的焊接技术,其水平领先于同期

① 田一平《三星堆与哈拉帕文明四要素之比较研究》,四川省社会科学院,2018 年。
② 金正耀、马渊久夫、Tom Chase、陈德安、三轮嘉六、平尾良光、赵殿增《广汉三星堆遗物坑青铜器的铅同位素比值研究》,《文物》1995 年第 2 期,第 80—85 页。
③ 李春丽、赫荣乔《三星堆青铜文明矿物资源的探索》,《科学中国人》2008 年第 2 期,第 88—90 页。
④ 崔剑锋、吴小红《三星堆遗址祭祀坑中出土部分青铜器的金属学和铅同位素比值再分析——对三星堆青铜文化的一些新认识》,《南方民族考古》2013 年第 1 期,第 237—250 页。
⑤ 曾中懋《广汉三星堆一、二号祭祀坑出土铜器成分的分析》,《四川文物:广汉三星堆遗址研究专辑》,成都,1989 年,第 76—80 页。
⑥ 曾中懋《广汉三星堆二号祭祀坑出土铜器成分的分析》,《四川文物》1991 年第 1 期,第 72—74 页。
⑦ 马江波、金正耀、田建花、陈德安《三星堆铜器的合金成分和金相研究》,《四川文物》2012 年第 2 期,第 90—96 页。
⑧ 赵春燕《各具特色的殷墟与三星堆青铜器的化学组成》,《三代考古》2011 年,第 314—323 页。
⑨ 陈德安《三星堆遗址》,《四川文物》1991 年第 1 期,第 63—66 页。
⑩ 俞健、苏荣誉、郭汉中《三星堆青铜方罍铸造工艺研究》,《科技资讯》2018 年第 21 期,第 255—256 页。

的中原地区。① 崔剑锋等人的金相显微镜分析表明,三星堆文化的青铜制作工艺和殷商青铜器制作工艺都属于范铸工艺系统,三星堆青铜器合金配比技术仍属于夏商周时期中原文化青铜器合金技术传统的范畴。②

最后,三星堆文化的年代范围为公元前 1700～前 1200 年,③这与古提人和吐克里人开始动迁的时间相差很多。

从上可知,三星堆出土青铜器是古蜀本地产品,并非西来,其矿料来源、产地都在我国境内,化学成分和制作工艺虽具有地方特征,但属于商周中原技术范畴,器形和纹饰上更接近中原同期的器物。余先生指出的这几件青铜器在三星堆青铜器中是极少数,是否通过对外交流而来需另作讨论,但是三星堆文化的绝大多数器物的形制来自本地和中原。三星堆文化的陶器反映出其与中原文化存在很强的共性,属于一个文化范畴。同时,三星堆文化与境外文化存在着交流,出土铜器证明了这点。

七、总　结

语言学证据表明,古提人和吐克里人的东迁可能为史实,但是二者最远到达新疆哈密一带,未进入甘青地区,更未到达四川若水。颛顼为神话人物,其历史存在可疑。月氏人属于印欧语系,但具体为印欧语系的哪一支仍待讨论,不可仅凭传统文献确定其语言。考古学和体质人类学的研究表明,四川盆地未发现印欧人群的足迹。典型器物不能等同于种族,更不能作为判断种族的指标。三星堆出土的青铜器风格虽类似于地中海沿岸文化,但其矿料来源地和产地都在中国,其化学成分和制作工艺也都属于商周中原技术范畴,器形和纹饰更接近中原器物。三星堆文化可能借助南方丝绸之路,与哈拉帕文化等南亚和西亚文化进行了交流,吸收了部分艺术因素,形成了独具特色的青铜器艺术。基于以上原因,余先生"月氏人来自四川"假说不能成立。

致谢:

在本文的撰写过程中得到了南京大学历史学院考古文物系贺云翱教授、周学鹰教授、张敬雷老师和刘硕同学,西北大学文化遗产学院李雨生老师,任萌老师和马健教授的支持和帮助,他们对本文提出了很有建设性的修改意见,作家刘浚在英文概念的使用上提供了帮助,在此一并感谢。

Questioning the hypothesis that the Yuezhi originated in Sichuan
Nurakhmat Akhat, Zhang Liangren Nanjing University

Abstract: In his book *Study of Kushan History*, Yu Taishan advanced the

---

① 俞杨阳《三星堆青铜器焊接技术比较研究》,《哈尔滨学院学报》2014 年第 35 卷第 1 期,第 122—124 页。

② 崔剑锋、吴小红《三星堆遗址祭祀坑中出土部分青铜器的金属学和铅同位素比值再分析——对三星堆青铜文化的一些新认识》,《南方民族考古》2013 年第 1 期,第 237—250 页。

③ 孙华《三星堆遗址与三星堆文化》,《文史知识》2017 年第 6 期,第 3—10 页。

hypothesis that the Guti and Tukri peoples migrated from Iran eastward to become the ancestors of two peoples recorded in the pre-Qin literature of China. The Tukri people became the ancestors of the "Daxia" people; a branch of the Guti people reached Ruoshui in Sichuan Province, where they formed the Zhuanxu tribe, predecessor of the Yuzhi people; after the death of Shun, a part of them migrated northwestern China and became the Yuezhi people, a branch of this people possibly reached the valleys of the Ili and Chu Rivers, where they joined the Saka people. The hypothesis, apart from the aforementioned meager linguistic evidence, was based on the close resemblance of bronze statues, gold staffs and gold masks unearthed from Sanxingdui with Mediterranean bronze objects in form, style and function. Such hypothesis, however, is not tenable from the perspective of the presently available linguistic, physical anthropological and archaeological evidence.

Keywords: Guti; Tukri; Yuezhi; Tochari; Sanxingdui

（本文作者分别为南京大学历史学院考古文物系考古专业研究生、教授）

沙·马合木·楚剌思
《寻求真理者之友》(节选)译注(下)*

刘正寅

三十多年前,笔者在南京大学历史系读本科时,即师从刘迎胜老师学习波斯语。本科毕业后又继续在历史系元史研究室读硕士、博士学位,刘老师是导师之一;波斯语的学习也得以继续。刘老师除讲授基础波斯语外,还为我们开设了波斯语历史文献研读,选读的文献中就包括了沙·马合木·本·米儿咱·法孜勒·楚剌思(Shah Mahmud ibn Mirza Fazl Churas)的《寻求真理者之友》(Anis al-Talibin)的部分章节。

《寻求真理者之友》大约于 17 世纪末期用波斯文写成于叶尔羌汗国统治下的塔里木盆地。书中记述了西域伊斯兰教派的谱系与道统,"圣徒"们的活动与大量"奇迹",特别是有关明清时期西域伊斯兰教派和卓家族黑山派、白山派的活动,反映了当时察合台后王叶尔羌汗统治下的天山南部地区的政治、社会状况,是一部重要的波斯文著作。作者沙·马合木·本·米儿咱·法齐勒·楚剌思出自叶尔羌汗国权贵、楚剌思部贵族家族。这个家族的代表人物一直与黑山派和卓保持着密切的关系,沙·马合木·楚剌思本人便是黑山派和卓的虔诚信徒。这些都为他写作该书提供了有利的条件,但同时也决定了作者不可能完全客观地反映史实,特别是在黑山派、白山派的斗争问题上,叙述更是带有明显的倾向性和感情色彩。沙·马合木·楚剌思除此书外,还著有一部有关叶尔羌汗国的波斯文编年史。该书比《寻求真理者之友》早完成 20 年,前半部摘编自 16 世纪中叶写成的马黑麻·海答儿·朵豁剌惕(Mirza Muhammad Haydar Dughlat)的《拉失德史》(Tarikh-i Rashidi),后半部分为作者根据自己的见闻书写,具有极高的史料价值。这部分后经苏联学者阿基穆什金(O. Ф. Aкимушкина)整理、俄译、注释,以《编年史》(Хроника)之名于 1976 年在莫斯科出版(Шах-Махмуд ибн Фазил Чурас, Хроника, Критический текст, пер., комм., иссл. и указ. О. Ф. Акимушкина, Москва, 1976,以下简称《编年史》)。①该著有关伊斯兰教派的相关记述在《寻求真理者之友》中亦有所反映,二者可以相互印证、勘比。因此,阿基穆什金将《寻求真理之友》中与《编年史》相关的这部分内容(自抄本 96 叶正面至结束)加以节选、整理,附于《编年史》书后。

《寻求真理者之友》仅有一个波斯文抄本传世,现藏于牛津大学图书馆,编号为 No.45。这部著作后来在叶尔羌(今新疆莎车)由阿布·满速儿(Abu Mansur)译为察合台文,书名为 Rafiq al-Talibin(其意仍为《寻求真理者之友》)。其中一个抄本藏于俄罗斯科学院东方学研究所圣彼得堡分所,编号为 B771。1973 年萨拉赫特金诺娃(М. А. Салахетдинова)把它摘译为俄文,收入《吉尔吉思人和吉尔吉思地区历史资料》第 1 辑(Материалы по

---

* 本文为国家社会科学基金重大项目"中国古代民族志文献整理与研究"(项目批准号:12&ZD136)阶段性研究成果。

① 参见魏良弢《沙·马合木·楚剌思〈编年史〉》,《民族研究》1987 年第 1 期。

истории киргизов и Киргизии，вып.I，Москва，1973)。

由于客观条件的限制,我们当年没有得到藏于牛津大学的波斯文抄本,阅读的是阿基穆什金在楚剌思《编年史》附录中的节选。当时刘老师带我阅读了这篇节选的上半部分。后来我根据刘老师的课堂讲授,将这部分翻译、整理出来,并加以注释,又经刘老师审阅,以"沙·马合木·楚剌思《寻求真理者之友》(节选)译注(上)"为题发表于《西北民族研究》1993年第2期。下半部分有待以后再译。二十多年过去了,由于工作繁忙,一直没有能完成后半部分的译注。其间蒙多位同道关心督促,笔者曾在2010年前后做过部分翻译,并在北京大学波斯语读书班上宣读过,得到了北京大学伊朗学研究所所长王一丹教授的指教;后又就翻译中的一些疑难问向王一丹教授和伊朗德黑兰大学乌苏吉(M. B. Vosooghi)教授请教,获益良多。又蒙新疆师范大学维吾尔族学者白海提博士慷慨惠赠牛津大学所藏该书波斯文抄本的复印件,使我终于得见该书原貌。① 当时曾计划仿阿基穆什金整理、译注《编年史》之例,把《寻求真理者之友》一书全部整理、译注出版。然无奈俗务缠身,无暇顾及,一晃数年而整理工作进展甚微。今欣逢刘老师七十华诞之际,学生勉强将三十年前余下的下半部分译出,并略加注释,以此感谢老师三十余年来的栽培之恩,祝老师身体健康,学术之树常青。②

本文汉译仍据《编年史》附录中阿基穆什金节录整理的部分(以下简称"原文"),同时参考牛津大学藏波斯文抄本。抄本没有页码,本译文方括号[ ]中所标页码为阿基穆什金在《编年史》中标注的《寻求真理者之友》波斯文抄本的页码,方头括号【 】中的数字为《编年史》俄译本页码。

【338】[第103叶正面]

第四章　真主之友的若干记述

和卓玛木特·阿布都拉(Khwaja Muhammad ʿAbdallah)③——愿真主使其灵魂圣洁,愿真主怜悯他并赐福于他④——以哈兹拉特和卓木·帕德沙(Khwajam Padshah)著称,他是哈兹拉特·阿齐赞(Hazrat-i ʿAzizan)⑤即和卓沙迪(Khwaja

---

① 特此向在本研究中给予指教与帮助的师友一并致谢,唯文中错误由笔者本人负责。

② 本文初稿完成于2017年初刘迎胜师七十华诞之际,收入本刊时又做了部分修改。

③ Khwaja,波斯语,其突厥语拼写形式为Khoja,汉译有"和卓""火者""虎者""霍加""和加"等,清官方文献一般汉译作"和卓"。该词原意为显贵、主人、宦官等,后用于指哈里发阿布·伯克尔和欧麦尔的后裔及阿里除法蒂玛以外其他妻子所生的子孙。但明代西域伊斯兰教派纳克班底派首领玛哈图木·阿杂木(Makhudum-i ʿAzam,意为"伟大的主人")和卓一系据称是先知穆罕默德的后裔。玛哈图木·阿杂木子孙于明代及清初迁入当时处于叶尔羌汗国统治下的塔里木盆地,发展成为强大的宗教势力,并积极参与汗国政治,逐渐形成黑山派(Qara-taqlyq)、白山派(Aq-taqlyq)两个对立派别。和卓玛木特·阿布都拉即和卓黑山派鼻祖伊斯哈克·瓦里(Ishaq Wali,玛哈图木·阿杂木幼子)之孙。

④ 插入语,原文为阿拉伯语赞语;为便于理解,译文以破折号将其与正文分开。下同。

⑤ 沙·马合木·楚剌思在本书及《编年史》中,一般都不直书伊斯兰教"圣徒"的名字,而采用敬称。哈兹拉特(Hazrat),阿拉伯语,意为殿下、阁下;阿齐赞(ʿAzizan),阿拉伯语Aziz(敬爱的人、受尊敬的人)的波斯语复数形式。此处用来敬称和卓沙迪。在本书第98叶有关于和卓沙迪叙述中,又称其为阿齐孜拉尔·和卓木(ʿAzizlar Khwajam)。阿齐孜拉尔(ʿAzizlar)为ʿAziz的突厥语复数形式,和卓木(Khwajam)为Khwaja加突厥语领属第一人称单数后缀-m,意为"我的和卓"。

Shadi)①——愿真主使其坟墓圣洁——在本书中写作哈兹拉特·依禅的长子,②(与)其幼子[第103叶背面]马吉祖布(Majzub)是同母兄弟。他③眼光奇异,低微的世界及其民众在他的眼里毫无意义。每个人来拜访他,他都令读《古兰经》。他是一个有威望的人。他高贵的年龄到达27岁后,即从瞬息家园转到永恒殿堂,葬在了阿勒屯(Altun)④(他)伟大父亲充满光明的麻扎旁。

【339】叙述本书作者亲眼所见。尤勒巴尔斯汗(Yulbars Khan)⑤有个姨妈名叫沙札德·玛希木(Shahzade Mahim),是米儿咱·阿布哈迪·马克里特(Mirza Abu al-Hadi Makrit)的女儿、米儿咱·雅库布·楚剌思(Mirza Yaᶜqub Churas)的妻子。⑥ 雅库布伯克与她离婚后,尤勒巴尔斯汗就与阿帕克和卓(Afaq Khwaja)⑦联姻,成为他虔诚的信徒。努儿丁汗(Nur al-Din Khan)⑧听到此事,派努尔·阿曼·达鲁噶(Nur Aman Darugha)⑨前往叶尔羌,全力邀请哈兹拉特和卓木·帕德沙。努尔·阿曼离开阿克苏来到叶尔羌,将带有努儿丁汗印戳的书信呈献给他阁下。⑩ 和卓木·帕德沙——愿其墓地神圣——以努儿·阿曼·达鲁噶为向导,从叶尔羌城前往阿克苏城。在接近阿克苏城时,努儿丁汗偕长者、幼辈、众阿米尔、大臣前往迎接。汗和低贱、高贵之辈都获得了拜谒那位哈兹拉特阁下⑪的荣誉,而后者则为阿克苏城带来全部的爱。努儿丁汗完全象一个奴隶一样履行着职责。这一消息传到了尤勒巴尔斯汗耳中,他的妒忌占了上风,[第104叶正面]怒火中烧。努尔·阿曼再次来到了叶尔羌,他在(返回)阿克苏的途中被擒获,带到了

---

① 又名玛木特·叶赫亚(Muhammad Yahya),系和卓伊斯哈克·瓦里的幼子,在其父卒后成为黑山派领袖。

② 《编年史》抄本第72叶正面(《编年史》波斯文第70页):"哈兹拉特·阿齐赞——愿其墓地圣洁——有两个儿子,其年长者名叫和卓马木特·阿布都拉(Muhammad ᶜAbdallah),年幼者名叫和卓江(Khwaja Jan)。"哈兹拉特·阿齐赞即和卓沙迪。关于西域和卓家族的谱系,参见刘正寅、魏良弢《西域和卓家族研究》,中国社会科学出版社,1998年。

③ 指玛木特·阿布都拉的同母兄弟,和卓沙迪的幼子。

④ 阿勒屯(Altun),突厥语,意为金;常用作突厥语的地名、人名等专有名词。这里指阿勒屯麻扎(Altun Mazar),系叶尔羌汗廷墓地,葬有叶尔羌汗国诸汗及和卓黑山派首领和卓沙迪等。遗址位于今新疆莎车县。

⑤ 叶尔羌汗国阿布都拉哈汗长子,时镇守喀什噶尔。

⑥ 《编年史》俄译第234页载:"尤勒巴尔斯汗为米儿咱·阿布哈迪·马克里特的女儿所生。"本研究过程中参考、利用了业师魏良弢先生的《编年史》汉译手稿,特此敬致谢忱。

⑦ 西域和卓家族白山派首领,名伊达雅图勒拉(Hidayatallah),称阿帕克和卓。其父玛木特·玉素布(Muhammad Yusuf)为玛哈图木·阿杂木长子玛木特·额敏(Muhammad Amin)之子,于明末清初迁入叶尔羌汗国,形成与黑山派对立的白山派。黑山派得到叶尔羌汗廷支持,白山派则与喀什噶尔等地方势力相联合。尤勒巴尔斯汗作为叶尔羌汗阿布都拉哈汗的长子,统治喀什噶尔,为发展自己的势力而成为白山派首领阿帕克和卓的信徒。

⑧ 阿布都拉哈汗次子,时镇守阿克苏,是其兄尤勒巴尔斯汗的竞争者。

⑨ 达鲁噶(Darugha),又作都尔噶(Durugha),为伯克官职名。《西域图志》卷三〇《官职二》"附回部旧官制":"都尔噶伯克,阿奇木首领官。"《西域同文志》卷一二"泊拉特"条注曰:"官七品都尔噶伯克。都尔噶,回语,都尔犹云隶属也,噶首领之称。为阿奇木首领官。"

⑩ 即和卓木·帕德沙。

⑪ 即和卓木·帕德沙。

喀什噶尔。尤勒巴尔斯汗出于妒忌而杀害了他。① 哈兹拉特·和卓木·帕德沙很不高兴："要降临到尤勒巴尔斯汗的就降临吧。"这句简略的话的意思是指在阿布都拉哈汗与尤勒巴尔斯汗父子之间出现了明显的敌视与争执。尤勒巴尔斯汗是一个生性勇敢、机灵、有抱负的人，但是他的头脑受过伤害。他曾从马上摔下来，变得行为鲁莽，无缘无故地冒犯别人，贬低高贵的人，情绪瞬息万变，是一个轻率而疯狂的王子。② 他企图从父亲手里夺取并拥有叶尔羌的统治权，迫使阿布都拉哈汗离开。他每天向阿布都拉哈汗的阿米尔们寄出书信，他的要求使阿布都拉哈汗——愿真主使其汗位明亮——感到害怕，担心失去汗位。汗发现了这一阴谋，于是派人到努尔丁汗和哈兹拉特·和卓木那里。尤勒巴尔斯汗与额什木汗（Ishim Khan）③的女儿生有一个女儿，名叫汗札德·哈尼木（Khanzade Khanim），给了叶尔羌人太阳般的面容和月亮般的品质，在牌-阔巴克（Pa-yi Qobaq）④殉难了。阿訇（Akhund⑤）毛拉·玛木特·额敏·扎赫尼（ Mulla Muhammad Amin Zahni）阻止汗做此耻辱之事，（试图）说服汗。汗哭了，说："把我抓起来交给尤勒巴尔斯汗吧。"阿訇——愿仁慈降临于他——发誓保卫汗的安全。他们杀死了汗札德·哈尼木［第104叶背面］，派人到和田把乌拜都拉苏勒檀（ᶜUbaidallah Sultan）也杀害了，他是尤勒巴尔斯汗的长子。⑥ 哈兹拉特和卓木·帕德沙与努尔丁汗一起从阿克苏来到叶尔羌。尤勒巴尔斯汗……⑦逃向卡尔梅克（Qalimaq）。这就是那位哈兹拉特⑧的奇迹之一，愿真主怜

---

① 这一事件在作者的另一部著作《编年史》中亦有所反映。《编年史》波斯文第85页（抄本第78叶背面）、俄译第233页："努尔丁汗遣米儿·阿曼·克勒克雅喇克（Mir Aman Kirak Yaragh）把哈兹拉特·阿齐赞从叶尔羌带到阿克苏。尤勒巴尔斯汗对哈兹拉特·阿齐赞很无礼……努尔丁汗认为机不宜迟，预先得到了高飞的雄鹰。这正是尤勒巴尔斯汗不幸的原因。"这里哈兹拉特·阿齐赞显然就是那位和卓木·帕德沙，但派出的使者是米儿·阿曼·克勒克雅喇克，与本文的努尔·阿曼达昔噶不同。克勒克雅喇克与达鲁噶都是职官名。《西域同文志》卷一三《天山南路回部人名三》"阿布都色墨特"条："克勒克雅喇克，回语、蒙古语同，谓一切事宜也，职理外藩税务。"《西域图志》卷一二《官职二》"附回部旧官制"："克勒克雅喇克伯克，商贾贸易征收其税入者。"《西域地理图说》卷二《官职制度》："居十一者，克勒克雅拉克伯克。照管外来贸易人等，并听阿奇木之指挥，调理诸凡杂事之职。"（（阮明道笺注《西域地理图说注》，延边大学出版社，1992年，第39页）

② 沙·马合木·楚剌思在《编年史》说："尤勒巴尔斯汗由米尔咱阿布·哈迪·马克利特的女儿所生。他八岁时被任命为喀什噶尔统治者，在那里统治了三十年。他的秉性是好暴力和叛乱。喀什噶尔居民贫困，处于水深火热之中。他关心军人，但同时又惩罚有了点嫌疑的人。"（《编年史》俄译第234页，波斯文第85页）

③ 额什木汗是哈萨克历史上的重要首领，17世纪上半叶在位期间致力于对哈萨克汗国的统一，曾利用叶尔羌汗国的内部矛盾向东扩展势力。

④ 本书下文（抄本108叶正面）又将Pay-Qobaq与城门、大门连用，作Darvaze-ye Pay-Qobaq（意为牌—阔巴克门）。阿基穆什金在《编年史》中把读作Пай-Кобак，认为是叶尔羌邻街街坊区的大门。参见《编年史》注释333，第318页。

⑤ 原文作ىخاونآ（Akhundi），校注者阿基穆什金改为دنوخآ（Akhund）。

⑥ 《编年史》对此记载（波斯文第87页，俄译第236页）："星期一（=10月9日）在牌·阔巴克（Пай-Кобак）杀死了尤勒巴尔斯汗的女儿，她名叫汗札德·哈尼木。此后，汗给和田发布如下命令：'让玛木特·哈斯木伯克和阿米尔们关照我的安全，赐苏勒檀死，装备军队立即来叶尔羌。'阿米尔们遵令照办，他们把（乌拜都拉）苏勒檀的亲信们投入监狱，强迫苏勒檀在和卓·阿布都·拉贾塔尔住宅喝了殉难者的饮品。乌拜都拉苏勒檀统治了四年又三个月，终年十八岁。"

⑦ 原文难以辨认，校订本此处用省略号表示。

⑧ 指和卓木·帕德沙。

悯他并赐福于他。双行诗:

【340】虔信者心中不罹悲痛,真主不使任何部族蒙羞。①

　　再述本书作者亲眼所见。阿布都拉哈汗为了袭击伊勒登台什(Ildang Taishi)②的兄弟苏迈儿(Sumar),③从叶尔羌出发前往裕勒都斯。汗与和卓木·帕德沙——愿真主使其墓地芬芳——一起到达阿克苏。努尔丁迎接汗和哈兹拉特·阿齐赞。④ 努尔丁汗担任前导,抵达裕勒都斯,突袭了苏迈儿。父子之间出现争执。他们从裕勒都斯向察力失方向进发。阿布都拉哈汗每天都要宣布许多处罚。我出席了哈兹拉特·和卓木(Hazrat-i Khwajam)⑤——愿怜悯与仁慈降临于他——的吉祥聚会。有人过来对他阁下⑥说:"汗正在发出威胁和恫吓:玛哈图木札德(Makhdumzade)⑦的人减少了,其中一些人从山隘返回来了。我们要抢劫这些人,我们要绞死这些人。它指派给了库车的和卓·弗剌德·哈里发(Khwaja Fulad Khalifa)及其兄弟们。我们的作为就是要教训世人。"他阁下发火道:"这些人是无辜的。他们没有必要通过阔依纳格(Kuyknag)⑧山隘[第105叶正面]。光荣的、至高无上的真主知道那些贫穷的人。汗对那些人无能为力,他们当然能从汗的手里逃脱出来。愿真主保佑! 艰难的事就在前面。"这次谈话后七天,汗被卡尔梅克军队击破,惨遭溃败。阿米尔之长如玛木特·穆敏·苏勒檀(Muhammad Mumin Sultan)是叶尔羌阿奇木汗的阿塔利克(ataliq),⑨与弗剌德伯克、艾尔伯(ʿArb)伯克、阿布海儿苏勒檀(Abu al-Khayr Sultan)、奈纳克苏勒檀(Naynaq Sultan)、桑贾儿苏勒檀(Sanjar Sultan)、阿布都拉合曼(ʿAbd al-Rahman)伯克(都)殉难了。军队溃散,汗仅以身免。哈兹拉特·和卓木——愿真主使其灵魂圣洁——激励汗到库车城。叶尔羌与和田的人民得以免遭汗

---

　　① 这首诗原文为 تا دل مرد خدا نامد بدرد *هیچ قومی را خدا رسوا نکرد。其中 نامد 一词阿基穆什金在《编年史》附录中校勘为 نامه。误。据抄本改。该诗的翻译承蒙伊朗德黑兰大学乌苏吉教授、北京大学王一丹教授指教,并得到中国社会科学院民族文学研究所阿比古丽博士的帮助。特此致谢。

　　② 蒙古语作 Ildan Tashi,卫拉特蒙古辉特部领主,波斯语文献又作速勒檀台什(Sultan Taishi)。

　　③ 苏迈儿与其兄弟伊勒登均为辉特部领主,游牧于天山裕勒都斯草原。

　　④ 原文为 کرد استقبال را عزیزان حضرت و خان الدین نور,可以理解为"(他)迎接努尔丁汗和哈兹拉特·阿齐赞",也可理解为"努尔丁迎接汗和哈兹拉特·阿齐赞"。从上下文看,应该是后一种理解。但作者在本书及《编年史》中一般是称努尔丁汗或苏尔丁速勒坛(早期),故此处很可能是由于在努尔丁后面已经有了一个خان(汗),则努尔丁汗的خان(汗)就少写了。哈兹拉特·阿齐赞即和卓木·帕德沙。

　　⑤ 即和卓木·帕德沙。

　　⑥ 指和卓玛木特·阿布都拉,即和卓木·帕德沙。

　　⑦ Makhdumzade 作为普通名词,意为贵族子弟(makhdum 意为"主人",-zade 表示"后人""后裔")。沙·马合木·楚剌思在本书和《编年史》中一般用来称呼西域和卓家族之祖玛哈图木·阿杂木的后人,此处指和卓玛木特·阿布都拉,即和卓木·帕德沙。

　　⑧ 原文抄本作 کویکنک(Kuyknak),阿基穆什金作为摘录收入《编年史》附录时,改作 کوینگ(Kuynag);在《编年史》波斯文第79页作 کویکاناک(Kuykanak)。

　　⑨ 突厥语,意为"父位接替者",叶尔羌汗国重要官职,为汗的监护人或导师,略同于汉语中的太傅。参见魏良弢《叶尔羌汗国史纲》,黑龙江教育出版社,1994年,第166页。

的怒火。① 据说阿布都拉哈汗——愿其坟墓光明——离开叶尔羌汗位前往麦加和麦地那。哈兹拉特·阿齐赞②前往阿克苏。米儿咱·海答儿(Mirza Haydar)伯克、哈色木(Qasm)伯克、米儿咱·谢儿达勒(Mirza Shirdal)、米儿咱·阿奇木(Mirza Hakim)和本书作者及其他一些人陪同他阁下抵达阿克苏。阿克苏的长幼贵贱出来迎接。简言之,阿克苏城安宁下来了。在主麻夜的一个晚上,本书作者沐浴,动身前往哈兹拉特·阿齐赞那里,我们进入梦乡,米儿咱·阿奇木殉难了。我看见他和米儿咱·提尼(Mirza Tiny)伯克两人在一群人中间。我看到了每一个人,【341】(但)我没有靠近。有人说阿訇·和卓·纳西儿(Akhundi Khwaja Nasir)在场。我没有看到那位阿訇(Hazrat-i Akhund)。我站在惊慌失措的人群③中间。人们抬出了一具尸体。[第105叶背面]因为祈祷还没指定领拜的伊玛目,哈兹拉特和卓木·帕德沙——愿真主使其坟墓圣洁——出现了,开始带领祈祷,阿訇·和卓及所有人跟随着做。尸体的祈祷结束,我满怀敬意向阿訇·和卓询问这是谁的尸体。阿訇·和卓回答说:"这是尤勒巴尔斯汗的尸体,我们在为他做祈祷。"我心感幸运。人们抬走了尸体。我从梦中醒来,心怀欢喜。晨礼过后,我赶忙去拜见哈兹拉特·阿齐赞。他阁下微笑着看着我们说道:"米儿咱·沙·马合木昨晚为尤勒巴尔斯汗的尸体做祈祷了。"阿訇毛拉·米儿·舍里甫(Akhundi Mulla Mir Sharif)、哈赞法儿(Ghazanfar)伯克在场。哈赞法儿说:"沙·马合木伯克是学识渊博的人,他的梦希望能够成真。"他阁下说:"嗨,米儿咱哈赞法儿,米儿咱·沙·马合木是一位说实话、做善事的人。他是做了这样的梦。"将我的梦如此这般地讲述给了全体人员,但是没有讲述他自己为尤勒巴尔斯汗尸体领拜,说贵人为他的尸体做了祈祷。我没有对另外的人透露过这个梦。我们动了怜悯之情。我哭了起来。他④暗示我不要公开这一秘密,我马上使自己恢复了常态。这一事件之后49天,忽歹·比儿迪·克勒克雅喇克(Khuday Birdi Karak Yaragh)到来,带来了尤勒巴尔斯汗死去的消息,随后巴基(Baqi)来吁请。⑤ 伊思玛业勒汗(Ismaᶜil Khan)——愿其坟墓明亮——与和卓木·帕德沙一道向叶尔羌[第106叶正面]进发。汗在哈兹拉特·和卓木——愿真主使其坟墓圣洁——的帮助下登上了父、祖的宝座。和卓木·帕德沙——愿真主使其墓地芬芳——是一位与生俱来的瓦里(wali),⑥他从不关心这个世界,尘世的财物在他面前没什么价值,阿拉伯马比不上小山羊的价值,夜明珠比不上牲口脖子上装饰的玻璃球。如果要叙述他的慷慨、雄心、宽容、机智,则要单

---

① 本书作者在《编年史》中比较详细地记载了阿布都拉哈汗与努尔丁汗之间在进攻卫拉特苏迈儿部时由于努尔丁汗所部获取了较多战利品而导致双方发生矛盾,并简单而隐晦地记载了阿布都拉哈汗与和卓玛木特·阿布都拉即和卓木·帕德沙之间也产生了矛盾,结果"大祸降临到汗"。见《编年史》俄译第227—228页。

② 指和卓木·帕德沙。

③ 原文抄本此处字迹模糊不清,阿基穆什金收录在《编年史》附录识读为از دحام خــيران,但这无法解释,应该是از دحام حـيران(izdiham-i hiran),意为"惊慌失措的人群"。

④ 原文为ایشان(ishan)为人称代词第三人称复数,此处用作第三人称单数,指和卓·帕德沙,以示尊敬。

⑤ 《编年史》(波斯文第98页、俄译第247页)载:"在杀死阿里-沙伯克后,艾尔肯伯克和乌什喀·贾伊桑向喀什噶尔进发。他们派巴基伯克和忽歹·比儿迪·克勒克雅喇克对汗说:'愿他往叶尔羌。'汗备好战时必用的武器和粮食,向叶尔羌进发。"

⑥ 阿拉伯语,复数为awliya',指真主之友或圣徒。

独著书。概言之,他于(伊斯兰)历 1049 年从空无的隐匿踏入有知的原野,①享年 47 岁。本书作者以بشر ثانى واگو(bashir sani wagu)②表年,为哀悼他阁下而写下了这首四行诗。四行诗如下:

命运让人哭喊千遍,
悲伤的心闭而不开。
【342】岁月在心间烙下致命的悲痛,
啊,另一个悲痛烙在反叛者头上。③

结尾　记述哈兹拉特·达尼牙勒·和卓木——愿其生命永长

哈兹拉特·和卓木·帕德沙吉祥的儿子为四兄弟。三个吉星的儿子出自一个母亲,他们较小的两兄弟在痕都斯坦(Hindustan)收到了至高无上的真主的慈悲。④ 他们的长兄名叫和卓·舒艾布·和卓(Khwaja Shuᶜaib Khwaja)。哈兹拉特·阿齐赞⑤在痕都斯坦从虚荣的宫殿转移到了欢乐之家⑥。他阁下尊敬的妻子以哈兹拉特·阿噶吉(Hazrat-i Aghaje)闻名,与玛哈图木后人(Makhdumzade)和苏来曼和卓(Suleyman Khwaja)一起,把他阁下伟大的尸体由痕都斯坦运往玛维兰纳儿(Mawara' al-Nahr)⑦。哈兹拉特·和卓·舒艾布·和卓木与哈兹拉特·达尼牙勒·和卓木、阿噶吉、苏莱曼和卓不同,他动身前往叶尔羌。[第 106 叶背面]哈兹拉特·和卓木⑧与阿噶吉阻止(他)。他行动不为所阻,来到叶尔羌。他的消息传到(叶尔羌)城里,阿帕克和卓——尘土蒙住了善良和信仰的眼睛⑨——派人去把那位高贵并有学问的和卓⑩送上慷慨殉教的品级。⑪ 这个背信弃义的狡猾的苍天没有宽恕(这个)青年⑫。此后谋杀公开,光荣的宗教事务被耽搁了下来。然而先知穆罕默德——愿真主问候他并降平安于他——的奇迹使他们消失了。情况将永

---

① 意指出生。
② بشر ثانى واگو 每个字母代表的数字相加,即 2 + 300 + 200 + 500 + 1 + 50 + 10 + 6 + 1 + 20 + 6 = 1096,表示死于伊斯兰历 1096 年。
③ 这首诗的翻译承蒙王一丹教授、乌苏吉教授指教。特此致谢。
④ 意为死亡。
⑤ 指前文的和卓木·帕德沙,即和卓玛木特·阿布都拉。
⑥ 意为死亡。
⑦ 阿拉伯语,意为"河外之地",指阿姆河北岸地区;文献中一般用来指称阿姆河、锡尔河之间地区。西域和卓家族之祖玛哈图木·阿杂木的故乡即位于费尔干纳的哈散,玛哈图木·阿杂木及其子和卓伊斯哈克(和卓黑山派之祖)即葬于此。参见刘正寅、魏良弢《西域和卓家族研究》,中国社会科学出版社,1998 年。
⑧ 指达尼牙勒和卓。
⑨ 指有违善良和信仰。
⑩ 指舒艾布和卓。
⑪ 意为杀死。
⑫ 指苍天没有庇护舒艾布和卓使其免遭杀害。

远如此,每一个倒霉的人企图破坏伊斯兰宗教和信仰,那奇迹就会把他头朝下扔到地狱的底层。

记述本书作者以确信的眼睛看到的情况。蒙古之地(Mamlakat-i Mughuliya)①,包括哈密、吐鲁番、察力失、库车、阿克苏、喀什噶尔、英吉沙儿,包括八达克山、叶尔羌及其所属地区、和田,包括罗卜、怯台,近140年来毫无疑问是需要哈兹拉特·阿齐赞的。② 和卓木·帕德沙③——愿其好运久长——的书信到了,幸运没有降临阿克巴锡汗(Aq-bash Khan)。④ 阿克巴锡汗被俘,落入哈兹拉特人之手。那些不信主的人杀死了阿克巴锡汗,大多数吐鲁番人来迟了。

叙述哈兹拉特军队来到叶尔羌,该城两次被包围,哈兹拉特·和卓木与那支大军作战,那个背信弃义的部落溃败而逃。

简单地说,这一事件是这样的。哈兹拉特·达尼牙勒和卓木——愿其好运久长——登上了深受尊敬的伟大父亲的宝座[第107叶正面]。一些煽动者企图谋害他阁下。【343】哈兹拉特·和卓木获悉了他们的背叛阴谋。那群人对自己的谋谋感到羞愧,他们反叛了。吉尔吉思的阿米尔们如阿尔祖·玛木特(Arzu Muhammad)伯克、古什·库拉克(Qush Qulaq)伯克、和卓木·雅尔(Khwajam Yar)伯克、布台·雅尔(Buta Yar)伯克和其他一些人也准备好了军队,集合起来,率领喀什噶尔和英吉沙人,来到并包围了叶尔羌城。

据说马黑麻汗(Muhammad Khan)——愿其坟墓圣洁——登上统治之位。沙·海答儿·马黑麻速坛(Shah Muhammmad Sultan)是阿布都哈林汗(ʿAbd al-Karim Khan)——愿真主使其灵魂明亮——之子,马黑麻汗把他派往和田,以米儿咱·马黑麻·雅库布(Mirza Muhammad Yaʿqub)伯克为阿塔利克。乌兹别克的阿布都拉汗(ʿAbdallah Khan)与阿布都哈林汗是朋友。他反对马黑麻汗,为(攻打)马黑麻汗而向喀什噶尔和叶尔羌派出军队,一个名叫和卓木·库里·库什比基(Khwajam Quli Qushbigi)的人为军队首领。马黑麻汗由于哈兹拉特·阿齐赞的帮助,使蒙古之地从乌兹别克军队手

---

① مملکت مغوليه(Mamlakat-i Mughuliya),字面意思为"蒙古国",又作مغولستان(Mughulstan),意为"蒙古之地"。明至清代前期西域穆斯林作品中往往把天山南北称作蒙古之地,明代早期指天山以北察合台后王所领西域蒙古诸部游牧地区,后随着察合台后王退据天山以南,也用这一名称指称天山以南农耕区。这里指察合台后王统治下的叶尔羌汗国。

② 哈兹拉特·阿齐赞指和卓黑山派始祖伊斯哈克及其继承者。从和卓伊斯哈克东来叶尔羌汗国传教并建立起宗教统治地位至作者叙述的年代,按伊斯兰历计算,约140年。关于和卓伊斯哈克在叶尔羌汗国的传教时间及和卓黑山派的发展情况,参见刘正寅、魏良弢《西域和卓家族研究》第105—178页。

③ 这里的和卓木·帕德沙指和卓达尼牙勒。

④ 阿克巴锡汗(意为白头汗,突厥语,aq,白;bash,头),名马哈麻特·木明(Muhammad Muʾmin),系阿布都拉哈汗五弟、吐鲁番统治者巴巴汗(Baba Khan)第三子。1680年准噶尔首领噶尔丹在阿帕克和卓引导下南越天山,攻克叶尔羌城,兵俘伊思玛业勒汗,归并叶尔羌汗国。噶尔丹扶持先已归降准噶尔的吐鲁番统治者阿卜都里什特(ʿAbd Rashidi)为叶尔羌汗,代为统治天山以南地区。此人与阿帕克和卓矛盾尖锐,后又为准噶尔拘执伊犁,于康熙三十五年(1696)乘清朝与准噶尔战争投奔清朝。继阿卜都里什特之后,其二弟马哈麻特·额敏(Muhammad Amin)被扶立为叶尔羌汗,后在与阿帕克和卓斗争中失败被杀。此后其三弟马哈麻特·木明继立,人称阿克巴锡汗。参见刘正寅、魏良弢《西域和卓家族研究》第192—220页。

中得到了平安,保存了下来。乌兹别克军在蒙古军①的前头看到哈兹拉特·阿齐赞。②战斗在进行,乌兹别克人向阿布都拉汗和他的儿子阿布都墨明汗(ᶜAbd al-Mumin Khan)报告。阿布都墨明汗是一个神志错乱的人,他下令驱赶哈兹拉特·阿齐赞。不久他(阿布都墨明汗)被杀死,目的没有达到。此事就是那奇迹的明证和体现。[第107叶背面]吉尔吉思军没有把叶尔羌人放在心上。至高无上的真主对叶尔羌人民的境遇表示怜悯,赐予了哈兹拉特·和卓木。③ 吉尔吉思诸阿米尔把全体希布察克、胡什齐、奈曼和冲巴噶什,把全部勇士和巴秃儿都武装起来,第二次包围了叶尔羌城。④ 喀什噶尔和英吉萨尔的骑兵和步兵也一道前来。敌军做了非常充分的准备,全副武装,以十足的傲慢出现在叶尔羌人面前。他们从八个方向发起攻击。哈兹拉特·和卓木·帕德沙⑤给全体人民分配了阵地。他把充满金光的麻扎作为阵地留给了自己。敌人首先向他阁下的阵地发起攻击,开挖地道,架起梯子和炮架,猛烈攻击。他阁下也与自己的亲友一起战斗,就像七次历险(Haft-Khan)中的鲁斯坦姆(Rustam)⑥和传说中大战异教徒的高贵的阿米尔哈姆泽(Amir Hamuze)一样,(其英勇)不仅是未曾梦想过,而且是闻所未闻的。每一个敌人从墙上冒出来,就被投入地狱的底部;从墙洞里爬出来,就被拖过来,抓住,杀死。(敌人)攻击阿林·沙(ᶜAlim Shah)伯克的阵地。米儿咱·阿林·沙伯克是诸异密之首,也已武装起来,做好了准备,挥舞着武器进行打击,坚持着。阿尔祖·玛木特伯克亲自来到,开始厮杀,在墙上架起梯子和炮架,战斗进行得更加激烈。【344】[第108叶正面]。哈非兹·巴黑(Hafiz Baqi)伯克也和埋伏着(?)⑦的男人与米儿咱·阿林伯克一起,投入到大规模的战斗中。敌人射击,在墙上挖洞,从墙上冒出,米儿咱就把敌人拉过来,抓住,杀死。在哈兹拉特·和卓木的阵地上很多吉尔吉思军和喀什噶尔人被[打伤]和杀死。在阿林·沙伯克的阵地上被打伤或杀死(的敌人)差不多。吉尔吉思的阿米儿们和喀什噶尔人来到伊沙噶伯克(Ishk Agha Beg)⑧即沙·加法尔(Shah Jaᶜfar)伯克的阵地前,展开攻击。沙·加法尔伯克也武装起来,做好了战斗准备,站在那里。敌人来了,激烈的战斗发生了。吉尔吉思军队和喀什噶尔人发起如此(猛烈的)攻击,如果攻打厄尔布尔士(Alburz)山,⑨(厄尔布尔士山)也不能承受这种力量。他们架起梯子和炮架,他们挖掘地道,在墙上打洞。沙·加法尔伯克勇敢厮杀,战斗,击溃了敌人。吉尔吉思军队惊慌失措,有些被打伤,有些被杀死。沙·加法尔伯克是一个未曾历世的青年,然而他如此指挥,致使敌人和朋友都说"好样的"。事实上,这样的指挥从前的异密做梦都想不到。他是一位有雄心抱负、勇敢大胆

---

① 原文作لشكر مغول(Lashkar-i Mughul),字面意思为"蒙古之军",指叶尔羌汗国的军队。
② 指和卓伊斯哈克·瓦里。
③ 指和卓达尼牙勒。
④ 作者把前述马黑麻汗时期乌兹别克汗对叶尔羌城的围攻为第一次包围,故此处称吉尔吉思军的这次包围为第二次包围。
⑤ 指和卓达尼牙勒。
⑥ 波斯诗人菲尔多西《王书》史诗故事之一,讲述英雄鲁斯坦姆的七次历险。
⑦ 原文如此。
⑧ 《西域同文志》卷一二《天山南路回部人名二》"辟展属"阿尔租条下注:"伊沙噶,回语,司门之意,协理城村诸务者。"《西域图志》卷三〇《官职二》附"回部旧官制":"伊沙噶伯克,协同阿奇木以办理庶务,职任亦重,位即次焉。"是仅次于阿奇木伯克的职官。
⑨ 厄尔布尔士山脉位于伊朗北部,主峰达马万德山是伊朗最高峰。

的青年。牌—阔巴克门(Darvaze-ye Pay Qobaq)交了给沙·赛叶特(Shah Sayyid)伯克作为阵地。遭到了攻击,沙·赛叶特伯克也投入激烈的战斗,打伤了一些[第 108 叶背面],杀死了一些,敌人返回去了。明里(Minglik)伯克、纳吉(Naqi)伯克、马思基迪(Masjidi)伯克、胡达雅尔(Khuday Yar)伯克、都来(Daula)伯克和努肉孜·马木特(Nuruz Muhammad)伯克的阵地受到攻击,他们进行了激烈的战斗。敌人也全力投入,搭起梯子,架上炮架,挖掘地道。上述这些阿米儿们当然投入战斗。敌人溃败了,全部被打伤,一些被杀死。如此武装起来的军队,米儿咱·海答儿·曲列干(Mirza Haidar Gurgan)把吉尔吉思军队描写为蒙古斯坦丛林之狮,①由于哈兹拉特·和卓木·帕德沙②的英雄与勇敢而溃败了。对(敌人)架起梯子和炮进行攻击的每一处阵地,他阁下就出现在那里,伸张正义。那个肆无忌惮的、残忍的部落遭受沉重打击,退了回去。以外在的英勇、内在的谋略与奇迹,从击破阵列的巴秃儿和震慑心灵的勇士手中夺回了叶尔羌国土,维护了城市富人的财富平安。

完。安拉最清楚。

(本文作者为云南大学历史与档案学院教授)

---

① 米儿咱·海答儿·曲列干,即米儿咱·马黑麻·海答儿·朵豁剌惕,西域蒙古朵豁剌惕部军事贵族,于 16 世纪用波斯文写成史学名著《拉失德史》(Tarikh-i Rashidi)。

② 指和卓达尼牙勒。

元朝治理西藏的法律体系研究[*]

——以诏令为中心

张 林

摘 要:"因其俗而柔其人","帝师之命,与诏敕并行于西土",作为一个由边疆民族建立起来的大一统王朝,元朝对于西藏社会的治理不仅仅体现在一系列行政改革措施之上。通过推行"大札撒"蒙古法的适用元朝逐步构建了皇帝诏令、帝师法旨和西藏地方立法的常态化三级法律体系,确立了法律的权威地位,推动中央立法与西藏地方立法的良性互动,恩威并施,在提升对西藏社会治理的法制化水平的同时,不断增强国家的凝聚力。

关键词:大札撒;诏令;法旨;法律权威

蒙古族依靠强大的军事力量征服了亚欧大陆,在如此广阔的疆域内生活着汉族、藏族、女真族、党项族、维吾尔族等多个民族,很多民族在发展过程中都制定过成文法典、编撰过习惯法,在民族交流和融合过程中如何通过法制的方式实现对边疆的有效治理,不断增强国家凝聚力是元朝统治者始终关注的问题。而就西藏而言,元朝早期统治者并没有通过使用大规模武力征服的方式实现对西藏的管辖,而是选择了文明协商的方式与西藏政教领袖达成了共识,实现了对西藏的直接治理。对于元朝治理西藏的方略,《元史·释老传》中记载了这样一段文字:"及得西域,世祖以其地广而险远,民犷而好斗,思有以因其俗而柔其人,乃郡县土番之地,设官分职,而领之于帝师。……帝师之命,与诏敕并行于西土。"①有学者认为《元史》的上述记载说明,元朝"大力尊崇藏传佛教领袖,利用传统的宗教力量行使统治权"。② 但若如此,如何解释元朝在中央设立宣政院、在地方设立宣慰使司都元帅府和驿站,并建立完整的地方行政体系呢? 在八思巴致乌斯藏的信件中,八思巴不断阐释皇帝通过颁行法令治理西藏重要意义:"尤其当今大皇帝的心中怀有以公正的法度,护持整个国土……我曾多次奏请利益整个佛法及所有众人之事,请求颁发有益之诏令,众人心中当已明知。"③实际上,从成吉思汗"大札撒"到《忽必烈赐给僧人的珍珠诏书》,从忽必烈给绒地方的拉杰·僧格贝颁布的诏令到确定帕木竹巴万户与雅桑万户领地纠纷的诏令,诏令在中央治理西藏过程中发挥着无以替代的作用,而在适用诏令过程中元朝宣政院发布了大量帝师法旨,西藏地方的萨迦政权、帕木竹巴万户还结合自身实际情况制定了地方性规范,中央在实现了对西藏的有效治理的同时,不断推动西藏社会的法制化进程。

---

* 本文为国家社科基金项目"依法治藏与西藏社会治理的长效机制研究"(批准号:14CFX004)的阶段性研究成果,西藏民族大学教学改革与研究项目"《依法治藏》特色课程建设与实践"阶段性研究成果。

① 《西藏地方是中国不可分割的一部分(史料选辑)》,西藏人民出版社,1986 年,第 45 页。
② 罗贤佑《中国历代民族史元代民族史》,社会科学文献出版社,2007 年,第 235 页。
③ 许建英《中国西藏的治理》,湖南人民出版社,2015 年,第 53 页。

一、通过发布皇帝诏令元朝实现
对西藏社会的有效治理

(一) 诏令是一种"宣称"具有正当性的客观权威

按照《现代汉语词典》的解释,诏有告诉、告诫之意,而诏书则专指"皇帝颁发的命令"。① 有学者认为,"诏令类文体是指古代社会以'王言'即皇帝命令为主的下行公文,也包括那些官方命令性质或告示、晓谕天下民众的文体"。② 诏令自秦朝开始使用以来,历经汉唐以来的发展,形成了特殊的格式。从《大元通制》等元朝立法来看,诏令是与条格、断例并列的法律形式,但与其他法律形式不同的是诏令是一种以皇帝名义下达的法令,是一种"宣称"具有正当性的客观权威。《忽必烈赐给僧人的珍珠诏书》首先是以长生天"神谕"的口吻发布,再以皇帝意旨告知西藏僧俗各界,"此世间之完美,是由成吉思汗之法度而生,后世之福德,须依佛法而积聚",③人世间的和谐有序是因为法律的存在,因而人们在当下必须忠诚于法律,遵守法律。"普天之下莫非王土,率土之滨莫非王臣"——包容一切的君权解释了国家政治秩序的正当性,正是由于君权的存在才确保了稳定的社会秩序,正是由于君权的存在才划定了社会各阶层的法律义务,作为绝对权威发布的行为规范人们必须遵照执行。

(二) 诏令的灵活性符合元朝的立法原则

元朝在立国之后迟迟没有能够制定出全国适用的法典以填补《泰和律》被废止导致的法律空白,有人认为:"法之不立,其源在于南不能从北,北不能从南。然则何时而定乎?莫若南自南而北自北,则法自立矣。"④一方面,作为一个军事上的征服者和草原文化的代表者为了标示其权力的正统性,元朝统治者更愿意强调蒙古法的权威地位,加之担心发生类似金国女真族传统文化在吸收中原文化的过程中丧失自我特色,珍视"大札撒"在维护蒙古传统法制文化方面的重要地位,因而元朝统治者不可能全盘接受被征服的金国、西夏、南宋的法律制度和法律文化,而只可能建立一个"包括了蒙古法、汉法和回回法在内的多元法律联合体"。⑤ 另一方面,元朝各民族和各地区确实存在较大差异性,主张适用本民族法律也较为方便易行,元朝中央的立法原则一直处于一种矛盾斗争过程中,结果导致立法者不得不采取较为灵活务实的"因事制宜,因时立制"的立法原则,采取"古今异宜,不必相沿,但取宜于今者"⑥的方式推动立法工作。诏令具有灵活性、针对性强的特征,在西藏社会治理过程中,诏令发挥着无法替代的作用。

---

① 中国社会科学院语言研究所词典编辑室《现代汉语词典》(第 6 版),商务印书馆,2013 年,第 1646 页。
② 吴承学、刘湘兰《诏令类文体(一):诏书》,《古典文学知识》2008 年第 3 期。
③ 《元以来西藏地方与中央政府关系档案史料汇编》(第一册),中国藏学出版社,1994 年,第 12 页。
④ 叶孝信《中国法制史》,复旦大学出版社,2002 年,第 265 页。
⑤ 姚大力《论元朝刑法体系的形成》,《元史论丛》(第三辑),中华书局,1986 年,第 105 页。
⑥ 《元史》卷二十《成宗纪三》,中华书局,1976 年,第 430 页。

（三）皇帝诏令的主要内容

1. 确立"大扎撒"等蒙古法的权威地位

元朝是中国历史上第一个由边疆民族建立起来的大一统的王朝,为了实现有效治理,作为其缔造者的成吉思汗早在 1203 年就曾不断发布札撒,将自己的谕旨、军令和禁令编撰为法令,札撒在蒙古各部落中具有相当高的权威地位,成吉思汗在位时曾"命令其子察合台监视札撒之执行",①在去世前成吉思汗也一再叮嘱继承者要遵守"大札撒",是否遵守"大札撒"成为衡量汗位继承者权力正统性的重要标准。为了标示其正统性,窝阔台继承汗位之后,首先发布诏令宣布成吉思汗颁布的"大札撒"继续有效,不允许进行变更和篡改,并对成吉思汗发布的札撒和命令予以汇编。元世祖忽必烈在改国号为"大元"当日,就废除了适用多年的金国《泰和律》,并在中原地带推行"大札撒"等蒙古法。在至元改元诏中,忽必烈宣称:"据不鲁花、忽察、秃满、阿里察、脱火思辈,构祸我家,诏依我家,诏依太祖皇帝扎撒,正典刑讫。"②强调"大札撒"在法律适用方面的权威地位。元朝统治者对于"大札撒"的重视深刻影响到了其对西藏的治理。在萨迦班智达《致蕃人书》(全称为《具吉祥萨迦班智达致乌思、藏、纳里速各地诸善知识、施主和福田书》)中就曾引用阔端对班智达的承诺,即"汝可教导汝吐蕃之部众习知法度,吾当使安乐!"③阔端还指出:"地方官员亦不得在不与萨迦金字使商议的情况下擅权自主。不经商议而擅自妄行是目无法度,若获罪谴,我在此亦难求情……奉行蒙古法度,则必有好处。"④普遍适用以"大扎撒"为代表的蒙古法律、皇帝诏令是中央政府直接治理西藏的重要内容。

2. 建立西藏的十三万户制度

按照成吉思汗"大札撒"规定,元朝社会组织采用十进制,即分为十户、百户、千户和万户,由成吉思汗任命万户长和千户长。十进制社会组织的构建不仅有利于建立户籍管理制度,还有利于国家赋税政策的执行和兵役、劳役的分派。一些新的地方势力被升格为万户,其部族首领被皇帝任命为万户长,而原有的帕木竹巴、蔡巴势力也得到中央的承认,纷纷设立万户府,成为乌思藏纳里速古鲁孙等三路宣慰使司的组成部门。万户制度的建立有利于打破西藏传统的部落和氏族结构,万户、千户成为地方行政单位,而分层任命官员的机制也有利于加强国家对西藏基层的有效控制。

3. 确立西藏僧侣在法律上的特权

在确定西藏纳税人口、兵役人口方面,忽必烈通过发布《忽必烈赐给藏地僧人诏书》宣布免除西藏僧侣的兵役、赋税和劳役。对于西藏僧侣待遇和宗教财产保护方面,忽必烈通过发布《忽必烈赠给僧人的珍珠诏书》规定了"优待僧侣""教派平等"的基本宗教立法思想,同时该诏书还规定:"僧人之佛殿及僧舍,金字使者不可住宿,不可索取饮食及乌拉差役。寺庙所有之土地、河流和水磨等,无论如何不可夺占、收取,不可强迫售卖。"⑤除此之

---

①　杨一帆、田涛《中国珍稀法律典籍续编》(第十册),黑龙江人民出版社,2002 年,第 148 页。

②　《元史》卷五《世祖纪二》,中华书局,1976 年,第 99 页。

③　《元以来西藏地方与中央政府关系档案史料汇编》(第一册),中国藏学出版社,1994 年,第 5 页。

④　《元以来西藏地方与中央政府关系档案史料汇编》(第一册),第 6—7 页。

⑤　《元以来西藏地方与中央政府关系档案史料汇编》(第一册),第 13 页。

外,元成宗还颁行了《优待僧人诏》,对于普通人殴打、辱骂僧侣的行为规定了残酷的肉刑。

4. 设立帝师和宣政院

至元七年(1270)元世祖忽必烈下诏册封八思巴为元朝帝师,称其"皇天之下、大地之上、西天佛子、化身佛陀",帝师地位之高可见一斑。自从八思巴受封帝师之后,元朝中央常设帝师一职,帝师去世之后,就由中央确定新的帝师。1288年忽必烈听从了总制院使桑哥的建议,下诏将总制院改为宣政院,"秩从一品,印用三台",提高了宣政院的行政级别。将总制院更名为宣政院并不仅仅是名称上的变化,"更重要的是为了加强八思巴、达玛巴拉相继去世后中央政府对藏族地区的管理"。① 宣政院作为中央机构,管理西藏的官员任免、军民钱粮、税收劳役的分配等诸多事务;同时它还代表中央审理西藏地方的重大案件和僧侣之间的刑事案件,负责对皇帝诏令进行解释和施行。

5. 解决西藏各地方势力之间的矛盾和冲突

元朝设立的十三万户随着实力的强弱变化经常发生纠纷和冲突,无论是萨迦本钦还是宣政院派遣的官员在裁决案件过程中最重要的依据就是皇帝的诏令。皇帝具有至高无上的地位,因而皇帝发布的诏令具有最高的法律效力。在帕木竹巴与萨迦发生冲突之后,绛曲坚赞曾抱怨萨迦本钦夺走了"以薛禅皇帝的封诰为代表的众多诏书、文件和加盖印章的三箱官契"。② 在帕木竹巴与蔡巴发生争议之后,绛曲坚赞也首先引证皇帝的诏令作为依据。

二、元朝帝师通过发布法旨的
方式贯彻皇帝的诏令

(一) 从帝师法旨的格式和内容来看

第一任帝师八思巴在1267年写给萨迦巴的一份法旨写道:

> 皇帝圣旨里
> 八思巴法旨
> 教谕萨迦巴所属大小人众:
> 却顶寺所辖之僧人们,敬奉上天住坐着,无论何人俱不得征派兵役、赋税、劳役三者,不得征收商税,不得索要饭食及乌拉差役,不得在寺院住宿。③

从书写格式来看,法旨将皇帝圣旨放在法旨之上,表明法旨是为了贯彻执行皇帝的诏令作出的。从内容来看,该法旨是为了贯彻《忽必烈赠给僧人的珍珠诏书》关于免除僧侣兵役、赋税、劳役的诏令而作出的,具有非常具体的针对性。法旨要求任何人都不得向却顶寺征收兵役、赋税和劳役,不得向却顶寺索要饭食和乌拉差役,不得侵占却顶寺的寺院、殿堂、房舍。随着宣政院立法权行使的相关制度日益完善,法旨的书写更加规范,如

---

① 陈庆英、张云、熊文彬《西藏通史·元代卷》,中国藏学出版社,2016年,第179页。
② 大司徒·绛曲坚赞《朗氏家族史》,赞拉·阿旺、佘万治译,西藏人民出版社,1989年,第138页。
③ 《元以来西藏地方与中央政府关系档案史料汇编》(第一册),第13页。

第六任帝师辇真坚赞于成宗大德八年(1304)颁发给西藏军政、万户长、僧俗百姓的法旨写道:

> 奉皇帝圣旨
> 仁钦坚赞帝师法旨
> 乌思藏宣慰使司官人、军官、军人、地方守卫、断事官、来往收检者、万户长、驿站的人们、牛马牧养者、传令官、僧俗百姓们一体知晓:
> 遵照先前诏书规定,对多吉旺秋管辖的两加措地方所属的僧俗百姓、地方官吏、牒巴、牧户、部落官长们,不得仗势欺骗,不得征收先前未征之差、食物、乌拉;不得任意强令饲养牛马……遵照圣旨,不得追究旧差、旧案、旧诉讼。执把行的法旨给与了,如违背法旨,令其详细追查。①

对于该法旨,本文认为:(1) 从书写的格式来看,该法旨不仅将"皇帝圣旨里"变更为"奉皇帝圣旨"的表述,还将"奉皇帝圣旨"放在第一行顶格书写,在采用自上而下书写习惯的时代,这样的书写无疑是为了标明皇帝具有至高无上地位。(2) 从法旨书写的对象来看,该法旨不再使用地方政权名称,而使用了"乌思藏宣慰使司官人、军官、军人、地方守卫、断事官"的表达方式,涉及乌斯藏所有军政官员、万户长、司法官员、驿站官员、传令官和僧俗百姓,在扩大法旨适用主体范围的同时,凸显了法旨的广泛适用性。(3) 从书写内容来看,该法旨是依据皇帝诏书作出,属于执行性裁决,并非创设性立法。不论是使用"皇帝圣旨里"还是使用"奉皇帝圣旨"的表述方式,其皆表明法旨的效力来源于皇帝授予,只能在授权范围内发布法旨,绝不可以超越宣政院权限发布法旨。(4) 该法旨还确立了"法不溯及既往"的规则,法旨不得适用于旧案、旧诉讼和旧差役,具有一定的先进性。

(二) 从法旨的适用范围来看

从收集到的18份法旨来看,帝师发布的法旨主要适用于乌斯藏地区,但由于帝师总领全国释教,所以他当然也可以对乌斯藏以外的地区发布法旨。现有5篇法旨是颁布给内地寺院的,分别为:帝师乞剌斯八斡节儿颁给郑州大觉禅寺法旨、帝师乞剌斯八斡节儿颁给五台山大寿宁寺所属下院祁林院、帝师公哥罗古罗思监藏班藏卜颁给韶州南华禅寺和广州南华禅院、帝师公哥罗古罗思监藏班藏卜颁给浚州天宁寺、管着儿咸藏国师赐泰安州长清县大灵岩寺法旨。② 内地(尤其是原南宋政权管辖区域)佛教寺院众多,事务繁杂,但帝师发布的法旨数量较少,很大程度上与宣政院的机构设置有关。根据文献记载,元朝于至元十六年(1279)设立江南诸路释教总统所,管理江南诸路寺院宗教事务,在江南诸路释教总统所裁撤后,宣政院于至元二十八年(1291)设立了"行宣政院",独立管理江南地区的佛教事务。③ 在宣政院派出机构处理当地佛教事务成为一种常态之后,大量佛教事务无须再通过发布帝师法旨的方式加以办理。

---

① 《元以来西藏地方与中央政府关系档案史料汇编》(第一册),第38—39页。
② 《西藏地方是中国不可分割的一部分》,西藏人民出版社,1986年,第62页。
③ 邓锐龄《元代杭州行宣政院》,《中国史研究》1995年第2期,第85页。

（三）从帝师法旨与皇帝诏令之间的差别来看

通过搜集整理资料，现将留存的 18 份帝师法旨①信息列表如下：

	法旨颁布时间	发布法旨的帝师	法旨发布对象	法旨发布内容
1	1267 年	八思巴	萨迦巴所属人众	免除却顶寺僧侣兵役、赋税、劳役，保护寺庙房舍
2	1290 年	聂歇仁钦（摄思连真）	衮布贝管辖下的官员、百姓	皇帝委任衮布贝管理其属员和属民
3	1301 年	乞剌斯八斡节儿	军官、使臣、达鲁花赤、当地百姓等	免除郑州大觉禅寺兵役、劳役和税费，保护寺院田地、园林、店铺不受侵夺
4	1301 年	乞剌斯八斡节儿	军官、断事官、使臣、僧俗官员和百姓	免除五台山大寿宁寺所属下院祁林院劳役和税费，保护寺院田地、园林等不受侵夺
5	1304 年	辇真坚赞	乌斯藏宣慰使、军官、司法官、万户长、驿站头目、僧俗部众	不得征收朵儿只旺两个加措赋税、乌拉差役，不得干涉普通人出家为僧
6	1304 年	辇真坚赞	乌斯藏宣慰使、军官、司法官、万户长、驿站头目、僧俗部众	经师昆顿、经师辇真班藏卜所辖寺院、庄园财产不受侵夺
7	1304 年	辇真坚赞	乌斯藏宣慰使、军官、司法官、万户长、驿站头目、僧俗部众	多吉旺秋管辖的两个加措不得增收先前未有差役、乌拉
8	1305 年	辇真坚赞	乌斯藏宣慰使、军官、司法官、万户长、驿站官、僧俗部众	轨范师昆顿和轨范师仁钦贝桑波管辖之艾巴所属寺院庄园、土地、草场，不得索要商业税，不得要求饲养牛马
9	1307 年	相儿加思	乌斯藏军官、司法官、头人、驿站官、普通百姓	沙鲁寺西寺不得增派兵役、差役，不得抢夺牲畜，不得强迫借贷
10	1317 年	衮噶罗追坚赞贝桑波	文武官员、僧俗军民使臣	免除韶州南华禅寺、广州南华戒院差、劳役，保护原有佃户、财物、田地、牲畜不受侵夺
11	1319 年	衮噶罗追坚赞贝桑波	乌斯藏军官、断事官、金字使、万户长、驿站官、普通百姓	辇真衮经师所辖之波东艾地方不得增派差役，不得强派乌拉

① 《元以来西藏地方与中央政府关系档案史料汇编》（第一册），第36—44页；《西藏地方是中国不可分割的一部分》，第62—69页。

	法旨颁布时间	发布法旨的帝师	法旨发布对象	法旨发布内容
12	1319 年	衮噶罗追坚赞贝桑波	军官、断事官、金字使、万户长、驿站官员、百姓	轨范师莘真衮管辖的博东叶地方寺院、庄园、僧侣、土地、河流不受侵夺,不得增收前所未有之差役、劳役
13	1321 年	衮噶罗追坚赞贝桑波	宣慰使司官员、军官、内务管家、断事官、驿站官、僧俗部众	夏鲁寺管辖两加措不得征收前所未有的差役和劳役,不得追究旧案
14	1321 年	衮噶罗追坚赞贝桑波	军官、达鲁花赤、僧俗百姓	免除浚州天宁寺劳役、差役和赋税,保护寺院园林、房屋、店铺、人口不受侵夺
15	1325 年	衮噶罗追坚赞贝桑波	宣慰司官员、军官、夏鲁寺西寺管辖的千户长、百姓	任命多吉旺秋为西夏鲁寺所属地方行政长官
16	1336 年	公哥儿监藏班藏卜	宣慰使司官员、内政官、司法官、金字使者、万户长、寺庙堪布、僧众	将两加措地方划为沙鲁寺属地
17	1341 年	管着儿咸藏	军官、断事官、使臣、达鲁花赤、僧俗百姓	保护泰安州长清县大灵岩寺田地、水土、园林、店铺、人口不受侵夺
18	1349 年	贡嘎坚赞贝桑布	西夏鲁所属百姓、西夏鲁所属地方千户长、百户长	任命益西贡噶为西夏鲁寺地方行政长官

综合来看,上述 18 份法旨主要涉及寺院及其所属庄园赋税、劳役的减免、寺院财产保护、官员任命等事项,法旨都以皇帝诏令为依据针对特定问题作出了决定和命令,法旨并不能提供类似于法律的一般行为规范。"法旨"虽然有"法",但并非一般意义上的律法,只是对于特殊事项作出的行政许可、行政禁令和行政任命,这些具体行政行为并未超越帝师及宣政院职权范围。著名学者张云就曾对《元史·释老传》"帝师之命与诏敕并行于西土"的表述提出过质疑,似乎帝师法旨能与皇帝诏令具有相同的权威。实际上,该表述只是为了说明帝师法旨在西藏地方行政管理中的重要作用,并未考虑"二者(诏令与法旨)的地位及作用是主从关系,这如同皇帝与帝师是君臣关系一样,不容混同"。① 本文认为,将法旨与诏令并列本身就忽视了两者在效力来源上的差异性,皇帝具有至高无上的权威,其发布的命令当然具有最高的效力,任何法旨、地方性规范都不可能在违背皇帝诏令的情况下得到适用。法制统一是国家统一的重要内容,西藏自元朝纳入中央政府直接治理之后,皇帝诏令和"大札撒"取得了法律体系的权威地位,不论帝师职位有多高,作为下位法的帝师法旨无论如何也不能违背皇帝诏令和上位法。

①　张云《元代吐蕃地方行政体制研究》,商务印书馆,2017 年,第 264 页。

三、元朝法律的颁行和适用不断推动西藏地方立法

(一) 绛曲坚赞《十五法典》的主要特点

《红史》和《汉藏史集》记载贡宣和宣旺本钦时进行大清查,乌思藏地方已有一些法规细则,①主要渊源就是蒙古法和西藏原有习惯法。据《续藏史鉴》和《西藏王臣记》记载,萨迦政权治理西藏时期曾借鉴蒙古法律和吐蕃时期的法律制定了《十五法》。在帕木竹巴万户兴起之后,绛曲坚赞在总结元朝法律、西藏地方法律的基础上制定了《十五法典》,其条文具体包括英雄勇虎律、懦夫狐狸律、官吏执事律、听诉是非律、逮解法庭律、重罪肉刑律、警告罚锾律、胥吏供应律、杀人命价律、伤人处刑律、狡赖赌咒律、盗窃追偿律、亲属离异律、奸污赔偿律、过时愈约律。② 从条文的名称可以看出,绛曲坚赞《十五法典》是一部包括军事法律规范、行政法、诉讼法和刑法在内的综合性法律。与松赞干布时期制定的《十善法》相比,《十五法典》具有更为明显的世俗性和诉讼性特点:

1.《十五法典》的出发点并非宗教戒律或宗教信仰。有学者认为,松赞干布时期制定的"十善法"来源于佛教的"十善","即从人的身、语、意三个方面来防恶修善",③而从《十五法典》内容来看,不论是英雄猛虎律的军事行为,还是听诉是非律的诉讼行为、亲属离异律的分配财产行为——都是以世俗社会治理中不可回避的争议问题作为出发点,是以人们的外在行为作为评价对象而非内心信仰。如果说《十善法》所要构建的是一种宗教领域的权威,告诉人们该信什么,不该信什么,那么《十五法典》所要构建的是一种实践权威,即什么应该做,什么不应当做。

2.《十五法典》正确区分了法律与宗教教义之间的差别。绛曲坚赞虽然早年学习佛法知识,但他所立之法却没有浓厚的宗教色彩,既没有运用宗教教义论证法律的高深莫测,也没有将宗教视为法律的效力来源,而是从法律与国家的相互关系角度分析法律。据《朗氏家族史》记载,在一次绛曲坚赞与止贡派贡巴仁的争辩中,贡巴仁认为"蒙古法律苛严",绛曲坚赞则针锋相对地指出:"假若蒙古法律不严峻,丹玛尼和勒竹巴与我二人有何差别?仰仗薛禅皇帝的恩泽和法令,才有萨迦派和蔡巴的权势和教法;仰赖旭烈兀的恩泽,才有帕木竹巴的政权和安定。"④法律对于维护奴隶主贵族利益、维护社会稳定、实现各教派和睦相处发挥着至关重要的作用,法律代表着皇帝的最高权威,也表达了中央政府对于西藏僧俗各界的关爱。

3. 随着元朝宣政院、萨迦本钦等司法审判机关广泛适用元朝法律审理案件,诉讼程序法律取得实质性进步。《十五法典》中"听诉是非律"就是对开庭审理程序的规定,"逮解法庭律"是对拘捕的适用对象、拘捕形式的规定,"狡诳洗心律"则是为了判明案件事实要求当事人吃咒发誓、捞石子、掷骰子的规定。

---

① 达仓宗巴·班觉桑布《汉藏史集》,陈庆英译,西藏人民出版社,1999 年,第 200 页。

② 五世达赖喇嘛《西藏王臣记》,刘立千译,西藏人民出版社,1992 年,第 89—90 页。

③ 五世达赖喇嘛《西藏王臣记》,第 158 页。

④ 大司徒·绛曲坚赞《朗氏家族史》,第 142—143 页。

（二）绛曲坚赞《十五法典》对于"杀人偿命"规则的修订

《十五法典》与萨迦时代法律的最大不同点就在于死刑的废立上，萨迦政权制定的法律遵循着"大札撒""杀人的，处死刑"的规定，但绛曲坚赞则认为元朝法律规定杀人者"以命相抵"，"使恶业越积越重，因此以贤王十善律的传统为依据制定本法，只要求杀人赔偿命价，而不允许杀人者偿命"。① 有学者认为，绛曲坚赞的立法转变源于其对萨迦政权在执行元朝法律过程中存在的弊政："多不对照原文，自行其是，导致严驰随意，尊卑不等。"②本文认为：

1. 绛曲坚赞《十五法典》在死刑问题上只是对萨迦法律"杀人偿命"的部分修改，而不是全部修改，更不是废除了死刑，因为按照"重罪肉刑律"的规定，对于故意杀害父母、阿罗汉、抢劫上师国王财物、杀人劫马、打家劫舍等严重危害社会安全的犯罪和危害统治秩序的阴谋叛逆者依然可以实施死刑。

2. 绛曲坚赞《十五法典》对于"杀人偿命"的修订是符合元朝刑事法律发展趋势的。成吉思汗的"大扎撒"不仅对于杀人行为规定了死刑，还对通奸、盗窃重要财物、收留逃奴规定了死刑，甚至撒谎、拾到财物不归还都可能被判处死刑，但据《元典章》编撰的刑部条文来看，从元世祖开始元朝中央审判机关对于杀人犯罪的态度发生了根本性转变，并没有依据"大扎撒"执行单一的刑罚，而是依据主观状态和身份关系将杀人犯罪分为谋杀、故杀、斗杀、劫杀、误杀、戏杀、过失杀等多种形态，对于属于过失杀人的误杀、戏杀、过失杀的情形判处笞杖刑与赔偿烧埋银，并未判处死刑。如至元三年济南路李在因"拦障相争"用石头误将王某打死，后李在在监禁期病死，刑部判决赔偿受害人一方烧埋银；又如至元七年东平路尹某误将佃户李某伤害致死一案中也判处了烧埋银和笞杖刑。据学者统计在元朝"杀伤"记载的九十余种具体罪名中有三分之一罪名需要赔偿受害人烧埋银，③"烧埋银"作为一项对生命权损害赔偿制度，乃是元朝法制的重大创新，体现了对受害人及其家属利益的保护和经济补偿，从这一点来看烧埋银与"赔命价"有异曲同工之妙，它们都是在适应客观形势变化下对"大扎撒"原有法律做出的修正。

3. 绛曲坚赞虽然具有较为开明的政治思想和较高的法制理念，但他依然逃脱不了其作为奴隶主贵族的政治身份。从敦煌出土的吐蕃《狩猎伤人赔偿律》来看，"赔命价"规则是与"以命抵命"规则同时存在的，到底适用何种规则很大程度上取决于受害者和杀人者的官阶等级和社会地位。官员若被高等级官员、父亲、祖父或低 1—3 级官员所杀适用"赔命价"，但若在其他情形之下则适用"以命抵命"规则，甚至采用连坐的惩罚方式"将杀人者及其子孙一并杀之，以绝其嗣"，④凸显了该法律保护奴隶主上层官员利益的立法宗旨。"赔命价"动辄为百两黄金、千两白银，对于普通民众而言是根本无法负担的，"命价"在很大程度上具有标示身份贵贱的意味。绛曲坚赞对于萨迦政权执行元朝法律中存在"严驰随意，尊卑不等"的观点，也客观证明了其要建立等级分明的奴隶制社会的愿望。

---

① 《续藏史鉴》，刘立千译，华西大学出版社，1945 年，第 42 页。
② 张云《元朝中央政府治藏制度研究》，黑龙江教育出版社，2013 年，第 21—29 页。
③ 张群《元朝烧埋银初探》，《内蒙古大学学报（人文社会科学版）》2002 年第 6 期。
④ 《敦煌吐蕃文献选》，王尧、陈践译，四川民族出版社，1983 年，第 5 页。

四、结　　论

(一) 元朝立法权的行使有力证明了国家主权的存在

有学者认为,元朝中央政府的治理方式包括设立帝师制、确定西藏地方行政区划、推行宗王镇守藏区、清查户口和设置驿站等内容,①但问题是治理方式的多样化并没有从根本上回答治理方式正当性的问题,或者说中央与地方关系问题。从蒙古汗王阔端"善知执法",必然有益于天下,到《忽必烈赐给僧人的珍珠诏书》"对遵依朕之圣旨、善知教法之僧人,不分教派一律尊重服事",②元朝统治者以至高无上者自居,强调西藏僧众对于诏令的尊崇,强调法律的权威性,如果上升到主权的角度来看,立法权的行使和以诏令为中心的三级法律体系的建立就在于强调国家对于统治权的集中行使。元朝中央政府通过颁行皇帝诏令、发布帝师法旨、认可习惯法以及法律解释等多种方法有效行使立法权,不断加强对西藏的直接治理。正是由于法律的普遍适用力和上下一体的执行力,元朝才真正有效加强了西藏民众的国家主权意识,并根据来源不同将法律规范与宗教规范、道德规范区分开来。正如绛曲坚赞在争辩中所述,只有尊崇中央政府的权威和法律,才能维持西藏地方的有效治理,立法权是国家主权最显著的标志,元朝中央政府对于立法权的行使客观证明了国家主权的有效存在。

(二) 元朝中央立法权的行使有效增强了国家认同

建立元朝的蒙古族来自我国北方的边疆地区,因而元朝统治者并没有非常强烈的"华夷之分"。元朝所建立的"四等人制"并不是按照与华夏亲近程度、文明程度进行划分的,而是按照征服的先后顺序进行划分的,而包括藏族在内的西部边疆民族则被划分为等级较高的"色目人",等级甚至高于传统意义上的中原民族。虽然这种划分饱受批评,但它却打破了汉族与少数民族两元对立的思维模式,体现了中华民族"多元一体"的民族关系。为了直接治理西藏元朝统计西藏人口、建立十三万户制度;尊重宗教信仰,保护寺院的财产权利,免除僧侣的劳役和兵役;任命萨迦政权的首领为帝师,元朝中央政府高度重视对西藏社会的治理,恩威并施,有效提升了西藏各族人民的国家认同。

A Study on the Legal System of the Yuan Dynasty Governing Tibet
ZhangLin Xizang Minzu University

Abstract: As a unified dynasty established by the frontier nationalities, the Yuan Dynasty's governance of Tibetan society was not only embodied in a series of administrative reform measures. The Yuan Dynasty gradually constructed a three-level

---

① 陈柏萍《元明中央王朝治理藏族地区模式比较》,《青海民族学院学报(社会科学版)》2009年第3期。
② 《元以来西藏地方与中央政府关系档案史料汇编》(第一册),第28—29页。

legal system of imperial edicts, imperial teachers'decrees and the normalization of local legislation in Tibet, established the authoritative status of the law, promoted the positive interaction between central legislation and local legislation in Tibet, and implemented the "Great Yasa" Mongol Law in a way that strengthened the legalization level of social governance in Tibet and strengthened the cohesion of the state.

Keywords: Great Yasa; Imperial Edicts; Imperial Teachers' Decrees; Legal Authority

（本文作者为西藏民族大学法学院副教授）

元代于阗籍内迁汉语文人述论[*]

杨绍固

摘　要：可考证明确的元代于阗籍汉语文人只有 7 人，他们是丁文苑（哈八石）、慕阕（丁仲伦）、丁子长、迈里设、李公敏、坊蒙、淮西公，另有 3 人存疑，他们是观间、丑间、月伦石护笃三兄妹。这些文人的存世诗文较少，但交游的诗文却流传下来了一些。他们的诗文创作与交游，见证了西域于阗文化与中原文明的结合，也见证了元代各民族在文化上的开放意识，中国的历史和文化从来就是中华各民族的共同遗产。

关键词：元代；于阗籍；内迁；汉语文人

元代大量西域色目人因各种原因迁居中原地区，其中不乏于阗人。于阗，元代又称五端、兀丹、斡端、忽炭，耶律楚材《西游录》作"五端"，《元朝秘史》作"兀丹"，《元史》作斡端，《元史·西北地附录》作忽炭。

现今可考证明确的元代于阗籍汉语文人只有 7 人，另有 3 人存疑，传世作品也只有数首，但这肯定不是元代于阗籍汉语文人及作品的全部。目前学术界对这一群体进行的研究不多，只有杨镰、萧启庆、杨志玖等先生在其著作中顺带提及，并没有作为主要的研究对象。本文对这一群体进行辑考，以企能对元代于阗色目汉语文人的研究有所贡献。

一、元代于阗籍内迁汉语文人统计与生平钩沉

杨镰在其专著《元西域诗人群体研究》中认为：元代于阗籍汉语文人有丁文苑（哈八石）、慕阕父子和迈里设、李公敏四人，其中只有一首诗存世的迈里设生平事迹不详，李公敏没有作品传世。这四人存世作品都很少，但他们却有一定数量的交游作品，即其他文人与他们唱和、赠答的存世作品有一定数量。

元代著名文学家许有壬在《故忠翊校尉广海盐课司提举赠奉训大夫飞骑尉渔阳县男于阗公碑铭》中撰述了丁文苑的父亲勘马剌丁（本名剌马丹，以字行）的生平经历，他曾娶汉族妇女周氏、龙氏、蒋氏，且蒋氏"贤而读书，事公姊如姑"，"哈八石四岁失母，蒋氏子之"。① 可见，丁文苑的继母蒋氏对他的儒家文化教养起到了重要作用。白寿彝的《回族人物志》和杨怀中的《回族史论稿》都钩沉了丁文苑父子的生平。丁文苑、慕阕（丁仲伦）父子都中进士，与当时著名文人交往密切。丁文苑是延祐二年（1315）首科进士，与欧阳玄、许有壬、黄溍是同年，历仕礼部主事、秘书监著作郎、户部员外郎、浙西廉访司事等职。慕

　＊　本文系新疆自治区社科规划基金项目"元代于阗籍汉语文人研究"（18BZW063）阶段性成果之一，又得到了和田师范专科学校 2017 年科研项目"元代于阗籍汉语文人研究"（1076516174）的支持。

　①　［元］许有壬《至正集》卷五一《故忠翊校尉广海盐课司提举赠奉训大夫飞骑尉渔阳县男于阗公碑铭》，《元人文集珍本丛刊》第 7 册影清宣统三年郑道沂石印本，新文丰出版公司，1985 年，第 224 页。

裔是元统元年(1333)进士,历任天临路同知、知湘阴州事。慕裔有子丁子长,居湘阴,明初中乡贡进士,为训导。①

马祖常《送李公敏之官序》中的教授李公敏是于阗人,②杨镰在《元西域诗人群体研究》中引用了这篇文章,③萧启庆在《元代多族士人的乡土认同与同乡情谊》一文中也提到了该文,④可见,两位先生都认为马祖常的记述是真实可靠的。顾瑛在《昆山知州坊侯平贼诗》⑤《安别驾杀贼纪实歌》⑥两首诗中记述的坊蒙,字彦晖,也是于阗人,曾任休宁县达鲁花赤、昆山知州。坊蒙在名字外他还有汉族文人惯有的字,从"书生从军亦何补,但愿执鞭安此土"两句诗来看,坊蒙是懂汉语诗文的色目文人。目前学术界还没有发现李公敏与坊蒙的更多资料,但这两个人祖籍在于阗是确定无疑的。

元代著名色目文人马祖常在《萨法礼氏碑铭》中称牙老瓦赤为于阗人,⑦屠寄在其《蒙兀儿史记》一书中说:"古速鲁氏,牙剌瓦赤别子耶尔脱忽璘之后。"⑧元代著名文人危素曾为耶尔脱忽璘的曾孙达里麻吉而的撰写墓志铭,他说:"达里麻吉而的,世为回纥人。"⑨危素与达里麻吉而的儿子观驴有交往,他在《惠州路东坡书院记》一文中说:"观驴(又名观间)君字元宾,其先北庭人,读书好古,廉而有为,今以选为杭州路总管府达鲁花赤。"⑩可见,危素则认为古速鲁氏来源于高昌北庭。那么古速鲁氏家族到底是来自北庭还是于阗呢?著名元史专家陈得芝先生倾向这个家族来自可失哈耳的,因为元中期以后牙老瓦赤之子麻速忽的后裔曾居住于此地,因为与于阗同属喀喇汗王国,在中原地区于阗的名气又比可失哈耳大,一些学者就认为该家族来自于阗。⑪杨志玖在《古速鲁非回回辨》一文中认为:古速鲁氏为原居于北庭的一个畏兀儿家族。⑫萧启庆在《元代多族士人网络中的婚姻关系》一文中则认为:古速鲁氏家族来源于于阗,其后裔达里麻吉而的于仁宗延祐初任饶州路达鲁花赤,他的子女皆深受汉学陶冶,其女月伦石护笃之兄弟丑间、观间都是"读书好古,廉而有为"的士大夫。⑬目前对古速鲁氏家族的籍贯是不是于阗,我们还无法得出确切的答案,这里笔者将其作为疑似于阗籍家族来对待。

郑元祐《送丁希元序》记载:"淮西公告老于朝,天子不允,召拜翰林学士,于是公乘传

① 沈仁国《元朝进士集证》下册,中华书局,2016 年,第 353 页。

② [元]马祖常《石田先生文集》卷九《送李公敏之官序》,李叔毅、傅瑛点校,中州古籍出版社,1991 年,第 182 页。

③ 杨镰《元西域诗人群体研究》,新疆人民出版社,1998 年,第 289 页。

④ 萧启庆《元代多族士人的乡土认同与同乡情谊》,刘东《中国学术》第 32 辑,商务印书馆,2012 年,第 223 页。

⑤ [元]顾瑛《玉山璞稿》,中华书局校点本,2008 年,第 43 页。

⑥ 同上,第 62—63 页。

⑦ [元]马祖常《石田先生文集》,李叔毅、傅瑛点校,第 255—256 页。

⑧ 屠寄《蒙兀儿史记》第 27 册,毗陵屠氏,1934 年,第 114 页。

⑨ 李修生《全元文》第 48 册,凤凰出版社,2004 年,第 498—499 页。

⑩ 杨志玖《古速鲁氏非回回辨》,《宁夏社会科学》1988 年第 3 期。

⑪ 陈得芝主编《中国通史 13》第 8 卷《中古时代·元时期 下》,上海人民出版社,2015 年,第 955 页。

⑫ 杨志玖《古速鲁氏非回回辨》,《宁夏社会科学》1988 年第 3 期。

⑬ 萧启庆《元代多族士人网络中的婚姻关系》,郝时远、罗贤佑主编《蒙元史暨民族史论集 纪念翁独健先生诞辰一百周年》,社会科学文献出版社,2006 年,第 179 页。

入觐，而以其甥丁希元从。公与希元皆斡端国人。……希元初侍其亲，读书江浙间，稽经质疑，问学大备，使对策大廷，其取必右选，若探囊发所素有，曾何难哉？会举选暂罢，人惜其学成而时违，而不知其蕴用以俟时也。今淮西公于玉堂清署，从容献纳者，绅之于心熟矣。科第其能久辍乎？然则希元富贵其所固有，若夫期待希元者，则岂区区富贵之谓乎？"①由此可见，淮西公不仅有很高的政治地位，而且是一位于阗（斡端）人，他和丁希元是甥舅关系。淮西公是谁呢？尚衍斌认为丁希元是丁文苑之误。淮西公应该是丁文苑的舅舅。②许有壬记载："（勘马剌丁）娶牙里干氏，早卒。继将（蒋）氏，贤而好书，事公姊如姑。……二子沙哈不丁，出周氏，荫道州行用库使。……哈巴石，出龙氏，四岁失母，将（蒋）氏子之，为御史，赠公飞骑尉渔阳县男。将（蒋）氏、龙氏皆渔阳县君。"③由此可见，丁文苑的父亲先后有四个妻子，但只娶过一个西域妻子，而且这个妻子早逝。淮西公只可能是勘马剌丁早逝的牙里干（一名鸭儿看）妻子的兄弟，元代的鸭儿看即现在的新疆莎车县，该地元代属于阗管辖，因此淮西公应该是现在的莎车人。淮西公既能指导丁文苑学问，又是翰林学士，当是能用汉语进行创作的文人。

元代鲜于枢记载："余在运幕，知公（即廉希贡）最详，公于阗人，读书略通大义，尤喜读《易》，为人沉静，寡言，乐善，有守。"④廉希贡是不是于阗人呢？学术界公认作为畏兀儿廉氏家族成员的廉希贡是北庭人，其先祖的世系是明确的，他不可能是于阗人。很可能鲜于枢记载出现了问题。元代朱德润《资善大夫中政院使买公世德之碑铭》记载买述丁的曾祖马合麻也是于阗人。⑤ 著名元史专家陈得芝先生考证后认为马合麻是从不花剌（布哈拉）迁来的，而并非来自于阗，他认为元代中原文人所说的"于阗人"泛指中亚人。⑥笔者认同陈先生的观点，马合麻家族不是于阗人。

综观上述学者的研究，可以确定为元代于阗籍内迁汉语文人的有丁文苑（哈八石）、慕离（丁仲伦）、丁子长、迈里设、李公敏、坊蒙、淮西公7人，观间、丑间、月伦石护笃三兄妹是不是于阗籍存疑。对元代于阗籍汉语文人只有丁文苑的研究比较详细，对其他人的研究因为缺乏文献资料还没有深入挖掘。

二、元代于阗籍内迁汉语文人的婚姻与汉化情况

上文已经提及丁文苑父亲勘马剌丁的婚姻状况，现有史料显示他曾娶妻四人：牙里干氏、周氏、龙氏和将（蒋）氏，其中牙里干氏是信仰伊斯兰教的色目妇女，其他几个妻子都是汉族。尚衍斌认为他还有别的妻子，只是史料阙如，无法考证。⑦ 对于丁文苑的婚姻，

---

① ［元］郑元祐《郑元祐集》卷八《送丁希元序》，浙江大学出版社，2010年，第182页。

② 尚衍斌《元代于阗人哈八石事迹考述》，《民族研究》2016年第1期。

③ ［元］许有壬《至正集》卷五一《故忠翊校尉广海盐课司提举、赠奉训大夫、飞骑尉渔阳县男于阗公碑铭》，《元人文集珍本丛刊》第7册影清宣统三年郑道沂石印本，新文丰出版公司，1985年，第225页。

④ ［元］鲜于枢《困学斋杂录》卷一，上海古籍出版社，1993年，第5页。

⑤ ［元］朱德润《存复斋文集》卷一《资善大夫中政院使买公世德之碑铭》，《四部丛刊续编》影常熟瞿氏铁琴铜剑楼藏明刊本，第8b—9a页。

⑥ 陈得芝《元代回回人史事杂识》，《中国回族研究》第1辑，宁夏人民出版社，1991年，第19—27页。

⑦ 尚衍斌《元代于阗人哈八石事迹考述》，《民族研究》2016年第1期。

笔者只能在《元统元年进士录》找到这么一条记载："(丁仲伦)父哈八石,乙卯进士,廉访佥事,母阿鲁温氏,赠县君。"①可见,丁文苑一个妻子也是西域色目人,在元代阿鲁温(又称阿儿浑)人也是信仰伊斯兰教的,这个妻子很可能是正妻,两人的结合有宗教方面的因素。由以上史实可知,丁文苑家族在婚姻的选择上首先看重的是宗教和种族,对续娶的妻子或妾则没有这方面的严格要求,多为汉族女子。

对于丁文苑家族的汉化过程,许有壬《故忠翊校尉广海盐课司提举赠奉训大夫飞骑尉渔阳县男于阗公碑铭》记述:丁的曾祖是邵儿千(一名鸭儿看,今新疆莎车)牧民官,祖为大名宣课提领。由此可见,丁文苑的曾祖在西域鸭儿看任职,那里几乎全民信仰伊斯兰教,汉人稀少,汉文化影响微乎其微。丁文苑的祖父内迁到中原任职,已经生活在汉文化的大海中,虽没有资料显示汉文化对他的影响,但根据元代内迁色目官僚家族的汉化规律,他应该仍然固守西域文化习俗。至于勘马剌丁的汉化情况,许有壬记载:"大臣以公见世皇,称曰:'拔都宜边境用。'……公间道赴州,遇贼四至,射刃七人,驰出,从者数十人,独周保持马尾免:守州南门,贼攻北门,败之,获其佐。周迁三十人飞环而攻我,既却,守将追之。公侦知有伏,约炮夹击,俘戮殆尽。既如寨。……主帅将屠县,力争得免,命招抚,得户一万三千,出石空步匿岩穴将死者四百余人。……初,飞欲害公,公已入郡,如瑞杀公假弟那速剌,姊婿甘卜。及降,不校也。"②这段记述可以看出,勘马剌丁一方面像大部分色目人一样因军功而封赏晋爵,另一方面他很可能已接受儒家仁政、道家止杀思想,受汉文化影响较大。至于慕离,他在明初时受诏赴京任职,在曾任职过的湘阴州受百姓感召而定居不行,更是体现了他的民本思想,可见他受孟子思想影响之深。

不可否认,在丁文苑家族的汉化过程中,丁文苑这一代人起着关键性作用,而决定这一结果的应该是勘马剌丁所娶的汉族妻妾。许有壬记载:"蒋氏,贤而读书,事公姊如姑。……哈八石出龙氏,四岁失母,蒋氏子之。"③可见,深受儒家文化影响的蒋氏在丁文苑母亲去世后将其抚养长大,她在丁文苑的启蒙教育阶段对其未来的文化选择及世界观有着极大影响。当然,这是丁氏家族的偶然因素,但在中原大环境的影响下,这个穆斯林家族的汉化是迟早的问题。

和于阗丁氏家族一样,疑似于阗籍的古速鲁氏家族也经历了由军功世家向文化家族的转变过程。危素《元故资善大夫福建道宣慰使都元帅古速鲁公墓志铭》(下文简称墓志铭)记载:"(达里麻吉而的)曾大父耶尔脱忽璘,事我太祖皇帝,为牙剌风(瓦)赤,佩金虎符,管领回纥甲匠。"④既是管领甲匠,当是军事职务。和丁氏不同,古速鲁家族的第三代脱烈因高昌王的推荐任御位下怯里马赤(翻译),脱烈曾"领帝师堂下间奏吐蕃事",可知该家族的内迁始于脱烈,他至少通三种语言:畏兀儿语、蒙古语、吐蕃语,极有可能还熟悉汉语,可见这个家族颇有语言天赋,是个文化家族。木秀于林,风必摧之,因才能突出,脱烈受到陷害,被下狱并没收家产,他十八岁的儿子达里麻吉而的对时任丞相安童说:"必见

---

① 萧启庆《元代进士辑考》,台湾"中研院"史语所,2013年,第57页。
② (元)许有壬《至正集》卷五一《故忠翊校尉广海盐课司提举、赠奉训大夫、飞骑尉渔阳县男于阗公碑铭》,《元人文集珍本丛刊》第7册影清宣统三年郑道沂石印本,新文丰出版公司,1985年,第224—225页。
③ 同上,第225页。
④ 李修生《全元文》第48册,凤凰出版社,2004年,第498页。

上,乃可白。吾父资财所入实未尽……吾父始被诬,即倾家奉公,觊得免祸。今杀我以灭口可也。"①达里麻吉而的舍身救父颇符合儒家文化提倡的孝道,有受到中原汉文化影响的因素,至少在危素看来是这样的,因此带有感情地重点抒写了这件事。达里麻吉而的下一代:丑闾、观闾、月伦石护笃三人基本已经融入汉文化之中了。

据危素墓志铭,脱烈娶阿里合赤,她是元代著名畏兀儿大臣孟速思的女儿。达里麻吉而的娶廉氏,廉氏则是著名畏兀儿廉氏家族成员。这三个家族都是畏兀儿官僚家族,门当户对,联姻在情理之中。达里麻吉而的儿子的婚姻状况现有资料阙如,但是他的三个女儿的婚姻危素记载得很清楚:长女嫁给了延祐二年进士户部尚书偰哲笃,二女嫁给御位下舍里别赤寅山,三女嫁给了玉田县达鲁花赤壮牛。② 达里麻吉而的三个女婿中偰哲笃是畏兀儿人,壮牛是哪个民族目前还无法判定,寅山有可能是信仰伊斯兰教的回回。韩儒林先生认为:"(舍里别)西欧文字 Sherbet、sorbet、scherbett,乃阿拉伯文 sharbat 之借字,为一种清凉饮料。舍里别赤者,制造舍里别之人也。"③一般来说,制造这种中亚传入的舍里别饮料都是祖传的职业,那么寅山很可能来自中亚阿拉伯地区。由此可见,古速鲁氏家族在婚姻的选择上仍以畏兀儿人为主,其次是色目人,甚至不排斥宗教信仰的不同,现有资料未见该家族和汉人联姻的情况。笔者认为婚姻生活对古速鲁氏家族的汉化起到的作用甚微,该家族的汉化得益于家族主要成员对语言的主动学习,和其所从事职业有重要关系,内迁第三代基本完成了汉化过程。

综上,根据现有文献,婚姻对象的选择很可能像丁氏家族一样对内迁的于阗籍回回人的汉化有重要影响,甚至家族中的某一个妇女对下一代人的汉化起到了关键性作用。相对而言,婚姻则对占元代于阗人口极少数的非穆斯林族群的汉化影响较小。不管如何,处于中原汉文化大海中的于阗籍内迁族群的汉化是一个必然的结果,这个过程的快慢、程度的高低和个人婚姻、职业的联系虽有偶然因素,但又具有必然性。

三、元代于阗籍内迁汉语文人相关文献辑考

元代于阗籍内迁汉语文人的存世作品极少。慕峾撰有《揽馀集》,但已失传。④《全元诗》辑得丁文苑《咏郑氏义门》诗一首,⑤慕峾《报恩寺避暑偶遇》诗一首,⑥迈里设《田家树子歌》诗一首。⑦ 除此之外,尚衍斌认为慕峾还有《题明秀亭》一诗,只不过该诗的作者题名用的慕峾的汉化名字丁仲伦,⑧笔者认同这个论断。《全元诗》将慕峾和丁仲伦当成了两个人,这两首诗被分别收录于不同的分册里。慕峾存诗除上述两首外,笔者还辑得《游秀野斋怀郑菊隐》一首,诗云:"子期闻笛悲山阳,雍门援琴愁孟尝。自古壮士多慷慨,每逢旧迹增哀伤。妙年宦游罗子国,卜居来人郑公乡。五载栖迟忘魏晋,一门诗礼接辉光。安

① 李修生《全元文》第 48 册,第 498—499 页。
② 同上,第 499 页。
③ 韩儒林《蒙元史与内陆亚洲史研究》,兰州大学出版社,2012 年,第 25 页。
④ [清] 郭嵩焘《光绪湘阴县图志》卷九《职官表》,清光绪六年县志局刻本,第 10 页上。
⑤ 杨镰《全元诗》32 册,中华书局,2013 年,第 144 页。
⑥ 杨镰《全元诗》46 册,第 399 页。
⑦ 杨镰《全元诗》52 册,第 203 页。
⑧ 尚衍斌《元代于阗人哈八石事迹考述》,《民族研究》2016 年第 1 期。

节先生事高尚,秀野幽人致清爽。斋居花竹常新妍,诗酒亲朋恣游赏。萍蓬一旦得所凭.烟尘四海无时停。风帘月榭久寂寂,兔葵燕麦愁青青。谁怜海鹤归来日,欲觅铜驼问世人。"①丁子长未见有作品存世,目前也未发现他的交游作品。上述作品外,未见这几个确认的于阗籍内迁汉语文人有其他作品,但是丁文苑的文学交往作品却不少。笔者对丁文苑的交游情况进行了统计并列表如下,如表1-1。

表1-1 丁文苑交游诗文表

作 者	诗 文 题 目	出 处
郑元祐	送丁希元序	《郑元祐集》,浙江大学出版社,2010年,第182页
许有壬	和丁文苑同年同游汉阳韵	《至正集》卷三,《元人文集珍本丛刊》第7册,新文丰出版公司,1985年,第41页
许有壬	哈八石哀辞并序	《至正集》卷六八,同上,第309页
许有壬	绝句六言 次同年丁文苑韵四首	傅瑛,雷近芳校点《许有壬集》,中州古籍出版社,1998年,第292页
许有壬	故忠翊校尉广海盐课司提举赠奉训大夫飞骑尉渔阳县男于阗公碑铭	《至正集》卷五一,同上,第224页
宋 褧	山北宪金丁文苑挽诗	《燕石集》卷二,《北京图书馆古籍珍本丛刊》第92册,第134页上栏
宋 褧	送哈必齐文苑金宪浙西	《燕石集》卷六,《四库全书》第1212册,上海古籍出版社,1987年,第412页上栏
黄 溍	丁文苑同年哀辞后	《金华先生文集》卷六,《四部丛刊》本,第1页下栏
马祖常	丁君诔	李叔毅点校《石田文集》卷八,中州古籍出版社,1991年,第161页
王 沂	挽丁文苑	《伊滨集》卷九,《四库全书珍本初集》本,商务印书馆,1933年,第101—104页

从上表交往诗文可知,除早年读书期间与舅舅淮西公的问学交往,丁文苑的文学交游对象多为他的同年,这些同年中多人是当时文坛名家。他与许有壬关系密切,两人有过多次诗文唱和,但仅保存下来两次唱和的诗歌。

慕肃《题明秀亭》诗云:"府公俱是豪俊客,谓当鼓舞新斯民。青云飘风惜时晚,白日留顾下邱坂。何人为我呼梅公,山头啼鸟山花红。"②由此可知,他在明初决定定居湘阴时,与他交往的多是当地有一定政治、经济地位的上层人士,但是因为他受到百姓的爱戴,也与一般百姓有来往。《游秀野斋怀郑菊隐》诗云:"子期闻笛悲山阳,雍门援琴愁孟尝。自古壮士多慷慨,每逢旧迹增哀伤。"③说明他和郑菊隐交往密切,郑去世后,慕肃非常怀念他。

---

① [清] 郭嵩焘《光绪湘阴县图志》卷二《舆图》,清光绪六年县志局刻本,第5页上。
② 杨镰《全元诗》第68册,第37页。
③ [清] 郭嵩焘《光绪湘阴县图志》卷二《舆图》,清光绪六年县志局刻本,第5页上栏。

萧启庆先生对古速鲁氏家族的作品在《元季色目士人的社会网络：以偰百辽逊青年时代为中心》进行过辑佚。古速鲁氏家族的汉语文人主要是丑闾(一作丑驴)和观闾(一作观驴)兄弟。丑闾字时中,自英宗怯薛入官,曾任泗州达鲁花赤、御史。观闾字元宾,历任惠州路同知、杭州路达鲁花赤。观闾离任杭州时,元代著名文学家杨维桢曾作《送监郡观闾公秩满序》。① 王逢《梧溪集》卷五有《梦观闾元宾》一文,②文章记述了观闾在朱元璋攻占吴郡后为元朝殉国的事迹。萧启庆在《元季色目士人的社会网络：以偰百辽逊青年时代为中心》一文中称观闾是"一位既有文艺,又有治绩,更有节操的士大夫"。③ 丑闾和观闾的外甥,元代偰氏家族成员偰逊(一名偰百辽逊)在其著作《近思斋逸稿》中写有与这两位舅舅唱和的诗,诗共三首,赠丑闾的诗是《过故宋邱太师斋种德堂》,④与观闾唱和的诗有两首《奉次二舅元宾使君见寄之韵》⑤《留钟山寄承二舅元宾使君》。⑥ 由留存下来的为数不多几首诗可窥知,观闾、丑闾兄弟的文学交游对象主要是官场同僚和自家亲戚。

古速鲁氏成员丑闾和观闾的姊妹、偰百辽逊的母亲月伦石护笃虽为女流,但深谙儒学,笔者认为称其为文人并不为过。元代著名文人黄溍在《魏郡夫人伟吾氏墓志铭》说："夫人生而聪慧,稍长,能知书,诵《孝经》《论语》《女孝经》《列女传》甚习。见前史所记女妇贞烈事,必再三复读而叹慕焉!"⑦她在病中教训儿子们说："吾鞠育汝等,良不易。吾病久且死,汝曹务强学力行,兄弟和睦,毋听妇言,毋蓄私财。吾见持才骄傲辄败者甚多,汝等能以为戒,吾瞑目无憾矣。"⑧由这番话可见她的儒教功力很深。萧启庆先生认为月伦石护笃是当时蒙古、色目女性中汉学造诣较高者。⑨ 偰百辽逊曾为其母作五七杂言歌行《瑶池会上南极老人授长生录辞》。⑩ 作为封建时代的妇女,月伦石护笃的主要交往对象是家庭成员,但是她的家庭成员汉文化水平比较高,可以进行诗文方面的交流。

从马祖常《送李公敏之官序》记载："教授于青齐之间,赖公卿大夫知其贤名,荐牍交上,用是乃起家而入官焉。且公敏其有志乎古道也,岂必欲公卿士大夫之知哉!公卿士大夫之知而不可必也,又岂为利禄世贵,舍其所有而要其所无者哉!"从上文可知,李公敏不仅和马祖常有过文学上的交往,他还和山东的文坛名人有交往。从顾瑛《昆山知州坊侯平贼诗》《安别驾杀贼纪实歌》内容可知顾瑛是坊蒙的下属,顾瑛是东南一带的文坛盟主,经常在家里举办雅集,坊蒙极有可能参加过他的雅集。因为文献资料的限制,我们很难考证李公敏、坊蒙二人的文学交游全貌。

① 李修生《全元文》第 41 册,第 199 页。
② [元]王逢《梧溪集》卷五,中华书局,1985 年,第 243 页。
③ 萧启庆《元季色目士人的社会网络：以偰百辽逊青年时代为中心》,《"中研院"史语所集刊》第七十四本第一分,2003 年,第 77 页。
④ 杨镰《全元诗》第 59 册,第 3 页。
⑤ 同上,第 5 页。
⑥ 同上,第 19 页。
⑦ 王颋校注《黄溍全集》下册,天津古籍出版社,2008 年,第 574 页。
⑧ 同上。
⑨ 萧启庆《元季色目士人的社会网络：以偰百辽逊青年时代为中心》,《"中研院"史语所集刊》第七十本第一分,2003 年,第 74 页。
⑩ 杨镰《全元诗》第 59 册,第 9 页。

结论：元代于阗籍内迁汉语文人的总体特征

整体而言，于阗籍内迁汉语文人群体的政治地位差别大。丁文苑祖孙三人、坊蒙、淮西公、观驴兄弟为官员，其中淮西公的政治地位最高，任正二品的翰林学士，①观驴曾任正三品的杭州路达鲁花赤，是上层官员。迈里设、李公敏却沉沦于社会的下层。就现有史料来说，元代于阗籍内迁汉语文人家族化倾向严重。10 人中有 6 人出自两个官僚家族，当然像迈里设、李公敏等社会地位较低的于阗人也可能有其所属的汉化家族，只是缺少相关文献来证实。在这一群体中出现女性文人，这一现象在其他内迁色目文人群体中很少见，即便是置之于整个中国古代文学史中也是不多见的现象。

元代生活在中原的于阗籍内迁汉语文人受到汉文化的影响，逐渐汉化，学习汉语诗文并进行这方面的创作。他们的民族鲜明特征（诸如族称、名字）得以存留的现象，说明中原文化也或多或少地受到了西域于阗文明的影响。元代于阗籍内迁汉语文人的诗文创作与交游，见证了西域于阗文化与中原文明的结合，也见证了元代各民族在文化上的开放意识，见证了元代是历史上各族人民共同创造的多元文化交相辉映的时代，中国的历史和文化从来就是中国各民族的共同遗产。

Brief account Chinese literati who native place is khotan inland move in the Yuan Dynasty

Yang Shaogu，Yan'an University

Abstract：There were only 7 Chinese literati who native place is khotan inland move can make clear through textual research in the Yuan Dynasty，they are Ding Wenyuan（Habashi），Mu Yu（Ding Zhonglun），Ding Zichang，Mailishe，Li Gongmin，Fang Meng，Huaixi Gong，another 3 doubted，they are the three brothers and sisters of Guan Lu，Chou Lu and Yuelunshihutu. Their surviving poems are few，but there are some poems that have been handed down. These writers' poetry writing and making friends，witnessed the combination the culture of the western regions and the Central Plains Civilization，witnessed the cultural awareness of the Yuan Dynasty，Chinese history and culture have always been the common heritage of all ethnic groups in China.

Key words：Yuan Dynasty；khotan native place；inland move；Chinese literati

（本文作者为延安大学文学与新闻传播学院副教授，新疆大学新疆文献研究中心兼职副研究员）

---

① 杨果《中国翰林制度研究》，武汉大学出版社，1996 年，第 218 页。

图书在版编目(CIP)数据

元史及民族与边疆研究集刊.第三十八辑 / 刘迎胜,
(德)廉亚明(Ralph Kauz)主编. —上海:上海古籍
出版社,2019.12
ISBN 978-7-5325-9848-9

Ⅰ.①元… Ⅱ.①刘… ②廉… Ⅲ.①中国历史-研
究-元代-丛刊②边疆地区-民族历史-研究-中国-丛
刊 Ⅳ.①K247.07-55②K28-55

中国版本图书馆 CIP 数据核字(2020)第 265642 号

元史及民族与边疆研究集刊(第三十八辑)

刘迎胜、廉亚明(Ralph Kauz) 主编
上海古籍出版社出版发行
(上海瑞金二路 272 号 邮政编码 200020)

 (1) 网址:www.guji.com.cn
 (2) E-mail:guji1@guji.com.cn
 (3) 易文网网址:www.ewen.com
上海惠敦印务科技有限公司印刷
开本 787×1092 1/16 印张 16 插页 4 字数 379,000
2019 年 12 月第 1 版 2019 年 12 月第 1 次印刷
ISBN 978-7-5325-9848-9
K·2944 定价:68.00 元
如有质量问题,请与承印公司联系